ESTRELAS ERRANTES

Memória do teatro ídiche no Brasil

Estrelas Errantes

Memória do teatro ídiche no Brasil

Nachman Falbel

Ateliê Editorial

Copyright © 2013 Nachman Falbel

Direitos reservados e protegidos pela Lei 9.610 de 19.02.1998.
É proibida a reprodução total ou parcial sem autorização, por escrito, da editora.

Dados Internacionais de Catalogação na Publicação (CIP)
(Câmara Brasileira do Livro, SP, Brasil)

Falbel, Nachman
    Estrelas errantes: memória do teatro ídiche no Brasil / Nachman Falbel. — 1.
ed. – Cotia, SP: Ateliê Editorial, 2013.

    ISBN 978-85-7480-648-8
    Bibliografia

    1. Atores – Brasil – Biografia 2. Falbel, Nachman 3. Memórias
autobiográficas 4. Teatro Ídiche – Brasil – Biografia 5. Teatro – Brasil –
História I. Título.

13-06629   CDD-972.92

Índices para catálogo sistemático:
1. Teatro Ídiche: Atores de Teatro: Memórias: Biografia 972.92

Direitos reservados à

ATELIÊ EDITORIAL
Estrada da Aldeia de Carapicuíba, 897
06709-300 — Granja Viana — Cotia — SP
Telefax: (11) 4612-9666
www.atelie.com.br
contato@atelie.com.br

Printed in Brazil 2013
Foi feito o depósito legal

* * *

E quando penso que de todos os meus 187 colegas atores que se encontravam no Gueto de Varsóvia somente eu e minha esposa Diana Blumenfeld permaneceram vivos perpassa em meu coração um tremor... por que justamente nós dois e nenhum outro?! E eu me sinto envergonhado que o destino nos escolheu para serem poupados.

Jonas Turkow, *Farloschene Schtern* (Estrelas Extintas), Buenos Aires, Tzentral Farband fun Poilisher Idn in Argentine, 1953, p. 14.

SUMÁRIO

Introdução 15

1. Origem do teatro entre os judeus: o Purim-Schpiel 33
2. Os primeiros dramaturgos do teatro ídiche 65
3. O teatro ídiche e seu desenvolvimento na Europa, América e Argentina 85
4. O teatro profissional no Brasil: os anos 1910 e 1920 125
5. O teatro profissional no Brasil: dos anos 1930 até o seu crepúsculo 161

    O teatro profissional no Brasil: do final dos anos 40 até o seu crepúsculo 196

6. O teatro ídiche no Rio de Janeiro: os círculos dramáticos de amadores 231
7. O teatro ídiche em São Paulo: os círculos dramáticos de amadores 281
8. A presença do teatro ídiche em outras comunidades do Brasil 313

    1. As cidades de Campinas e Santos e seus círculos dramáticos 316
    2. Curitiba: o teatro profissional e os grupos amadores 317
    3. Porto Alegre: os grupos dramáticos de amadores 323
    4. Pernambuco: as trupes profissionais e o teatro amador 327
    5. Teatro amador na Bahia 332

Apêndices 335

    1. Um manuscrito de Jacob Weislitz 337
    2. O teatro ídiche na rede escolar judaica no Brasil 347
    3. Das luzes da ribalta à tela do cinema 353
    4. A música no teatro ídiche 357

Anexos 361

    1. Sygmunt Turkow e sua atuação no teatro brasileiro 363
    2. Marc Chagall, "Meu trabalho no Teatro de Câmara Estatal Judaico em Moscou" 367

Bibliografia 375

* * *

A compaixão que nós sentimos por estes atores tão perfeitos, que nada ganham e nem têm o reconhecimento nem a glória que merecem, não é, em resumo, senão a piedade sentida frente ao triste destino de tantas nobres aspirações e primeiro do que tudo das nossas. Esta compaixão está somente tão desproporcionada em relação ao seu objeto porque parece que se relaciona com seres estranhos quando somente em realidade está relacionada conosco. E entretanto este modo de sentir está tão intimamente ligado a estes atores que não posso agora desuni-los. E porque eu o reconheço, este sentimento somente se lhes consegue ligar mais estreitamente ainda.

(FRANZ KAFKA, *Diários*, São Paulo, Livraria Exposição do Livros, s.d., p. 93).

Minha primeira participação teatral

Descrever com detalhes o que vivenciei no dia de minha primeira apresentação sobre o palco, como tremia e me retorcia esperando atrás das cortinas até que pudesse entrar, talvez somente um escritor de talento poderia fazê-lo.

Nesse dia eu não podia estar vivendo neste mundo e nem naquele mundo iluminado, como meu pai denominava o palco, mas estava vivendo febrilmente entre os dois mundos.

Eu me encontrava defronte o espelho pendurado na parede de nossa casa e dezenas de vezes retomava as poses que meu pai me havia ensinado para o meu papel. Eu cantei dezenas de vezes a minha canção e estendia as mãos ao Dr. Almosado, que em minha imaginação via a minha frente e lhe pedia para que tomasse o vinho, porque havia salvo a minha vida. E fazendo as poses e cantando, via no espelho o quanto minhas faces enrubesciam e nos olhos faiscavam estranhas e delicadas centelhas que irradiavam, e novamente eu fazia as poses até ficar tão vermelha e suada que acabei caindo de cansaço sobre a cama e comecei a sonhar com olhos abertos.

Quanto mais se aproximava o dia do evento, mais forte se tornava o meu nervosismo, e a um dado momento me pareceu que eu me sentiria envergonhada frente às pessoas que estariam sentadas no teatro. Mas logo me dei conta de que eu não veria as pessoas, pois, como meu pai havia dito, o palco é um outro mundo do qual não se pode ver o mundo ordinário do cotidiano, porém as pessoas do mundo ordinário somente podem ver o mundo iluminado estando no palco. Pensando sobre isso, me acalmei por um instante, mas, logo, novamente entrei num estado de nervosismo e assim os minutos se arrastavam, até que no final a noite começou a cair. Meu pai chegou, e me pediu para que lhe "mostrasse" o meu papel e quando o representei para ele com todos as nuances ele me abraçou e me beijou longamente. Vi como seus olhos estavam embaçados e deles corriam lágrimas.

O que aconteceu depois não lembro. Somente lembro que eu estava parada detrás das cortinas esperando a minha entrada. Lembro-me porque meu pai me dizia dezenas de vezes que eu deveria prestar atenção quando entrasse no palco. Eu tremia, me retorcia e aguardava o grande momento que agora dominava meu jovem estado de alma.

Não sei se entrei sozinha no palco ou se me levaram ou empurraram para ele. Não consigo me lembrar, de modo algum, como cheguei até lá. Só lembro que de repente uma luz me cegou os olhos e não senti o solo sob meus pés, porém como se alguém ou anjos me levantaram e me elevaram e comecei a pairar no mundo iluminado e pairando não via ninguém e não lembrava de ninguém; não vi a cortina aberta ao mundo ordinário e nem sequer os atores maquiados que estavam no palco ao meu redor. Até que alguém me deu um puxão e voltei a mim e vi o Dr. Almosado e de algum lugar ouvi as primeiras palavras da canção que devia começar a cantar. Então estendi as mãos e comecei…

Não lembro como cantei. Sempre me pareceu que quando fiz minha primeira aparição no palco não fui eu quem cantou, mas alguém que em mim cantou… mas lembro como se fosse ontem que após terminar a canção eu ouvi uma agitação tempestuosa e tamanhos aplausos que fiquei terrivelmente assustada e comecei a ficar mais calma somente quando minha mãe me abraçou e começou a me beijar e também meu pai me beijou e todos os atores e atrizes me felicitaram e aí vi que voltei a ser eu mesma. A cortina já havia baixado mas ainda sentia que estava pairando no ar, me sentia tão leve e minha ansiedade havia desaparecido, redimida, que tive a necessidade de chorar, chorar silenciosamente, e no meu coração senti um profundo sentimento de felicidade...

(NECHEMIA ZUCKER, *Fir doires idisch theater, di lebens-geschichte fun Zina Rapel* [*Quatro Gerações de Teatro Ídiche, a História de Vida de Zina Rapel*], Buenos Aires, 1944, pp. 83-84.)

INTRODUÇÃO

Estrelas errantes:
memória do teatro ídiche no Brasil

A Jaime Serebrenic, presidente do Arquivo Histórico Judaico Brasileiro, cuja generosidade, compreensão e dedicação à preservação da memória da imigração e presença judaica no Brasil possibilitou a realização do presente projeto, o nosso agradecimento.

Nosso interesse pelo teatro ídiche no Brasil esteve associado ao próprio estudo da história dos judeus nesse país. Nossas anotações, decorrentes da leitura realizada durante muitos anos nos periódicos de língua ídiche, levou-nos a acumular uma significativa informação sobre o tema. Daí surgir, com o passar do tempo, a ideia de planejarmos uma exposição sobre teatro ídiche, o que nos motivou a realizar uma ampla pesquisa que resultaria na descoberta de importantes e únicos acervos de documentos, cartazes, fotografias e material relativo a essa atividade cultural exercida por associações de imigrantes asquenazitas que se radicaram no país. Porém o permanente desejo de preservar a memória desse extraordinário segmento da cultura judaica, assim como ela se expressou no Brasil entre os imigrantes de fala ídiche, nos levou a escrever a presente obra. Na verdade, se fizermos um balanço do que foi publicado até nossos dias, em português, sobre o tema, ficaremos surpresos em saber que se resume apenas a alguns poucos trabalhos, destacando-se entre eles um modesto livro de memórias do ator e empresário teatral Simão Buchalsky, sob o título *Memórias da Minha Juventude e do Teatro Ídiche no Brasil* (São Paulo, Perspectiva, 1995). A importância da obra de Buchalsky está no fato de ter sido ele ator e empresário durante décadas em um tempo em que o teatro ídiche ainda se encontrava presente nas comunidades judio-brasileiras. Jacó Guinsburg, estudioso do teatro, publicou em várias revistas e periódicos artigos sobre o tema e nos capítulos de seu livro *Aventuras de uma Língua Errante* (São Paulo, Perspectiva, 1996) bem como na coletânea *Diálogos sobre Teatro*, org. Armando Sérgio da Silva (São Paulo, Edusp/Com/Arte, 1992) encontramos referências

15

importantes sobre suas origens e os momentos inovadores em uma visão abrangente e não voltada especificamente ao Brasil[1]. Nos últimos anos saíram a lume, tratando especificamente do assunto em relação ao Brasil, algumas publicações e limitados artigos de imprensa, sendo alguns de nossa autoria. Contudo uma dissertação de mestrado defendida em 1997 na Faculdade de Filosofia, Letras e Ciências Humanas da USP de autoria de Esther Prizkulnik intitulada *O Teatro Ídiche em São Paulo* trata diretamente do tema e apresenta um levantamento importante do noticiário na imprensa judaica de São Paulo sobre as peças encenadas nos teatros daquela cidade[2]. Também na sólida pesquisa e bem fundamentada tese de doutorado de Fausto Fuser intitulada *A "Turma" da Polônia na Renovação Teatral Brasileira*, defendida na USP, em 1987, ainda que não orientada para o tema do teatro ídiche encontramos significativas informações sobre a atuação de Sygmunt Turkow no Teatro Brasileiro. Mais recentemente foram publicados de autoria de Berta Waldman *O Teatro Ídiche em São Paulo*, baseado em depoimentos orais que ex-atores do ICIB (Instituto Cultural Israelita Brasileiro) prestaram à autora[3], e de Sara Schulman *O Teatro na Vida da Coletividade Judaica Curitibana* (Curitiba, Copygraf e Editora Ltda., 2011).

Além dessa última publicação foi editada uma brochura de autoria de Tânia N. Kaufman sob o título *Arte Cênica: Âncora e Plataforma da Identidade Judaica (A Dramaturgia Judaica em Pernambuco)*[4]. Ainda que seja a única publicação de maior abrangência sobre o tema, as memórias de Simão Buchalsky estão centradas em sua biografia pessoal e atuação teatral, que se inicia somente a partir dos anos 1930, o que, por isso mesmo, exclui o que antecedeu nessa década, não havendo qualquer menção em seu livro a trupes, companhias e atores com os quais não teve contato ou participação. Porém suas memórias são importantes tanto como ator quanto como modesto "empresário" que promove a vinda de atores nos finais dos anos 1940 e mais acentuadamente nos 1950, o que nos provê com uma certa informação, ainda que incompleta, porém valiosa, sobre o tema.

---

1   As referências se encontram no artigo de Fausto Fuser e J.Guinsburg, *"A Turma" da Polônia na Renovação Teatral Brasileira*, pp. 57-92.

2. Devo essa informação a Jacó Guinsburg, orientador da tese mencionada, cuja cultura e domínio da área nos foi de imensa valia para elucidar aspectos importantes relativos ao nosso tema. Aproveito para agradecer a profa. dra. Suzana Chwartz, coordenadora do Centro de Estudos Judaicos da USP, que nos auxiliou na localização da mencionada tese.

3. São Paulo, Casa Guilherme de Almeida, Annablume, 2010.

4. Recife, CEPE, 2008.

Lamentavelmente, outros atores e empresários no Brasil não imitaram o exemplo de Simão Buchalsky, e, sob esse aspecto, o presente livro procura preencher uma lacuna na historiografia do teatro ídiche, enquanto existiu e se manifestou como cultura popular tanto nas comunidades judias da Europa Oriental quanto nas dos países de imigração asquenazita, em especial na América, África do Sul, Austrália, Argentina e países latino-americanos. Porém essa produção literária relativa ao tema permanece atualmente inacessível às novas gerações pelo fato de ter sido escrita na língua ídiche e de ser o número de livros de memórias de autores, seja em inglês ou outras línguas modernas de uso comum, ínfimo se compararmos com o que foi publicado em ídiche.

Desde o início nos propusemos realizar um projeto ambicioso e maximalista que visava colher e organizar, na medida do possível, uma completa informação sobre o teatro ídiche no Brasil e, com esse escopo em mente, passamos vários anos à procura de seus rastros e documentos até podermos, com adequado e seguro conhecimento, redigir a presente obra que deveria estar fundamentada nas fontes que chegaram às nossas mãos.

O projeto de resgate dessa memória como um segmento importante da atividade cultural da imigração judaica ao Brasil nos levou a folhear os jornais, boletins e periódicos, publicados em ídiche desde 1915, ano em que veio à luz o primeiro jornal judaico em Porto Alegre. Também foi importante compulsar a modesta produção literária em língua ídiche publicada no país, na qual pudemos encontrar referências esparsas, porém úteis, para o conhecimento de nosso tema. Do mesmo modo o fizemos com o grande número de livros de memórias, publicados em outros países, de atores que pertenceram a trupes ou companhias que visitaram as comunidades brasileiras e por aqui atuaram. Assim pudemos compor um quadro histórico, coerente e contínuo em sua cronologia, a começar da segunda década do século passado. A fonte de pesquisa fundamental para esse resgate passou a ser o material documental que inclui cartazes, programas, volantes, fotografias que nos forneceram nomes de atores amadores e profissionais, empresários e trupes locais e de outros países que por aqui vieram para temporadas ou *tournées* (*gastroliren*). Contudo devemos observar que, dentre a significativa quantidade de cartazes e fotografias, nem sempre nos foi possível estabelecer com precisão sua datação e por vezes, mesmo quando mencionados, lamentamos não conter todos os dados necessários para tanto. Nesse sentido, apesar do empenho em localizarmos as datas, podemos ter cometido alguns erros cronológicos, em parte devido às repetitivas idas e vindas dos mesmos atores, trupes e companhias, por vezes permanecendo pouco tempo e limitando-se a apresentar apenas alguns espetáculos, e outras vezes para temporadas longas de alguns meses. Mesmo a definição das trupes e companhias, que se organizavam e se desfaziam com a adoção de nova composição e novos nomes acompanhou constantemente suas trajetórias, o que leva, por vezes, a confundir o pesquisador[5]. Certamente, e mesmo tendo compulsado uma grande massa de material documental, estamos conscientes de que não podemos afirmar que esgotamos o tema de nossa pesquisa. E isso por duas razões, a saber: *a.* possivelmente poderão ser encontrados novos documentos, seja em arquivos pessoais ou institucionais e quanto a esses últimos devemos frisar que não pudemos explorar devidamente a extraordinária massa documental do YIVO (NovaYork, Instituto Científico Judaico) que exigiria longa estadia nos Estados Unidos[6]; *b.* a dispersão do judaísmo brasileiro na grande extensão territorial na qual surgiram um grande número de comunidades interioranas afastadas das capitais dos estados de São Paulo e Rio de Janeiro, bem como comunidades em certas capitais de outros estados do Brasil nas quais possivelmente existiram grupos amadores que não chegaram ao nosso conhecimento. Em cidades como Santos, Campinas, Piracicaba, Franca, no estado de São Paulo, ou Campos no estado do Rio de Janeiro, ou ainda Passo Fundo, Santa Maria, no Rio Grande do Sul, apenas para lembrar algumas comunidades, evidenciam realizações com cantos e encenações em ídiche, o que, por vezes, implica a existência de algum grupo amador de teatro ídiche. Contudo, apesar dessas indicações, não temos suficientes elementos para determinar sua comprovada existência. Nesse caso, devemos nos consolar com o *nolite id velle quod fieri non potest*, isto é, não exija o impossível de realizar. Nesse sentido devemos reconhecer que a leitura de certas passagens em determinados capítulos poderá ser

---

5. Em seu livro de memórias, pp. 84-86, Buchalsky escreve que a notável "Jenny Lovitch era uma pessoa temperamental. Quando brigava com Lubelczyk, seu empresário, a tensão era tanta que a Companhia acabava se dissolvendo, às vezes em plena temporada". Na verdade, tais tensões entre atores e empresários assim como entre os próprios atores eram rotineiras no mundo artístico teatral.

6. Suficiente folhear o *Guide to the YIVO Archives*, compilado e editado por Fruma Mohrer e Marek Web, New York/London, M.E.Sharpe, 1998, para se ter uma ideia do desafio, em tempo e recursos, que um pesquisador teria para compulsar todo o material acumulado pela instituição sobre teatro ídiche.

monótona devido a desejarmos registrar minuciosamente os títulos das peças, atores e autores, datas e teatros em que foram encenadas. Nesse caso, o leitor não interessado por tanta informação terá o recurso de saltar as passagens que lhe parecerem um verdadeiro "catálogo de nomes" sobre o tema. O leitor também poderá estranhar que os títulos das peças, os nomes de autores e escritores bem como os de atores transliterados para o português aparecem sob diversas formas, o que se explica pelo desconhecimento da língua de parte dos empresários assim como dos artistas e dos envolvidos na divulgação dos eventos teatrais.

Traço característico na redação dos cartazes é o rotineiro oferecimento dos espetáculos a "pessoas necessitadas" que inclui "viúvas", "órfãos", "enfermos", e todo tipo de pessoas sem recursos, compreendendo também "artistas idosos" e solitários sem qualquer amparo familiar, o que constitui um forte apelo humanitário. Do mesmo modo, tal oferecimento e apelo se estende à ajuda que visa prestar a certas sociedades beneficentes da comunidade judaica, seja um "lar para idosos" ou uma sociedade de ajuda a pobres e necessitados. Por vezes os espetáculos são promovidos pelas próprias sociedades com a finalidade de levantar fundos. Por vezes os espetáculos são realizados em salões ou espaços dos edifícios comunitários. Porém outro tipo de apelo aos frequentadores do teatro consiste na "dedicação" de espetáculos a conhecidos atores admirados pelo grande público e nos quais o mencionado ator é parte do elenco. É uma espécie de homenagem que visa ao mesmo tempo a promoção do próprio espetáculo ao colocar em destaque o nome do principal ator.

Como subproduto desse trabalho de pesquisa, além da feitura do livro, permaneceu o desejo de realizar uma exposição que graças a sensibilidade e gentileza bem como o reconhecimento de sua importância de parte de seu Diretor Executivo André Sturm ora se apresenta no Museu da Imagem e do Som-MIS. Assim a rara documentação iconográfica dar-se-á a conhecer ao grande público, atendendo não somente a interessados na história do teatro ídiche e aficionados ao teatro de um modo geral, mas também ao público mais amplo para poderem fruir a riqueza e a singular beleza que dela emana. Pois, assim cremos, é impossível resistir ao encanto e à magia que essa iconografia possui, em especial os cartazes, por vezes coloridos com cores peculiares e raras tonalidades que vão do sépia aos matizes do ocre-vinho-lilás compostas de uma mescla de tons que o tempo contribuiu para fixar no papel e nos informam sobre as trupes de estrelas errantes que hipnotizavam multidões e as introduziam na transitoriedade de mundos oníricos. São imagens comentadas que seguem padrões estéticos impostos pelo tempo e pela cultura dos locais em que as trupes e atores iriam representar[7]. Dificilmente poder-se-á ficar indiferente à força, visível e invisível, que as letras, palavras e títulos das peças de Abraham Goldfaden, Jacob Gordin, Peretz Hirshbein, Z. Libin, Josef Lateiner, An-ski, N. M. Schaikevitch (Shmer), L.Kobrin e tantos outros, que de início em carroças de trupes vagantes pelas estradas enlameadas levavam a todo lugar por onde passavam, até o momento em que começaram a lotar os espaços dos teatros em Bucarest, Varsóvia, Odessa, Vilna, Berlim, Londres, Nova York, Buenos Aires, Rio de Janeiro, São Paulo e dezenas de outras cidades dos quatro cantos da diáspora judaica.

Devemos enfatizar que o teatro ídiche teve um papel vital e formativo na origem do cinema judaico e de fato, de início, este se constituiu como uma reprodução de peças teatrais sob a aplicação da técnica cinematográfica que incluiu os clássicos *Der Dibbuk*, de An-ski; *Grine Felder* (*Campos Verdejantes*), de Peretz Hirshbein; *Jankel der Schmid* (*Jankel, o Ferreiro*), *Die freiliche kabtsonim* (*Os Mendigos Alegres*) com a participação dos comediantes Dzigan e Shumacher; *Libe un Laidenshaft* (Amor e Sacrifício), baseado em uma obra de Isidor Zolotarevsky; *Zain Vaibs Lubovnik* (*O Amante de Sua Mulher*) com o ator Ludwig Satz, ou ainda o drama musical *Dem Khazens Zundl* (*O Filho do Cantor*) com a participação do cantor e ator Moishe Oysher, além de outras que tiveram como figurantes atores conhecidos do teatro ídiche. Ainda no tempo do cinema mudo, em 1923, a famosa atriz Molly Picon tomaria parte no filme *Mizrach un Marew* (*Oriente e Ocidente*). Por vezes a iniciativa cinematográfica contava com a colaboração de um diretor de teatro como foram os casos de Sygmunt Turkow, que em 1933

---

7. O estudo sobre o cartaz como meio de divulgação na modernidade e o significado do conceito de "imagem comentada" encontra-se na obra de Abraham Moles, *O Cartaz*, São Paulo, Perspectiva, 1974. Em seu conteúdo ele reflete o mundo teatral judaico sob o aspecto cultural, social, político, econômico. Porém além da visualização dos aspectos estéticos externos que nele se encontram como cor, elementos decorativos, apelos e informações que visam atrair o público podemos, através de uma "leitura" atenta de sua composição gráfica, aprender algo sobre o comportamento e as relações humanas nas trupes. O prolífico compositor musical do teatro ídiche Joseph Rumshinsky em seu livro autobiográfico *Klangen fun mein leben* (*Notas de Minha Vida*), New York, Vadran, 1944, pp. 380 e 580, observa que sob certo ângulo o grande inimigo do teatro é o "anúncio", o "reclame", o "cartaz" no sentido que geram conflitos exacerbados de vaidades entre os atores. E isso devido à disputa de lugar em que o nome do ator deve estar no cartaz, ao tamanho das letras, ao destaque em cores e outros detalhes que poderão dar, segundo a interpretação pessoal do ator, maior ou menor prestígio artístico perante o público.

dirigiu o filme *Dem Rebins Koiekh* (*O Poder do Rabino*), e Maurice Schwartz, que em 1939 dirigiu o filme *Tevye* baseado na obra de Sholem Aleichem[8]. Do mesmo modo o teatro ídiche foi preponderante na criação do folclore musical que fez parte da vida cotidiana de milhões de seres humanos da Europa Oriental e de emigrantes para outros continentes. Esse folclore surgiu de um diálogo entre o teatro e a cultura popular que originou uma notável diversidade de gêneros que iam das tristes canções de ninar, melancólicas melodias que expressavam sentimentos, amor, saudades, perdas, até as efusivas manifestações de alegria das festividades e comemorações de toda natureza e o ciclo de vida do judeu como indivíduo e como parte de um coletivo. Uma plêiade de compositores se destacaram nos diversos gêneros musicais que integraram as operetas do teatro ídiche a começar do próprio Abraham Goldfaden, que revelou sua genialidade não somente nas peças que escreveu mas também nas músicas que compôs para as mesmas, bem como os que seguiram seus passos como Sholom Secunda, Joseph Rumshinsky, Alexander Olshanetsky, Herman Wohl, Jacob Jacobs, Abraham Ellstein e outros[9].

Com esse registro queremos perpetuar a memória do teatro ídiche que em seus dramas, melodramas, *vaudevilles*, comédias e operetas, compostas em prosa, verso, canto, música, mímica e dança, tendo como fundo os cenários saídos das mãos de extraordinários artistas plásticos, retratou a vida e a história e a vida judaica desde os tempos bíblicos até o período contemporâneo com seus momentos e capítulos significativos e que além de entreter despertava a consciência nacional, julgando e criticando valores tradicionais, desvelando conflitos pessoais, familiares e sociais, retratando heróis e mártires e mais do que tudo as nuances da alma humana. Ao fixarmos nosso olhar sobre aqueles expressivos rostos de atrizes e atores judeus nos sentimos impelidos a acompanhar seus movimentos, gestos e passos sob as luzes da ribalta para dar vida aos seus personagens

---

8. Sobre o cinema ídiche vide o estudo fundamental de J. Hoberman, *Bridge of Light*, *Yiddish Film Between Two Worlds*, New York, The Museum of Modern Art-Schocken Books, 1991; também o catálogo do The National Center For Jewish Film-Rutenberg and Everett Yiddish Film Library, Massachusetts, Waltham.

9. Coletânea ilustrativa, entre muitas outras, sobre essa gestação musical temos na obra de Norman H. Warembud, introd. Molly Picon, *Great Songs of the Yiddish Theater*, New York, NYTQuadrangle/New York Times Book Co., 1975; ver a rica coletânea de Y. L. Cahan, *Yiddishe folkslider mit melodyes* (*Canções folclóricas judaicas com melodias*), New York, YIVO, 1957, que se reporta a uma ampla gama de temas do folclore musical popular que poderiam ter inspirado compositores do teatro ídiche.

que emergem das brumas do tempo nos agraciando com o especial privilégio de ouvir as vozes do passado que nos sussurram: Venham, venham compartilhar conosco, as nossas e vossas fantasias!

* * *

Os inícios da historiografia relativa ao teatro ídiche estão assentados sobre as obras de dois notáveis estudiosos e autores que até hoje constituem as pedras angulares indispensáveis para todo e qualquer trabalho concernente ao tema. O primeiro é o historiador Isaac (Ignaz) Schipper, autor do *Geschichte fun idischer theater-kunst un drame fun di eltste tzeiten biz 1750* (*História do Teatro Ídiche e Drama dos Tempos Mais Antigos até 1750*), Varsóvia, Kultur-Ligue, 1927-1928, 3 vols., que passou a ser um verdadeiro monumento de erudição sobre as origens do teatro ídiche desde os antecedentes do Purim-schpiel e seu desenvolvimento até a data assinalada no título, isto é 1750[10]. Em certos capítulos e passagens penso que a leitura pode ser complementada com as obras de história da literatura ídiche do estudioso Max Erik, *Vegen altidischen roman un novele* (*Sobre o Antigo-ídiche Romance e Novela*), Kovel, 1926 e o seu clássico *Di geschichte fun der idischer literatur, fun di elteste tzeiten biz der Haskule-tekufe* (séc. XIV-XVIII) (*A História da Literatura Ídiche, dos Tempos mais Antigos até o Período da Ilustração*), Varsóvia, Kultur-Ligue, 1928. A segunda obra é a de B. Gorin, *Di geschichte fun idischen theater* (*A História do Teatro Ídiche*), New York, Literarische Farlag, 1918-1923, 2 vols. A obra de Schipper atém-se aos primórdios do período anterior a Goldfaden, a quem se deve a inauguração do teatro ídiche moderno, mas ela é fundamental para o estudioso conhecer as raízes mais longínquas e profundas da arte de representar.

B. Gorin, ao contrário de I. Schipper, escreveu uma obra sem adotar o aparato crítico e acadêmico deste último, recorrendo a uma redação que mescla um amplo conhecimento, fruto da grande familiaridade e leitura sobre o tema, com uma extraordinária e direta vivência do mundo

---

10. O crítico e historiador de teatro Nathaniel Buchwald em sua obra *Theater*, New York, Farlag Komitet Theater, 1943, p. 454, assim se refere à obra de Schipper: "Única e monumental é a obra do Dr. Isaac Schipper... Esta é uma pesquisa histórico-cultural de alto calibre. Mas a data até 1750 caracteriza implicitamente o conteúdo do trabalho. A contagem da moderna arte do teatro ídiche começa desde Abraham Goldfaden, nos anos 70 do século XIX. O drama judaico moderno se inicia com o *Serkele* de Schlomo Ettinger, com o *Dektuch* de Abraham ber Gottlober e com o *Der erschter idischer rekrut* de Israel Aksenfeld... (sobre eles vide o capítulo 2: "Os Primeiros Dramaturgos do Teatro Ídiche", no presente livro).

teatral judaico. Ambos os autores são as colunas centrais que sustentarão a pesquisa posterior sobre a história do teatro ídiche até os nossos dias, sem, obviamente, desconsiderar os inúmeros artigos e trabalhos pontuais que foram publicados desde as últimas décadas do século XIX até hoje por inúmeros estudiosos, memorialistas e interessados na história do teatro ídiche[11].

Passo fundamental para a memória do teatro ídiche foi a criação do Museu do Teatro Ídiche em nome de Esther Rochel Kaminska, junto ao Instituto Científico Judaico (Idischer Visenschaftlicher Institut-YIVO) por inciativa de Zygmunt Turkow e Ida Kaminska Turkow, em 1926. Turkow narra que ao ouvir as lembranças de E.R. Kaminska, que foi cognominada de "mãe do teatro ídiche", sobre os "Broder Singer" e os inícios do teatro ídiche, sentiu-se na obrigação de fazer algo para a preservação desse acervo cultural que poderia se perder com o passar do tempo. Assim surgiu a ideia de criar um museu com esse objetivo e cuja documentação passaria a fazer parte do grande acervo da cultura ídiche que se encontra reunida no YIVO[12]. Em 1930 sairia a lume o primeiro volume do YIVO sob o título *Archiv far der Geschichte fun Idischen Theater un Drame* (*Arquivo para a História do Teatro Ídiche e Drama*) sob a redação do Dr. Jacob Shatzky que, sem dúvida, passa a ser uma fonte preciosa para o conhecimento histórico do teatro ídiche.

Ainda devemos lembrar que a historiografia sobre o teatro ídiche, que se enriqueceu com nomes de estudiosos e críticos mais recentes, isto é, dos finais dos anos 1920, 1930 e 1940 em diante, entre eles Jacob Mestel, Dr. Alexander Mokdoni, N. Buchwald, e muitos outros, teve na figura do brilhante ativista, filólogo e intelectual Noach Prilutzki (1882-1941) um pioneiro e profundo analista do teatro e que vislumbrava o significativo papel que deveria desempenhar para a cultura nacional judaica e a educação de suas camadas populares. A sua obra *Idisch Theater-1905-1912*,

---

11. Sobre B. Gorin vide A. Mokdoni, *Theater*, New York, 1927, pp. 178-184. Mokdoni (p. 182) sobre ele assim se expressa: "Ele estabeleceu um firme fundamento para a história do teatro ídiche; do caos, de pedaços e migalhas secundárias, de intrigas de bastidores e uma montanha de estórias ele construiu um inteiro edifício".

12. Sobre a formação do Museu do Teatro Ídiche vide o artigo "Der Theater-Muzei unter nomen fun Esther Rochel Kaminska beim YIVO" ("O Museu do Teatro em Nome de Esther Rochel Kaminska junto ao YIVO") de Fany Shapiro, em *Archiv far der Geschichte fun Idischen Theater um Drame*, Vilna/New York, YIVO -Theater-Muzei u.n. E. R. Kaminska, 1930, t. I, pp. 512--518; Zygmunt Turkow, *Schmusen vegn theater* (*Conversações sobre Teatro*), Buenos Aires, Undzer Buch, 1950, pp. 156-162.

INTRODUÇÃO

Bialistok, Ferlag A. Albek, 1911, t. I, além de tratar de alguns momentos da criatividade teatral e seu desenvolvimento, concentra em vários de seus artigos ideias e concepções críticas sobre o papel que o teatro vinha exercendo na vida judaica de seu tempo e aponta a alienação da *intelligentsia* judaica frente a essa arte vista por ele como autenticamente popular em sua origem, inspirada e orientada ao entretenimento das massas da população judaica da Europa Oriental. O teatro dramático de nível mais elevado, em seu tempo, ainda estaria dando os primeiros passos com as peças de Jacob Gordin e Peretz Hirshbein, além dos poucos textos produzidos pelos clássicos da literatura ídiche, mas, nem por isso – ele enfatizará – a intelectualidade judia "em seu solitário e orgulhoso caminho" deveria dar as costas a ele. Pelo contrário, Prilutzki admoestará essa *intelligentsia* a se engajar e dar o devido apoio a fim de aprimorá-lo como expressão artística autêntica expressa na língua ídiche[13].

O mais importante empreendimento literário para a preservação da memória do teatro ídiche foi o *Lexikon fun Idischen Theater*, sob a orientação de Zalmen Zylbercweig, que começou a ser publicado em 1931, sob os auspícios do The Hebrew Actors Union of America em Nova York, e terminou em 1969, perfazendo no total seis avantajados e preciosos volumes. Na verdade a coleta de informações, conforme nos informa o responsável pelo monumental projeto, começou ainda em 1912, passando a ser um instrumento indispensável para todo e qualquer trabalho de pesquisa histórica sobre o tema devido às centenas de verbetes que a obra contém e que a pertinácia e a paixão ilimitada de Zilbercweig nos legou. Seguramente ela compartilha, por sua importância, com as múltiplas autobiografias e memórias que certos dramaturgos, atores, empresários e diretores de companhias teatrais, compositores, escreveram em ídiche, a respeito de sua atividade profissional desde que ingressaram na carreira teatral e que somam centenas de volumes se levarmos em conta a enorme massa de artigos e livros desse gênero publicados na imprensa ídiche desde o século XIX. Sem dúvida, instrumentos complementares como o *Lexikon fun der Naier Yidischer Literatur* (*Léxico da Nova Literatura Judaica*), New York, Alveltlikhen Idischen Kultur-Kongres, 1956-1981, 8 vols. e a *Encyclopaedia Judaica*, Jerusalém, Keter Publishing House, 1971-1973, por

---

13. Entre outros artigos vide o intitulado "Der idischer inteligent un dos idische theater" ("O Intelectual Judeu e o Teatro Ídiche"), em *Noach Prilutzkis Ketuvim*, Bialistok, Ferlag A. Albek, 1921, pp. 63-68.

vezes, são indispensáveis para a busca de informações e dados referentes a escritores e dramaturgos que tiveram alguma relação com o teatro ídiche. Duas outras obras úteis para o estudo do teatro ídiche são de autoria de Zosa Szajkowski, *Yiddish Theatre in Europe between Two Wars: Soviet Union, Western Europe, Baltic Countries*, New York, Yiddish Culture Congress, 1971, e a de Itzik Manger *et. al.*(ed.), *Yiddisher teater in Eyrope tswishn beyde velt-milkhomes (Theatre in Europe Between two World Wars)*, New York, Yiddish Culture Congress, 1968.

Como podemos verificar, o estudo da história do teatro ídiche conta com uma expressiva bibliografia que em grande parte, senão em sua significativa totalidade, foi publicada nessa língua sem que, lamentavelmente, fosse traduzida para as línguas europeias correntes no mundo da cultura moderna. Assim como ocorreu em outras áreas dos estudos humanísticos, o desaparecimento do ídiche como língua viva de estudo e criatividade cultural, algumas poucas décadas após o Holocausto, selou o acesso a esse incomensurável tesouro bibliográfico. Os poucos estudiosos de nosso tempo, empenhados que estão em adquirir o que usualmente se considera como "língua instrumental" para essa pesquisa acadêmica, terão o privilégio de entrar e usufruir dessa imensa biblioteca salva pelo empenho e idealismo de pessoas e instituições tradicionais como o YIVO nos Estados Unidos e alguns arquivos específicos criados mais recentemente em Israel e países da diáspora judaica. Porém, algumas obras, em especial as memórias autobiográficas de atores que foram publicadas em inglês, assim como em francês e outras línguas mais usuais, além do hebraico, em Israel, poderão acrescentar um valioso conhecimento sobre o nosso tema. É o caso das obras de caráter autobiográfico dos veteranos e conhecidos atores como Jacob Adler, escrito originalmente em ídiche e traduzido por Lulla A. Rosenfeld, *Jacob Adler, a Life on the Stage, a Memoir*, New York, Alfred A. Knopf, 1999[14]; e a obra biográfica de Luba Kadison e Joseph Buloff com Irving Genn, intitulada *On Stage, off Stage, Memories of a Lifetime in the Yiddish Theatre*, Cambridge, Massachusetts, Harvard

---

14. Antecedeu a essa autobiografia de Jacob Adler o livro biográfico sobre o ator escrito por Lulla Adler Rosenfeld, *Bright Star of Exile, Jacob Adler and the Yiddish Theatre*, New York, Thomas Y.Crowell Company, 1977, novamente editado com outro título *The Yiddish Theatre and Jacob P.Adler*, Shapolsky Publishers, New York, 1988! Essas obras são uma fusão de passagens da obra de Gorin referente ao teatro ídiche e a reprodução da autobiografia de Jacob Adler, que o ator publicou em ídiche no *Die Varheit (A Verdade)*, 30 de abril de 1916; 28 de fevereiro de 1919 e no *Die Neie Varheit (A Nova Verdade)*, 1 de abril a 30 de julho de 1926.

University Library, 1992; de Ida Kaminska, *My Life, my Theater*, New York, Macmillan Pub. Co. Inc., 1973, entre outras que foram publicadas nessas línguas. Penso que a tentativa de escrever uma história mundial em inglês do teatro ídiche realizada por Nehama Sandrow, intitulada *Vagabond Stars: A World History of the Yiddish Theater*[15], se teve certo mérito por ser escrita em uma língua acessível aos leitores, está longe de ter a importância da obra de B. Gorin, da qual extraiu boa parte de sua informação, uma vez que o tratamento à temática dado pela autora peca pela superficialidade e, mais ainda, pelas graves omissões, incluindo-se entre elas as referentes ao teatro na Argentina a que a autora dedica três restritas páginas, além da total ausência de qualquer menção sobre o teatro ídiche no Brasil. Na verdade a bibliografia final em seu livro, incluindo obras em ídiche, não estão associadas ao texto redigido pela autora, uma vez que o livro não contém notas de rodapé ou outro tipo de referências ou ainda citações bibliográficas e assim nada ficamos sabendo sobre as fontes de sua elaboração.

Antes de finalizar devemos observar que o objetivo do presente trabalho é escrever uma história do teatro ídiche no Brasil, porém vimos a necessidade de introduzir o leitor ao tema, devido ao fato de poucos conhecerem suas origens e desenvolvimento, o que nos levou a dedicar os primeiros capítulos a essa fascinante história e suprir desse modo uma informação sintética prévia indispensável para melhor compreensão do tema central de nosso trabalho. O leitor facilmente perceberá que o teatro ídiche no Brasil, assim como o da Argentina, do qual, em grande parte, dependeu, assim como o de outros países da América Latina, recebeu "estrelas errantes" que tiveram sua formação e deram seus primeiros passos profissionais no continente europeu e na América do Norte, país que abrigou um grande número de atores e trupes. Porém certos atores imigraram e se radicaram em países da América do Sul e tiveram um papel decisivo na criação do teatro em nosso continente associados ao esforço e entusiasmo de empresários, hoje esquecidos, que também aportaram nesses países, e desse modo se pôde manter viva durante tantas décadas a chama inicial que o gênio de Goldfaden acendera em um modesto lugar de Jassi, na Romênia.

Mas no Brasil nunca se chegou a criar um teatro estável como os que existiram em alguns países da Europa, Estados Unidos, Argentina, entre os mais importantes. Razão pela qual o sistema do "starismo" foi o que

---

15. New York, Harper & Row, 1977.

prevaleceu no teatro profissional do país. Nesse sentido Zygmunt Turkow, que atuara vários anos no Brasil, fez uma análise convincente do que se passava no Novo Mundo:

"Ao iniciar-se a imigração para a América Latina, o teatro judeu já constituía elemento enraizado na vida cultural da Europa. O ator, por conseguinte, sentia muito o ter de abandoná-la. Surgiram logo elementos perspicazes que sentiram constituir o teatro um bom negócio. Apareceu o *soit disant* empresário. Naturalmente não considerava ele o teatro como sendo uma expressão cultural, mas, sim, como boa fonte de lucro. Conseguiu facilmente interessar alguns jovens que, ainda na Europa, participavam de grupos amadores. É improvisado um espetáculo. O amador recebe alguns poucos níqueis e o empresário enche a sua burra. Os seus apetites aumentam. Considera logo que no inverno, quando o tempo na América do Sul é apropriado para o teatro, no Norte e na Europa reina o verão e os teatros são pouco frequentados. Pode-se, por conseguinte, trazer um ator popular que elevará com certeza a frequência. Poder-se-á elevar os preços. Far-se-á bons negócios. Assim é criado na América do Sul o infeliz sistema do ator em excursão ou o chamado sistema do 'astro' ('star')"[16].

O sistema consiste, entretanto, em "fazer dinheiro". Outras intenções não são aqui tomadas em consideração. Não se fala em preparação conscienciosa, interpretação de uma peça e no estudo de um papel, muito menos se cogita de qualquer caráter social ou de uma finalidade cultural e educativa de uma representação.

A peça só é boa quando dá dinheiro. O "astro" só é artista quando arrasta multidões. As representações procuram atingir os instintos mais baixos do público heterogêneo. Quanto maior é o número de piadas chulas e de *couplets* apimentados, tanto melhor é o resultado da bilheteria. O empresário poderá de antemão calcular, quanto este ou aquele "astro" poderá trazer de lucro... Sabe de antemão quanto esta ou aquela peça fará na bilheteria e para quem deve reservar as "melhores" cadeiras...

---

16. Zygmunt Turkow, no seu estudo introdutório sobre o teatro russo na obra *O Inspetor* de Gogol, Rio de Janeiro, Leitura, 1945, que traduziu juntamente com Isaac Paschoal, faz referência ao sistema: "O Teatro de Arte de Moscou combateu implacavelmente o chamado sistema de 'estrelismo' que colocava o teatro a serviço desta ou daquela personalidade artística. De uma tal personalidade dependia muitas vezes o sucesso artístico e material de uma companhia. Muitas vezes mesmo, até a existência do próprio teatro. O Teatro de Arte provou que o teatro é jogo de conjunto onde não existem melhores ou piores, maiores ou menores papéis; onde cada parte deve ser tratada e interpretada com a mesma responsabilidade e fidelidade sem depender do número de palavras ou monólogos que ela contém".

"O espectador requintado que aspira passar algumas horas em ambiente cultural e ouvir uma linguagem pura sem o acúmulo de estrangeirismos foge jurando jamais voltar ao teatro judeu. Procura novos ambientes e torna-se, muitas vezes, pessoa completamente estranha aos problemas culturais do seu povo. Felizmente, nos últimos anos, encontraram-se em diversos países no Novo Mundo homens que há tempo se tornaram cientes da situação, iniciando uma atividade intensiva no sentido de sanear o movimento teatral judeu. Esses compreendem, acertadamente, que o teatro não pode nem deve constituir negócio particular de indivíduos irresponsáveis. Compreenderam ser o teatro uma instituição social que deve constituir expressão de uma época; que deve cultivar a pureza da linguagem; o pensamento nacional e progressivo; deve desenvolver o interesse e a compreensão relativa a todos os fenômenos da vida social e cultural. Fundaram-se grupos teatrais de amadores conscientes a quem são estranhos o cabotinismo profissional e a mentalidade mercenária. Tais grupos propuseram-se a finalidade de prosseguir no trabalho que, de maneira impiedosa, foi interrompido na Europa. Alguns conseguiram colocar na direção artistas de valor, graças aos quais as representações alcançaram, muitas vezes, um nível altamente artístico. O trabalho sistemático e organizado desses grupos estabelece as bases para um teatro permanente, um novo clima para a arte dramática judia, para novas cadeias na corrente de ouro da arte israelita. O 'público teatral' bem o merece"[17].

Porém na correta avaliação de Turkow sobre o sistema do "starismo" e o comportamento comercial de empresários é preciso considerar que o sistema do "starismo" foi condenado pelos próprios atores profissionais, conforme lemos nas biografias de Zina Rapel, de B. Palepade, e outros, que revelaram o lado negativo do mesmo, seja sob o aspecto financeiro e também, por vezes, artístico. Por outro lado, certos *stars* de talento e seriedade profissional poderiam inspirar atores e servir de paradigma aos atores que tiveram a oportunidade de com eles trabalharem. Mas havia certos empresários que saíram do meio teatral e durante muito tempo foram atores e, por vezes, continuavam integrando as trupes que contratavam demonstrando verdadeira paixão pelo teatro e lutavam pela sobrevivência juntamente com os demais atores. Neles reconhecemos

---

17. "O Teatro judeu no Novo Mundo", em *Aonde Vamos?*, 6 de setembro de 1945; também publicado no *Boletim Mensal Interno da Comissão Cultural da B.I.B.S.A.*, ano I, maio-junho de 1945, n. 2-3. Fundo 442 Josif Landa, caixa 4, AHJB.

que o motivo maior de sua atividade era o amor ao teatro ídiche que adotavam como uma missão e realização pessoal, de dar continuidade a arte da representação na língua ídiche, independentemente de sua duvidosa sobrevivência material. Assim foi desde os inícios do teatro ídiche até o seu crepúsculo. Certos vaticínios quanto ao seu desaparecimento, pronunciados em determinados períodos e em consequência das ameaças que pairavam sobre a continuidade da existência da cultura ídiche, acabaram se realizando muito após. Entre eles encontramos as do escritor Leib Malach que, em artigo publicado nos anos 1930, revelava certo pessimismo sobre o futuro do teatro ídiche[18]. Ele concentra sua atenção na situação do teatro ídiche na Rússia Soviética, Polônia, América e Argentina. Malach via como causa principal para o desaparecimento futuro do teatro ídiche o processo de assimilação que atingiu em boa parte as massas judias bem como sua passagem ao teatro em inglês. Em segundo lugar, o baixo nível do teatro ídiche em relação à ascensão cultural geral da nova geração judaica, que se educou nas escolas médias e superiores da América, e tinha uma exigência maior em relação ao teatro ídiche do que as massas de imigrantes da imigração anterior. Sob esse aspecto o teatro tradicional não acompanhou os novos tempos. Contudo, sabemos que nos anos 1930, apesar da mencionada crise, e possivelmente em decorrência dela, houve em vários centros da Diáspora um revigoramento da arte teatral com a criação de novos grupos que justamente reagiram e se propuseram elevar o nível do teatro judaico. E de fato, durante certo tempo, tiveram sucesso em seus objetivos. Efetivamente o processo de decadência dar-se-ia mais tarde. No entanto, é preciso lembrar que o teatro ídiche deixou uma herança imorredoura, uma vez que desde seus inícios foi uma importante incubadora do folclore musical de língua ídiche graças à inventividade de seu criador, Abraham Golfaden[19].

---

18. "Matzav haTeatron haYehudi beMerkazei haGolá" ("A Situação do Teatro Judaico na Diáspora"), *Bama* (*Palco*), publicação bimensal de arte e teatro, Tel-Aviv, Habima, dezembro de 1934, n. 5-6. Também em outras fontes nos deparamos com a mesma opinião de Leib Malach sobre a ameaça que pairava sobre o teatro ídiche. No catálogo intitulado *Stars, Strikes and the Yiddish Stage: The Story of the Hebrew Actor' Union*, New York, YIVO, 2009, se faz menção à crise que se abateu sobre o teatro ídiche após 1929: "The crisis was not entirely due to the onset of the Great Depression. With the cessation of immigration, the Yiddish theater had been gradually losing his audiences and Yiddish culture was being eroded by the current American life. Jewish audiences were drifting away to Broadway and the motion pictures".

19. O crítico e escritor Dan Miron, em belo estudo publicado no *Haaretz* (*O País*), 8 de abril de 2009, sobre o conto de Kafka "Em Nossa Sinagoga", que traduziu do alemão ao hebraico, faz referência à obra *Metamorfose* na qual Gregor Samsa transformado em réptil já não

* * *

Este trabalho não seria possível sem a colaboração de várias pessoas e instituições que puseram à nossa disposição seus arquivos, a começar por Marcos Chusyd, Sérgio Fingermann, Boris Cipis, Milton Cipis e Jaime Serebrenic, cujas coleções de documentos, programas, fotos e cartazes possibilitaram o levantamento de uma preciosa informação para o presente livro. Sem dúvida o acesso à rica coleção de documentos relativos ao teatro ídiche de Marcos Chusyd, fruto do constante interesse e empenho em salvar a memória dessa expressão cultural na língua ídiche, foi indispensável e fundamental para nossa pesquisa e nos forneceu uma valiosa informação que de outro modo ter-se-ia perdido para sempre. Para o capítulo referente ao teatro em Curitiba, indispensável foi a colaboração de Sara Schulman que nos forneceu preciosos elementos e informações colhidas na revista *O Macabeu* e em outras fontes. Somos gratos às instituições dedicadas à preservação da cultura ídiche, em especial ao YIVO de Nova York, que abriga o acervo mais importante sobre o tema, bem como à Dorot Jewish Division's Yiddish Theater Collection – New York Public Library que abriga em sua seção judaica uma notável coleção de cartazes e documentos; ao arquivo do Teatro Municipal de São Paulo; a todos os responsáveis pelos acervos documentais e bibliográficos do Arquivo Histórico Judaico Brasileiro, a saber Elaine Klein, Lucia Chermont, Abraham Gittelman, Arnaldo Lev, Samuel Belk, bem como a Paulo Valladares e Guilherme Faiguenboim que nos forneceram informações sobre as lápides de atores nos cemitérios judaicos de São Paulo; ao Instituto Cultural Israelita Brasileiro de São Paulo, nas pessoas de suas diretoras Hugueta e Marina Sendacz; à Biblioteca Israelita Brasileira Scholem Aleichem do Rio de Janeiro, nas pessoas de Sara Gruman e Clara Goldfarb; ao Museu Lasar Segall, nas pessoas de Vera d'Horta Beccari, diretora do Arquivo Lasar Segall, e a museóloga Rosa Esteves encarregada de sua fototeca; ao Arquivo Nacional no Rio de Janeiro; ao Museu Judaico do Rio de Janeiro, na pessoa de seu presidente Max Nahmias; a Michal Sternthal

---

se alimenta como ser humano e, além de verduras passadas, queijo embolorado e outros, o autor também inclui um pouco de "passas e amêndoas". Kafka que se apaixonara pelo teatro ídiche certamente tirara da peça *Shulamit* de Goldfaden essa ideia, cômica e bizarra, inspirada na canção *Rozhinkes mit mandlen* (*Passas e Amêndoas*) que tivera a oportunidade de ouvir durante sua representação.

do The Center for Jewish Art da Universidade Hebraica de Jerusalém; a Antonio Reis e aos responsáveis pelo Arquivo Miroel Silveira junto a ECA (Escola de Comunicações e Artes) da Universidade de São Paulo; à Fundación IWO de Buenos Aires; à Dra. Gila Flam e a Yael Rashovsky do Archive Bella and Harry Wexner Libraries of Sound and Music junto a Universidade Hebraica de Jerusalém; a Rachel Misrati e Ariel Loberboim do Broadsides and Posters Collection, Archives Department, The National Library of Israel, Jerusalém, em Israel; a Israel Goor Theatre Archives and Museum, Mount Scopus, Jerusalém, e a todas as instituições cujos arquivistas e responsáveis nos auxiliaram a ter acesso aos seus acervos documentais e iconográficos, somos imensamente gratos. Ainda importantes para o nosso trabalho foram as colaborações de Georgina Koifman, que nos cedeu cópia de um depoimento transcrito sobre Hersh (Henrique) Blank, e a Abrahão Rumchinsky, cujo zelo pessoal possibilitou preservar um precioso acervo iconográfico sobre o teatro ídiche da Biblioteca Israelita Scholem Aleichem no Rio de Janeiro; a Boris e Milton Cipis que nos cederam preciosa documentação sobre sua extraordinária família de atores.

Devemos agradecer a Anne Loeb e Gabriel Chusyd pelo auxílio que nos foi prestado e em particular a Arnaldo Lev que dedicou seu tempo a atender todas as solicitações que lhe foram feitas para a consecução das múltiplas tarefas necessárias para a realização de nosso projeto. Mais ainda devo enfatizar o dedicado e assíduo labor do talentoso fotógrafo Fernando Torres Faria que nos acompanhou na elaboração do projeto expositivo, fotografando e digitalizando os acervos iconográficos que enriqueceram o conjunto das ilustrações que se encontram em nosso livro e na exposição acima mencionada. Somos muitíssimos gratos a Lucas Simone, competente tradutor da língua russa, que se incumbiu da tradução da inédita correspondência entre Lasar Segall e Sygmunt Turkow; a Giovanna Calistro, que deu vida às entrevistas e depoimentos que integram nosso projeto. Especial agradecimento devo a Isaac Kaufman, fiel amigo e companheiro de longas jornadas em Israel, pela imensa ajuda na obtenção de cópias do material iconográfico das instituições daquele país e ao amigo Roberto Aily pelo constante incentivo e contínuo interesse em meu trabalho. Acima de tudo, devo agradecer a minha filha Anat Falbel, que dividiu comigo desde o início as responsabilidades, as dificuldades e preocupações na complexa procura de fontes para a presente obra bem como na elaboração do projeto editorial e

INTRODUÇÃO

31

expositivo. Tive o privilégio de contar com o seu sensível olhar crítico e discernimento em todas as etapas do trabalho relativo ao tema sem o qual dificilmente teria superado as dificuldades naturais na elaboração de um projeto que pretendeu ser tão pontual quanto abrangente. Seguramente não exagero ao considerá-la como coautora da obra. Também não poderia deixar de assinalar que o presente livro, assim como todos os que escrevi durante minha vida, somente pôde ser realizado devido aos permanentes cuidados e presença de minha *eshet khail*, a bíblica mulher virtuosa, esposa e companheira Shulamit.

CAPÍTULO *1*

Origem do teatro entre os judeus: o Purim-Schpiel

Assim como em outras civilizações, o teatro também fez parte da expressão e criatividade artística do povo judeu desde a Antiguidade. Efetivamente as primeiras notícias que temos remontam ao período do domínio greco-romano cujas civilizações elevaram a arte da representação teatral para se tornar um legado cultural ímpar até os nossos dias. Os judeus foram influenciados e tomaram contato com a arte teatral dessas civilizações e participaram por vezes como autores e atores. Tácito lembra o nome de um ator judeu, Aliteros, que era admirado pelo imperador Nero. Também o historiador Flávio Josefo lembra que conheceu Aliteros e graças a ele travou conhecimento com a esposa do imperador, Popeia.

Nesse período vivia em Alexandria o poeta Ezequielos que escreveu dramas em grego seguindo modelos do trágico Eurípides. Lamentavelmente sua obra perdeu-se, restando apenas fragmentos de uma peça intitulada *Exagoge*, na qual a figura central é Moisés, o libertador dos hebreus da escravidão no Egito[1]. A diáspora judaica no Império Romano teria os judeus não só como espectadores mas também como atores.

A terminologia teatral pode ser encontrada nos tratados do Talmude ao se referirem à *teatraot* (teatros) e *kirkasaot* (circos) e às características dos atores e suas atuações com os termos *bedikha* (contador de chistes), *nakhkan* (troçador), *balrin*, corruptela de *liberalin* (do latim *liberales*, *ludi* ou *liberalia*) equivalente ao termo *lulion* (palhaço, momo, prov. derivado de *ludin*, do latim *ludi*), *mukion* (bufão). Boa parte dos termos são

---

1. I. Schipper, *Geschichte fun idischer theater-kunst un drame fun di elteste zeiten biz 1750 (História da Arte Teatral Judaica da Antiguidade até 1750)*, Varsóvia, Kultur-Ligue, 1927, vol. I, p. 17; vide também verbete "Ezekiel, the Poet", *Encyclopaedia Judaica*, Jerusalém, Keter Pub. House, 1971--1972, vol. 6, pp. 1102-1103. Sobre ele sabemos algo graças a Eusébio de Cesareia (Praeparatio Evangelica 9:28) que afirma ser sua fonte Alexander Polihistor. Assim como Eusébio também Clemente de Alexandria o menciona como "o escritor de tragédias" (Stromata 1:23, 155 ff.).

originários das modalidades de entretenimento teatral do mundo greco-
-romano que penetraram na língua hebraica assim como no aramaico da
época. Em uma passagem de um tratado rabínico temos uma rica exem-
plificação desses termos:

"O que frequenta os estádios (*itztadionin*) e os circos (*kirkosin*) para
ver as serpentes (*nakhashim*) e outras variedades de animais assim como o
cômico (*bukion*, do grego *boukkion* e do latim *bucco*, derivado das *Atellanae
Fabulae*, peças cômicas romanas), bufão (*mukion*, derivado de *Maccus*, bufão
nas farsas romanas) e o almocreve (*mulion*, do latim *mulio*, condutor de bes-
tas, figura ridícula e zombeteira que aparece nas peças cômicas romanas)
e participa nas Sigillaria (no aramaico *siglarin*, siglaria, derivado das festas
romanas nas quais se presenteavam estatuetas e que se realizavam após as
Saturnálias), é como se convivesse com os debochados (*moshav leitzim*)"[2].

A clara e incisiva postura dos sábios do Talmude contra o teatro, espetáculos circenses e jogos olímpicos desde o período do domínio greco-
-selêucida na Palestina e a conquista romana estava diretamente ligada não
somente ao ódio político contra os dominadores mas também ao mundo
religioso pagão que representavam a idolatria condenada pelo monoteísmo
judaico. A atitude dos sábios do Talmude em relação ao teatro encontramos
no dito de R' Nechunia ben Hakaná que agradecia ao Altíssimo por lhe ter
dado um lugar na academia talmúdica, entre os estudiosos da Torá, e não entre os frequentadores dos espetáculos de teatros e circos, pois os primeiros
terão sua recompensa no Gan-Eden (Jardim do Éden) enquanto os segun-
dos preparam o caminho para sua própria ruína[3]. Um dos famosos sábios do
século III, R' Meir, decretou uma proibição de frequentar teatros e circos
se neles se representasse peças que tinham qualquer ligação com o culto
idólatra[4]. Em outra passagem talmúdica lemos: "R' Aba começou: 'Nunca

---

2. Tosefta Avodá Zará II, 6. Para a compreensão de boa parte dos termos acima lembrados
vide em especial a clássica obra de Marcus Jastrow, *Sefer Milim, Dictionary of the Targumim,
Talmud Bavli, Yerushalmi and Midrashic Literature*, New York, The Judaica Press, 1996. Também me utilizei dos dicionários: entre outros, do *Diccionario Latino-Español de Agustín
Blánquez Fraile*, Barcelona, Ramón Sopena Ed., 1961, 2 vols. e de Wilhelm Gemoll, *Griechisch-Deutsches Schul und Handwörterbuch*, 4ª.ed., Berlin-Leipzig, G.Freytag A. G., 1937.
Vale esclarecer que a palavra *letz* tem também o significado de "cômico" assim como o
de "músico". E de fato o termo será, por vezes, empregado nos textos hebraicos ou em
ídiche com ambos os sentidos.

3. TB, Brachot 29b.

4. Avodá Zará 18,6. A passagem do Talmud Yerushalmi (de Jerusalém) Avodá Zará, 1,7 reza: "Ao
que frequenta o teatro lhe é interditado fazê-lo devido à proibição de idolatria (avodá zará).
Assim diz R' Méier. E os sábios dizem: quando eles queimam incenso a interdição se justifica

me assentei em um grupo de gente alegre para me divertir'(Jr 15:17) disse Knesset (Povo) Israel perante Deus: Criador do Universo! Jamais entrei em teatros e circos das nações dos gentios". Do mesmo teor lemos sobre R' Aba bar Kahana que disse: "Que tipo de espetáculos insanos criam as nações gentias em suas casas de teatro e que rosto já podem ter sábios que lá vão se divertir?"[5] Com o passar do tempo essa proibição foi interpretada como aplicativa a todo tipo de representação. Além das razões religiosas que viam no teatro greco-romano uma expressão dos cultos politeístas, os rabinos associavam os edifícios teatrais – os anfiteatros – construídos na terra de Israel à cultura do dominador. De fato a construção de anfiteatros para jogos e lutas de gladiadores fazia parte da política governamental que deveria obedecer ao critério do *panem et circenses* a fim de agradar as massas e entretê-las. Construções suntuosas que atendiam às necessidades da população e afirmavam o poder dos governadores e reis no afã de se eternizarem através de monumentos arquitetônicos não faltaram na Terra Santa, em especial no período de Herodes que construiu o notável anfiteatro de Cesareia[6]. Nesse sentido é que devemos compreender o notável dito de R' Gamaliel: "Com quatro coisas o reino (de Roma) nos arruína: com a coleta de taxas, com banhos públicos, com teatros e com os seus impostos". Ainda, com o mesmo sentido, temos a frase de R'Huna e R' Pinkhas ao dizerem: "Mesmo quando o reino (Roma) nos procura agradar como por exemplo os teatros e circos, eles nos prejudicam"[7]. Podemos, desse modo, entender a existência de lendas sobre o Messias que com sua vinda transformará os teatros em academias de estudos rabínicos[8]. Por outro lado certo olhar pragmático poder-se-á encontrar no dito rabínico que diz: "Devemos agradecer os outros [isto é, aos não-judeus] que trazem atores para os seus teatros e circos e lá representam, para que não possam conversar uns com os outros e desse modo virem a brigar"[9]. Mas a condenação aos satíricos e cômicos é enfatizada no Talmude: "Quatro classes não são aceitas pela

---

por se tratar de culto aos ídolos. E se não for por isso é interdito devido a proibição de sentar-se com maus elementos".

5. Pesikta de Rav Kahana, ed. S. Buber, 1868, p. 19, *apud* S. Ernst, "Texten un quelen tzu der geschichte fun theater, farveilungen un maskaraden bei idn" (Textos e Fontes para a História do Teatro, Entretenimentos e Mascaradas entre os Judeus), *Archiv far der geschichte fun idischen theater un drame (Arquivo para a História do Teatro e Drama dos Judeus)*, Vilna/New York, YIVO, 1930, vol. I, p. 7.

6. Ver Flávio Josefo, *As Guerras dos Judeus I*, xxi, 8 e xxi, 12, 13.

7. Avot de R' Natan, 28, *apud* S. Ernst, "Texten un quelen…", *op. cit.*, p. 7.

8. Meguilá 1b.

9. Bereshit Raba 70, *apud* S. Ernst, "Texten un quelen…", *op. cit.*, p. 9.

Schechiná (o espírito divino): os cômicos, os aduladores, os mentirosos e os propagadores de maledicências"[10].

Porém devemos observar do mesmo modo que os sábios do Talmude condenavam o teatro pagão, autores cristãos dos primeiros séculos do cristianismo, como Tertuliano e João Crisóstomo, não menos viam o quanto as casas de espetáculos e anfiteatros eram perniciosos e antros de corrupção dos jovens adeptos da religião cristã, proibindo que as frequentassem. Vários outros pensadores da Igreja tiveram o mesmo olhar e expressaram suas condenações a esses lugares, considerando-os centros de pecado e vergonha. Daí encontrarmos uma sucessão de cânones nos sínodos e concílios eclesiásticos da Alta Idade Média referentes às proibições relativas à presença de cristãos nos teatros[11]. Por outro lado o rigorismo da patrística preocupada com o estilo de vida e a conduta moral do verdadeiro cristão não conseguirá cercear a espontaneidade da criatividade popular expressa no canto, na dança, na mímica, e do mesmo modo, em nível mais elevado, a poética palaciana dos *jongleurs* medievais que expressaram os sentimentos e os múltiplos aspectos da vida na sociedade medieval.

A ortodoxia judaica, em boa parte, continuou formulando com o rigor do passado as proibições referentes à frequência aos teatros e espetáculos durante todo o período medieval e nos séculos do período moderno e mesmo ainda próximo ao nosso tempo. Na Alemanha medieval encontramos o movimento pietista (Hassidut) que revela uma postura rigorosa em relação ao teatro e entretenimento. Essa espiritualidade ascética se mostra no Sefer Hassidim, escrito no século XIII: "O Criador nos ordenou servi-Lo... e não trocar o estudo da Torá por prazeres e jogos infantis, passeios, observar mulheres, ouvir melodias de cantores, e isso para que as pessoas sintam em seu coração a verdadeira alegria divina"[12]. Uma das importantes autoridades rabínicas do período, R' Jacob bar Aba Mari Anatoli (1194-1256), escreve:

"É preciso evitar a música (canto) dos gentios que está impregnada de más intenções e imoralidades e pretende desviar as mulheres do bom

---

10. TB, Sota 40b, S. Ernst, "Texten un quelen… ", *op. cit.*, p. 26.

11. Costantinopla (680); Trolium (602), Tours (813); Mogúncia (813), Aachen (816). Mesmo a representação de mistérios era proibida fora das igrejas.

12. Sefer Hassidim, 11, 300, *apud* S. Ernst, "Texten un quelen…", *op. cit.*, p. 19. Em outra passagem do Sefer Hassidim, 51 lemos: "Que uma pessoa não seja um prosador, um brincalhão ou zombeteiro, pois o riso e a leviandade arrastam o homem ao pecado".

Meguilá Alsacia, séc. XVIII, col. part.

caminho. Desse modo não nos surpreende que uma mulher que desde pequena está habituada a cantar as canções dos gentios não vá pecar. É como querer que um homem possa segurar fogo sem que sua roupa pegue fogo"[13].

O mesmo encontramos em comunidades sob influência cultural e domínio muçulmano, Espanha, África do Norte e outros lugares:

"Quem toca e canta durante todo ano nas casas de príncipes ismaelitas, pode também tocar e cantar em suas festividades pois se ele se afastar deles em dias de suas festividades, provocará sua hostilidade. E mesmo em lugares onde não provocar sua hostilidade pode-se, de acordo com a lei, consenti-lo. Mas os cantores e músicos que cantam e tocam todo o tempo e em todo lugar deve-se proibi-los porque sujam suas bocas em zombarias e sobre isso terão que prestar contas no futuro"[14].

Sob o olhar desses rabinos tanto a música cristã ocidental quanto a árabe não deve ser ouvida e imitada pelos judeus devido a seu conteúdo moral. Nada mais evidente em relação a esses últimos do que a afirmação que se segue:

"Vi anciãos e piedosos que ao se encontrarem em algum lugar no qual alguém quer cantar música árabe que fala sobre o desejo amoroso

---

13. S. Ernst, "Texten un quelen...", *op. cit.*, p. 19.
14. Complementos e anotações na obra *Darkei Yosef* (*Caminhos de José*) do R' Haiim Yosef David Azulai, *apud* S. Ernst, "Texten un quelen...", *op. cit.*, p. 21. O autor cita outras fontes sobre a mesma proibição.

Meguilá Itália séc. XVIII, col. part.

ou elogio ao vinho afastam-se dele… Por isso proibiram ouvir canções árabes, e não outras em outras línguas… porque a maioria das canções árabes contém imoralidades, como é sabido de todos"[15].

Contudo havia diferenças de posturas em relação ao teatro e de fato não havia uma posição unânime da ortodoxia, pois, a partir de certo tempo, dependendo do lugar onde os judeus viviam, o olhar dos rabinos – e aqui falamos de indivíduos e não de comunidades – poderia variar. Rabinos famosos do século XVIII, entre eles Jacob Emden (1697-1776) e Ezequiel Landau (1713-1793), expressaram um ponto de vista condenatório e negativo em relação àqueles judeus que frequentavam teatros, promoviam festas, se locupletavam e perdiam tempo com leviandades imitando as "nações do mundo". Suas perorações estão impregnadas de uma crítica aguda à conduta não condizente com a ética mosaica das classes mais abastadas das comunidades judaicas de seu tempo[16].

Porém, cabe nos perguntar se esse rigorismo religioso poderia ameaçar ou sufocar a festa de Purim, uma das festividades mais tradicionais

---

15. "Yiei Hayam" (Ilhas do Mar), Peirush le Teshuvot HaGeonim (Comentário às Responsa dos Geonim), item 152, Livorno, 1869, p. 59a; apud S. Ernst, "Texten un quelen…", op. cit., p. 21.
16. S. Ernst, "Texten un quelen…", op. cit., p. 11.

Meguilá Áustria séc. XVIII, col. part.

e populares comemoradas pelos judeus através dos tempos e cujo significado maior é visto como a intervenção divina na salvação de seu povo das mãos de seus algozes, não somente no período persa mas no decorrer de toda sua história. Daí a multiplicação de festividades com o mesmo nome "Purim", aplicado aos diversos acontecimentos relativos às comunidades que, ameaçadas em sua existência, foram salvas, propiciando desse modo a comemoração do evento como parte da tradição local, ao par da consagrada e tradicional festividade apoiada na narrativa bíblica do Livro de Esther[17].

Apesar das antigas condenações dos sábios de Israel em relação ao teatro e das limitações impostas ao entretenimento em geral, o Purim

---

17. A origem da festividade de Purim, segundo estudiosos, é extremamente controversa e muitas são as teorias sobre sua adoção por parte dos judeus, tendo sido adaptada de festividades agrícolas ou mitológicas de outros povos, tais como babilônios, persas, gregos, associadas aos equinócios da primavera ou do inverno. Em todo caso, já no tratado talmúdico Meguilá, do segundo século de nossa era, temos a descrição detalhada de sua observância (Ver Theodor H. Gaster, *Festivals of the Jewish Year*, Peter Smith Pub. Inc., 1962).

teve a sanção haláchica, jurídico-legal rabínica. Mas sabemos que até o século XIX certos rabinos apelavam para a moderação em relação aos excessos que a festividade inevitavelmente poderia provocar. A preocupação maior dos rabinos centrava-se na transgressão da proibição bíblica do uso de máscaras[18] e de homens se travestirem usando roupas femininas e vice-versa (Deut. xxii, 5). Daí as múltiplas afirmações de rabinos – uns menos e outros mais tolerantes – sobre ambos os costumes ligados à festa de Purim[19].

Mas uma boa parte dos sábios e das autoridades espirituais de Israel recomendavam festejar com júbilo e plena alegria, incluindo disfarces e máscaras, tolerando excessos estimulados pelo vinho. O próprio Talmude (Meguilá 7b) anota que "uma pessoa deverá beber no dia de Purim até que não possa diferenciar entre o 'amaldiçoado Haman' e o 'abençoado Mordechai'"[20]. Por outro lado o uso da paródia para certas passagens das Escrituras Sagradas e que é aplicada numa famosa passagem do Talmude da Babilônia, Hullin 139b, poderia servir para o que seria denominado "Purim-Torá", isto é, uma interpretação sem sentido de um ou mais

Meguilá Ferrara, Itália, séc. XVIII, col. part.

18. O termo hebraico para máscara é *maseikhá* (do radical hebraico *nskh*, que significa "fundir") que também pode significar "ídolo", conforme Êxodo 34:17: "Não farás para ti deuses de metal fundido".

19. R' Joel Sirkis (1561-1640), assim como outros rabinos, expressa essa preocupação ao afirmar: "E é preciso levar em conta que o hábito em Purim de homens e mulheres trocarem de roupa e ninguém se preocupar com isso... e mais do que isso, cobrirem seus rostos com máscaras para que não se possam reconhecê-los. E nós somente podemos dizer: 'Deixai os judeus em paz pois melhor é que errem inconscientemente do que o façam com intenção e má fé. Mas todo temente a Deus deve advertir seus familiares e àqueles que o obedecem para que não transgridam uma proibição nem em Purim e nem em casamentos. Desse modo recairá sobre ele a bênção por afastar os obstáculos no caminho de nosso povo em não adotar de modo algum costumes indecentes'" (Peirush haBait Khadash leTurYore Deah, item 182, *apud* S. Ernst, "Texten un quelen... *op. cit.*, p. 21). Contrário a essa posição, o famoso R' Moshe Isserles (1520-1572) expressou que "Sobre o hábito que temos de vestir em Purim máscaras e que um homem veste roupas femininas e uma mulher masculinas não há sobre isso uma proibição explícita, uma vez que a intenção é apenas alegrar-se" (Hagaot haR'MA (R' Moshe Isserles) leShulkhan Arukh, Orakh Khaim, item 696, *apud* S. Ernst, "Texten un quelen..." *op. cit.*, p. 22).

20. A expressão que frequentemente é usada em relação à comemoração da festividade de Purim também encontra-se em um texto do notável tradutor medieval Kalonimos ben Kalonimos de Arles (1286- após 1328), que viveu na Catalunha e escreveu o *Even Bochan* (*Pedra de Toque*). Em sua obra *Masechet Purim* (*Tratado de Purim*) na qual faz referência à comemoração da festa de Purim usa a expressão: "balaila hahuh al tomru 'maim, maim'" (nessa noite não digam "água, água") enfatizando o dever de beber vinho até a embriaguez. O texto também confirma o costume de homens se vestirem como mulheres, "... ze ilbash simlat isha velegargerotav anakim..." (esse vestirá vestido de mulher e em seu pescoço porá colares...). (cf. verbete sobre ele na *Encyclopaedia Judaica*, New York, 1901-1906).

Meguilá prov. Norte da Itália, séc. XVIII, col. part.

versículos bíblicos usando pseudométodo da lógica talmúdica. Nessa passagem, Hullin 139b, desafia-se um rabino a encontrar referências sobre Mordechai, Esther, Haman e também Moisés no Pentateuco. O sábio responde com enigmas e jogo de palavras ignorando a vocalização tradicional das palavras a exemplo do nome Haman no Genesis 3:11 "...da (hamin) árvore", insinuando também que seria enforcado numa árvore, e do mesmo modo com o nome Esther no Deuteronômio 31:18, quando Deus diz "...naquele dia eu lhes ocultarei (haster astir) minha face", lembrando a recusa de Esther em revelar sua origem ao rei.

Há um significado histórico profundo nessa festa de Purim pois o nome de Haman, que era descendente de Agag, rei de Amalec, era a sétima geração descendente de Amalec, filho de Elifaz, primogênito de Esaú. E a prescrição bíblica de "apagar a memória dos amalequitas sob os céus" (Deut. 25:19) foi cumprida no tempo de Mordechai e Esther: Haman, o agagita, e seus dez filhos foram enforcados. Mas a fórmula bíblica que "a guerra do Senhor com os amalequitas continuará geração após geração" (Êxodo 17:16) ecoa na Meguilá (o texto da narrativa da história de Esther): "E estes dias são lembrados e guardados, geração após geração" (Esther 9:28), mantendo o costume da guerra e vingança contra Amalec e seus descendentes na leitura da Meguilá na festa de Purim. A queda de

Haman é o motivo da alegria dos filhos de Israel[21]. Porém essa manifestação de alegria que de início se resumia na leitura da Meguilá na sinagoga passou a adotar outros costumes, que desapareceram com o passar do tempo fixando-se o de nossos dias que consiste em fazer barulho toda vez que se pronuncia o nome de Haman no relato da Meguilá. Nos primeiros séculos de nossa era parece ter surgido o costume de se pendurar e queimar uma efígie de Haman, o que teria sido interpretado em países cristãos como uma simbólica crucifixão de Cristo. No ano 408, o imperador Teodósio II em um de seus decretos detalha como os judeus após a leitura da Meguilá armavam no pátio da sinagoga uma forca e com gritos e insultos penduravam um boneco que representava a efígie de Haman. Após a cerimônia do enforcamento de Haman faziam uma fogueira e queimavam a forca juntamente com o boneco de Haman, não antes de encenarem paródias e quadros cômico-satíricos. Os judeus foram delatados e acusados de simularem simbolicamente a queima do Cristo como expressão de ódio ao cristianismo. Daí o imperador ter publicado um decreto proibindo essa forma de comemoração, o que nem sempre foi obedecido[22]. Mas, em 415, em um lugar próximo de Eminster, uma desgraça recaiu sobre a comunidade local quando os judeus foram acusados de na comemoração de Purim terem crucificado uma criança cristã. A consequência do rumor que se espalhou rapidamente quase levou à explosão de um confronto entre judeus e cristãos, mas o imperador pacificou os ânimos e impôs um pesado castigo aos judeus que tomaram parte na celebração[23]. O costume de se vingar de Haman tem como fonte o Talmude no qual se encontra a expressão "mashvarta de Puria" (Sanhedrin 64), ou seja, o "anel de Purim" cuja explicação encontra-se em um texto do período do Geonato na Babilônia (500-1000 a.C.): "os jovens fazem uma efígie de Haman e a

---

21. A origem remota de Purim estaria ligada a uma festividade agrícola motivada pelo florescimento da vinha que também na Grécia antiga era comemorada como a festa de Dionisos e na primavera. Mas se sabe de uma antiga festa dionisíaca que coincidia com a época de Purim. O termo *pura* corresponde ao lagar onde se pisoteava a uva para fazer o vinho (Isaias 63, 2-3). E o termo *pur*, isto é, "sortear", está associado ao fato conhecido na Mesopotâmia no qual se sorteavam as parcelas de terras de tempos em tempos para o cultivo da vinha ou outros cultivos. Cada parcela de terra em acádico se denomina *puru*. Esse sorteio de parcelas de terras permaneceu no Oriente Médio durante séculos até o Império Otomano e ainda hoje se mantém em certas regiões.

22. I. Schipper, *op. cit.*, p. 21. Sobre isso vide J. Parkes, *The Conflict of the Church and the Synagogue*, New York, *Meridian Books*, 1961, p. 234. A legislação do *Codex Theodosianus*, 16.8.18, prescreve que se transgredirem a proibição "perderão os estabelecidos privilégios legais".

23. Schipper afirma que ocorreram ataques aos judeus. Vide J. Parkes, *op. cit.*, p. 234.

penduram nos telhados durante quatro ou cinco dias. Depois, no dia de Purim, fazem uma fogueira e atiram a efígie dentro dela e dançam ao seu redor e cantam. Penduram um arco (anel) sobre o fogo e pulam através dele de um lado a outro do fogo"[24]. Sobre esses fatos históricos autores especularam indicando encontrar-se aí a origem do Purim-Schpiel, o que não é aceito pelo historiador do teatro judaico, Ignaz Schipper[25]. Schipper argumenta que: *1*. mesmo se considerássemos que o costume do século v fosse uma semente para a origem do teatro judaico o fato é que o decreto proibitivo do imperador eliminou a possibilidade de qualquer desenvolvimento posterior da mesma; *2*. nas fontes históricas medievais e posteriores até o século XVI, quando encontramos as comemorações mais antigas do Purim-Schpiel, o costume do século v não é lembrado e nada relativo a ele podemos encontrar durante esse período. Os mais antigos Purim-Schpiel parecem ter sido inspirados aos seus autores pelas comemorações, jogos e farsas da noite de Páscoa no final do século XV e inícios do século XVI; *3*. na Idade Média encontramos justamente entre os cristãos o costume de pendurar e queimar um boneco com a figura de Judas Iscariotes, costume que perdura ainda hoje em muitos países; *4*. Schipper lembra que na Polônia os cristãos tinham o costume na "grande quinta-feira" de arrastarem um boneco pelas ruas figurando "Judas" e no século XVI não somente se contentavam em arrastá-lo mas o atiravam de uma torre para depois queimá-lo; *5*. os judeus a partir de certo tempo imitaram os cristãos e faziam o mesmo com Haman. Segundo Schipper uma fonte narra que em Pshemishel, na Polônia, os judeus, no século XVIII, contratavam um cristão fantasiado de Haman que era levado pelas ruas da cidade e em frente à sinagoga local comemoravam com estrondosa alegria o evento vinculado ao Purim. Porém no terceiro volume de sua obra Schipper voltará à questão do costume de queimar a efígie de Haman, retificando suas afirmações acima lembradas e passará a aceitar – baseado em nova documentação e material histórico coletado – que o costume continuou através de toda a Idade Média bem como nos tempos modernos manifestando-se em países como a Itália e a Polônia.

---

24. Teshuvot haGeonim mehaGeniza, ed. Ginzburg, apud S. Ernst, "Texten un quelen…", *op. cit.*, p. 34.

25. Entre os autores que vinculam o costume do século v lembrado acima ao Purim-Schpiel é o historiador B.Gorin que em seu *Di geschichte fun idischen theater* (*A História do Teatro Judaico*), New York, Max N. Maizel, 1918, vol. I, pp. 22-24, afirma expressamente que ali estaria o embrião da origem do teatro judaico.

Desse modo Schipper dirá, retificando sua concepção anterior, que "esse costume se coloca como um episódio importante na história do teatro judaico". E acrescentará: "Ele é a mais antiga forma de uma dramatização primitiva que encontramos entre os judeus da diáspora…"[26].

Durante o período medieval as rigorosas proibições dos doutores da Igreja dos primeiros séculos de nossa era, que zelavam pela fé cristã opondo-se ao paganismo e sua cultura, já haviam perdido sua razão de ser inicial. A Europa encontrava-se cristianizada e sob a absoluta tutela espiritual da Igreja. E a própria Igreja tomara a iniciativa de usar as representações teatrais como parte da catequese ainda na Alta Idade Média. Daí a origem e a encenação dos "mistérios" inspirados nos temas bíblicos com a finalidade de transmitir à multidão dos crentes o seu conteúdo espiritual e o importante papel que deveriam ter no culto dos dias festivos e com significado especial no calendário religioso. Sendo assim, seria isso mais uma razão para os judeus continuarem com a rejeição antiga aos espetáculos e conservarem as antigas condenações das representações teatrais. A proibição de R' Meir continuou tendo, no período medieval, a mesma força que a do período talmúdico e as autoridades rabínicas dos séculos XII e XIII tais como R' Isaac Alfasi, Maimônides e outros, nada fizeram senão reafirmá-la.

Somente com o surgimento de "cômicos", isto é, atores, por vezes profissionais, que usavam de ditos humorísticos, chistes e diálogos leves, que serviam para divertir o público e amenizar os dramas bíblicos dos "mistérios", se introduz a semente de um processo de "laicização" que, com o passar do tempo, incluiria a representação de curtas cenas hilariantes até terem, em certas representações, maior peso. Assim se desenvolveria, desde o século XIII até o final da Idade Média, a comédia popular como um gênero definido da arte teatral. Mas é esse gênero teatral destituído do pietismo religioso cristão que pode fazer uma ponte com o público judeu uma vez que se trata apenas de um entretenimento sem conteúdo e intenções catequéticas. Temos o testemunho de R' Eliahu ben Isaac de Carcassone, do século XIII, que entre os judeus se apresentavam *letzim* que com seu humor e zombarias alegravam o público. Provavelmente eram convidados para festas familiares, e em especial para casamentos. Mesmo

---

26. I. Schipper, *op. cit.*, vol. 3, 1928, p. 11. I. Schipper se dedicará ao tema dos inícios do Purim-Schpiel em seu artigo "Schpurn fun primitive dramatik bai yidin" ("Traços do Drama Primitivo entre os Judeus"), em *Idisch Theater*, Varsóvia, vol. I, janeiro-março de 1927, pp. 14-32.

que as notícias de fontes judaicas sejam escassas, temos, no entanto, fontes cristãs que podem revelar, por analogia, as formas de entretenimento da época. Esses *letzim* correspondiam aos *histriones* ou *joculatores*, atores profissionais que perambulavam e se encontravam em toda a Europa medieval, seguindo a tradição da antiguidade romana que representavam as peças Atellanas e outras cenas cômicas, como lembramos anteriormente. Uma outra analogia permite supor que os *letzim* poderiam ser disfarçados *bachurei-ieshiva*, estudantes das escolas talmúdicas que, à semelhança dos *scholares vaganti* ou *clerici*, como se fossem atores profissionais fariam *spectacula theatrica*. Em um texto medieval, *Somme de pénilence*, os *histriones* ou cômicos são classificados em três tipos, a saber: os que se transformam e ao dançar se movimentam de modo inusitado mostrando seu corpo ou cobrindo seu rosto com máscaras assustadoras; outros, em especial aqueles que não possuem um lugar fixo para morar, procuram uma retribuição nas casas dos ricos em troca de chistes e zombarias às custas de pessoas presentes; e o terceiro tipo de cômico são os que usam instrumentos musicais e desses uma parte anda pelas tabernas e bordéis e cantam músicas de deboche enquanto outra parte que se denominam *jongleurs* louvam em suas canções os feitos dos cavaleiros (*chansons de gestes*), dos nobres, a vida dos santos, seus caminhos espinhosos e seus sofrimentos[27]. Schipper aventa a possibilidade de que os *letzim* tenham sido influenciados pelas peças satírico-cômicas denominadas *puys*[28], gênero de teatro profano francês no qual se destacou Adam de Halle[29]. Entre outras peças ele é o autor de *Jeu de Feuillée* representada em 1276. Trata-se de uma peça sobre a vida da cidade de Arras na qual as confidências do autor e a crítica aos seus habitantes conhecidos se mesclam com a sátira de tipos tradicionais e a paródia dos gêneros literários (*chansons de gestes*, romances arturianos, e diálogos jocosos) numa atmosfera carnavalesca[30]. No século XIV dá-se a transição do drama religioso propriamente dito que se encontrava nas mãos do clero, para as mãos de seculares. Pensa-se que as guildas de mercadores seriam os responsáveis pelas encenações do mesmo modo que as guildas de músicos e menestréis, na França, faziam com as peças religiosas. O rico drama medieval, os "mistérios" (do latim

---

27. Para essa informação baseio-me fundamentalmente na obra de Schipper, *op. cit.*, pp. 28-29.
    O termo *histrio, histrionis* é do latim clássico e significa ator de mimos ou comediante.
28. O termo *puys* designa as guildas de menestréis e músicos que encenavam peças religiosas.
29. Schipper, *op. cit.* p. 29.
30. *Dictionnaire des Letres Françaises*, "Le Moyen Age", Fayard, 1992, pp. 9-12.

ministerium, significando "serviço"), os "milagres" (dos santos) e as "peças moralizantes" (alegóricas) estavam diretamente vinculadas em sua origem à liturgia, ao ciclo do calendário das celebrações religiosas da Igreja medieval[31]. Porém agora passava-se a um novo desenvolvimento no qual os judeus poderiam adotar para si mesmos certas modalidades ou formas da arte da representação teatral.

Nada sabemos sobre autores e tampouco sobre nomes de atores cômicos judeus desse tempo mas após a Peste Negra de 1348-49, que levou à destruição de centenas de comunidades judias da Europa, surge uma peça intitulada *Dança da Morte* entre o final do século XIV e inícios do XV cuja autoria o estudioso do judaísmo sefaradita M. Kaiserling atribuiu a um judeu espanhol. Esse texto literário satiriza os diversos tipos da sociedade medieval incluindo entre eles a figura de um rabino. Elaborações sobre o mesmo tema com variadas versões difundiram-se em outras línguas e lugares do continente europeu[32]. Seria uma antecipação de uma forma literária que poderia ter sido utilizada nas sátiras do Purim-Schpiel. O mesmo motivo satírico, ao lado de outros, era encenado por atores amadores e profissionais com a finalidade de entreter convidados presentes em festas familiares e casamentos judaicos e parece ter durado até o século XVII. As figuras do *badkhan* (de *bedakh*, *bedukha* em aramaico)[33], do *letz*, do *marshalik* que tinham a função de alegrar as festas, o verdadeiro *lustigmacher* (que proporciona alegria) eram aceitas enquanto o teatro propriamente dito era rejeitado. O *badkhan* acabaria por se diferenciar do *letz* visto que por vezes tinha um conhecimento da literatura talmúdica e se expressava com ditos, estórias e passagens das fontes rabínicas mescladas com analogias espirituosas e sem pender para o vulgar. Quando a partir do século XVII a música da sociedade exterior começou a penetrar no gueto e influenciar a *khazanut* (canto litúrgico judaico), o *khazan*, o chantre sinagogal, passou a concorrer com os demais profissionais acima lembrados e também a atuar nos casamentos e festas. Mas seu maior concorrente era o *meshorer* (poeta e cantor) ou *meshorer hagadol*, isto é, o poeta itinerante, que também poderia instruir um *khazan* novato e ensiná-lo a cantar. O *marshalik*, que na origem medieval era um serviçal que

---

31. Não é minha intenção tratar do teatro medieval cristão, que conta com uma vasta literatura especializada, mencionando-o apenas como uma referência – incerta e distante – para as origens do Purim-Schpiel.

32. I. Schipper, *op. cit.*, pp. 29-33.

33. V. Jastrow, *op. cit.*, p. 139.

preenchia a função de representante e mestre de cerimônia, não deixou de continuar a sê-lo em séculos posteriores em elaboradas cerimônias de casamentos com toda sua complexidade tendo o papel adicional de alegrar os presentes[34]. Mas séculos antes o termo *schpielman*, usado pelos estudiosos das origens da literatura ídiche, que podemos traduzir como trovador ou jogral, no sentido medieval do termo seria o equivalente ao *meshorer hagadol*. Esse *schpielman* judeu seria nada mais que uma versão do *schpielman* alemão que, segundo o estudioso Max Erik, ao levantar a hipótese – não inteiramente aceita em nossos dias por outros estudiosos da literatura ídiche – teria um papel criativo na adaptação de temas do repertório literário medieval alemão. Erik aventou que haveria nos dois últimos séculos medievais um grupo profissional de trovadores que cantavam e recitavam em tom festivo porém épico, diferenciado dos "tipos alegres", comediantes e satíricos, pelo próprio conteúdo épico, a exemplo do que se pode encontrar numa obra como o *Schmuel-buch*, editado em 1544, contendo extratos que remontam a um tempo muito anterior. O *schpielman* se inspiraria nos heróis épicos alemães fundindo-os com um fundo e substrato judaico. No caso do *schpielman* alemão sua origem mais longínqua estaria no *mimus*, o *joculator*, o *histrio,* e passaria a ser o "trovador" vagabundo, que adotara um modo de vida itinerante sobrevivendo com suas habilidades artísticas de cantar, tocar instrumentos musicais, praticar malabarismos e danças, chegando, com o passar do tempo, ao verdadeiro *schpielman*, o trovador poeticamente criativo que extraía das antigas lendas cristãs e das estórias épicas dos cavaleiros os motivos para sua própria criatividade. Ele é o mediador que capta o material das poesias populares, espirituais e cavaleirescas para se poder chegar a uma elaboração mais elevada. No entanto, o *schpielman* judeu, mesmo não estando próximo e diretamente ligado a essas fontes, terá um papel mediador entre a poética cristã e um mundo que lhe é próximo, o Tanach, a Bíblia Hebraica. Max Erik resumirá sua hipótese e dirá que o *schpielman* judeu "aproximará ao homem do povo, à mulher, ao simples ser humano cenas da Bíblia Hebraica e as vivificará. Mas sua poética se aproveitará da arte cristã. Desse modo não só introduzirá os cantos cristãos no gueto, mas reelaborará com seu senso estético o Tanach, moldando-o às formas

---

34. Ver o estudo de I. Lifschitz, "Badkhonim un leitzim bei iidn" ("Badkhanim e Leitzim Entre os Judeus"), em *Archiv far der geschichte fun idishen theater un drame*, Vilna/New York, YIVO, 1930, pp. 38-74.

Leitzanim (Palhaços Judeus) xilogravura, Alemanha, 1691. Fonte: Jacob Schatzki, *Archiv far der geschichte fun idischer theater um drama*. Vilna, Yiwo, 1930, p. s/n.

cavaleirescas. Assim, a Bíblia Hebraica começou a ser adaptada em suas narrativas com "duques" (*herzogen*) e "condes" (*grafen*) e episódios de cavalaria. Desse modo se explica o surgimento da maior obra do *schpielman* judeu, o *Schmuel-buch*[35].

A influência do meio social e cultural, expresso pelo refrão da língua ídiche "azoi vi kristelzach azoi idilzach", no sentido de que os judeus adotam costumes existentes da sociedade cristã na qual vivem, se faz sentir na

---

35. M. Erik, *Vegen altidischen roman un novele* (Sobre a Antiga Literatura Judaica), Varsóvia, Meir Reiz, 1926, pp. 22-23.

própria comemoração da festa de Purim. Tudo indica que certas formas próprias da festa tradicional do Carnaval cristão durante a Idade Média contribuíram para moldar as formas de comemoração do Purim judaico. Ao redor da mesa ricamente posta para o banquete aconteciam brincadeiras, cantos, jogos de palavras, diálogos satíricos nos quais se destacavam os estudantes das escolas talmúdicas (*bakhurei-ieshivot*). O historiador da literatura judaica Max Erik também enfatizará essa influência ao se referir aos inícios da literatura ídiche na Alemanha medieval, ao lembrar que estudantes de escolas talmúdicas recitavam poemas e textos com a adaptação de melodias seculares do mundo cristão[36]. Na opinião de Schipper, na Alemanha medieval, no século XV, o Fastnacht (carnaval) teria influenciado o modo de comemorar a festa de Purim. Um dos elementos do Fastnacht, a "mascarada", isto é, o disfarce ou o esconder o rosto sob uma máscara, provavelmente, originário do carnaval na Itália do final do século XV e também tolerável na festa de Chanuká que lembrava os feitos dos Macabeus, era aceito e tolerado pelos rabinos enquanto o uso de roupas femininas e masculinas não condizentes a ambos os sexos continuou sendo proibido. Do mesmo modo encontramos na Igreja medieval condenação idêntica no Concílio de Trolium (692) e posteriores como o de Tours e Mogúncia (813) até se conceder certa liberdade uma vez que as proibições não tinham efeito prático e não eram inteiramente acatadas pela população em seus dias festivos. Também certos rabinos tiveram que se dobrar à realidade e serem mais liberais quanto a esse aspecto[37]. Schipper ainda lembra que a festividade cristã denominada "Naren-fest" (festa dos tolos) influenciou em muito no modo de comemorar a festa de Purim naquele tempo. Essa festa, comemorada desde o final do mundo antigo, por vezes condenada nos sínodos eclesiásticos durante o período medieval, sobreviveu até o final desse período devido ao seu caráter amplamente popular. Schipper descreve o modo de comemorá-la:

---

36. M. Erik, *Di geschichte fun der idisher literatur, fun di elteste tzaiten biz der Haskole-tekufe*, Varsóvia, Kultur-Ligue, 1928, pp. 10-11. O poema musicado denominado *Hilkheta Kaman*, dos inícios do século XV, era cantado com a melodia *Herzog Ernst* (*Duque Ernst*) do folclore alemão medieval. Erik lembrará: "É nas *ieshivot* (escolas talmúdicas) que também se encontrava o berço do primitivo teatro ídiche, dos Purim-Schpieln". O *Ernst Herzog* é um *Spielmannsdichtung* (poema de Schpielman), provavelmente de 1175, parte do gênero que floresceu na Alemanha na época em que as viagens ao Oriente despertaram a curiosidade das pessoas. O autor do poema tomou por herói um duque da Baviera, genro do Imperador, que partiu para uma Cruzada e vivenciou aventuras extraordinárias. Sobre ele vide A. Jolivet e F. Mossé, *Manuel de l'allemand du Moyen Age, des origines au XIVᵉ siècle*, Aubier, 1947, pp. 333-338.
37. I. Schipper, *op. cit.*, pp. 34-35. Schipper cita R' Yehuda Mintz, que foi rabino em Pádua e Poisen (f. em 1508) que permitiu a homens se disfarçarem com vestes femininas.

nela tomavam parte serviçais e garotos do coral da igreja local que elegiam entre si um "papa" ou "bispo" que deveriam alegrar os presentes com gracejos e versos satíricos. Na Antiguidade a maioria das sátiras deveriam se dirigir contra as religiões pagãs porém mais tarde passaram a se referir aos próprios costumes do mundo cristão. O "papa" e seus próximos vestiam-se como palhaços ou jograis e divertiam com cenas cômicas a audiência que poderia estar presenciando uma representação de um "mistério"[38]. Também em Purim durante a Idade Média os judeus adotaram o cômico costume de escolher uma pessoa que era apelidada de "Purim-Kenig" (Rei de Purim). No século XVI encontramos tal personagem em um Purim-Schpiel que era encenado durante a ceia de Purim cuja origem de fato remonta ao período medieval. Schipper faz referência a um manuscrito italiano do final do século XV que contém um poema em hebraico em homenagem a um Purim-Melach (Rei de Purim) de nome Eliezer[39]. O ídiche na Itália, que fora falado pela imigração judaica proveniente da Alemanha, irá pouco a pouco desaparecendo devido à diminuição de seu uso, de modo que no final do século XVI a cultura humanista no judaísmo italiano era expressa no vernáculo, isto é, na língua italiana. Max Erik nos informa que essa mudança pode ser ilustrada com um manuscrito de 1554 (Oxford, ms.Con.Or.12), de Veneza que contém um poema em ídiche, que na verdade é um texto italiano com alfabeto hebraico. Em 1619 foi publicado em Mântua uma *Zemer lePurim* (Canção para Purim) já em italiano e no decorrer do século XVII as publicações em ídiche na Itália praticamente deixam de existir[40]. Porém dar-se-á entre os judeus italianos um extraordinário desenvolvimento de uma cultura artístico-teatral com ampla proliferação de músicos, mestres de dança, atores, cantores, regentes, compositores dramáticos e diretores de teatro das cortes principescas[41].

O processo de integração cultural, sem no entanto perder a identidade religioso-nacional, permitiu aos judeus da Itália assim como da Alemanha e países eslavos assimilar formas literárias e artísticas seculares que expressavam um conteúdo próprio. Schipper chega a dizer que "a expansão das melodias alemãs e italianas entre os judeus já no século XVI

---

38. I. Schipper, *op. cit.*, pp. 36-37.

39. *Idem*, p. 37. Schipper publica o mencionado poema hebraico e sua fonte de informação é o longo e fundamental estudo do sábio M.Steinschneider, "Purim und Parodie", em *Monatsschrift für die Geschichte undWissenschaft des Judentums*, [XLVI-XLVIII], 1903, p. 174.

40. M. Erik, *op. cit.*, p. 14.

41. I. Schipper, *op. cit.*, pp. 41-42.

foi tão longe que a sinagoga de certa forma transformou-se numa sala de concertos", de modo que a expressão e o sentimento religioso passam a assimilar melodias seculares que provêm dos palácios principescos ou do canto popular, e isso através dos músicos judeus[42].

Um desenvolvimento que medeia e serve como ponte entre a arte teatral judaica e o que a antecede é a junção dos elementos lembrados acima do *letz*, ou do *marshalik*, ou *lustigmacher*, que tinham por função alegrar as pessoas em ocasiões festivas, casamentos e banquetes como verdadeiros profissionais da arte do entretenimento passarão no século XVI a ser conhecidos também como *naren* (tolos). Peças ou textos escritos para eles cantarem e recitarem em casas particulares poderiam exigir a participação de dois ou mais pares que formavam uma pequena trupe de *schpiler* (atores) oriundos de uma escola talmúdica ou de outros lugares. Alegres estudantes de escolas talmúdicas e poetas poderiam formar uma trupe que em Purim ou Chanuká encenariam dramas e farsas divertidas ou interlúdios musicados. Eram *schpilers* que formavam trupes temporárias, para essas festividades em especial, em que o *nar* associava o cômico, o dançarino, o mágico, o acrobata, em que o estudante do Talmude se transforma em um ator amador e a ele se junta o cantor da sinagoga que em dado momento, como vimos, assimilara melodias da cultura popular do meio onde vive, aderindo no final também o *klezmer* (o músico popular).

Nos inícios do século XVI temos já um repertório em que todos esses elementos se unificam tendo como eixo central um tema apresentado em forma de diálogo. Se durante a Idade Média os diálogos alegóricos se apresentam sob a forma de "discussões" ou "polêmicas" (*vikuchim*) expressos na língua hebraica, a partir do século XV começam a surgir em ídiche. O modelo dessa literatura nesse tempo é a "Discussão entre o Vinho e a Água" escrito em hebraico e ídiche por Zalman Sofer[43]. Mas aqui temos uma forma narrativa sobre uma "discussão" e não a "discussão" propriamente dita. Segundo Schipper, a primeira obra que se apresenta sob a forma de diálogo é de autoria de Menachem Aldendorf, intitulada "Discussão entre o Instinto Bom e o Instinto Mau", escrito em 1517, e considerado o primeiro texto de caráter dramático na língua ídiche. Aqui temos um passo adiante ao que sabemos, através da literatura de

---

42. *Idem*, p. 60.
43. I. Schipper, *op. cit.*, p. 82.

"responsa" rabínica medieval, a respeito de comemorações dos estudantes das escolas talmúdicas nas festas de Purim, Chanuká e Lag Baomer (a festa do 33º dia da contagem do Omer que comemora o levante de Bar Kochba contra os romanos) na qual se recitavam charadas, canções humorísticas e isso sob a supervisão dos responsáveis pela escola, como se fossem uma espécie de prova demonstrativa de seus talentosos alunos. Possivelmente a obra de Aldendorf tenha se inspirado em modelos de diálogos alegóricos latinos e alemães ou "moralistas" que estudantes cristãos encenavam. O tema de Aldendorf não é diferente, ou, melhor dito, é próximo do que conhecemos na literatura da época sob as variantes de "Virtus et Voluptas", "Voluptatis cum virtute disceptatio" ou ainda "Voluptatis ac virtutis pugna" escritos por autores cristãos; no entanto, ao contrário destes, seu conteúdo se restringe ao mundo espiritual judaico[44]. Ao par desse gênero no mesmo século XVI temos a difusão do assim denominado "drama bíblico" que, de certa forma, foi influenciado pela reforma protestante de Lutero que valorizava e difundia o Velho Testamento, assim como pelo espírito que soprava do humanismo renascentista na cultura alemã. A dramatização de José e Osnat, do sacrifício de Isaac, Jonas, Ruth e episódios dos Juízes e Reis serviam de temas aos autores cristãos alemães, mas que os judeus os reelaboraram em ídiche com sua própria visão religiosa.

Nos séculos XVII e XVIII parte desses dramas extraídos da Bíblia Hebraica foram reescritos e reelaborados em ídiche, e assim se conservaram como melodramas. São os episódios dramáticos das Escrituras: David e Saul, Samuel e Saul, David e Golias, Sodoma e Gomorra, a venda de José, Hanna-Penina, julgamento do rei Salomão, e outros. Mas, naquele tempo, a criatividade literária em ídiche não se resume apenas na elaboração de dramas, porém está voltada também ao gênero jocoso que se revela na farsa.

A mais antiga farsa em ídiche, segundo Schipper, está associada, justamente, ao tema de Purim e foi publicada em 1601 numa coletânea de Isaak Walich. A questão de saber se é um texto cênico ou uma canção intitulada *Purim und trinklustiger Bachorim* (Os Alegres Estudantes Bêbedos de Purim) ainda é controvertida[45]. A análise que o autor faz do texto dessa farsa leva-o a concluir que nela se mesclam elementos provenientes

---

44. *Idem*, p. 85.

45. Schipper publica todo o texto a fim de demonstrar que era destinado a uma elaboração cênica. Vide *op. cit.*, pp. 97-100.

Purim-Schpiel, gravura em metal, 1657. Fonte: Ignaz Schipper, *Geschichte fun Idischer theater-kunst un drame*. Varsovia, Kultur-Ligue, 1927, vol. 1, s/n.

longinquamente de mistérios pagãos, de brincadeiras e jogos alemães e italianos para a noite de Natal (*fastnachtschpiel*) e ecos de diversões na festividade de Ano Novo dos assim denominados "kolendes", estudantes poloneses, acompanhados de outras pessoas, que saíam à rua para entrarem em casas ricas e pedirem para participar à mesa de suas refeições. Na mesma coletânea de Walich encontra-se uma segunda farsa de Purim próxima ao gênero da comédia intitulada *Ein schpiel fun toib Yekelein* (*Uma Brincadeira do Surdo Yekelein*), de 1598, e que era representada nessa festividade. Em outro fragmento que restou de um *Schpiel* aparece a figura do "Purim-rabi"(o rabino de Purim) anunciado por um *shames* (zelador de sinagoga) que corresponde ao *loifer* (introdutor ou apresentador) da figura do "bispo" ou do "rei" das farsas da festividade do Natal cristão. Um terceiro fragmento parece ser derivado de uma variante da peça *Achashverosh-schpiel* e nele se encontram as figuras de Mordechai e Esther. Segundo Schipper deveria haver no século XVI um repertório bem maior de farsas mas que as tempestades do tempo levaram a se perder. Ao mesmo tempo a temática de Purim também gerou dramas líricos que se encontra na coletânea já lembrada de Isaak Walich através de um texto que tem por título *Purim-lid* (*Canção de Purim*), de autoria de Yosef ben Beniamin. O texto é destinado a ser recitado ou cantado por um coro e narra a estória de Jacob e seus filhos e também seus "descendentes netos" Mordechai e Esther. Shipper considera que o coro dirigido por um *coragos* ou *argumentator* se apresentaria em um banquete na festa de Purim. Quanto à sua origem, Schipper aventa a possibilidade de ser fruto da influência dos cantos corais cristãos da noite de Natal, que remontam à Idade Média e que no século XVI floresceram nos vernáculos sob influência da Reforma. O período mostrou uma intensiva atividade missionária entre os judeus a ponto de em alguns lugares serem obrigados a ouvir sermões pregados nas igrejas por conversos à religião cristã. Por outro lado, assim como ocorreu um processo de secularização dos temas religiosos cristãos, do mesmo modo tal processo acompanhou os judeus em suas manifestações artístico-teatrais através do gênero da comédia e das farsas de Purim.

Como vimos, não havia um lugar específico para sua apresentação e esses "atores", que saíram das *ieshivot* (escolas talmúdicas), tinham de procurar o seu "público" nas casas dos ricos durante os banquetes de Purim ou de Chanuká, festas que motivavam sua criatividade e, mais do que isso, possibilitavam que usufruíssem de uma boa mesa, o que nem sempre lhes era acessível. A leitura desses textos na coletânea do já mencionado Isaak Walich e de Menachem Aldendorf nos aponta que esses *schpilers* se postariam em uma espécie de *podium* ou plano[46] mais elevado especialmente

---

46. A palavra *plan* tirada do alemão é usada em ídiche para designar o que passará mais tarde a ser o palco (em ídiche, *bine*). Segundo Schipper (*op. cit.*, vol. 1, p. 128), toda essa técnica de encenação tirada do teatro alemão também está associada às representações dos *fastnachtschpieler* de origem medieval e no século XVI chegará a ser uma verdadeira casa de espetáculos, uma *schoischpiler-haus*. A primeira foi construída pelos *fastnachtschpieler*

preparado para o momento de sua atuação a fim de serem vistos e ouvidos por todos os presentes naquele banquete. Outros detalhes sobre a decoração ("explicada" pelo *loifer* e imaginada pelo público), as roupas, o tamanho e a composição das trupes de atores podem ser depreendidos desses textos.

O que explica o atraso no desenvolvimento do teatro ídiche no sentido de chegar a estabelecer casas de teatro, como ocorreu com as trupes alemãs, nas quais a composição humana era homogênea e que formavam uma verdadeira guilda profissional, com aprendizes, mestres, em que os "atores" constituíram uma verdadeira "seção dramática", já as trupes judias formavam uma mescla de elementos de várias camadas sociais e sem o apoio financeiro de uma associação profissional. Para a construção de uma casa de teatro esse apoio era indispensável.

Na passagem do século XVI ao século XVII ocorrem certas transformações no "teatro judaico" em boa parte devido à imitação das figuras cômicas italianas e inglesas que foram adotadas e se mostravam nos guetos alemães e eslavos. Essas figuras cômicas conhecidas sob o nome de *Hans-Wurst*[47] ou *pickel-hering*[48], que na origem, eram apelidos de dois cômicos, respectivamente um alemão e outro inglês, famosos em seu tempo, tiveram sua contrapartida no mundo judaico. Um deles, Jacó ben Mordechai Ries, nascido em 1660 em Praga, ficou famoso pela sua figura cômica inspirada no arlequino e no *clown*, dando um novo caráter ao *nar* de origem medieval e renascentista.

Em 1697 foi escrita uma variante do *Achashverosh-schpiel* que parece ser uma reelaboração de um texto da primeira metade do século XVII originário da tradição dos *purim-schpielers*. A figura cômica dessa peça é um *pickel-hering* que se denomina "Prinz-Mondrino" (do polonês *madry* ou *madrek*, isto é, "astuto", característico do arlequino da Commedia del'arte) e que evidencia que nos guetos poloneses era já uma peça popular conhecida e representada no Purim e que chegaria mais tarde à Alemanha. Segundo o erudito Steinschneider o manuscrito da peça *Achashverosh-schpiel*, de 1697,

---

de Nürenberg em 1550. Entre os judeus esse desenvolvimento foi lento e gradativo, pois somente no final do século XVII e inícios do XVIII surgirão as primeiras casas de espetáculos, "os teatros de Purim".

47. Schipper, *op. cit.*, vol. I, p. 160, indica que a figura aparece pela primeira vez no *fastnachtschpiel* intitulado *Vom kranken beuren* escrito pelo *meistersinger* Peter Propst na primeira metade do século XVI.

48. Este era um famoso ator inglês, Robert Reinhold, que se apresentava nos teatros itinerantes na primeira metade do século XVII.

Grupo de *klezmorim*, músicos tradicionais, que atuavam ao mesmo tempo como *batchanim*, cômicos que improvisavam diálogos humorísticos para entreter festas e casamentos, Rohatin, Polônia, 1912. Fonte: Lucjan Dobroszycki, *Image Before My Eyes*, edit. Barbara Kirshenblatt-Gimblett, New York, Schocken Books, 1977, p. 99.

é originário de Cracóvia e foi escrito por um converso Johannes Jacobus Christianus Leber (antes Moshe Katz) a pedido do famoso orientalista Johann C. Wagenseil[49].

O desenvolvimento da arte dos comediantes, cujas raízes estudamos anteriormente, atingiu seu nível mais elevado somente na primeira metade do século XVIII. Os *Hans-wursten* e *pickel-herings* judeus que encontramos no século XVII imitam as companhias itinerantes anglo-italianas e alemãs e se organizam com os alegres estudantes de *ieshivot*, chantres (*chazanim*), cantores, poetas e auxiliares em companhias de teatro itinerantes. Elas podem ser chamadas pelo nome de "Purim-theater", uma vez que seu repertório se compõe de *Purim-schpielen*, pelo fato de que atuavam fundamentalmente

---

49. M. Steinschneider, "Purim und Parodie", *Monatschrift für Geschichte und Wissenschaft der Juden*, 1903, p. 88, *apud* Schipper, *op. cit.*, vol. I, p. 162. Sobre a peça vide a descrição de B. Gorin, *Literarischer Verlag*, "Geschichte fun idischen theater", New York, 1918, vol. I, pp. 43-49.

no período da festa de Purim que naquela época durava cerca de quatro semanas. Quem nos traz as primeiras notícias sobre esses teatros itinerantes é o cronista alemão da cidade de Frankfurt, Johann Jacob Schudt, que em sua coletânea intitulada *Judische Merkvürdigkeiten* (*Peculiariedades Judaicas*), publicada em 1717, se refere a elas nos termos que se seguem:

"Não há dúvida que os nossos judeus de Frankfurt comemoram sua festa de Purim e Haman de um modo muito divertido: eles fazem barulho, comem, bebem e ficam muito alegres com e por meio de diversos entretenimentos. Trarei agora alguns interessantes e destacados detalhes. Alguns anos antes do incêndio [em 14 de janeiro de 1711, quando o gueto de Frankfurt pegou fogo] os judeus de Frankfurt organizaram em seu quarteirão um teatro. Isso aconteceu por volta da festa de Purim. O teatro foi criado na casa "Para o branco ou prateado Khan" que naquele tempo pertencia a David Wolf (hoje é rabino em Manheim) e agora pertence à Wertheimer de Viena. Lá foi encenada a comédia *A Venda de José* e nessa ocasião usaram-se de mecanismos que se necessitam comumente nessas encenações. Os atores se mostraram com várias vestimentas. Não faltou também um *pickel-hering* em uma vestimenta colorida que despertou gargalhadas... Os judeus nem poderiam narrar sobre as maravilhas que se poderia ver tais como fogo, céu, trovões e uma multiplicidade de coisas maravilhosas. Lamento que eu tenha sabido tardiamente disso, pois haveria de querer ver essas curiosidades para poder dar ao prezado leitor um relato mais exato. Eles na ocasião encenaram duas comédias, uma sobre David e Golias (essa peça ainda não foi publicada) e a segunda sob o título *A Venda de José*. Representaram, como de costume, um mês inteiro, ou seja, 14 dias antes de Purim e 14 dias após Purim. Devido a que acorriam grandes multidões, postaram frente aos portões da casa de espetáculos dois soldados. Também cristãos se interessaram pelos espetáculos e os foram assistir. No final os mestres-construtores proibiram representar naquela casa. E caso não obedecessem, os mestres-construtores seriam multados em 20 tolers. Podemos deduzir que os judeus deviam ter imenso prazer com as representações pelo fato de que eles publicaram uma das comédias com o alfabeto hebraico-alemão em formato oitavo e nesse ano de 1713 fizeram uma segunda edição pelo fato de a primeira ter sido queimada durante o incêndio"[50].

---

50. Schudt, *op. cit.* II Teil, VI Buch, p. 314, *apud* Schipper, *op. cit.*, vol. I, p. 191.

Eles também encenaram uma comédia *Ahasveros e a Rainha Esther* que foi escrita em comemoração a Purim. Eu recebi um exemplar dessa peça que foi editada no ano de 1708[51].

Schudt nos informa que a mesma trupe que encenou em Frankfurt representou em Metz: "A comédia *A Venda de José* foi encenada durante alguns anos pelos judeus de Metz, pois para lá se dirigiram alguns atores da trupe que antes representaram em Frankfurt e para lá trouxeram um exemplar impresso de *A Venda de José*. Quem me contou isso foi um culto judeu que naquele tempo viu a representação"[52].

Outras fontes fornecem informações sobre a existência de teatros de Purim na primeira metade do século XVIII. No ano de 1720 encontra-se em Praga um teatro organizado pelos estudantes da academia talmúdica do rabino David Oppenheim, como se pode verificar pelo frontispício de uma antiga edição que saiu em 1720 que contém a peça *Acta Ester e Ahasveros*. Os estudantes encenaram essa peça em um palco de um teatro aberto[53]. Outra fonte sobre teatro de Purim é um sermão pregado pelo famoso rabino Jonathan Eybeschutz (1690-1764) em seu livro *Yaarot Dvash* (*Favos de Mel*) no qual admoesta os judeus que frequentam teatros onde se dão "representações, comédias e operas"[54].

A disseminação de teatros itinerantes durante a primeira metade do século XVIII justifica a quantidade de edições de *purim-schpieln* que encontramos em vários lugares e países. Schipper nos informa que no período de doze anos, de 1708 a 1720, foram publicados oito textos de *purim-schpiel* a saber: *1*. 1708, a edição de Frankfurt do *Ahashverus-schpiel*; *2*. 1712, a edição de Frankfurt do *Mechirat Yosef* (*A Venda de José*); *3*. 1714, o *Ahashverus-schpiel* reeditado em Schudt, *Jüdische Merckwürdigkeiten*; *4*. 1714, o *Mechirat Yosef-schpiel* que foi reeditado por Schudt; *5*. 1715, *Zemer LePurim* (*Canção de Purim*) de Schmuel Poppert (um diálogo de Purim sobre Haman) publicado em Hamburgo; *6*. *Aktzion fun Kenig David um Golias* (*O Combate entre o Rei David e Golias*), editado entre 1711-1719 em Hanau; *7*. 1718, edição de Amsterdam do *Ahashverus-schpiel*; *8*. *Acta Esther mit Ahashverus* (*A Estória*

---

51. *Idem*, p. 310, *apud* Schipper, *op. cit.*, vol. I, pp. 191-192.
52. *Idem*, p. 315, *apud* Schipper, *op. cit.*, vol. I, p. 192.
53. Steinschneider, "Purim und Parodie", p. 86, *apud* Schipper, *op. cit.* vol. I, p. 192.
54. Na p. 192 de sua obra Schipper polemiza com B. Gorin, *Di geschichte fun idischen theater*, New York, Literarisher Verlag, 1918, vol. I, p. 56, e interpreta que nessa passagem não há nenhuma proibição referente ao *purim-schpiel* mas às outras representações em geral, comédias e óperas.

de Esther e Ahasveros), editado em 1720 em Praga. Deve-se levar em conta que, além dos textos editados, circulava grande quantidade de manuscritos de *purim-schpiel*, ainda que parte considerável tenha se perdido com o passar do tempo[55]. Mas alguns encontravam-se nas bibliotecas de Leipzig, Berlim, Munique e no British Museum, nas quais trabalharam estudiosos como Steinschneider e Schipper.

Sabe-se que a companhia que representou em Frankfurt teve como organizador do teatro itinerante daquela cidade um tal de Berman de Limborg e era composta por estudantes das escolas talmúdicas de Praga e Hamburgo[56]. Eles representaram em várias cidades da Alemanha, Alsácia e também na Polônia e Lituânia. Na peça *Mechirat Yosef* (*A Venda de José*) aparecem os personagens bíblicos, com exceção da figura cômica, um "egípcio" que tem o nome de *Pickelhering*, que na verdade representa a figura histriônica popular encontrada em todos os países europeus cujo nome está associado a comida. Na Holanda e também na Inglaterra ele é denominado Pickelhering, na França Jean Potage, na Itália Sinior Maccaroni, na Alemanha Hans-Wurst e na Inglaterra Jack Puding.

Mas o destino do *Purim-schpiel* será duplamente selado. De um lado, transformar-se-á no teatro popular de caráter cômico, de gosto duvidoso e humor grosseiro condenado pelas camadas mais refinadas e pelos rabinos, e, de outro, o *Purim-schpiel* desembocará no drama do tipo *Mechirat Yosef*. Também os atores estarão divididos pelo nível de suas apresentações ou pelo caráter de seus textos e os *bachurei-ieshivot* (estudantes de escolas talmúdicas) preferirão afastar-se do modelo histriônico que lhe deu origem. Sabemos que a comédia do *Ahashverosh-schpiel* foi proibida pelos responsáveis (*parnassim*) pela comunidade de Frankfurt e seus exemplares foram queimados. Quem nos relata o fato é Schudt, que menciona que seu informante judeu lhe disse que "os judeus se envergonham dessa comédia de Haman ou do assim denominado *Ahashverosh-schpiel* e gostariam de se livrar dele"[57]. Em Metz na ocasião em que o teatro itinerante de Berman encenou o *Mechirat Yosef-schpiel* ocorreu uma peste, ao redor do ano 1711, que matou muita gente, e os ortodoxos atribuíram o fato à profana representação da

---

55. Schipper, *op. cit.*, vol. I, pp. 193-194.
56. Schudt, *op. cit.*, pp. 314-315, *apud* Schipper, *op. cit.*, vol. I, p. 195. B. Gorin (*op. cit.*, p. 50) afirma que a peça *Mechirat Yosef* foi escrita por Berman de Limborg e encenada em 1710 com estudantes da *ieshiva* de Frankfurt juntamente com alguns de Hamburgo e Praga, sendo encenada com decorações e roupagens e todos os recursos necessários para a apresentação.
57. Schipper, *op. cit.*, vol. I, p. 206.

Foto da montagem da peça *Hamans Mapule* (*A queda de Haman*), de autoria de H. Sloves, dirigida por Zygmunt Turkow que interpreta o papel de Ahasveros. Direção musical de Leia Gombarg. Teatro A.B.I., Rio de Janeiro, 17, 18 e 25 de setembro, 1949. Fonte: Acervo A. Rumchinsky.

narrativa bíblica. O tom de indignação do rabino Jonathan Eybeschutz vai mais além da simples profanação do texto das Escrituras Sagradas ao dizer no *Yaarot Dvash*: "Vi kon me trogen in hartzen dem troier vegen Yerushalaim, ven men kukt zich tzu vi komedianten schpielen" (Como podemos carregar em nossos corações a tristeza sobre Jerusalém se ficamos assistindo a representações de comediantes)[58].

Paralelamente a esse desenvolvimento o velho *Purim-Schpiel* continuará vivo em nosso tempo e seguirá seu curso independente como uma alegre manifestação e brincadeira atrelada à festa de Purim, sob formas e modalidades diferentes mas já distanciado da arte teatral propriamente dita[59].

Contudo, e apesar das proibições, a oposição ao teatro de nada adiantou uma vez que ele já se encontrava enraizado nas camadas populares judaicas a ponto de ser a ortodoxia obrigada a reinterpretar a proibição talmúdica de *moshav leitzim*, o sentar-se entre os bufões e comediantes e de que "não se deve ir aos teatros". Esse olhar é expresso pelo rabino polonês Moshe Kunitzer ao declarar que o teatro é um entretenimento sem malícia e que o Rambam (Maimônides) não endossava a proibição talmúdica[60]. Porém, dentre a ortodoxia, tais vozes ainda eram isoladas. Do mesmo modo, assim como entre os adeptos de Lutero e Calvino e os puritanos ingleses, o teatro itinerante continuou a ser visto como um antro de perdição. Somente com o Iluminismo judaico no final do século XVIII moldar-se-á uma nova postura intelectual frente a arte teatral e desse movimento sairão os primeiros dramaturgos do teatro ídiche.

---

58. B. Gorin, *op. cit.*, p. 55.

59. Ver o artigo de Jacob Shatzky, "An Achashverosh-Schpiel in Prog mit 100 yohr tzurik – Sigfried Kapper zichroines un tekst fun a Purim-Schpiel" ("Um Achashverosh-Schpiel em Praga há 100 anos passados – As memórias de Sigfried Kapper e um texto de Purim-Schpiel"), *Archiv far der geschichte fun idischen theater un drame* (*Arquivo para a história do teatro ídiche e drama*), I, Vilna, YIWO, 1930, pp. 159-174.

60. *Idem*, p. 207.

ORIGEM DO TEATRO ENTRE OS JUDEUS: O PURIM-SCHPIEL

CAPÍTULO 2

Os primeiros dramaturgos do teatro ídiche

Na segunda metade do século XVIII o movimento da Aufklärung (Iluminismo, Haskalá em hebraico) tomou corpo no judaísmo da Alemanha tendo como uma de suas aspirações centrais a aproximação e o conhecimento da cultura europeia, estando incluso nela a sua rica dramaturgia. De início vemos que os *maskilim* que conheciam a língua hebraica procuraram expressar por meio dela um gênero ainda pouco familiar aos judeus, ou seja, a literatura dramática já cristalizada no velho continente. A tradução de dramaturgos clássicos como Racine (1639-1699) que abordaram temáticas bíblicas motivaram autores judeus daquele período a reelaborar os mesmos temas. Entre esses temas encontra-se a narrativa bíblica de Judite que por sua dramaticidade, serviu de inspiração a autores como David Franco Mendes (1713-1792) que escreveu o *Teshuat Israel biedei Yehudit* (*A Salvação de Israel por Judite*) e *Gemul Atalia* (*Recompensa de Atália*). Essa última peça inspirou-se na *Athalie* de Racine, escrita em 1691. Também o autor italiano de pseudônimo Metastasio, Pietro Antonio Domenico Trapasi, utilizou-se do tema. Racine, ao publicar o drama *Esther* (1689), novamente ensejaria a que autores judeus retomassem o tema como o fez o *maskil* Yosef Halteren e muitos outros após ele, até os nossos dias[1]. Devemos lembrar que o tema de Esther fora central nos primórdios do Purim-Schpiel e agora o vemos como um tema incorporado ao teatro clássico da Europa iluminista através da obra de Racine, o qual, por sua vez, passará à língua hebraica para atender as ambições intelectuais da Haskalá.

Mas, enquanto os representantes da Haskalá viam o hebraico como a única língua digna para a criatividade literário-dramática e o ídiche,

---

1. Gustav Philippson (1814-1880) traduziu a peça de Racine para o alemão.

que denominavam "jargão", apenas como uma língua popular secundária adequada à ampla comunicação verbal das massas que a falavam em toda a extensão da Europa centro-oriental, o teatro judaico apenas estaria dando seus primeiros passos. A própria temática desse teatro estava longe de refletir a moderna vida judaica, que, ironicamente, uma primeira comédia escrita em ídiche saída da pena de um *maskil* adepto dos ideais do Iluminismo, pode expressar: trata-se da comédia *Leichtsinn und Frömmelei* de autoria de Aaron (Halle) Wolfsohn (1754-1835) que foi redator, juntamente com o *maskil* Joel Löewe, do periódico *HaMeasef* (1784-1797). Era um *maskil* conceituado e dos primeiros após o fundador do Iluminismo, o notável Moisés Mendelsohn, cujos passos seguiu fielmente, ao traduzir as Escrituras Sagradas para o alemão e escrever comentários sobre as Meguilot, os textos das Escrituras Sagradas, entre outros trabalhos. Certamente escreveu a peça em ídiche com a intenção de transmitir suas convicções iluministas a um círculo maior de pessoas das camadas populares de seu tempo. A sua comédia contém uma forte crítica ao fanatismo manifesto em certos círculos observantes da religião judaica mas ao mesmo tempo sua crítica não poupa o falso Iluminismo que representa o outro extremo da sociedade judaica de seu tempo, extremo esse que levaria à assimilação cultural e perda da verdadeira identidade. Wolfsohn, que vivia na Alemanha e acompanhava o que se passava no Iluminismo inaugurado por Mendelsohn, também soube avaliar as consequências negativas do movimento.

Outro contemporâneo de Wolfsohn e seu amigo, Isaac Abraham Euchel (1756-1804), teve um papel central no Iluminismo judaico do século XVIII e, junto com Mendel Breslau e outros, fundou a Gesellschaft der Hebräischen Literaturfreunde (Chevrat Dorschei Lashon Ever, Sociedade dos Amigos da Literatura Hebraica) e foi um dos fundadores do periódico *HaMeasef*. Escreveu uma peça satírica intitulada *Reb Henoch oder Wos tut me damit* (*O Rabino Henoch, ou o Que se Pode Fazer com Isso*), que satirizava os costumes da sociedade judaica de Berlim de seu tempo. Na verdade, as peças de ambos os autores não tiveram longa existência e acabaram no decorrer do tempo sendo esquecidas e postas de lado. De certa forma isso também ocorreu com *maskilim* da Europa Oriental, ainda que possamos encontrar visíveis diferenças no tocante ao uso da língua ídiche em parte da *intelligentsia* dessa região que, apesar de considerá-la secundária, não a deixavam de empregá-la como meio de comunicação na vida cotidiana.

A Haskalá, nascida primeiramente na Europa Central, se estendeu à Galitzia e à Rússia Imperial, territórios nos quais viviam milhões de judeus que falavam o ídiche. E não é de estranhar que dali surgiriam dois grandes precursores da literatura dramática judaica: Schlomo Ettinger (1802-1856) e Israel Aksenfeld (c. 1787-1866).

Com razão escreve Gorin que "não há nenhuma dúvida de que de todos os escritores dramáticos que escreveram em ídiche até Goldfaden foi o Dr. Schlomo Ettinger quem exerceu a maior influência para o desenvolvimento do drama judaico e com ele começa a verdadeira história do teatro judaico na Rússia"[2].

Ettinger nasceu em Zamosc, de uma família de estudiosos e com recursos que lhe permitiram estudar medicina em Lemberg, não antes de ter recebido uma educação tradicional. Convicto dos ideais iluministas, acreditava que a situação precária dos judeus e as perseguições eram decorrentes de seu afastamento do trabalho produtivo e agrícola. Curiosamente se instalou com a família, perto de Zamosc, em uma colônia rural que fundou, passando depois a viver em Odessa. Escreveu pequenos contos, poesias, canções e peças, parte das quais se perdeu restando apenas curtos fragmentos. Mas seu nome se imortalizou com a peça *Serkele*, que passou a integrar o repertório do teatro ídiche e teve certa influência nos consagrados dramaturgos Abraham Goldfaden e Jacob Gordin. Daí ser denominado o "pai do teatro ídiche".

A trama da peça *Serkele* se passa no século XIX e gira ao redor da figura de uma mulher judia que não é exatamente o tipo ideal da *eshet chail*, a mulher virtuosa descrita no livro dos Provérbios, mas que representa um personagem cheio de vida que encarna uma rica fabulação imaginada por seu autor. Ettinger, que escreveu a peça entre 1825 e 1826, provavelmente não chegou a vê-la encenada e a obra foi impressa somente a partir de 1861, o que evidencia que era conhecida até essa data em cópias manuscritas[3]. Resumindo, a trama começa quando a família de Serkele recebe uma notícia de que seu irmão, que saíra para uma longa viagem,

Schlomo Ettinger (1802-1856) um dos precursores do teatro judaico moderno, autor da peça *Serkele*. Fonte: B. Gorin, *Di geschichte fun idischen theater*, vol. 1. New York, Literarischer Ferlag, 1918.

---

2. B. Gorin, *Di Geschikhte fun Idischin Theater*, New York, Literarische Ferlag, 1918, p. 90.
3. Em artigo de Max Weinreich intitulado "Fir umbakante theaterschtik fun mitn 19tn yohrhundert" ("Quatro Desconhecidas Peças Teatrais do Século XIX"), *Archiv far di geschichte fun idischen theater um drame*, I, Vilna, YIWO, 1930, pp. 175-238, o autor nos fala de um manuscrito de Wolf Demant (1830-1897) contendo a peça *Serkele* e outras, até então desconhecidas, de autoria de Yeshaiahu Guttman, Hirsh Reitman, Yeshaiahu–Meir Finkelstein, *maskilim* que antecederam Abraham Goldfaden.

Abraham Ber Gottlober (1811-1899), autor da peça *Der dektuch oder tzvei chupes in ein nacht* (O véu ou dois casamentos em uma noite). Fonte: B. Gorin, *Di geschichte fun idischen theater*, vol. 1. New York, Literarischer Ferlag, 1918.

havia falecido. Serkele falsifica o testamento de seu irmão e todo o patrimônio que lhe pertencia passa às suas mãos. A filha única do irmão é criada pela família de Serkele, ainda que o relacionamento com ela não seja satisfatório. Serkele é mãe de uma única filha que se relaciona com um comerciante que acaba por se revelar um ladrão e impostor. Por fim, o irmão de Serkele, supostamente morto, volta em paz a seu lar e ela é obrigada a lhe restituir todo o seu antigo patrimônio[4].

Devemos observar que há uma notável continuidade no desenvolvimento da arte dramática nessa primeira fase da história do teatro ídiche uma vez que seus autores pertencem ao mesmo meio da Haskalá russa e tiveram um contato pessoal uns com os outros conforme os testemunhos que nos deixaram. Assim Abraham Ber Gottlober (1810-1899), em suas memórias *Zichronot mi Yemei Neurai* (*Memórias de Minha Juventude*, Varsóvia, 1880-1881), que também terá um papel pioneiro no teatro ídiche, recorda que conheceu Ettinger em 1837 numa ocasião em que pensou ter adoecido de cólera. Ettinger, ao atender ao seu chamado como médico, lhe disse que era melhor não dar importância a sua doença mas ouvir a leitura que lhe faria nesse exato momento da peça *Serkele*. Gottlober, com isso "ficou curado"[5]! Ele dirá que o "Doutor Ettinger me gerou a vontade de escrever em jargão e em 1838 escrevi a comédia *Der Dektuch* (*O Véu de Matrimônio*) ou *Zvei chupes in ein nacht* (*Dois Casamentos em uma Noite*). Mais tarde foi publicada em Varsóvia com a omissão do nome do autor[6].

Um outro *maskil* daquele tempo, Abraham Jacob Papierna (1840-1919), relata que Abraham Goldfaden foi aluno de Ettinger. Não somente aprendeu com ele o hebraico mas teve em sua casa contato com a música judaica. O fato é que, em 1862, quando o famoso erudito Haim Zelig Slonimsky assumiu a direção do seminário rabínico de Jitomir, que se caracterizava pela liberdade intelectual, sua esposa tomou a iniciativa de encenar a peça *Serkele* com os estudantes da famosa escola da qual saiu uma plêiade de notáveis estudiosos. Entre os estudantes que tomaram parte na encenação encontrava-se Goldfaden, o futuro pai do teatro

---

4. A edição da Vilner Farlag de B. Klatzkin, 1925, dos *Ale ktuvim fun Dr. Schlomo Ettinger* (*Todos os Escritos de S. Ettinger*), edição preparada e prefaciada por Max Weinrich, vol. II, intitula a obra *Serkele, oder di yohrtzeit noch a bruder* (*Serkele, ou o Aniversário de Falecimento de um Irmão*). Nesse esmerado volume ainda se encontram as peças *Der feter fun Amerike* (*O Tio da América*) e *Di freileche yungeleit* (*Os Jovens Alegres*) e outros pequenos contos, fábulas e poemas.
5. Gorin, *op. cit.*, p. 97.
6. *Idem*, p. 98.

ídiche, que assumiu o papel mais difícil: o de Serkele. Porém interessante acontecimento para a história do teatro ocorreu anos antes, em 1854, e é narrado pelo historiador Jacob Schatzki: "Dois estudantes do mesmo seminário rabínico de Jitomir encenaram em Berditchev uma peça em ídiche, polonês e russo em benefício dos soldados feridos na guerra russo-turca e que seria uma antecipação de uma apresentação em ídiche"[7].

Naquele tempo, após Ettinger, temos a importante contribuição de Israel Aksenfeld (1787-1866). Nascido em Nemerov, inicialmente foi adepto da *hassidut* de Nachman de Bratzlav, passando mais tarde a se identificar inteiramente com o movimento da Haskalá cujo contato inicial teve primeiramente na Galitzia e na Rússia. Dotado de um talento especial para negócios, foi provedor do exército russo e com isso viajou por vários países e regiões acumulando um conhecimento sobre a sociedade e os homens, que lhe forneceria a matéria-prima fundamental para o seu trabalho literário. Sua produção literária foi significativa, ainda que boa parte tenha se perdido. Mais tarde passou a viver em Odessa, onde exerceu a profissão de notário, tradutor juramentado e advogado, transformando sua casa num centro de reunião de intelectuais sempre aberto a elementos de várias origens sociais. Começou a escrever efetivamente nos anos 1830 justamente quando o czar Nicolau I promulgou a extinção das gráficas-editoras judaicas na Rússia, em 27 de novembro de 1836, o que o impediu de publicar parte de seus trabalhos[8]. Suas duas obras, *Dos schterentichel (A Faixa da Fronte)*, um romance[9], e o drama *Der erschter idischer rekrut (O Primeiro Recruta Judeu)*, que entrou no repertório do teatro ídiche, foram publicadas

---

7. J. Schatzki, "Tzuschteier tzu der geschichte fun dem fargoldfaden theater" ("Contribuição à História do Teatro Pré-goldfadeniano"), *Idisch Theater*, Varsóvia, vol. I, janeiro-março, de 1927, pp. 277-299. Schatzki, no mesmo artigo (pp. 288-299), menciona realizações teatrais pré-goldfadenianas em Varsóvia, respectivamente em 1838 e outras a partir de 1868, ano em que uma trupe representou *Yaacov und zane zehne (Jacob e seus filhos)*. A trupe representou várias peças até se dispersar aproximadamente em 1870.

8. A data fornecida pelo *Lexicon fun der neier idischer literatur (Léxico da Nova Literatura Judaica)*, New York, Congress for Jewish Culture, 1956, vol. I, s. v. "Israel Aksenfeld", pp. 160-164, é 27 de outubro de 1836. Mas o artigo de Pinchas Kon, "Di proyektirte idische drukerei in Kiev in di yohren 1836-1846" ("As Editoras Judaicas em Kiev nos Anos 1836-1846"), *Bicher-Velt*, Varsóvia, n. 3, 1 de março de 1929, p.31, confirma a data dada no texto acima.

9. O *schterentichel* era uma faixa na altura da fronte ricamente ornada que as mulheres usavam como enfeite. A título de curiosidade, na edição dos escritos de Ettinger, mencionada acima, nota 2, encontramos na p. 543 um fragmento de um poema de sua autoria que se refere ao *schterentichel* assim começa: "A primeira que criou uma faixa para a fronte (*schterentichel*), e para lindas mulheres uma bela joia elaborou, era bordada, lisa, longa e larga e ornamentada com diamantes e pérolas..."

somente em 1861. Sua peça trata de um capítulo trágico da história dos judeus na Rússia, isto é, do recrutamento obrigatório de jovens judeus para servirem durante 25 anos no exército czarista e eram conhecidos pelo nome de "cantonistas". Além dessas obras Aksefeld escreveu outros dramas como o *Man un veib, schvester un brider* (*Esposo e Esposa, Irmã e Irmão*), publicado em 1870, além de outras. A peça *Der erschter idischer rekrut*, por outro lado, espelha as limitadas condições da vida judaica na "Zona de Residência" em que os judeus estavam confinados na Rússia czarista. No entanto, o "cantonismo", com toda a sua crueldade, não deixou de ser interpretado por alguns como uma abertura para que os judeus, ao servirem o exército, tivessem a possibilidade de viver e atuar comercialmente em outros territórios do Império. Essas visões antagônicas e polêmicas estão embutidas no texto da peça.

Um momento decisivo para a evolução da dramaturgia judaica se deu com a obra de Abraham Ber Gottlober, lembrado acima. Oriundo de família próxima ao espírito da Haskalá, teve uma educação tradicional e ao mesmo tempo voltada para a literatura hebraica. Como era comum na época, Gottlober casou-se com a idade de 14 anos com a filha de uma rica família "chassídica" em Chernigov, mas sua sede de conhecimento o levou a dedicar-se aos estudos seculares contra a vontade de seu sogro que impôs que o jovem casal se divorciasse. Gottlober passaria por mais um casamento e ainda um terceiro que o levou a se estabelecer em Kremenetz, onde veio a conhecer o influente e notável *maskil* Isaac Ber Lewinsohn (1788-1860), cognominado o "Mendelsohn da Rússia" devido ao papel central que exerceu na difusão dos ideais da Haskalá no Império Czarista. Através do contato com um *maskil* ele tomara conhecimento da obra de Moisés Mendelsohn e da obra de Johann Gottlob Lessing *Nathan der Weise* (*Nathan, o Sábio*), inspirado na própria figura de Mendelsohn.

Gottlober, após ter lecionado durante muitos anos em escolas governamentais judaicas, exerceu a função de professor na famosa escola rabínica de Jitomir até 1873 quando a mesma foi fechada. A partir dessa data passou a residir em várias cidades da Rússia até se estabelecer definitivamente em Byalistok, onde morreu na maior solidão e pobreza.

Como todo *maskil* daquele tempo, sua produção literária foi escrita em boa parte em hebraico sem que, no entanto, deixasse de dar uma contribuição pessoal à literatura ídiche. De início publicou poemas e, a partir de 1874, ao se mudar para Viena, traduziu a obra de Lessing, *Nathan der Weise*, colaborou ao mesmo tempo com o escritor Perez Smolenskin,

(1842-1888) no periódico *HaShachar* (*A Aurora*). Somente quando este órgão atacou a Haskalá berlinense e a Moisés Mendelsohn, ele se afastou do periódico e fundou um mensário de nome *HaBoker Or* (*A Manhã*), que perdurou de 1876 a 1886, tanto em Lemberg quanto em Varsóvia. Com o término desse periódico, dedicou-se, entre outros trabalhos, a publicar suas memórias e a coletânea de seus poemas. Sabemos também que era um estudioso voltado ao conhecimento histórico dos Karaítas, da Cabala e da Hassidut, o movimento pietista do século XVIII, do qual fora severo crítico desde que vivenciara a profunda decepção com sua religiosidade ocorrida com o trauma de seu primeiro casamento. Nesse sentido, não deixou de ser um dos primeiros a chamar a atenção para essas temáticas, em especial para o estudo da Cabala. Sua mais importante produção em ídiche se dá entre o período de 1840 e 1870 durante o qual escreveu poemas, sátiras e parodias, destacando-se a comédia teatral *Der dektuch oder Tzvei chupes in ein nacht*, escrita em 1838 e somente publicada em 1876. A trama da peça se resume numa inversão ou troca de casamentos entre dois casais apaixonados, que deviam casar-se na mesma noite, e que, devido a defeito físico um dos pretendentes teria seu rosto ocultado com um lenço (*dektuch*) perante a noiva que lhe fora prometida. A quase-farsa do texto, no entanto, contém, em certos momentos – em especial associado a Freidele, uma das noivas – um lirismo inspirado em Schiller: *An der Quelle sas der Knabe* (*Junto à Fonte Está Sentado um Jovem*). Gottlober introduz canções e rimas, visto que, segundo Gorin[10], não supunha que sua comédia pudesse ser representada em um palco. Nessas canções não perderá a oportunidade de satirizar rabinos e *chassidim* (piedosos) e sua hipocrisia. Gottlober ainda escreveria um drama alegórico em hebraico *Tiferet lebnei biná* (*Glória para os Sábios*), mas que não teve o sucesso de sua peça em ídiche.

Nos anos 60 do século XIX, além dos autores mencionados, outros autores antecederam a Goldfaden, que representa o *turning-point* e o verdadeiro marco histórico da dramaturgia na língua ídiche, servindo de pedra angular para a construção do moderno teatro judaico. Certas peças, de pouco valor e de autoria desconhecida, eram adaptações de peças teatrais de origem não judaica, e nem sempre tiveram espaço para serem representadas. Gorin, em sua obra, as diferencia de uma peça que foi publicada em 1874 em Vilna, intitulada *Di veiberische kniplach* (*As Miúdas*

---

10. *Op. cit.*, pp. 120-121.

Economias das Mulheres) que aparece sob a autoria de Y. M. Volman mas cujo real autor é Ludwig Lewinzon, que a havia entregue ao primeiro para ser editada. Trata-se de uma comédia leve e bem articulada e cujo tema gira em torno de uma dívida de impostos acumulados que a comunidade local deveria pagar ao sucessor do nobre local. No final são as mulheres que encontram uma saída honrosa para o grave problema que torturava a população judaica daquela localidade.

Um drama digno de figurar no repertório teatral da época que antecede a Goldfaden é de autoria de Shalom Jacob Abramowitch (1835--1917), que ficará conhecido com o nome de Mendele Mokher Seforim. A peça, que leva o nome de *Takse, oder die bande schtot baalei-tovot* (*Imposto ou a Gangue dos Benfeitores da Cidade*), trata da atitude arbitrária e desonesta dos mandatários de uma cidade que embolsam sem escrúpulos os impostos sobre a carne e as velas que os judeus deveriam pagar, mas se deparam com um *maskil* idealista que se rebela contra essa situação e procura mudar tal estado de coisas, apesar da hostilidade de parte da população. A sátira é voltada contra os *parnasim*, representantes da comunidade, que manipulam os assuntos concernentes a ela em seu próprio benefício e interesses. A peça provocou a ira dos componentes do conselho da cidade de Berditchev, na qual se encontrava, que o obrigou a sair e se estabelecer em Jitomir. Futuramente, boa parte de sua obra literária, que, sob todos os aspectos, se tornou um modelo clássico para os escritores que viriam a escrever em ídiche, expressará o modo de vida dos judeus das aldeias da Europa Oriental tendo como fundo a sociedade cristã com a qual se relacionavam. Sobre ele ainda teremos oportunidade de falar em outro contexto de nosso trabalho. É preciso lembrar que Abramowitch, ou Mendele Mokher Seforim, conheceu ainda jovem a Abraham Gottlober quando ambos viviam na cidade de Kamenetz-Podolski, e compartilharam dos mesmos ideais da Haskalá escrevendo em hebraico e em ídiche.

Gorin nos informa, baseado em documentação arquivística, que as primeiras representações teatrais modernas, ou pelo menos a tentativa de representá-las, remontam aos anos 30 do século XIX. Isso se comprova por um pedido de permissão às autoridades de Varsóvia feito por um tal de David Helin, em 1837, e pelo visto pedidos dessa natureza, sempre perto dà festividade de Purim, se sucederam nos anos seguintes. O interessante é que as negativas para a realização dessas representações teatrais se fundamentam na opinião de representantes da comunidade judaica que alegam serem tais peças representadas numa "língua impura" (ídiche) e atentatória à moral, o que denota claramente a oposição de alguma autoridade que tinha profundo desprezo pelo "jargão"[11].

Antes de 1862, quando se encenou a peça *Serkele* de Ettinger no seminário rabínico de Jitomir e Goldfaden se revelou como ator, dois alunos dessa mesma escola, mais interessados em teatro do que no estudo do Talmude, já haviam encenado nos anos 1850 peças em ídiche e russo na cidade de Berditchev. Ali se encontravam soldados e oficiais do exército russo que se encantaram com as encenações, mesmo que não entendessem o ídiche. O sucesso lhes valeu um agradecimento de parte das autoridades militares, uma vez que os espetáculos foram em benefício dos soldados feridos na guerra de Sebastopol[12].

Um outro fator, entre os demais, que se conjugou para dar início a um teatro judaico moderno foi o aparecimento dos cantores profissionais, durante os anos 1850, 1860, e 1870, isto é, até Goldfaden, conhecidos como Broder Singer. Seu nome se deve à cidade de Brody, na Galitzia, lugar onde apareceram esses primeiros cantores que, se de início cantavam com gestos e mímicas, acabaram por inserir curtos diálogos em prosa relacionados com os temas das canções que entreteniam o limitado público formado por gente dos estratos mais humildes que frequentavam as tavernas e as caves de vinho daquela região. Perambulavam pela Galitzia, Romênia e de lá chegavam às aldeias e cidades da Rússia czarista. Ao cantarem se apresentavam vestidos com roupas adequadas aos tipos ou personagens de suas canções, seja de um *chassid*, ou de um alfaiate, sapateiro ou ainda de um "alemão", o que implicava também o uso de uma maquiagem para acentuar os traços de seus figurantes. Ainda que não tivesse o material para maquiagem, podiam improvisar e utilizar-se de um fósforo queimado para enegrecer e desenhar traços em seu rosto bem como se utilizar de um papel vermelho para enrubescer suas faces. Se de início, em Brody, eram cantores isolados, ao se juntarem com outros podiam fazer duetos, com uma apresentação introdutória das músicas intercalando diálogos e mesmo finalizar o espetáculo com uma dança. Sabemos que alguns atores bem-sucedidos saíram desse meio para revelarem seus talentos artísticos no teatro judaico propriamente dito.

---

11. Gorin, *op. cit.*, pp. 132-135. Sabe-se que a atitude avessa ao "jargão" era associada a um Abraham Paparaski, professor do seminário rabínico de Varsóvia, que, ao contrário do que ocorria em Vilna e Jitomir, acabou por ter alguns estudantes que se converteram ao cristianismo.

12. Gorin, *op. cit.*, pp. 137-143. Tudo indica que se trata do mesmo acontecimento narrado por Shatzki.

A figura de Motke Habad representa os atores errantes que entretinham os frequentadores nas tabernas da Europa Oriental recebendo o nome de *Broder Singers* (Cantores errantes), nome associado à cidade de Brody na Galitzia. Com o surgimento do teatro profissional eles acabaram integrando-se às primeiras trupes do teatro ídiche. Fonte: Jacob Schatzki, *Archiv far der geschichte fun idischer theater un drama.* Vilna, Yiwo, 1930, p. s/n)

Um grupo entre os primeiros atores do teatro ídiche na Europa que atuaram como *Broder Singer:* C. S. Lukatcher, Avraham Axelrod, E. Margulis e Israel Grodner. Fonte: Zalme Zylberzweig, *Album of the Yiddish Theatre.* New York, Elisheva, 1937.

Gorin nos lembra que o primeiro dos Broder Singer foi um tal de Yakovke que se apresentava com uma "companhia" de três ou quatro pessoas. Era um jovem padeiro e, quando foi mobilizado para o exército, serviu em Viena onde pôde observar os cafés-cantantes alemães e concluiu que também poderia fazer algo semelhante para os judeus. Possuía boa voz e também compunha canções e com seu pequeno grupo se apresentava onde quer que fosse possível. Mais tarde surgiu Efraim Broder, que fora *chazan* (chantre de sinagoga) e possuía um belo timbre, e juntamente com mais alguns cantores cantavam canções que caracterizavam a vida chassídica. No final dos anos 1860 apresentava-se Moshe Kop, que se fazia acompanhar com uma harmônica e obtinha grande sucesso nos lugares em que se apresentava. Em sua companhia encontrava-se o talentoso Moshe Taich que mais tarde tornou-se um dos primeiros atores profissionais[13]. Seus nomes são lembrados como verdadeiros precursores da arte de representar no teatro ídiche.

Zygmunt Turkow, que ingressou no teatro ídiche sob a orientação da notável Esther Rochel Kaminska, considerada a mãe do teatro ídiche, conta que foi incentivado a conhecer as origens do teatro judaico devido aos relatos da famosa atriz e isso o levou a procurar material documental com a finalidade de criar um museu do teatro judaico[14]. O material seria doado, em 1926, ao YIVO (Instituto Científico Judaico, naquele tempo sediado em Vilna). Esther Rochel Kaminska lhe havia contado sobre os Broder Singer e Turkow, ansioso por recolher testemunhos sobre os mesmos, deslocou-se até Brody mas, para sua decepção, ali não obteve qualquer informação sobre esses cantores. Foi somente em Lemberg (Lvov), em 1938, quando Turkow e sua famosa companhia "Vikt" (Varshever Idischer Kunst-Theater, Teatro Artístico Judaico de Varsóvia)[15] se apresentaram naquela cidade é que pôde encontrar um material significativo sobre esses cantores-atores errantes. Ele relata que "encontramos um velho de nome Weitz, um último moicano dos antigos *brodersinger*, que ainda se lembrava de várias canções de seu repertório. Mas o que me alegrou sobremaneira foi encontrar uma

---

13. Gorin, *op. cit.*, p. 144.
14. Z. Turkow, *Schmussen vegen theater* (*Conversações sobre Teatro*), Buenos Aires, Unzer Buch, 1950, pp. 156-177. O mesmo texto sobre os Broder Singer foi publicado no livro de Schlomo Prizament, *Broder Singer*, Buenos Aires, Tzentral-farband fun Poilische Idin in Argentine, 1960, pp. 17-33.
15. Sobre o Vikt vide J. Guinsburg, *Aventuras de uma Língua Errante*, São Paulo, Perspectiva, 1996, pp. 394-401.

מאָסקע חב״ד

taberna, na qual, de tempos em tempos, ainda se representava de acordo com a tradição dos *brodersinger*". Turkow, naquele ano, encenaria uma peça de sua autoria, *Di Brodersinger*, com um repertório musical elaborado pelo poeta Israel Aschendorf e pelo músico-compositor Schlomo Prizament, este último incansável autor do resgate de sua rica tradição musical. Curiosamente, Turkow seguiu, em sua peça, a velha tradição ao interpretar o papel feminino da "vovozinha" uma vez que naquela fase inicial mulheres não tomavam parte em suas apresentações, o que somente ocorreria mais tarde, quando os *brodersinger* se casariam com moças que integrariam suas trupes, formando companhias ou grupos familiares. Mesmo no teatro de Goldfaden certos papéis cômicos femininos a exemplo a da "vovozinha" ou da "feiticeira" eram, por vezes, representados por homens.

Turkow lembra, em seu escrito, os primeiros nomes dos Broder Singer: o já mencionado Yankevke, o vienense, Efraim de Brody, Moshe Taich, Moshe Kop, Finkel e Grodner, Goldstein, Hano Schtrudler, Yosef Desser, Yoel Glanz, Leizer Rozenschtein, Shalom Podzamtche, Yona Reizman, alguns dos quais ingressaram na companhia teatral de Goldfaden.

O sucesso dos Broder Singer se deve, entre outros fatores, à sua percepção e identificação com a mentalidade popular própria das massas judaicas da Europa Oriental. O repertório de suas canções era composto de temas moralistas, sociais e comunitários. Boa parte desses temas estavam associados à situação dos judeus decorrente dos contínuos conflitos ou guerras naquela região do continente europeu e expressavam o desejo de paz como a única saída para os sofrimentos daquelas populações. A canção *Schlom-bais* (*Paz no lar*) é característica desse sentimento que aspira à fraternidade entre os povos e nações assim como entre os seres humanos no plano pessoal e familiar. Um segundo tema recorrente nas canções era o antichassidismo, pois esses viam os cantores vagantes com suspeita e pouco dados a uma conduta religiosa de acordo com os padrões da ortodoxia. Suas canções também satirizam e criticam os ricos e seu modo soberbo de se conduzir diante dos mais humildes[16].

Gorin em sua obra se refere a Velvel Zbarger (Wolf Ehrenkranz), um *broder-singer*[17], autor da canção *Der Ganev* (*O Ladrão*) que serviu a uma dessas companhias primitivas e elaborou uma pequena encenação na qual um judeu aparece sentado sobre sua cama e diz a oração usual antes de dormir. Um ladrão entra em seu quarto e começa a coletar os pertences que encontra, acordando o proprietário. Este começa a gritar afugentando o ladrão que é logo capturado pela polícia que o leva novamente à casa que pretendia roubar. Nesse momento, o ladrão começa a cantar a canção *Der Ganev*. O mesmo tipo de encenação é feita ao redor de uma melodia denominada *Der vikuach tzvischen chassid un daiscth* (*A Discussão entre o Chassid e o Alemão*). O enredo é baseado na estória de um *melamed* (professor) que ensina um menino no *heder* (escola de iniciação ao estudo da Bíblia Hebraica) e lembra que está na hora de ir à sinagoga. Logo, porém, retorna com a aparência de um "alemão" e o garoto percebe que na verdade é um irmão de seu *melamed* que viajara ao exterior para estudar e agora voltava para casa. O recém-chegado que fala somente alemão, língua que o jovem não entende, lhe explica os fundamentos da Haskalá (Iluminismo) argumentando, ao mesmo tempo, contra o chassidismo. Terminado o "discurso", o personagem começa a cantar uma canção que

---

16. O livro de Prizament, citado em nota anterior, reúne uma rica coletânea de canções tradicionais dos Broder Singer, de vários autores e de sua própria autoria.

17. Sobre ele vide "80 Yohr idisch theater in Rumenie", artigo de Isroel Bercovitch e Schoss-Roman in *Achtzig Yohr Idisch Theater in Rumenie*, Bucarest, Bucarester Idischen Meluche theater, 1956, pp. 20-76.

é respondida pelo aluno e no final a cena completa-se com um dueto. Autores de canções como Velvel Zbarger, Eliakum Zunzer assim como Isaac Joel Linetsky e Abraham Goldfaden enriqueceriam o folclore judaico através do teatro que despontara como arte voltada às multidões de língua ídiche e no qual as canções, nessa fase, tinham um papel criador central para a elaboração da "prosa" no teatro.

Na Rússia, nos inícios dos anos 1870, destacam-se Israel Grodner e Moishe Finkel cujo centro de atuação encontrava-se em Odessa e ali cantavam suas canções encenadas nas adegas ou caves de vinho. Uma de suas encenações era a da canção *Dos odesser veibel* (*A Mulherzinha de Odessa*). A canção justificava uma encenação de três personagens: um *chassid*, um professor e uma mulher. Grodner se vestia como um *chassid* e Finkel como uma mulher e a "trama" começava com uma mulher cujo esposo, um *chassid*, passava o tempo no *beit-midrash* (casa de estudos junto à sinagoga) nada mais que bebendo. Ao entrar um professor em sua casa ela se queixa de que o esposo é um fracassado e logo a seguir chega o marido que dá início a uma discussão entre ambos, em forma de dueto. Contudo, nessas representações primárias, não bastava saber cantar, mas também era preciso saber representar e transformar os personagens em figuras vivas e próximas à compreensão e vivências humanas de seus espectadores, o que somente bons atores poderiam fazê-lo. Neles se encontravam os componentes da arte teatral judaica, e quando surgiu Abraham Goldfaden ele encontraria esses elementos maduros para conjugá-los em sua extraordinária produção artística.

Abraham Goldfaden (1840-1908), nascido em Staro Konstantinov, Ucrânia, recebeu uma educação tradicional além do aprendizado das línguas alemã e russa. Seu pai, um relojoeiro aberto ao espírito liberal da Haskalá, o incentivara a adquirir conhecimentos seculares. A fim de evitar ser mobilizado pelo exército, foi estudar numa escola governamental (*kaziorne schkole*) e lá teve o privilégio de encontrar Gottlober, então professor naquele estabelecimento, e que, impressionado com os dotes de seu aluno, o introduziu no mundo musical judaico, ensinando-lhe canções e poemas. Ao sair dessa escola, Goldfaden foi estudar no famoso seminário rabínico de Jitomir, que se caracterizava por ter um grupo de professores e mentores que se contavam entre os líderes do movimento da Haskalá. Nesse tempo, desde 1862, Goldfaden começara a colaborar com poemas nos periódicos hebraicos *HaMelitz* e no *Kol haMevasser*, tendo em 1865 publicado uma primeira coletânea intitulada *Tzitzim u-Ferachim* (*Brotos e Flores*). Um ano após, ao se

Abraham Goldfaden (1840-1908), 1877, pai do teatro ídiche moderno. Fonte: B. Gorin, *Di geschichte fun idischen theater*, vol. 1. New York, Literarischer Ferlag, 1918.

formar, publicaria uma coletânea de canções, *Dos Yudele,* complementada posteriormente com outra com o título de *Di Yudene*. Sua trajetória de vida até chegar a se dedicar ao teatro propriamente dito foi um tanto atribulada. Foi professor de escola governamental em Simferopol e Odessa, pretendia estudar medicina e chegou a se estabelecer como comerciante de chapéus em Odessa, onde encontrou sua futura esposa, Paulina, filha do poeta de língua hebraica Eliahu Mordechai Werbel. A atividade comercial o levou à bancarrota e teve de sair daquela cidade devido a um processo acionado por seus credores. Ainda nesse tempo escreveu suas duas primeiras peças *Die zvei schcheines* (As Duas Vizinhas) e *Die mume Sosie* (A Tia Sosie). Pretendeu estudar medicina em Munique mas foi aconselhado por um antigo colega de Jitomir, que lá se encontrava, a não perder tempo pois seu talento estava destinado a outras coisas[18]. Nesse mesmo ano, 1875, dirigiu-se a Lemberg (Lvov) e lá se juntou ao escritor Isaac Joel Linetsky, seu antigo colega de seminário rabínico, para editar o semanário humorístico *Der Alter Ysrolik* (O Velho Israel), de pouca duração. Dali ele se dirigiu a Jassi, Romênia, passando antes em Chernivtsi, na Bucovina, onde editou, novamente por pouco tempo, um jornal *Dos Bukoviner Israelitische Folksblatt* (O Jornal Popular Israelita de Bucovina). Em Jassi já se encontravam "Broder Singers", entre eles o lembrado Israel Grodner que havia atuado, com muito sucesso, durante certo tempo, juntamente com Moishe Finkel, em Odessa, tendo como repertório músicas de Goldfaden[19].

Ao chegar a Jassi, Goldfaden já vinha com a fama de poeta e seu futuro secretário Isaac Librescu lhe sugeriu que não mais se interessasse pelo jornalismo e se entregasse inteiramente à atividade teatral em língua ídiche. Ali, em Jassi, promoveria, com a ajuda e participação de Israel Grodner, uma apresentação no jardim de Simon Mark, o Grandina Pomul Verde (O pomar verde). Gorin escreve que a primeira apresentação pessoal de Goldfaden foi uma declamação de alguns de seus poemas, um verdadeiro fracasso, e a situação teria piorado se não fosse a rápida intervenção de Grodner que, ao perceber a inquietação do público, pulou sobre o palco e começou a cantar com os gestos e mímicas que agradavam tanto aos espectadores[20]. Mas isso lhe serviu de lição para captar

---

18. Gorin, *op. cit.*, p. 155.
19. Sobre ele vide Z. Zylberczwaig, *Lexikon fun idischen theater* (doravante ZLIT), New York, Elisheva Farlag, 1931, vol. I, pp. 508-511.
20. No ZLIT verbete "Goldfaden, Abraham", pp. 282-284, encontramos diferentes versões desses acontecimentos nas memórias de alguns de seus contemporâneos. A bibliografia sobre a vida

as expectativas e o gosto do público que passaria a frequentar o teatro ídiche[21]. Com Grodner, Socher Goldstein e mais uns poucos, encenaria as peças *Di bobe mitn einikel* (*A Avó com o Neto*) e *Dos bintel holtz* (*O Feixe de Lenha*), ainda sem grande sucesso. Este viria com a peça *Di mume Sosie* (*A Tia Sosie*) e *Di rekruten* (*Os Recrutas*) que passaria a representar em outras cidades da Romênia. Em seu repertório incluiria também *Di bobe mitn einekel*. O sucesso levaria a ampliar o número de atores atraindo uma mulher para integrar a trupe. Sua trupe seria uma incubadora de novos e grandes atores que, ao se destacarem, acabariam por sair e formarem suas próprias companhias. O teatro penetrara na vida cultural judaica para não mais a abandonar. Não temos, nos restritos limites de nosso trabalho, a possibilidade de enumerar esses atores e suas trajetórias de estrelas da arte dramática em língua ídiche que se tornaram figuras idolatradas pelo grande público seja na Europa ou na América. Já em seus inícios, quando ainda encenava em palcos improvisados e espaços modestos, Goldfaden atraíra novos atores e cantores de sinagoga que acabariam adquirindo fama e, na medida em que a trupe crescia, aumentava a exigência de espaços maiores conseguindo, após certo tempo, representar em lugares destinados a essa finalidade[22]. Em Bucareste, onde se encontrava em 1877, já se apresentou com nomes como os de Zelig (Zigmund) Mogulesko, Leiser Zuckerman, Moishe Zilberman, Simche Dinman e as irmãs Margaretta e Anetta Schwartz, além de Israel Rosenberg e Jacob Spivakovsky, que criariam a primeira trupe de teatro ídiche na Rússia imperial. Nessa ocasião, encenou a peça recém-escrita *Schmendrik, oder Die komische chasene* (*Schmendrik, ou o Casamento Cômico*), e que provocou a saída de Grodner por não receber o papel principal que foi dado a seu rival Mogulesko. Foi um período fértil e próspero na vida de Goldfaden com a produção de novas peças bem-sucedidas e a estabilização do seu teatro na Romênia, e isso devido à guerra russo-turca (1877-1888) que atraiu muitos comerciantes judeus que abasteciam o exército russo e o alto comando local[23].

---

e a obra de Goldfaden é extensa. Porém devemos destacar dois trabalhos fundamentais sobre o "pai do teatro ídiche", a saber, o de Nachman Mayzel, *Avraham Goldfaden (1840-1908)*, New York, Yiddish Cooperative Book League, 1938 e *Goldfaden-Bukh*, New York, Yiddishen Theater Muzei, 1926, uma coletânea preciosa para o estudo da criatividade teatral de Goldfaden.

21. Gorin, *op. cit.*, pp. 157-162.

22. Sobre os inícios e o desenvolvimento do teatro na Romênia vide a coletânea *Achtzik yohr idisch theater in Rumenie, 1876-1956*, Bucarest, Bucarester Idische Meluche Theater, 1956.

23. Gorin, *op. cit.*, pp. 186-187. Gorin no volume II de sua obra, ed. Max N. Meizel, N. York, 2. ed. ampliada, de 1923, p. 258, dá a relação das peças de Goldfaden apresentadas entre 1876

Passada a primeira fase na qual a obra de Goldfaden se manteve adstrita ao gênero do *vaudeville* e da comédia leve, com exceção de algumas peças que já abordavam temáticas mais sérias, na fase seguinte compenetra-se de que, a par do entretenimento, o teatro deveria, acima de tudo, refletir sobre a condição humana sob o olhar e prisma da existência judaica. Em sua longa *tournée* pela Rússia, que o levou até Odessa, conseguiria realizar o objetivo pessoal de se apresentar com um repertório mais elevado. As peças *Doctor Almosado, oder de Idn in Palermo* (*Doutor Almosado, ou os Judeus em Palermo*), *Shulamith* e *Bar Kochba* abordam temas da história judaica e possuem certo apelo nacionalista que entraram no repertório dramático do teatro mais elaborado.

Durante a estadia da trupe em Odessa, desde 1879, Goldfaden obteve grande sucesso com suas apresentações ao mesmo tempo em que na Rússia começam a se multiplicar as companhias de teatro, em boa parte com atores saídos da trupe de Goldfaden.

Nesses anos Goldfaden se apresentou em muitas cidades da Rússia mas o assassinato do Czar Alexandre II, em 1881, criou o clima de hostilidade contra os judeus fomentada pelo governo imperial que provocariam os *pogroms* que ocorreriam naquele ano e nos seguintes. Em 14 de agosto de 1883 o teatro ídiche foi oficialmente proibido e, ainda que tentasse continuar a representar em São Patersburgo durante algum tempo, Goldfaden e sua companhia, assim como outras trupes, tiveram de procurar novos lugares para atuar. Em 1885, tentou a sorte em Varsóvia lugar em que permaneceu até 1887 e encetou sua viagem para a América. Com o decreto que proibiu o teatro ídiche na Rússia muitos atores imigraram para os Estados Unidos acompanhando a emigração massiva decorrente da atmosfera persecutória que naqueles anos predominava no Império Czarista. Em Nova York, apesar da entusiástica recepção inicial e de sua tentativa de fundar uma escola dramática, a presença de Goldfaden era sentida como ameaçadora aos atores locais. Isso o levou em 1889 a viajar a Paris a fim de tentar criar um teatro local; porém ali foi vítima de um caixa desonesto que fugiu com o dinheiro arrecadado deixando-o financeiramente desamparado e obrigando-o, desse modo, a abandonar aquela cidade para tentar levantar fundos em Lvov. Nessa cidade da Galitzia atuava Jacob Ber Ghimpel, diretor de uma companhia bem-sucedida.

---

e 1878. No ZLIT, vol. I, no longo verbete sobre Goldfaden, pp. 275-367, temos a cronologia e uma detalhada descrição das circunstâncias da criação das peças do pai do teatro ídiche.

Apesar da concorrência, Goldfaden foi bem aceito e conseguiu se manter no local até decidir-se a voltar, em 1892, a Bucareste, agora como diretor do teatro Jignita no qual encenou suas novas peças, entre outras *Judá Macabeu*, *Dos tzente gebot, oder Lo Tachmod* (*O Décimo Mandamento, ou Não Cobiçarás*), *Judith e Holofernes*, *Akedat Itzhaq* (*Sacrifício de Isaac*). Mas a crise econômica que o país vivia nesse tempo provocara uma inquietação política acompanhada de antissemitismo e impeliu os judeus a emigrarem prejudicando a atividade artístico-teatral. Goldfaden abandonaria Bucareste em 1896 para novamente voltar a Lvov e passar algum tempo em Cracóvia, mas logo a seguir interromperia sua atividade teatral. Nessa situação, não teve outra escolha senão tentar sobreviver com algum trabalho literário e com a ajuda do escritor Reuven Asher Broida conseguiu publicar, em 1898, um livro de canções.

Em 1900 Goldfaden voltaria a viver em Paris e faria uma nova tentativa de reviver a atividade teatral sem, no entanto, obter qualquer resultado, mantendo-se com dificuldade e apenas com ajuda de simpatizantes e amigos graças à respeitabilidade de seu nome. Nesse tempo aproveitaria para escrever uma autobiografia e compilar sua obra com o fim de publicá-la. Enquanto esteve em Paris, foi ajudado por diretores e atores na América que, sabedores de sua situação financeira, promoviam espetáculos beneficentes em prol de sua pessoa a fim de assegurar seu sustento.

Goldfaden também, nesse ínterim, teve a oportunidade de visitar a Inglaterra e seria homenageado pelas comunidades locais nas cidades que era convidado a visitar, sendo recebido com as honras devidas ao genial "pai do teatro ídiche" que dera uma contribuição única à cultura judaica contemporânea. O período "parisiense" terminaria em 1903 quando Goldfaden decidiu voltar à América. Sua recepção no Grand Theatre de Nova York foi um acontecimento extraordinário e, ao saber de sua vinda, a imprensa local convocou o grande público para vir conhecer a figura lendária do autor das peças que seriam apresentadas naquele 2 de dezembro de 1903. Na programação constava atos de *Shulamith*, *Breindele Cosak*, *Tzvei Kuni-Lemel* (*Os Dois Kuni-Lemel*) e *Bar Kochba* com a participação dos melhores atores do teatro ídiche, entre eles Jacob Adler e Boris Tomaschevsky.

Em Nova York, em 1904, surgiria uma organização sob o nome de Dr. Herzl Zion Club com jovens que falavam hebraico. Foi assim que Goldfaden pensou em criar um teatro em hebraico escolhendo para isso jovens talentosos que deveriam encenar uma peça de sua autoria, escrita em 1905, que levava o título de *David bamilkhamá* (*David na Guerra*). A peça foi encenada em 1906 sob a direção do próprio Goldfaden, apesar de seu delicado estado de saúde, obtendo grande sucesso e inaugurando a primeira apresentação em hebraico sobre um palco.

Sua última peça, escrita em 1907, foi *Ben Ami (Filho de Meu Povo)* e, como confessa, havia se inspirado no romance *Daniel Deronda* de George Eliot. Nela expressa sua identificação com o sionismo e a redenção nacional na Terra de Israel. A peça, encenada pela companhia de Boris Tomaschevsky, obteve estrondoso sucesso. Sobre a peça o historiador Gorin assim nos informa: "Enfermo e esgotado, ainda demonstrou vontade de escrever para o teatro. Impregnado pelo ideal nacionalista, começou a dramatizar *Daniel Deronda* que em seus últimos anos de vida resultaria no drama *Ben Ami*, que sob o aspecto literário nada tem a haver com o romance inglês. Contudo, ele não obteve nenhum benefício. Pouco tempo após ter vendido a peça *Ben Ami* ele me encontrou e desabafou comigo. O diretor entregou a peça a um jovem de sua companhia para refazê-la…"[24] O pai do teatro ídiche viria a falecer em 9 de janeiro de 1908, tempo em que o teatro ídiche já se encontrava difundido na Europa e na América e começaria a dar seus primeiros passos em outros lugares como a Argentina.

---

24. Vide ZLIT, p. 331.

CAPÍTULO 3

O teatro ídiche e seu desenvolvimento na Europa, América e Argentina

De um lado, desde que tínhamos contra nós o decreto [de 1883] que nos proibia de fazer teatro ídiche – e o quanto fazíamos para contornar o decreto e assim representar teatro ídiche, contudo nos acompanhava permanente medo de que tivéssemos de interromper uma apresentação e pular do palco para cantar melodias russas [a fim de simular que era teatro russo], o que era motivo para obstaculizar o desenvolvimento da bela criação de Goldfaden.

Por outro lado, tínhamos a oposição dos chassidim e dos fanáticos ortodoxos que viam o teatro como obra de Satã ou como uma artimanha do movimento da Haskalá (Iluminismo) com a intenção de espalhar a heresia entre as massas judaicas. Ao mesmo tempo em que os ortodoxos acreditavam que o movimento da Haskalá apoiava o teatro ídiche, ela, a Haskalá, na verdade o combatia, ou, no melhor dos casos, ignorava-o considerando que era um entretenimento vulgar com que somente a multidão pode se deliciar e sendo assim era ameaçador dos seus ideais que pretendiam difundir cultura, não em ídiche, mas em hebraico ou em russo. Desse modo o teatro ídiche estava rodeado de inimigos por todos os lados. Nessas condições, o caminho para o seu desenvolvimento era muito sinuoso e quando, por vezes, se dava um salto adiante se conseguia somente pelo próprio esforço dos pioneiros do teatro ídiche e com as forças que se extraíam das amplas massas populares judaicas que gostavam do teatro e recebiam cada nova apresentação com um indescritível entusiasmo e alegria...

NECHEMIA ZUCKER[1]

Lembramos em capítulo anterior que Goldfaden voltaria a Odessa para atuar nessa cidade em que obteve imenso sucesso em suas apresentações iniciais, encenadas no conhecido Teatro Mariinsky. Porém, antes de sua vinda, dois atores que já haviam atuado na Romênia, Spivakovsky e Israel Rosemberg, criaram uma trupe com outros atores que se tornariam estrelas do teatro ídiche local, entre os quais se encontrava Sophie Oberlander, que atuava com o nome artístico de Sonya

---

1. Nechemia Zucker, *Fir doires idish theater, di lebens-geschichte fun Zina Rapel* (Quatro Gerações de Teatro Ídiche, a História de Vida de Zina Rapel), Buenos Aires, 1944, p. 86.

Michelson. Nesse momento é que o jovem Jacob Adler iniciaria sua carreira no palco para mais tarde se transformar numa das estrelas mais brilhantes do teatro ídiche. O sucesso de Goldfaden bem como a ambição de Spivakovsky de concorrer com sua trupe levou-o a associar os atores Mogulesko e Libresko, ex-sócio de Goldfaden na Romênia, juntamente com o dramaturgo Josef Lateiner, autor das peças que deveriam encenar em Odessa. A nova trupe também conseguira desalojar Goldfaden do Mariinsky cujo proprietário guardara um ressentimento pessoal em relação a sua pessoa por não tê-lo aceito como sócio. Como era comum entre os atores também aqui as rivalidades e as disputas se manifestavam e nem sempre os meios para sobrepujar os rivais eram lícitos. Foi nessa ocasião que Goldfaden se viu obrigado a abandonar Odessa para representar em outras cidades a fim de manter sua trupe. Em 1880 encontrava-se em Nicolaiev, cidade onde encenou seu velho repertório: *Schmendrik*, *Di kishev macherin* (*A Feiticeira*), *Breindele Kozak* e outras. Sabendo que S. Mogulesko se preparava para encenar uma peça de Lateiner, *Di liebe fun Zion* (*O Amor de Sion*), empenhou-se em terminar a peça *Shulamit* (*Sulamita*), que começara a escrever na Romênia e encenara em Nicolaiev. A peça eletrizou o público, garantindo-lhe uma contínua e prolongada presença de espectadores no teatro daquela cidade. Gorin assim se refere à peça": "*Shulamit* é o melhor trabalho que Goldfaden escreveu. Ela se destaca especialmente por sua singularidade e simplicidade que não encontramos em outras peças, sendo a primeira que deu ao teatro judaico o direito de assim se denominar e apontando-lhe o correto caminho que deveria trilhar"[2]. A temporada de Goldfaden estendeu-se a outras cidades como Elizabetgrad, Krementchuk, Kharkhov, Moscou, lugares onde a apresentação da peça *Schmendrik* levou o público cristão a começar a cumprimentar os judeus com a palavra *schmendrik*, o que em nada agradou à comunidade local. Goldfaden, que se mostrava esgotado, resolveu passar a direção da companhia ao destacado ator Leiser Zukerman que continuou com a *tournée* em Minsk, Kaunas e Dünaburg, cidade onde se juntaram a ela Jacob Adler e sua esposa. Foi nesse lugar que Adler, na peça *Intrigue* (*Intriga*) ou *Dvosie di pliotke macherin* (*Dvosie, a Fazedora de Intrigas*), foi aclamado entusiasticamente como grande ator[3].

---

2. Minha redação até aqui se apoia inteiramente no capítulo "Theater keirt zich iber kain Rusland" ("O teatro se transfere para a Rússia") no vol. I de sua obra, pp. 204-223.

3. Gorin, *op. cit.*, pp. 226-227. Em sua autobiografia, *A Life on the Stage*, Jacob Adler não menciona esse fato; tampouco a data de sua estadia em Dünaburg, em 1882, não coincide com

A existência de três companhias de teatro ídiche, no início dos anos 1880, que vagavam de uma cidade a outra, até o decreto de agosto de 1883 que as proibia de atuar, explica a sua rápida difusão entre a população judaica do Império czarista. O teatro passaria a se impor como a arte popular por excelência.

Com o surgimento de várias trupes ou companhias itinerantes que levaram o teatro ídiche às amplas massas das comunidades da Europa Oriental, ocorreu, ao mesmo tempo, um despertar de sua importância no seio da *intelligentsia* judaica da qual saíram alguns novos escritores que se decidiram a escrever peças teatrais em língua ídiche. Em parte isso se

Cartazes dos inícios do teatro ídiche na Europa anunciando a apresentação de peças de Abraham Goldfaden, entre elas *Baal Tshuve (O Arrependido)* (1885), *Schmendrik (O Sem Sorte)* (1885) em teatros russos. Em 1883 foi proibido o teatro ídiche razão pela qual os cartazes estão escritos em alemão e russo. A peça era apresentada como se fora em alemão. Fonte: Jacob Schatzki, *Archiv far der geschichte fun idischer theater un drama*. Vilna, YIWO, 1930, p. s/n.

---

sua presença na companhia de Goldfaden e sim na de Israel Rosemberg e Jacob Spivakovsky. Na verdade Adler, que escreveu suas memórias sem se deter em balizas cronológicas exatas, enfatiza que seu grande triunfo foi no papel que representou na peça *Uriel Acosta* de Karl Gutzkow, naquele mesmo ano. Ver, *A life...*, pp. 199-209.

A Companhia de Esther Rochel Kaminska. Entre os atores encontra-se Izak Lubelczyk, que se tornara o empresário teatral mais importante no Brasil, Rovne, Polônia, c. 1913. Fonte: Zalme Zylberzweig, *Album of the Yiddish Theatre*. New York, Elisheva, 1937.

deu devido ao olhar crítico sobre os atores e às peças que compunham o repertório teatral daquele tempo. Josef Yehuda (Osip Mikhailovich) Lerner (1847-1907), *maskil*, jornalista e crítico, conheceu o teatro ídiche de Goldfaden ao passar por Bucareste e, ao voltar a Odessa, onde havia residido, propugnou elevar o nível do teatro que também satisfizesse a intelectualidade judaica[4]. Ele mesmo traduziu para o ídiche peças do repertório teatral europeu, a começar pela peça *Uriel Acosta*, de Karl Gutzkow, e a *Di Yudin* (*La Juive*, intitulada mais tarde *Zhidovska*) do autor francês A.

---

4. Sobre ele vide *Leksikon fun der Naier Idischen Literatur*, vol. 5, pp. 362-366; Gorin, *op. cit.*, vol. I, pp. 227-236; ZLIT, vol. 2, pp. 1162-1168; N. Prilutzki, *op. cit.*, pp. 45-46. Jacob Adler, *A Life...*, pp. 131-134, o descreve como um acerbo crítico da encenação que fizeram da peça *Breindele Kossak*, crítica que o despertou para uma concepção mais elevada da arte teatral. Lerner acabou por se converter ao cristianismo e passou a escrever odiosos textos antijudaicos na imprensa russa.

Foto de Esther Rochel Kaminska, atriz de destaque da primeira geração de artistas do Teatro Ídiche. Fonte: Lucjan Dobroszycki, *Image Before My Eyes*, edit. Barbara Kirshenblatt-Gimblett, New York, Schocken Books, 1977, p. 232.

Esther Rochel Kaminska na peça *Mirelle Efros* de Jacob Gordin, e sua filha (Varsóvia, 1905). Fonte: Zalme Zylberzweig, *Album of the Yiddish Theatre*. New York, Elisheva, 1937.

E. Scribe (1791-1861)[5], incentivando os atores que reuniu para formar uma companhia sob sua direção a ir assistir ao teatro russo para aprender os novos papéis para os quais não estavam preparados. Lerner incentivou o escritor N. M. Shaikevitch (1846-1905) a escrever peças para o teatro ídiche e as encenou no teatro Mariinsky que havia alugado para a companhia que organizou com a participação de um grupo de bons atores. Num dado momento Shaikevitch também se interessou em encenar e reuniu uma trupe que percorreu várias cidades da Rússia, chegando a abrir em 1881 um teatro ídiche em Kischinev. Ao voltar a Odessa, associou-se a Lerner e a Goldfaden mas essa associação durou pouco tempo. Suas peças, entre as quais *Protzentnik* (*Prestamista*), seriam encenadas nos anos seguintes em Varsóvia, Pinsk, até ser convidado, em 1889, a vir para Nova York, onde desenvolveria uma intensa atividade

---

5. Em seu tempo Scribe ficou famoso como escritor e dramaturgo pelas peças que escreveu no estilo do *vaudeville* cuja forma popular de comédia satírica composta com coplas cantadas se adequava perfeitamente ao tipo de teatro popular em língua ídiche.

jornalística e literária[6]. Outro *maskil* que se aproximou do teatro ídiche foi o pensador e escritor Moshe Leib Lilienblum (1843-1910), cuja obra impregnada de nacionalismo judaico contém forte crítica aos aspectos negativos da vida dos judeus em seu tempo, crítica que se mostra também presente nas peças teatrais que escreveu para o teatro ídiche. Seu drama *Zerubavel, oder Shivat Zion* (*Zerubavel, ou o Retorno a Sion*) representa um momento na tentativa de renovar e elevar o repertório teatral com um novo conteúdo dramático[7].

---

6. Sobre ele ver *Leksikon fun der Naier Idischen Literatur*, vol. 8, pp. 733-745; B. Gorin, *op. cit.*, vol. II, pp. 276-277; ZLIT, vol. 3, pp. 2077-2111.
7. Sobre ele ver *Leksikon fun der Naier Idischen Literatur*, vol. 5, pp. 151-155; Gorin, *op. cit.*, vol I, pp. 231-232.

Nesse tempo também o clássico escritor Shalom Jacob Abramovitch ou Mendele Mocher-Seforim (1836-1917) escreveu a peça *Der Priziv* (*A Conscrição*) e muitos de seus escritos se transformariam em peças teatrais que enriqueceriam o repertório do teatro ídiche. Esse notável e prolífico escritor, cognominado "avô da literatura ídiche", deu uma contribuição ímpar à literatura e muitos dos escritores posteriores reconheceram o quanto foram influenciados por sua obra escrita tanto em hebraico quanto em ídiche.

Com a proibição do teatro ídiche na Rússia atores e dirigentes de companhias dirigiram-se a outros países europeus e à América. Muitos atores foram para a Alemanha obtendo naquele país certo sucesso enquanto outros permaneceram na Galitzia e na Romênia, errando de um lugar a outro, até se deslocarem para Londres, ponte de passagem natural para a América. Atores como Isroel Grodner e Jacob Adler, cuja companhia sob a direção de Rosenberg se encontrava em Riga passando grandes dificuldades, decidiram, em 1883, ir juntos à Inglaterra em busca de novas oportunidades. Jacob Adler, que passaria a ser responsável pela companhia, ficaria um longo tempo naquele país antes de se decidir a ir para a América[8]. Londres tinha uma comunidade de imigrantes da Europa Oriental que apreciava o teatro ídiche e assim os atores podiam atuar num clima de liberdade que não possuíam na Rússia czarista.

Adler, como muitos outros que o antecederam, se fixariam nos Estados Unidos, país em que o teatro ídiche tomaria um grande impulso com a intensa imigração judaica e o surgimento de talentosos dramaturgos cujas peças dariam um novo alento e profundidade à arte teatral[9]. Adler acabaria por assumir a diretoria do Pipper's Theatre e encenaria peças de autoria do dramaturgo-escritor Jacob Gordin. Ao mesmo tempo outra companhia, a de Heine-Hurwitz, ocuparia o Teatro Windsor e também

A Vilna Trupe na Romênia com I. Goldenberg, A. Stein, S. Shäftel, C. Schneider, Joseph Buloff, A. Samberg, Anna Kadison, J. Kamien, S. Nathan, Stein, Luba Kadison, L. Kadison, Helene Gottlieb, c. 1925. Fonte: Zalme Zylberzweig, *Album of the Yiddish Theatre*, New York, Elisheva, 1937.

Cenário da peça *Shtai Zvi*, com a Vilna Trupe, na Romênia, c. 1924, estrelando Joseph Buloff no papel de Shbtai Zvi. Fonte: *Idische Theater*, edit. Michael Weichert, Varsóvia, B. Kletzkin, 1927.

Cenário da peça *Amnon e Tamar*, de autoria de Scholem Asch, encenada pela Vilna Trupe, Varsóvia, 1921. Participam da cena os atores Joseph Buloff, Eliahu Stein, e Jacob Weislitz que trabalharam no Brasil. Fonte: Lucjan Dobroszycki, *Image Before My Eyes,* edit. Barbara Kirshenblatt-Gimblett, New York, Schocken Books, 1977.

---

8. Adler em sua autobiografia dedica vários capítulos à sua *performance* na Inglaterra.
9. Devemos observar que já em 1882 se deram as primeiras tentativas de apresentar um teatro ídiche na América. Michael Weichert, em sua obra *Theater un Drame* (*Teatro e Drama*), Vilna, B. Kletzkin, 1926, vol. 1. pp. 24-26, narra que um tal de Golubok trouxe de Londres atores judeus com a ideia de criar um teatro em Nova York. De fato, após longos preparativos anunciou-se que no Turn-Hall da rua 4 seria apresentada a peça *Di kishefmacherin* (*A Feiticeira*) de Goldfaden. O público acorreu ao salão e teve de esperar muito tempo manifestando impaciência com a demora para a cortina se levantar. Mas a cortina não se levantou e em seu lugar apareceram no palco alguns senhores elegantes que comunicaram ao público para em ordem saírem do salão "porque o teatro ídiche é uma ofensa a todo o judaísmo americano". Tratava-se de representantes do Comitê de Imigração Judaica a cujos olhos o teatro ídiche era vulgar e pouco digno do bom gosto da elite americana.

elevaria seu repertório com peças dos dramaturgos Leo Kobrin e Zalmen Libin. Adler, de início associado a Boris Tomaschevsky, teria de abandonar o Pipper's, que ficou em mãos desse último. Outro teatro, o Thalia, teria como diretor o ator veterano David Kessler, que reuniu um grupo de atores talentosos para encenar peças de maior conteúdo dramático, por vezes do repertório internacional. Assim, o teatro ídiche vivia na América um momento alto, porém a dramaturgia apreciada por um público mais seletivo não perduraria por muito tempo, e isso devido a vários fatores internos e externos[10]. A própria intervenção da associação de atores, que zelava por seus interesses, nem sempre foi um fator positivo e por vezes constituiu-se num entrave para a desejada elevação do nível do repertório dos teatros existentes. Mais decisivo foi o incremento da imigração provocado pelo *pogrom* de Kichinev em 1903 que nesse tempo chegou aos Estados Unidos e incluía uma massa pouco familiarizada com o teatro dramático porém desejosa de entretenimento acessível ao gosto popular a exemplo da opereta dos primeiros tempos e dos *music-halls* que agora se multiplicavam em Nova York e outras cidades. Um último reduto do teatro mais elevado se manteve no Grand Theatre construído nesse tempo

---

10. Ver também o artigo de Jacob Mestel, "60 Yohr Yiddisher Theater in Amerike", em *10 yohriker Yubilei fun Internatsionalen Arbeter Yrgun*, New York, Folks-Ferlag, 1940, pp. 403-420.

e que passou às mãos de Jacob Adler, cuja companhia reunia atores como David Kessler, Bertha Kalich, Sonia Adler que continuou encenando peças de Gordin *Der meturef* (*O Louco*), *Elisha ben Abuia*, *Emesse Kraft* (*Poder da Verdade*), *Galitzie* (Galitzia) e outras. Além de Goldfaden, como vimos em outro lugar, veio nesse tempo para a América o escritor Sholem Aleichem e em sua homenagem o Grand Theatre apresentou a peça *Schmuel Pasternak*, enquanto no Pipper's Tomaschevsky encenava *Stempeniu*. Ambas fracassaram e Sholem Aleichem desistiu de escrever para o teatro. É sabido que a peça *Di muter* (*A Mãe*), de autoria do escritor David Pinski, ao ser encenada pela notável atriz Kenne Liptzin, teve o mesmo fim. Mas nem todas as peças de reconhecido valor sofreram fracassos e, pelo contrário, as peças *Got fun nekume* (*Deus da Vingança*) de Scholem Ash, *Schvester* (*Irmãs*) de Peretz, *Der groisser yid* (*O Grande Judeu*) de Kobrin alcançaram um grande sucesso, o que demonstra que o público americano estava dividido entre os dois tipos de teatro: o popular com os *music-halls* e o teatro dramático de nível mais elevado.

Apesar de tudo o teatro ídiche na Rússia, após os anos de proibição, foi restabelecido e atores originários do Império czarista que viviam na América voltaram a fazer *tournées* em Odessa e outras cidades. Já em 1904 a censura ao teatro se mostrava liberal, não exigindo mais a representação em língua alemã, o que no passado fora um verdadeiro tormento para os atores que não conheciam essa língua. O movimento para um melhor teatro na Rússia ampliou-se com a representação das peças *Schvester* (*Irmãs*) de Y. L. Peretz, *Got fun nekume* (*Deus da Vingança*) de Scholem Ash, *Tzuzait un Tzuschprait* (*Marginalizados e Dispersos*) de Sholem Aleichem, entre outras. Em 1908, Peretz Hirshbein reuniu um grupo de jovens atores para representar peças dramáticas de nível mais elevado, entre elas de sua autoria *Tekiat kaf* (*Cumprimento, ou Promessa*), *Di Neveile* (*A Carcaça*), e *Got, mensch un teivel* (*Deus, Homem e Demônio*) de Gordin, *Mitn Schtrom* (*Com a Corrente*) de Scholem Ash, *Menschen* (*Seres Humanos*) de Sholem Aleichem, *Bachurim* (*Jovens*) de Itzhak Katzenelson, *Yankel der Schmid* (*Jacob, o Ferreiro*) de David Pinski, todas encenadas em Odessa, Varsóvia e cidades da Lituânia, porém o grupo, após dois anos, acabaria por se dispersar. Em 1909, o teatro de Esther Rochel Kaminska em Varsóvia também teve a preocupação de apresentar ao público peças mais sérias, mas assim mesmo predominava no geral o gênero das peças leves de entretenimento do repertório americano. Nesse tempo Kaminska viajaria com alguns atores para se apresentar na América voltando após à Rússia.

Atores do Vilna Trupe na encenação do *Der Dibuk*. Noach Nachbush, Miriam Orleska, Alexander Stein, Polônia, 1920. Fonte: YIVO.

Cenário da peça *Uriel Acosta*, de Karl Gutzkow, elaborado por Nathan Altmann no Teatro Estatal Judaico de Moscou. Fonte: Carter, Huntley, *The New Theatre and Cinema*, London, Chapman and Dodd Ltd., 1924, p. 161.

Cenário da peça *In golden land* de Jacob Pat encenada pelo grupo Vikt, Varsóvia, anos 1920. Fonte: *Idische Theater*, edit. Michael Weichert. Varsóvia, B. Kletzkin, 1927.

Os anos 10 do século passado revelariam uma nova leva de autores dramáticos que se iniciara com os nomes de Z. Libin, J. Lateiner e L. Kobrin. A multiplicação de teatros e companhias seria um fator de estímulo para o surgimento de um novo repertório dramático, fruto das obras de Zolotarevsky, Nahum Rakoff, Moshe Richter, I. Korenblit, Abraham Shomer, juntamente com os escritores vindos da Rússia, entre eles David Pinski, Scholem Ash e Osyp Dimow. Nesse tempo, o teatro ídiche tornou-se parte da vida cultural do judaísmo americano, o que se pode verificar pelo número de companhias, salas e clubes dramáticos que surgiram não somente em Nova York, mas também nas comunidades das grandes cidades daquele país. Porém a Primeira Guerra Mundial afetaria profundamente a sociedade americana e também atingiria a atividade teatral. No término da guerra os teatros e suas companhias se encontravam numa situação difícil a ponto de seus proprietários terem de abrir mão dos mesmos por não poderem cumprir com seus compromissos financeiros.

Foi nessa ocasião que Morris Schwartz, ainda um jovem ator, tomou a iniciativa de adquirir o Irving Place Theatre, pertencente anteriormente a uma companhia alemã, e tornou-se seu diretor[11]. Começava

---

11. Ver ZLIT, vol. 3, pp. 2333-2334; B. Gorin, vol. II, pp. 235-236. Sobre ele e sua atuação teatral ver ZLIT, vol. 3, pp. 2327-2368.

desse modo uma nova fase na história do teatro ídiche em solo americano e, podemos assim dizer, no cenário mundial. Desde o início Morris Schwartz tinha ambição de levar ao grande público um repertório dramático de bom nível e apesar de exigir certo tempo para definir o critério para a seleção das peças a serem representadas, ele seria bem-sucedido na escolha de um novo repertório graças à presença do extraordinário ator Ben Ami que lhe sugerira encenar *In a farvorfen vinkel* (*Em um Lugar Esquecido*) de Peretz Hirshbein[12]. Na verdade, Jacob Ben Ami, juntamente com Tzile Adler, Gershon Rubin, Yechiel Goldschmitd, com a colaboração administrativo-financeira de Louis Schnitzer e sob a direção do experimentado *régisseur* Emanuel Reicher, fundou em 1919 o Naier Ydischer Theater (Novo Teatro Judaico), onde procurou dar um passo adiante na introdução de melhores peças literárias ainda que tivesse de enfrentar certas restrições devido ao critério adotado por Morris Schwartz. O programa do Naier Ydischer Theater, além do objetivo mencionado, entre outras coisas, visava abolir o sistema dominante do "starismo", o habitual estrelismo, para valorizar todo ator qualquer que seja seu papel no conjunto da trupe[13]. Nesse ínterim, não somente despontava um novo público mas também novos atores que haviam atuado no teatro alemão e agora se dispunham – admirados com o teatro ídiche – a participar na companhia de Morris Schwartz, que naquela "temporada" encenou outras peças de Hirshbein, tais como *Dem schmid's techter* (*As Filhas do Ferreiro*) e *Di Grine Felder* (*Os Campos Verdejantes*). Pouco após um empresário alugou para a companhia um novo teatro que seria conhecido como o Kunst-Theater (Teatro de Arte), que ao lado de um melhor repertório, dedicava atenção especial à moderna decoração e à nova iluminação entregues ao cuidado de competentes profissionais sob a orientação de um *régisseur* que dava importância igual a todos os elementos que compõem a arte teatral inclusive a música que na época contava, entre outros, com o veterano e criativo compositor Josef Rumshinsky[14]. O *ensemble* de Morris Schwartz mudaria radicalmente a concepção e o olhar tradicional do que deveria ser o teatro ídiche e seria reconhecido internacionalmente após ter-se apresentado em *tournées* nos países europeus. Ainda nos anos 20, percorreria o Canadá e os Estados Unidos, e

Zygmunt Turkow, fundador da companhia VYKT (Varshever yidisher kunst-teater), em Varsóvia, Polônia (1923) caracterizado para a peça *O Avarento* de Molière. Fonte: Lucjan Dobroszycki, *Image Before My Eyes*, edit. Barbara Kirshenblatt-Gimblett, New York, Schocken Books, 1977.

---

12. B. Gorin, *op. cit.*, p. 238.
13. Ver ZLIT, vol. 6, México, 1969, pp. 5967-6038, com a relação das peças representadas entre 1919 e 1921.
14. Ver sua autobiografia *Klangen fun mein lebn* (*Notas de Minha Vida*), New York, Vadran, 1944.

em 1930 faria uma estadia na Argentina a convite do empresário Adolfo Mide. A sua companhia, que voltaria muitas vezes à Europa, à Argentina e outros países do continente sul-americano, também encenaria em Tel--Aviv, e não se limitava a representar somente em ídiche mas também em inglês e hebraico[15]. Seu repertório incorporara um amplo leque da

---

15. M. Schwartz voltaria à Argentina em 1941, 1942 e 1945-6, 1948, 1949, 1951, 1956. Em 1956, tomaria a iniciativa de fundar um Kunst Theater na Argentina que não teve longa duração. O ZLIT assinala que em 1951 ele faria uma *tournée* em vários países latino-americanos incluindo o Brasil. Mas sabemos que suas diversas estadias na Argentina possibilitariam que também passasse pelo Brasil. Em maio de 1952 apresentaria o monodrama *Conscience* do escritor judeu-brasileiro Pedro Bloch. Em 1954 veio ao Brasil e permaneceu oito semanas

criatividade dramática, incluindo os clássicos e modernos dramaturgos europeus traduzidos e adaptados para a língua ídiche assim como o repertório teatral judaico contemporâneo.

Importante assinalar que ao Kunst-Theater de Morris Schwartz antecederam grupos teatrais europeus inovadores da moderna dramaturgia ídiche nos quais as companhias teatrais da América, Argentina e outros lugares se espelharam.

Em Vilna já havia um grupo amador de teatro ídiche ao qual se juntaram alguns atores profissionais para criar em 1916, sob a regência de Leib Kadison, o *Vilner Trupe*. A companhia começou representando um repertório seletivo de peças de alto valor dramático, como *Der landsman* (*O Conterrâneo*) e *Got fun nekume* de Scholem Ash, *A farvorfener vinkel* (*Um Lugar Esquecido*) de P. Hirshbein, *Mishpuche* (*Família*) de H. D. Nomberg, *Yekel der Schmid* (*Yekel, o Ferreiro*) e *Di muter* (*A Mãe*) de David Pinski, *Dos vilner balabeisl* (*O Pequeno Proprietário de Vilna*) de Mark Arenstein, entre outras. Logo estaria em sua direção Mordecai Mazo e, curiosamente, durante os últimos anos da Primeira Guerra Mundial a companhia receberia o apoio de oficiais judeus do exército alemão à medida que ia se tornando conhecida em suas apresentações nas várias cidades daquela parte da Europa Oriental. A imprensa alemã e intelectuais como Arnold Zweig e o pintor Herman Struck escreveram artigos entusiastas sobre as encenações do Vilner Trupe que seria, por recomendação de Esther Rochel Kaminska, que os viu representar na província, convidados a atuar no Eliseum-Theater em Varsóvia. Foi em Varsóvia que encontraram o regente David Herman que de imediato encenou *Di neveile* de P. Hirshbein. Durante as representações nas cidades pelas quais passavam talentosos atores se engajaram na companhia que continuou enriquecendo seu repertório com peças escritas por novos autores. Momento importante na história da companhia ocorreu em 1920, na comemoração de um mês do falecimento do escritor Anski, ocasião em que se encenou em Varsóvia a peça *Der Dibbuk,* sob a direção de David Herman[16]. A partir de 1921, a companhia percorreria em *tournées* incessantes vários países da Europa colhendo grande sucesso por onde passava. Em 1924, enquanto uma parte

Carroça utilizada pelo ator Aba Kompaneyets e sua companhia para anunciar as peças apresentadas pelo teatro ídiche em Varsóvia, antes da Primeira Grande Guerra. Os cartazes são impressos em polonês e russo. Fonte: Zalme Zylberzweig, *Album of the Yiddish Theatre*, New York, Elisheva, 1937.

Cenário da peça *Le Trouhadec* de Jules Romain pelo Teatro Estatal Judaico de Moscou, sob a direção de Alexander Granovsky, década de 1920. Fonte: *Idische Theater*, edit. Michael Weichert. Varsóvia, B. Kletzkin, 1927.

Cena da peça *Dos groisse gevins* (*Duzentos Mil*), de Sholem Aleichem, encenada pelo Teatro Estatal Judaico de Moscou. Fonte: Carter, Huntley, *The New Spirit in the Russian Theatre*. London, Brentano's Ltd., 1929, p. 210.

---

encenando as peças *Der Mishpet* (*O Processo*, ou *Take now they son*) de Honig, *Der kampf farn Neguev* (*A Luta pelo Neguev*) de I. Mossensohn. Após uma estadia na África do Sul, voltaria ao Rio de Janeiro onde encenou *Di drei matones* (*As Três Prendas*) de I. L. Peretz.

16. Uma crítica meticulosa, no mesmo ano da representação da peça em Varsóvia, foi feita por Michael Weichert, *Theater un Drame*, Vilna, B. Kletzkin, 1926, vol. 1, pp. 107-121.

Foto: A. M. Granovski, diretor do Teatro Estatal Judaico de Moscou. Fonte: Huntley Carter, The New Spirit in the Russian Theatre, London, Brentano's Ltd., 1929.

Ator Solomon Mikhoels no papel de Rei Lear, na peça homónima de W. Shakespeare, 1935. Fonte: Schlomo Michoels, *Artiklen, schmusen, redes*. Buenos Aires, Heimland, 1961, p. 161.

permanecia na Europa, outra, a convite de Boris Tomaschevsky, chegaria aos Estados Unidos e representaria, com a participação de atores locais, durante vários anos, em Nova York e em outras cidades americanas[17]. O Vilner Trupe continuaria existindo até a Segunda Guerra Mundial quando grande parte de seus atores, que não conseguiram sair da Europa, foram vítimas do Holocausto[18].

Outro momento importante para o teatro ídiche ocorreu em 1919, pouco tempo após a formação do Vilner Trupe, quando a seção judaica do Comissariado para Cultura da Rússia Soviética decidiu sobre a formação de um estúdio de teatro ídiche em Petrogrado e convidou Alexander Granovsky, que um ano antes havia organizado um grupo de amadores para assumir sua direção. Granovsky, cuja formação artística se dera na Alemanha e em Petrogrado, fora influenciado pelo experimentalismo de Max Reinhardt e por Vsevolod Meyerhold e procurou criar um teatro que combinava arte visual, música e representação[19]. Após cinco meses de estudos intensivos, o estúdio transformou-se no Idisch Kamer Theater (Teatro de Câmera Judaico). As apresentações começaram em julho de 1919. Para tanto cuidou de engajar além de excelentes músicos, *designers* e artistas plásticos, entre eles Marc Chagall[20], Natan Altman, Isaac Rabinovich e Robert Falk, que colaboraram para a criação dos cenários para o grupo teatral[21]. O grupo encenou *Di blinde* (*A Cega*) de Maeterlinck e o

---

17. Sobre B. Tomaschevsky ver sua autobiografia *Mein lebn* (*Minha Vida*), New York, Trio Farlag, 1937.
18. Vide o Apêndice 1: Um manuscrito de Jacob Weislitz.
19. Ver o artigo de Jeffrey Veidlinger, "Yiddish Constructivism: The Art of the Moscow state Yiddish Theater", em *Chagall and the Artists of the Russian Jewish Theater, 1919-1949*, New Haven/London, Yale University Press, 2008, pp. 49-68; na mesma publicação ver o artigo de Benjamin Harshav, "Art and Theater", pp. 69-87.
20. Chagall escreveu um artigo sobre sua atuação artística no Teatro Estatal Judaico de Moscou "Mein arbet in Moskover Idischen Kamer-Theater" ("Meu Trabalho no Teatro de Câmera Judaico de Moscou"), na revista *Di Idische Velt, Hodesh-schrift far Literatur, Kritik, Kunst un Kultur* (*O Mundo Judaico, Publicação Mensal de Literatura, Arte e Cultura*), II, maio de 1928, pp. 276-282.
21. Vide o artigo de Susan Tumarkin Goodman, "Soviet Jewish Theater in a World of Moral Compromise", em *Chagall and the Artists of the Russian Jewish Theater, 1919-1949*, New Haven/London, Yale University Press, 2008, pp. 1-14. O livro, resultado de um impecável trabalho gráfico e extraordinária pesquisa histórica e iconográfica realizado por seus colaboradores, foi publicado juntamente com a exposição do mesmo título, organizada pelo The Jewish Museum de Nova York entre 9 de novembro de 2008 e 22 de março de 2009. Do mesmo modo, devemos lembrar as impecáveis obras-catálogos sobre Chagall publicadas sob os títulos *Marc Chagall and the Jewish Theater*, New York, Guggenheim Museum, 1992, fruto da exposição realizada naquele museu, que contém textos e documentos de

Der zindiker (*O Pecador*), *Amnon un Tamar* e *Um vinter* (*No Inverno*) de Ash. Em Vitebsk, onde Chagall era o Comissário de Assuntos sobre Arte na cidade e na província, além de criador da Escola de Arte do Povo, encena algumas peças entre 7 de julho e 22 de agosto de 1919[22]. Um estúdio independente foi criado em Moscou em 1919 que incluiu atores do Idisch Theater de Vitebsk. Em 1920 a capital soviética, antes em Petrogrado, foi transferida para Moscou e em 10 de abril de 1920 a autoridade governamental, encabeçada pelo ministro Anatoly Lunacharsky, ordenou a transferência do Idisch Kamer Theater para Moscou. Ali se une com o estúdio de teatro de Moscou e com alguns atores do Vilner Trupe, formado há pouco tempo, passando a se denominar Moskover Idischer Meluche-Theater (Teatro Estatal Judaico de Moscou)[23]. Seu repertório que incluía o que havia de melhor na dramaturgia ídiche e europeia, com peças de Sholem Aleichem e Peretz, seria apresentado em todo o território russo, saindo para uma longa *tournée* em 1928-1929 pelos países da Europa Ocidental. Na trupe destacar-se-á o ator Schlomo Mikhoels que, a partir de 1928, substituirá a Granovsky como diretor da companhia. Mikhoels será admirado como um ator versátil e desempenhará um papel importante como responsável pelo Comitê Judaico Antifascista, formado em 1941, com o objetivo de fazer uma campanha de apelo às comunidades judaicas do Ocidente a fim de prestar ajuda ao esforço de guerra soviético contra os nazistas. Em 1943 ele, juntamente com o poeta Itzik Feffer, viajariam em nome do Comitê por vários países do ocidente com

---

Chagall além de importantes artigos de autoria de Susan Compton e Benjamin Harshav e uma rica bibliografia de autoria desse estudioso; o belíssimo catálogo da exposição realizada no Museum Israel em Jerusalém, sob o título *Chagall Dreams and Drama, Early Russian Works and Murals for the Jewish Theatre*, ed. Ruth Apter-Gabriel, Jerusalém, 1993. Com o mesmo nível de apresentação da obra de Chagall foi publicado o catálogo da exposição "Marc Chagall-Les années russes, 1907-1922", realizada no Musée d'art moderne de la ville de Paris de 13 de abril a 17 de setembro de 1995, ed. Paris Musées, contendo artigos importantes sobre a obra do pintor entre os quais o de Benjamin Harshav, "Notes sur l'Introduction au Théâtre juif", pp. 200-211.

22. De acordo com Benjamin Harshav, *The Moscow Yiddish Theater, art on stage in the time of revolution*, New Haven/London, Yale University Press, 2008, p. 9, "Chagall não demonstrou especial interesse nesse teatro quando visitou Vitebsk, porque estava imerso em fazer cenários para as representações para o Teatro Revolucionário Satírico, TeRevSat, que encenava em russo em Vitebsk e próximo ao *front* da Guerra Civil".

23. Benjamin Harshav, *op. cit.*, p. 10. Ver também ZLYT, vol. 1, pp. 516-517. A obra de Jeffrey Veidlinger, *The Moscow State Yiddish Theater, Jewish Culture on the Soviet Stage*, Indiana University Press, 2000, constitui uma ampla e valiosa pesquisa histórica sobre o tema e passa a ser indispensável para o conhecimento do mesmo.

Cartaz do Vilner Idischer Theater (Teatro Judaico de Vilna) anunciando a peça *Certificaten* (*Certificados*) no Teatro Wilenski, Vilna, 1931. Fonte: Broadsides and Posters Collection, Archives Department, The National Library of Israel, Jerusalém.

essa missão[24]. Ambos seriam assassinados pelo regime de Stálin[25]. Após o assassinato de Mikhoels em 1948, a companhia seria dirigida por pouco tempo pelo ator Benjamin Zuskin até ser fechada em 1949 para sempre. Seria esse o começo do capítulo final do drama da deliberada destruição da cultura ídiche que se iniciara décadas antes na Rússia Soviética[26].

Ainda nos anos 1920 na Europa, assim como em outros lugares, surgiriam outras iniciativas renovadoras de trupes de teatro ídiche, entre as quais

---

24. Sobre o seu olhar pessoal e ideias sobre a arte teatral ver a coletânea de seus escritos *Schlomo Michoels, artiklen, schmusen, redes* (*Schlomo Michoels, artigos, diálogos, discursos*), Buenos Aires, Heimland, 1961.
25. Ver *Encyclopaedia Judaica*, Jerusalém, Keter Pub. House, 1971-1973, s. v. "Mikhoels, Solomon", vol. 11, pp. 1530-1531.
26. Benjamin, Harshav, *op. cit.*, p. 35, escreve: "But in 1948, Mikhoels was lured from Moscow to Minsk, where he was brutally murdered on Stalin's order. Most Yiddish writers, actors, and activists were arrested; some were shot, others tortured. The theater was closed, along with the last Yiddish newspaper and the last Yiddish publishing house in Soviet Russia". Sobre esse período da deliberada e sistemática destruição da cultura ídiche na Rússia Soviética, a começar pelo assassinato de intelectuais, escitores, artistas e cientistas, ver Joshua Rubenstein e Vladimir P. Naumov, *Stalin's Secret Pogrom, The Postwar Inquisition of the Jewish Anti-fascist Comitte*e, New Haven/London, Yale University Press, 2001, e Jonathan Brent e Vladimir P. Naumov, *Stalin's Last Crime, the Plot Against the Jewish Doctors, 1948-1953*, New York, Perennial-Harper Collins Publishers Inc., 2004.

Cartaz do Vilner Idisher Theater (Teatro Judaico de Vilna) anunciando a peça *Dos meidel fun der nacht* (*A moça da noite*) com os atores Gizi Heiden e Schlomo Prizament, Vilna, 1931. Fonte: Broadsides and Posters Collection, Archives Department, The National Library of Israel, Jerusalém.

se destaca o Varschever Idisher Kunst-Theater (Vikt) (Teatro Artístico Judaico de Varsóvia), fundado em outubro de 1926 e orientado por Zygmunt Turkow (1896-1970) e sua primeira esposa, a atriz Ida Kaminska. Turkow havia estudado teatro na escola polonesa e, além de ter participado do Hazamir, passou a atuar no teatro de Esther Rochel Kaminska que percorria a Polônia e Rússia em sucessivas *tournées*[27]. O Vikt destacou-se pela escolha de um repertório inovador e perdurou na Europa até a invasão alemã da Polônia em 1939. Turkow conseguiu sair daquele país para se estabelecer na Argentina, de onde logo viria ao Brasil em cujos círculos teatrais teve uma atuação central[28]. Nos Estados Unidos surgiria o Peretz Hirshbein Folks Theater (Perhift), formado por um grupo de jovens de Milwaukee interessados em cultura ídiche, desde 1920-1921, e que a partir de um dado momento começaram a encenar peças de bom nível dramático e literário

---

27. Sobre sua vida e trajetória até 1914, ver a autobiografia *Fragmentn fu mein leibn* (*Fragmentos de Minha Vida*), Buenos Aires, Tzentral-farband fun Poilische Ydn in Argentine, 1951, e também *Schmussen vegn Theater* (*Diálogos sobre Teatro*), Buenos Aires, Undzer Buch, 1950.
28. Na continuação de sua autobiografia *Fragmentn fun mein lebn* sob o título de *Di ibergerissene tekufe* (*O Tempo Interrompido*), Buenos Aires, Tzentral-farband fun Poilische Ydn in Argentine, 1961, encontramos sua trajetória posterior à Primeira Guerra Mundial, sua estadia na Argentina e no Brasil e em outros lugares.

angariando apoio e prestígio do grande público. Perdurando até os anos 1960, também foi um centro de atração e formação de novos atores[29].

Momento importante do teatro ídiche nos Estados Unidos foi a criação do Arbeter Theater-Farband (Artef) (Teatro Proletário Judaico), que se originou, em 1925, como uma seção dramática do Young Workers Ligue. Sob a influência de um artigo de N. Buchwald sobre o teatro proletário, publicado no jornal *Freiheit* (*Liberdade*), tendo como diretor o crítico Jacob Mestel[30] e a seguir Benno Schneider, foi de fato uma iniciativa tomada em um encontro de representantes de 133 organizações de esquerda. Em dezembro de 1928, encenaram a obra de Beinisch Steinman *Beim Toier* (*No Portão*), adaptada para o teatro e regida por Jacob Mestel. A orientação para a escolha do repertório era ditada pela ideologia de esquerda que havia motivado o surgimento da trupe. Daí a encenação de peças coerentes com essa orientação, como as peças, entre outras, *Brilianten* (*Brilhantes*), de A. Veviorka, *In roish fun maschinen* (*No Ruído das Máquinas*) de F. Tcherner, e *Ristokraten* (*Aristocratas*) de F. Arones, baseada em texto de Sholem Aleichem, *Hirsh Lekert* de A. Kushnirov. O esmero das apresentações em que se integrava de modo harmônico e refinado decoração e música tinha um amplo apoio das associações de esquerda, o que possibilitou à companhia obter grande sucesso nas *tournées* que realizou pelos Estados americanos aproximadamente até os anos 1940[31].

Ainda que as mencionadas trupes e companhias de teatro tenham se destacado no cenário teatral americano existiram outras das quais, pelos limites de nosso trabalho, não nos é possível tratar; consideramos, no entanto, que outros momentos importantes do teatro ídiche na América foram significativos sob o aspecto da inovação da arte dramática e da contribuição cultural que deram ao teatro e cinema daquele país.

Importância especial teve o teatro ídiche na Argentina, que desde o final do século XIX recebeu significativa imigração judaica proveniente da

---

29. Ver ZLYT, vol. 4, New York, 1963, pp. 3131-3147.

30. Jacob (Yankev) Mestel, com boa formação intelectual, ocupou-se da teoria do teatro, como podemos constatar ao estudar alguns de seus aspectos de sua obra *Undzer Theater* (*Nosso Teatro*), New York, Icuf, 1943. J. Mestel publicou um interessante artigo referente à sua juventude na Galícia, "Fun meine yunge yohren in Galitzie" ("De Meus Anos de Juventude na Galitzia"), *Gedenkbuch Galitzie* (*In memoriam Galitzia*), red. Nechemia Zucker, Buenos Aires, Farlag Zichronot, 1964, pp. 156-167.

31. Ver ZLYT, vol. 1, New York, 1931, pp. 92-95; vol. 6, México, 1969, pp. 5783-5908; N. Buchwald, *Theater*, New York, Farlag-Komitet Theater, 1943, pp. 411-442. Buchwald tomou parte ativa no ARTEF desde sua fundação até 1936.

Cartaz da peça *Isha Ra* (*Mulher Má*) de J. Lateiner apresentada no Thalia Theatre com os veteranos atores David Kessler, Bertha Kalich, Regina Prager, Zygmund Feinman, Bernard Bernstein e outros em 11 de novembro de 1897.

Cartaz da peça *Dos Idiche harts* (*O Coração Judaico*) de J. Lateiner apresentada no Kessler's Thalia Theatre com a atriz Clara Young sob a direção de Zigmund Mogulesko em 29 de dezembro de 1908.

Cartaz da peça *Der Vilder Mensh* (*O Homen Selvagem*) de Jacob Gordin apresentada no People's Theatre com Jacob e Sara Adler em 17 de fevereiro de 1902.

Cartaz da peça *Hamlet* de Shakespeare apresentada no Thalia Theatre com Bertha Kalich no papel de Hamlet. O papel também foi representado por Sara Bernhard em 30 de janeiro de 1895.

Fonte: Dorot Jewish Division's Yiddish Collection, New York Public Library Digital Gallery, New York.

Europa Oriental, devido a dois fatores importantes: *a*) as trupes que se formaram no país portenho tinham como roteiro quase obrigatório representar em outros países da América do Sul e América Central; *b*) sua frequente passagem pelo Brasil estimulou a participação de atores que

Atores veteranos da Europa foram para os Estados Unidos tendo atuado e criado as primeiras companhias de teatro naquele país. Na foto estão os atores Jacob P. Adler, Sigmund Feinman, Zigmund Mogulesko, Rudolf Marx, Kratoshinsky e David Kessler. Fonte: Z.Zylberczweig, *Album of the Yiddish Theatre*, New York, 1937, p. 4.

Cena da peça *Dos groisse gevins*, encenada pela Companhia Artef "Arbeter Theater Farband" (Teatro Proletário Judaico). O ARTEF se originou em 1925 como uma seção dramática do Young Workers Ligue, uma organização de esquerda cuja produção teatral foi influenciada pela postura ideológica. Fonte: Buchwald, *Theater*, p. 252.

aqui viviam e passaram a integrar essas mesmas trupes em suas *tournées* pela Argentina e pelo continente. Basta comparar os cartazes de divulgação das peças dessas trupes tanto na Argentina quanto no Brasil para identificar os nomes dos atores que nos são familiares como residentes no Brasil. Daí optarmos por assinalar os nomes dos atores que tomaram parte nessas companhias a fim de conhecê-los e possibilitar sua identificação.

Na Argentina, segundo um artigo publicado no *Anuario Israelita en la Argentina*, já em 1889 "um grupo de judeus alugaram o Teatro Nacional para uma representação da companhia Deitsche-Idischer Trupe que congregava muitos alemães, e quando a cortina se levantou e os alemães que se encontravam no salão ouviram um estranho e distorcido alemão, iniciaram uma tal gritaria com escândalo e brigas a ponto de quebrarem cadeiras de tal modo que os atores tiveram de interromper a apresentação no primeiro ato e sair pela porta dos fundos para não serem agredidos"[32]. Porém, segundo o testemunho de um de seus primeiros atores, Bernardo Weisman, começou-se a encenar peças do teatro ídiche em 1901, na cidade de Buenos Aires[33]. Entre os atores que constam em cartaz que anuncia a peça *Shulamit* se encontram os nomes de S. Finkel e A. Blanck[34], que

---

32. Observator, "Undzer Idisch Theater vezen", em *Yar-buch fun idischen ishuv in Argentine, 1945-1946*, Buenos Aires, Ferlag Idisch, 1946, pp. 203-217.
33. Sobre ele ver ZLYT, vol. 1, p. 699.
34. Sobre ele ver ZLYT, vol. 1, pp. 170-171. No livro de Silvia Hansman, Susana Skura, Gabriela Kogan, *Oisfarkoyft (Localidades Agotadas, Sold Out)*, Buenos Aires, Del Nuevo Extremo-IWO, 2006, pp. 41 e 89, encontramos os cartazes de 27 de novembro de 1901 de uma Compañia Israelita de Artistas Aficionados dirigida por Finkel e Blanck que anunciam a apresentação, no Teatro Doria, das peças de A. Goldfaden *Chu-Ne Le-Mel* (sic!) – *El Tartamudo o Fanatismo y*

Cartaz da peça *Zain vaibs liubovnik* (*O Amante de sua Mulher*) dirigida por Jacob Rovenger com os atores Ludwig Satz, Joseph Schoengold, Fenny Lubritski, Peter Graf, Regina Zuckerberg, Leon Gold e outros com músicas de Abe Ellstein, no Satz Yddish Folks Theatre, em 14 de outubro de 1929. Fonte: Col. M. Chusyd.

Molly Picon no papel de *Motl Peisi dem chazems* (*Motl Peisi filho do Chazam*) de Sholem Aleichem. Fonte: Z. Zylberczweig, *Album of the Yiddish Theatre*, p. 97.

atuaram com Goldfaden na Romênia. Nesse tempo o teatro era financiado em boa parte por elementos ligados aos *tmeim* (impuros) envolvidos com o tráfico de escravas brancas, questão que preocupou durante muito tempo a comunidade e o teatro ídiche naquele país[35]. Pouco após algumas representações, entre as quais a da peça *Tzvei Kuni Lemel* de Goldfaden, houve — como frequentemente ocorria — um desentendimento entre empresários e atores, o que obrigou a um novo empresário interessado em dar continuidade ao teatro a trazer outros atores da Europa. Foi assim que chegaram os atores Carlos Gutentag, Morris Zager, Boris Auerbach, a jovem Berta Axelrod e a senhora A. Axelrod. Passados pouco mais de seis meses, uma nova cisão ocorreu entre os atores da trupe, e isso porque

---

Civilización, e 25 de outubro do mesmo ano a peça *Sulamita o La Hija de Jerusalem*, constando nessa última "a beneficio del Cementerio Israelita de Barracas al Sud", identificado como sendo o cemitério dos *tmeim*, isto é, dos traficantes de escravas brancas.

35. T. Beilin, "Tzu der geschichte funem idischen theater in Argentine" ("Para a História do Teatro na Argentina"), em *Argentina 50 anõs de vida judia en el país-XX aniversario de Di Presse* (*A Imprensa*), Buenos Aires, 1938, p. 88; B. Gorin, *op. cit.*, vol. II, pp. 198-202.

Cena da peça *Dos Groisse Gevins* (*A Sorte Grande*) encenada pelo Idischen Kunst Theatre de Morris Schwartz com os atores Anna Appel, Berta Gerstin, Muni Weizenfreind (Paul Muni), Morris Schwartz e Micha German. Fonte: Buchwald, *Theatre*, p. 252A.

Foto de Morris Schwartz com o compositor Joseph Rumshinsky. Fonte: J. Rumshinsky, *Klangen fun mein lebn*, p. 721.

alguns não quiseram permanecer sob o patrocínio dos *tmeim*. Parte dos atores foram atuar nas províncias enquanto o grupo de Gutentag empenhou-se em trazer novos atores da Europa. Bernardo Weisman procurou encontrar forças locais para integrar sua trupe, entre elas Marcela Levin, nascida na Argentina, e Marcela Weiss, nascida em São Paulo, no Brasil[36]. Entre outros convidados vieram da Europa Jacob Zilbert, Marienhof, Isidor Zuckerman, Finkelstein, consagrados atores no continente europeu. Com eles o teatro ídiche na Argentina, desde seus inícios, teve a oportunidade de conhecer elevados e expressivos padrões da arte dramática, o que certamente influenciou seu desenvolvimento posterior.

Entre 1902 e 1906 o teatro ídiche local encontrava-se em situação de penúria tal que, quando Morris Zager se preparava em 1904 para voltar à Europa, foi necessário dar um espetáculo em seu favor para arrecadar o dinheiro necessário para sua passagem. Somente a partir de 1905,

---

36. Ver ZLYT, vol. 1, p. 695. Ela nasceu em 22 de janeiro de 1896. Era filha do jornalista Zygmunt Levin, que é considerado o fundador da imprensa e do teatro judaico na Argentina, país para o qual imigrou junto com sua família quando tinha quatro anos de idade. Começou a subir no palco com seis anos no papel de Benjamin na peça de Lateiner, *Yosef mit di brider* (*José com Seus Irmãos*), desempenhando outros papéis infantis na trupe de Gutentag. Já adolescente, desempenhou papéis na peça *Shulamit* e *Hasie di iesoime* (*Hasie, a Órfã*). Ela atuou com os atores convidados por Gutentag, como Feinman, Fani Epstein, Moskovich, Beni e Yosef Schengold, Waksman, Saslavski e outros. Também atuou no teatro local em espanhol. Esteve no Brasil em 1915 e 1928/1929 bem como em outros países do continente. Em 1929 encontrava-se atuando no teatro Olimpo juntamente com Samberg.

quando se intensificou a imigração para a Argentina, é que o teatro ídiche começaria a recuperar-se. Em 14 de outubro de 1906 a companhia de Gutentag, Daitsch-Idische Theater Gezelschaft (Sociedade de Teatro Judio-Alemã), encena a peça *Mirele Efros* de Gordin e se informa no cartaz que se trata de uma apresentação do verdadeiro teatro para as famílias decentes poderem se entreter sem risco, "pois existe um outro"[37]. Nesse tempo havia uma outra companhia denominada Der Idischer Aktioren Union (União dos Atores Judeus), mas não deixava de ocorrer o comum e rotineiro "intercâmbio" de atores entre ambas.

A luta mais ativa contra os denominados *tmeim* ou *chevreleit* (os membros da sociedade de traficantes de escravas brancas) tem início em 1908, ano em que o número de atores cresceu e contava com a presença de Sem Weler, Fani Epstein, que, afora peças de Goldfaden, começam a introduzir um novo repertório com peças de Lateiner, Zolotarevsky e Gordin, chegando a representar *Otelo* de Shakespeare em ídiche. Ao mesmo tempo, o teatro penetrara na vida cultural comunitária nesse ano de 1908, ocasião em que foi apresentada a peça de Peretz Hirshbein, patrocinada pelo partido Poalei Zion (Trabalhadores de Sion), *Barg arop, oder Miriam* (*Decaída, ou Miriam*); no último ato em que aparece um bordel, iniciou-se um tumulto e, quando um dos veteranos militantes do partido começou a gritar "rufiões fora do teatro", este logo se esvaziou. Tal entrevero teve um impacto enorme sobre a juventude que se mobilizou para melhorar o nível do teatro e combater o assim denominado "lixo-teatro"[38], proclamando em público a importância das peças de Peretz Hirshbein. À frente desse combate estavam também as organizações Jugend (Juventude) apoiadas pelo grupo anarquista Arbeter Fraind (Amigos dos Trabalhadores) que tomou parte na criação da Associação Obreira de Ajuda Mútua, formada por iniciativa do líder poaleissionista Leon Chazanovitch ao passar pela Argentina[39].

---

37. T. Beilin, *op.cit.*, p. 93. A luta contra os *tmeim*, traficantes de escravas brancas, começaria efetivamente com a juventude da nova leva de imigrantes que se empenharam em afastá-los do teatro. Em artigo de P. Wald, impresso no jornal *Theater* da Aktioren Farein (Associação de Atores), março-abril de 1935, o autor se refere aos dois públicos que frequentavam o teatro de Buenos Aires: "o primeiro tipo era composto de judeus que não comerciam com *esroigim* (cidra, fruta que é parte das quatro espécies da festa de Sucot) simbolizando as mulheres que foram atraídas pelos traficantes, incluindo-se todo tipo de mediadores a que eles estavam ligados…" De outro lado, "trabalhadores com seus grupos de jovens que tinham convicções ideológicas diferentes mas estavam unidos em relação à posição que deveriam tomar perante o problema…" (*apud* Beilin, *op. cit.*, p. 92).

38. A expressão *shund-theater* foi usada pelos críticos teatrais desde os inícios do teatro ídiche.

39. Pinhe Katz, *Geklibene Schriftn* (*Obras Escolhidas*) Buenos Aires, Ykuf, 1946, vol. v, pp. 164-165.

Cartaz da peça *Der Kurten Schpiler* (*O Apache*) de Zolotarevsky apresentada no Teatro Tipográfico Bonaerense em 13 de novembro de 1919.

Cartaz da peça *Dos Meidel fun West* (*A Moça do oeste*) tendo como atriz principal Albertina Siftser no Teatro Garibaldi em 15 de abril de 1921.

Fonte: Col. N. Falbel.

A Argentina passava, porém, por uma fase difícil e vários atores das trupes existentes voltaram então para a Europa. No entanto, os que ficaram alugaram o salão Garibaldi no centro de Buenos Aires e continuaram a representar peças como *Shmá Isroel* (*Ouve, ó Israel*) de Osyp Dimow com a participação de Sem Weler, senhora Meirovitch, Fani Epstein, Max Marienhof, Weiss, senhora Marienhof, Bernardo Weisman, Rosenblith e Rabinovitch. No ano seguinte, outros como S. Blum e Axelrod continuaram representando no salão Trianon enquanto que no Orfeon Galego Primitivo se apresentava uma companhia sob o nome de Idische Gezelschaft fun Operetes, drames un komedies (Sociedade Judaica de Operetas, Dramas e Comédias) dirigida por Bernardo Weisman e seu secretário S. Levin, tendo como *régisseur* Heiman Starr. Em outubro de 1910, a trupe encenou a peça *Haim in Amerike* (*Haim na América*) de Lateiner, com a participação de D. Gilbert, senhora E. Poliansky, senhora I. Weinstein, M. Rabinovitch, H. Star, L. Tchivinsky, D. Levin, A. Freiman, A. Grimes, B. Zamer, A. Weinstein. O velho repertório ainda predominava: a saber, *Shulamit* de Goldfaden, e *Chinke-Pinke*, *Shabes-Koidesh* (*Sábado Sagrado*) e *Tzebrochener hertzer* (*Corações Partidos*) de Lateiner. Nelas tomaram parte novos atores pouco conhecidos: S. Schor, Field, senhora Zoger, Feld, Grinberg, B. Seymon e S. Ravitch. Para nós é importante a identificação dos nomes – por vezes incompletos – dos atores e participantes dessas trupes, por terem feito *tournées* no Brasil desde os anos 10 do século passado. Por outro lado, alguns atores, como vimos no caso de Marcela (Levin) Weiss, eram originários do Brasil. Juntaram-se a eles novos atores, a partir de 1912, tais como as irmãs Sifzer, Haskel Arnold, Bachanov, Fenerof e os vindos da Europa, como senhora Ebel, Yankev Perelman, Esther Walerstein.

Durante os anos 1910 as idas e vindas de atores tornaram-se rotineiras, o que favorecia a criação temporária de novas trupes que se desfaziam rápida e facilmente devido às costumeiras tensões existentes entre os atores, mas em especial por razões financeiras que limitavam a permanência de atores vindos do exterior. Nessa ocasião, quando os empresários Neiman trazem os atores Moskovitch e Sara Silvia, encontramos trupes que representavam em três teatros, o Nacional, onde atuavam Gutentag e alguns veteranos atores que permaneceram na Argentina, o Olimpo e um teatro de nome Biju, existente na rua Sarmiento sob a responsabilidade do empresário M. D. Waksman que trouxera de Londres, entre outros, o ator Sem Goldinburg. O repertório era variado, abrangendo desde as velhas operetas até peças literárias como *Tchias hamesim* (*Ressurreição dos Mortos*) de Tolstoi, com a participação da senhora Walerstein e de S. Blum. Nesses anos começaram a vir atores americanos, entre eles Bina Abramovich, Kalmen Yuvelir e Yosef Scherman. Agora representava-se diariamente e a concorrência entre as trupes mostrava-se acirrada com os inevitáveis e rotineiros conflitos do mundo artístico teatral. No entanto, esse clima favorecia a introdução de peças dramáticas de autores consagrados como *Got fun nekume* (*Deus da Vingança*) de Ash, sob os auspícios de uma Filodramatish-literarish-muzikalisher Gezelschaft Yankev Gordin. Nela tomaram parte a jovem atriz Fleiderman, senhora Gurevitch, senhora Schneider, Somerson, Portnoi, Tulchinski, Fuks, Gitelman, Goldstein, Schor e Godik. Pela programação nota-se que era dirigida ao público comunitário, uma vez que em seu repertório incluía-se a peça *Di waise schklafn* (*As Escravas Brancas*) de Zolotarevsky. O repúdio e a luta contra os *tmeim* nesse tempo são expressos em um folheto no qual consta o seguinte:

"O teatro ídiche, uma arca de Noé em Buenos Aires, novamente é o teatro da companhia que se tornou um abrigo de todos os animais e um lugar onde predomina a prostituição e o deboche. Novamente mulheres honestas e jovens sentam-se lado a lado com traficantes de carne branca e com empoadas mulheres de rua e maquiadas beldades. Novamente em cada cabeça de uma jovem inocente permanece a terrível questão: Por quê? Por que estão ali sentados aqueles com ouro e brilhantes, alegres e graciosos, trajados impecavelmente, a meu lado com meu vestido de algodão? Novamente deverão ficar os jovens testados que uma filha de Lilith não o arraste para a lama e que um filho da puta não o tente com sua vida fácil. E novamente ao saírem de suas casas para ir ao teatro, serem todos os judeus vistos pelos seus vizinhos cristãos, que vivem a seu lado, como traficantes de mulheres, e todas as mulheres judias como vendedoras de sua honradez. Se honradez, se pureza familiar, se seu 'ser' lhes é caro preste atenção com quem virá a manter contato nessa arca de Noé que é o teatro. Assim os atores verão que os judeus não vendem sua honra e nome por uma maquiagem ridícula e uma piada suja. Nós os alertamos! Famílias judias decentes"[40].

A comunidade crescia e o teatro tornava-se mais e mais um elemento importante de sua vida cultural. Berta Singerman, ainda criança, iniciava sua carreira com a trupe de Walerstein e representando a peça *Di grefn als betlern* (*A Condessa como Mendiga*) e depois com Moskovitch, e com o passar do tempo viria fazer uma carreira notável de *diseuse* em espanhol e outras línguas.

A consolidação do teatro argentino aprofundou-se em 1917 quando o Teatro Bataglia passou a encenar peças de alto valor dramático. Contribuiu para tanto o redator do *Di Presse*, na época o jornalista e escritor Pinhe Katz, que adaptou peças para a trupe de Carlos Gutentag, entre outras *Di fabrik-vechtern* (*A Guardiã da Fábrica*) e *Kinder un eltern* (*Filhos e Pais*), *Der eibiger yid* (*O Eterno Judeu*) e *Hogers zon* (*O Filho de Hoger*) do escritor Gonsález Castilio. Também o escritor Schmuel Glazerman traduziu a peça de Florêncio Sanchez, *Baranca Abajo*. Foi um período de introdução da literatura espanhola-argentina no teatro ídiche que enriqueceu sobremaneira seu repertório. A Revolução Russa passou a ser um novo tema introduzido no teatro ídiche com a peça de Isaac Nuger e Karl Fidelman, *Di letzte teig fun Nikolai dem Zveitem* (*Os Últimos Dias de Nicolau II*). Outros acontecimentos se sucederam na vida judaica na Argentina entre os quais a malfadada "Semana Trágica", ocorrida em 1919, que abalou a comunidade e criou um clima de insegurança no país. Nesse mesmo tempo viria a Buenos Aires o afamado escritor H. David Nomberg coincidindo sua estadia com a permissão de se representar no salão Garibaldi, antes interditado pela prefeitura. A frequência ao teatro aumentou com a vinda de novos atores da América, como David Baratz, que atuou no salão Olimpo, com muito sucesso, mas Baratz ficaria lembrado por "furar" uma greve

---

40. T. Beilin, *op. cit.*, p. 98.

de atores que resultou no boicote às suas apresentações, o que o obrigou a voltar à América. Um novo salão, o Orfeon Español foi construído e nele a atriz Esther Perelman, recém-chegada da América, atuou ao lado dos atores locais Marcela Weiss, S. Blum, Tania Bachanof, Y. Perelman, Yankev Schefner, cujo repertório compreendia operetas e melodramas do velho naipe e inclusive as peças de Sholem Aleichem, *Schver tzu zain a yid* (Difícil Ser Judeu) e *Teyvie, der milchiker* (Teyvie, o Leiteiro). No teatro Olimpo, em 1924, outra trupe encenava *Der Dibbuk*, de Anski, com Berta Singerman desempenhando o papel de Lea[41]. Nesses anos 1920 já se revelava o ator Bentzion Palepade[42] que ingressou na Farainigte Idische

Cartaz anunciando duas peças *Hofni un Pinchas* de J. Lateiner e *Shir Hashirim* (Cântico dos Cânticos) de A. Shor no Teatro Germania em 27 de abril e 1 de maio de 1921. Fonte: Col. N. Falbel.

Cartaz anunciando a apresentação do famoso ator Hertz Grosbart numa temporada pela Argentina nos anos 30. Fonte: Dorot Jewish Division's Yiddish Theater Collection, New York Public Library Digital Gallery.

---

41. Sobre Berta Singerman, que começara a atuar no teatro ídiche ainda menina, ver a publicação *A Aventura Modernista de Berta Singerman, uma Voz Argentina no Brasil*, São Paulo, Museu Lasar Segall-IPHAN, 2003. O contato da notável *diseuse* com artistas plásticos e literatos brasileiros deu-se ainda nos anos 20.
42. Bentzion Palepade, após atuar desde jovem nas trupes errantes da Europa, chegou à Argentina em 1923 e desde o início tomou parte importante na vida teatral desse país. Sua

Theater Gezelschaft (Sociedade Unida de Teatro Judaico) sob a direção de Max Marienhof, constituída dos atores vindos da Europa Stefani Adaieva, Basheve Genina, Yankev (Jacob) Parnes e outros. Palepade, em 1924, assumirá a direção de uma trupe denominada Di idisch fareinigte trupe fun dramen, operetn un komedien (Trupe Judaica Unida de Dramas, Operetas e Comédias) que percorreu a província argentina.

A maturidade do teatro ídiche na Argentina se revela com a formação da Idischer Aktioren Farein in Argentine (Associação dos Atores Judeus na Argentina), que estabelece em seus estatutos um programa que visa elevar o teatro e regulamentar o trabalho profissional de seus membros, definindo seus objetivos em: *a*) melhorar a situação social, moral e material de seus sócios; *b*) criar um fundo de ajuda mútua para enfermos e membros necessitados; *c*) elevar o teatro a um nível artístico superior. Sob esse último aspecto, nesse ano de 1925, a trupe que representa no Orfeon Español, intitulada Di fareignikte idische aktioren fun Buenos Aires (A União dos Atores Judeus de Buenos Aires), segue, de certo modo, a tendência estabelecida pelo repertório do famoso e veterano David Kessler que vivia na América. A trupe encenou *Lebensbilder mit gezange* (*Cenas da Vida com Cantos*) extraída das peças de N. Rakov *Fun iener zait yam* (*Do Outro Lado do Oceano*) e *Der dorfs shenker* (*O Taberneiro da Aldeia*). Nela tomaram parte novos atores como Sonia Golubtchik, Glazunov, M. Peltz e senhora Glazunov. Nessa ocasião já se encontravam em Buenos Aires os atores Issachar e Bela Handfus, que também atuariam no Brasil. Nesse tempo foi importante a presença em Buenos Aires do ator Rudolf Zaslavski que representava no Gran Teatro Israelita (Ambo) sob a direção do empresário Simon Schreiber e a administração de Isidor Zuckerman. Na trupe entraram os autores Berta Zaslavski, Schloime Naumov, Yankev Perelman e outros. Ao mesmo tempo o teatro Excelsior do empresário A. Alvarez acabaria recebendo da América o já famoso Boris Tomaschevsky, acompanhado das atrizes Zuckerberg, mãe e filha. A trupe se denominou Di greste idische theater gezelschaft fun operetes, drames um komedies (A Maior Sociedade de Teatro Ídiche de Operetas, Dramas e Comédias) sob a direção de Tomaschevsky e representação de Max Marienhof e como empresário um tal de A. Marsorati. De seu repertório constava a peça de

---

autobiografia, *Zichroines, fun a halbn yohrhundert idisch theater* (*Memórias de Meio Século de Teatro Ídiche*), Buenos Aires, 1946, constitui um rico depoimento histórico sobre os inícios do teatro ídiche.

Zolotarevsky, *Der ieshive bucher* (*O Estudante da Escola Talmúdica*) e as do próprio Tomaschevsky *Der chazen un di chazente* (*O Chantre e Sua Esposa*), *Der griner milioner* (*O Novo Milionário*) e outras do repertório americano.

Porém, nos anos 1920 novamente eclodiria a questão da presença dos *tmeim* no teatro e isso porque um diretor tolerou a presença dos mesmos por razões financeiras pelo fato de serem eles os "compradores" dos melhores lugares no teatro. A primeira manifestação veio de La Plata devido aos esforços do conhecido pintor, ator e ativista social Misha Schwartz, que impediu a atuação de atores que se mostravam indiferentes ao problema, ou seja, "limpar" e excluir os *tmeim* da comunidade. Em La Plata a trupe pretendia encenar a opereta *Dos hartz fun a mame* (*O Coração de Mãe*) e nela tomavam parte Frida Zagor, Geni Gelber, Tzili Hertz, Fani Reiber, B. Palepade, Morris Gelber, Leon Zuckerberg, Moris Peltz, K. Grosman e outros. A intervenção de Schwartz, que não visava os atores porém a Associação que se mostrara tolerante para com os *tmeim* e sua influência no teatro, obrigou-a a mudar sua atitude e se alinhar aos que combatiam a presença do elemento indesejável em seu meio. Pouco após estourava o escândalo público provocado pelo jornalista e escritor Jacob Botochansky no *affaire* associado à representação da peça *Ibergus* (*Transbordamento* ou *Regeneração*) do escritor Leib Malach que naquele decisivo ano de 1926 calou fundo na comunidade judaica argentina[43]. Nesse tempo, o talentoso ativista Leo Halperin[44] atuará no teatro no interior da província assim como Leonid Sokolov que se afirmará como uma das estrelas brilhantes da nova geração de atores.

Após o escândalo público com os *tmeim* surgiu em Buenos Aires o Idische Folks Theater (Teatro Popular Judaico), que deu uma série de espetáculos mas, infelizmente, sem que desse continuidade e levasse adiante o programa que se havia proposto. Por outro lado, devido ao mencionado escândalo, é que se deu a formação do Young Argentine (Jovem Argentina) que em 1927 esboçou uma escola dramática. Pouco antes o grupo havia realizado um programa especial dedicado ao escritor A. Reizen sob

---

43. Sobre isso ver N. Falbel, "Identidade Judaica, Memória e a Questão dos Indesejáveis no Brasil" e "A Correspondência de Leib Malach com Baruch Schulman", em *Judeus no Brasil: Estudos e Notas*", USP-Humanitas, 2008, pp. 449-511 e pp. 633-646.

44. Leo Halperin teria um papel importante na vida comunitária da Argentina e no movimento sionista tendo estado, juntamente com sua esposa, várias vezes no Brasil. Sobre ele ver N. Falbel, *Manasche Krzepicki, sua Vida e seu Tempo*, São Paulo, Perspectiva, 1996, e versão em inglês com o título *Manasche Krzepicki, his Life and Time*, Jerusalem, The Jerusalem Foundation, 1998.

o nome de *Reizenade* encenada em dois atos por Jacob Botochansky, no qual tomaram parte Mery Fradkin, Schifre Lerer, W. Eizenstein, H. Laster, senhora Biberstein, A. Lipkovich, P. Jakobovich, Misha Schwartz, Izi Shafer, senhora G. de Lesavoy, M. Ratuchni, A. Leitzis, R. Gitelman, A. Portnoi, G. Ostrovetzki, e o coro da Muze, sob a direção de Nechemia Zucker, com a decoração de Lapidus e o ponto de Yankev Weintraub. Logo a seguir, em 2 de outubro de 1927 inaugurou-se oficialmente a escola dramática Young Argentine sob a direção de Leo Halperin em que tomaram parte Jacob Botochansky e S. Rollanski[45]. Possivelmente esse movimento de renovação envolvendo os nomes de Botochansky e Leo Halperin tenha sido motivado pela postura conservadora e tolerante frente aos *tmeim* que se pode verificar no "Manifest fun Idishn Aktiorn Farayn in Argentine" (Manifesto da Associação dos Atores Judeus na Argentina) que atacou o jornal *Di Presse*, no qual atuava Botochansky, argumentando que a peça de Leib Malach não foi aceita para ser encenada somente por "razões técnicas" e não devido à "rufianische ideologie" (ideologia dos rufiões) como o jornal procurou difundir[46]. O movimento era animado por um espírito renovador e um começo promissor de um trabalho investido no Studio na preparação da peça de Harry Sekler *Dem tzadik nesie* (*A viagem do Tzadik*, título dado a um rabino piedoso, chassídico) representada no salão Italia Unita em 6 de junho de 1928, sob a regência de Leo Halperin. Outras peças se sucederam como *Iberker* (*Subversão*) de Ernest Toller, mas o grupo acabou por se dividir ainda que uma parte tenha continuado a usar o mesmo nome sob a orientação do *régisseur* russo Ilya Ris, que na ocasião se encontrava em Buenos Aires. Seu repertório dramático era composto de peças de cunho social como *Oifen opgrund* (*Subterrâneo*) de M. Gorki, *Roiber* (*Assaltantes*) de Schiller, e *Sam* (*Veneno*) de A. Lunacharski, até encerrar suas atividades antes de 1930. Apesar da importante contribuição e influência que exerceram, a começar da encenação do *Ibergus* (*Transbordamento* ou *Regeneração*) de Leib Malach, no teatro Politeama, o grupo não perdurou. Pelo fato de não se manter estável tampouco pode tomar parte do Folks Theater, passando-se as representações a uma trupe profissional sob a direção de Rudolf Zaslavski, que se comprometera a anunciar em suas apresentações: "É proibida a entrada de pessoas imorais". Seu

---

45. Beilin, *op. cit.*, p. 112.
46. O "Manifest" encontra-se na coleção digital da NYPL (New York Public Library) sob o número LD: 435162.

repertório consistiu de *Dukus* de Alter Kacyzne, *Tog un Nacht* (*Dia e Noite*) de Anski, a comédia *Gevald, ven schtarb er* (*Socorro, Quando ele Morrerá*) e outras. A trupe compreendia, além do casal Zaslavski, B. Glazunov, S. Naumov, Nosen Klinger, Miriam Lerer, Misha Schwartz, W. Dorelin, Ida Rosenzweig, S. Keilburd, Y. M. Warschavski, A. Levin, A. Mengelevski, A. Nowi, Y. Bogopolski, Y. Flapan e A. Pomeranz. Como compositor e dirigente figurava Yasha Fisherman, que também fez a trilha sonora para a mencionada peça de Anski. Nesse ano foi levada à cena a peça *Goles* (*Diáspora* ou *Exílio*) de M. Alpersohn, que na província foi apresentada por um outro grupo com a participação de Esther Perelman, Geni Gelber, Tzili Hertz, Fani Reiber, Itzhak Deitsch (ator que viria a morrer mais tarde no Brasil), Yankev Schefner, Palepade, M. Somersohn, Morris Gelber e L. Zuckerberg. Consta terem pela primeira vez encenado na Argentina a opereta *Di rumenische hassene* (*O Casamento Romeno*) que pelo seu caráter leve e folclórico atraía grande público.

Papel especial na história do teatro argentino tiveram os círculos dramáticos cujo início se deu em 1924 com o Artistisch Vinkele (Cantinho Artístico), organizado pelo escritor Nechemia Zucker, multiplicando-se nos clubes locais a ponto de se tornar uma instituição muito presente nas comunidades judio-argentinas. As divergências ideológicas entre os componentes dos círculos dramáticos por vezes levava a divisões, como ocorreu com o próprio Artistisch Vinkele que gerou dois novos círculos, o Muze (Musa) e o Freiheit (Liberdade)[47]. Às vésperas do encerramento do Young Argentine, em 1929, criou-se o grupo dramático do Klub in Tzenter (Clube do Centro), de início dirigido por Misha Schwartz que seria sucedido por Jacob Botochansky e Leib Faktorowski, que encenaram as peças *Hirsch Lekert* de H. Leivick e *Naftoli Botwin* de Veviorka. Além desses outros como o Clube Avangard (Vanguarda) houve um circulo dramático sob a regência de Nechemia Zucker e o Freier Arbeiter Bibliotek (Biblioteca do Trabalhador) sob a regência de S. Glazerman, que encenou a peça adaptada de Edmondo Discepolos *Herschel der derfinder* (*Herschel, o Inventor*); ambos granjearam boa reputação artística.

Em 1927, quando começava a amainar o enfrentamento com os *tmeim* e o teatro ídiche se encontrava em uma fase estável chegou à Argentina

---

47. Ver sobre eles o artigo assinado por Observator (certamente nome literário de autor não identificado), "Undzer idischer theater vezen" ("Nossa Arte Teatral") em Nechemia Zucker e Wolf Bresler, *Yohr-Buch fun idischen ishuv in Argentine, 1945-6* (*Anuário da Comunidade Judaica na Argentina*), Buenos Aires, Farlag Idisch, 1946, pp. 203-217.

o ator Julius Adler[48] para atuar no Ombo. Significativo é o fato que uma das peças que a companhia apresentou se intitulava *Eine fun iene...* (*Uma Mulher Daquelas...*), indicando claramente o novo espírito que soprava na vida teatral após o escândalo e o termino da influência dos *tmeim* no teatro. Na trupe participavam atores experientes como Lisa Salomon, Mery Gutovich, Zukerman, Kleinburd, Grasman, Halperin, Mengelevski, Perelman, Schwartz, Esther Lustig. No ano seguinte o empresário Adolf Mide traria o ator Avraham Morevski e um novo repertório seria introduzido com as peças *Der vos krigt di petch* (*Este que Apanha*) de Andreiev, *Schmates* (*Trapos*) de Leivik, *Landsman* (*Conterrâneo*) de Ash, *Dukus* de A. Kacyzne e *Der Dibbuk* de Anski. Foi nessa trupe que se integraram os membros da família Rapel bem como a atriz Tzili Teks. Entre 1927 e 1928 renomados atores se apresentaram tanto no Ombo quanto no Excelsior, tais como Yozef Scheingold, Francis Adler, Clara e Boaz Young[49], Clara Fridman e Refael Gutherz.

No teatro Olimpo uma nova programação começaria com a vinda do ator A. Samberg que encenou as peças *Shimele Soroker* de Sholem Aleichem, *Kargen* (*O Avarento*) de Molière, *Kidush HaShem* (*Martírio*) e *Motke ganev* (*Motke, o Ladrão*) de Ash, *Sheilok* de Shakespeare e outras do repertório clássico. O Excelsior apresentou nesse tempo a bem-sucedida peça de O. Dymow *Der singer fun zein troier* (*O Cantor de Sua Tristeza*). Outro teatro, o Argentina, possuía uma trupe na qual se agregaram Esther Rapel, A. Rozenthal e Kátia Plavina, porém durou pouco tempo.

Podemos afirmar que no final dos anos 1920 e durante os anos 1930 a presença de grandes atores e atrizes enriqueceu o teatro ídiche local deixando marcas profundas na cultura teatral do país. Visitantes como Morris Schwartz, Y. Ben Ami e Yankev (Jacob) Mestel, seu *régisseur*, Joseph Buloff, Luba Kadison, Sem Goldinburg, Tzili Adler, Moly Picon, Berta Gersten, Yankev Rechtzeit, Sem Auerbach, Sidi Scheingold, Zygmunt Turkow, Anschel Schor, Miriam Kresin, Pesachke Burstein[50] e tantos

Cartaz contendo uma rica programação de peças a serem apresentadas no Teatro Excelsior em prol da Associação dos Atores Judeus na Argentina em 3 de abril de 1932. Na relação das peças constam o *Dibuk* de Anski; *Di Tzvei Kuni Lemels* (*Os dois Kuni Lemels*); *Bar Kokhba*; *Kishefmachern* (*A Feiticeira*) de A. Goldfaden e a peça de Jacob Gordin *Kreutzer Sonata*. Fonte: Dorot Jewish Division's Yiddish Theater Collection, New York Public Library Digital Gallery.

---

48. Julius Adler, que se destacou como um ator completo com notável talento dramático e talento musical, também atuou no Brasil. Por entrevistas e notícias em vários recortes de jornais em ídiche da época sabemos que representou na Argentina, Uruguai e Brasil durante dois meses, ou seja, a começar de abril de 1927 até meados de junho.

49. Boaz e Clara Young atuaram em várias trupes europeias e no teatro americano e a autobiografia escrita por Boaz Yong, *Main leibn in theater* (*Minha Vida no Teatro*), New York, Ykuf, 1950, contém uma rica informação sobre o teatro ídiche europeu e americano.

50. Sobre ele ver sua autobiografia *Geschpilt a lebn* (*Representou uma Vida*), Tel-Aviv, 1980, na qual relata suas estadias, desde 1934, na Argentina e no Brasil.

outros *stars* associados a repertórios atualizados dos clássicos da dramaturgia judaica e universal foram importantes para a ampliação dos horizontes culturais da população judaica e não judaica do país. No entanto, devemos observar que o sistema que predominou muito tempo na América, o "starismo", o teatro que girava e se fundamentava ao redor de "nomes famosos" para atrair o grande público, também se fez presente no teatro argentino e continuou por muito tempo devido a duas razões. A primeira, porque a maioria dos atores, a partir de um certo momento, vinham de fora, principalmente da América. Em segundo lugar, porque até o final dos anos 1920 ainda não se havia consolidado na Argentina um teatro independente, possuidor de uma concepção própria e de critérios autônomos para assegurar uma orientação segura à arte teatral judaica no país. O nome do *star* vindo do exterior passava a ser o centro e o atrativo da companhia ou trupe, e garantia o seu sucesso comercial. De fato, a questão financeira era decisiva e, por vezes, o fracasso de uma temporada de uma companhia obrigava o seu empresário a desistir e se retirar do teatro, de modo que a sua continuidade dependia da associação voluntária dos atores e fãs que se organizavam de forma cooperativa para poderem subsistir. O empresário Adolfo Mide, que de início teve a ambição de criar um teatro com melhor repertório trazendo a Buenos Aires atores consagrados pelo público, como Avraham Morevski, Aizik Samberg, Morris Schwartz, Joseph Buloff, nem sempre pôde manter o padrão artístico que tanto desejava. Do mesmo modo o empresário Isaac Nuger, ao sair do Excelsior e assumir o Teatro Nuevo, procurou promover Ben Ami, entre judeus e não judeus, pois tinha consciência das dificuldades existentes para lotar o salão de um teatro. Em 1932 novamente se reorganizou a associação dos atores judeus, com a preocupação central de proteger e dar assistência aos atores cujo número havia aumentado devido ao o movimento imigratório à Argentina. Entre eles estavam os atores Y. Maurer, Z. Gold, M. Auerbach, Wili Goldstein, senhora Goldstein, Y. Lachman, Sonia Lachman, Salomon e Clara Stramer, Y. Feldboim, sra. Feldboim, Elsa Rabinovitch, Blumensohn, Schifra Lerer, Paulina Tachman, Y. Schein e Goldin.

Naquele tempo também diretores e compositores como Yankev Piter, Y. Skliar, Simon Tenovski, Galubtchik (Tziganeri) e o conhecido diretor e compositor Mordechai Hochberg chegaram à Argentina. No teatro Mitre a dupla de atores Nahum Melnik e Dwora (Debora) Rosenblum passaria a representar peças menores mas de conteúdo atual cujo gênero agradava imensamente ao público que o frequentava. Porém, até se chegar a um novo teatro independente ter-se-ia de percorrer ainda um longo caminho. A crítica ao *shund-theater* foi um fator importante para abrir espaço para um teatro melhor. Por outro lado, foi importante a sugestão de certos críticos, entre eles Botochansky, para que se encenassem peças de autores argentinos. Alguns conhecidos escritores como Schmuel Glasserman e Nechemia Zucker viram algumas de suas peças serem encenadas. Esse último teve Y. Scheingold como ator na peça *In nomen fun gerechtikeit* (*Em Nome da Justiça*), apresentada no teatro Argentino. Glasserman foi autor prolífico e já nos anos 1930 publicava uma coletânea de peças de sua autoria com a temática judio-argentina[51].

Cartaz da peça *Ver is di froi?* (*Quem é Esta Mulher?*) de N. Rakoff com a participação da atriz dramática Clara Zuckerman no Salão Teatro Garibaldi em 17 de agosto de 1924. Fonte: Col. N. Falbel.

Quando o Young Argentine cessou de existir, surgiu um grupo denominado Idramst (Idisher dramatischer-studio, Studio dramático judaico), fundado por Yakov Flapan e Leib Faktorovski, que reuniu um bom número de atores e desejava com o mesmo ímpeto criar um teatro moderno com forças locais. Porém o Idramst, que tinha um forte matiz partidário, se defrontou com a questão dos que discordavam da subordinação da arte teatral a ideologias. O caráter ideológico se revelou claramente no repertório inicial ao encenarem as peças *Di Neger* (*A Negra*), de Buchbinder, *Koilen* (*Balas*), sobre a guerra civil na Rússia, com as inovações cênicas do teatro revolucionário mescladas com elementos do realismo e expressionismo dos diretores russos Meyerhold e Tairov. Quando a associação dos atores judeus criou a Escola de Teatro Itzhak Deitsch, com a finalidade de atrair jovens para a carreira artística profissional, seus diretores Misha Schwartz, Nechemia Zucker e Zalman Hirschfeld, ao verem que o Idramst tinha mudado sua orientação, indicaram aos seus alunos que nele ingressassem após se formarem. Parte deles foram seus *régisseurs*, como o poeta Iakov Flapan e Gad Geliaso, destacando-se nele, como atores, a dupla Nahum Melnik e Dwora Rosenblum. Geliaso enveredou por um experimentalismo realista radical com a peça *Shrei Chine* (*Grite China*) de Tretiakov, seguida da peça de Daniel, *Fir teg* (*Quatro Dias*) que foi muito criticada. Ainda puderam representar as peças de Y. B. Tziper *Dervachung*

---

51. *Theater, Dramatische schriften funem idischen leben in Argentine* (*Teatro, Escritos Dramáticos sobre a Vida Judaica na Argentina*), Buenos Aires, Kultur 1932, que inclui as peças *Zisie goy* (*Zisie, o Gentio*), *Undzere kinder* (*Nossos Filhos*), *Tzeforfene glider* (*Membros Dispersos*), *Oifen beis hakvures* (*No Cemitério*), *Der vaiser rob* (*O Corvo Branco*), *Kale-kleider* (*Vestido de Noiva*) e *Tzvei schvester* (*Duas Irmãs*). Sobre ele ver Ana E. Weinstein e Eliahu Toker, *La letra ídish en tierra Argentina, Bio-bibliografia de sus autores literarios*, Buenos Aires, Milá, 2004, p. 63.

Cartazes das peças *Id Süss (Judeu Süss)*, baseado no romance de Lion Feuchtwanger (1925), e a comédia *A Gan-Eden Far tzvei (Um Paraíso para Dois)* encenadas ambas pela companhia Stramer dirigida pelo casal Salomon e Clara Stramer, com o casal Israel Feldbaum e outros atores entre eles Simão Buchalsky, no Teatro Albeniz de Montevideo, Uruguai, nas datas de 1 de maio e 8 e 9 de junho de 1935. Fonte: Col. M. Chusyd.

(*Despertar*) e de M. Nadir *Beniomin Kichot* (*Benjamin Quixote*) sob a direção de Y. Schwartzberg, seguida da peça de Lampe, *Bunt in oisbesserungs hois* (*Rebelião na Casa de Correição*) sob a direção de W. Brakarzj. Mas, enquanto a crise atingia o Idramst, a Escola Dramática Itzhak Deitsch formava seus primeiros alunos e Misha Schwartz, seu diretor, recomendava que eles se engajassem naquele estúdio. No fundo, as circunstâncias indicavam que se deveria criar um novo corpo teatral que tivesse maior respaldo social. O passo seguinte foi a criação do Argentinish Idisher Folks-Theater, o IFT, que, sob a direção de uma diretoria competente, aglutinou os ex-alunos e atores dos círculos dramáticos acima lembrados a fim de alcançarem um refinado nível de arte dramática. No primeiro encontro encontravam-se Y. Botochansky, Wolf Bresler, Gavinaser, W. Glikin, Dr. S. Drukarov, Dr. L. Zhitnistki, M. Lew, I. Jijovski, Dickstein, Rogatchevski e outros. O casal Nahum Melnik e Debora Rosenblum seriam convidados para dirigirem a parte artística do IFT e a primeira peça apresentada foi *Bainacht oifen altn marek* (*À Noite no Velho Mercado*), de I. L. Peretz, encenada no teatro Coliseo em 17 de março de 1937 com extraordinário sucesso. Já com a apresentação da peça *Dos groisse gevins* (*A Sorte Grande*) de Sholem Alei-chem, o IFT tornou-se uma instituição apoiada pelo público mais amplo tendo cerca de 700 sócios garantindo desse modo uma eficiente e sólida administração e orientação artística. Mais adiante encenarão no Italia Uni-ta a peça *Mississipi* de Leib Malach, para a qual convidaram o compositor judeu-alemão Dr. Sacks para compor músicas apropriadas ao tema bem como o maestro Herman Ludwig para dirigir o coro, obtendo mais uma vez grande sucesso. Devido ao alto prestígio angariado pela companhia, o empresário Adolfo Mide convidou o IFT a representar no salão Mitre no qual encenaram doze espetáculos, sendo que o último foi realizado no Ombo com a peça de Bil-Bilotzerkovski, *Dos leben ruft* (*A Vida Chama*). Em suma, no primeiro ano, o IFT apresentou 60 espetáculos que incluíam o que havia de melhor na dramaturgia judaica e universal, combinando com maestria os elementos técnicos e artísticos necessários para se apresentar com elevado nível artístico. Vale lembrar que, sob o aspecto cenográfico, destacou-se o notável trabalho do pintor Chaim Sokolovski que já havia trabalhado no Idramast. Na temporada de 1938 foi convidado um jovem *régisseur*, David Licht, que acumulara boa experiência no PIAT de Paris[52].

---

52. Ver ZLYT, vol. 3, pp. 1757-1758. O PIAT (Parizer Idisher Arbeter-Theater) foi organizado em 1933 com imigrantes da Europa Oriental de ideologia "progressista" que se propunham

Além do mais, o IFT, em um encontro de seus sócios em junho de 1938, se propôs ampliar seus objetivos e programar uma ação de esclarecimento dirigida em especial aos jovens a fim de ilustrá-los, tanto em espanhol quanto em ídiche, sobre a arte teatral. A temporada de 1938, dirigida

---

levar o teatro ídiche às massas mais amplas. Entre seus primeiros *régisseurs* encontravam-se Jacob Kurlender e Jacob Rotbaum. Ambos viriam a atuar no Brasil, em especial com círculos dramáticos de associações locais.

por David Licht, começou com a peça de Moishe Kulbak *Boitde der idischer vald-gazlen* (*Boitde, o Bandido da Floresta Judeu*) e continuou com um repertório atraente que se manteve durante vários anos.

Antes e durante os anos da Segunda Guerra Mundial o teatro ídiche na Argentina, incluindo trupes com *stars* vindos do exterior associados a atores locais, continuou encenando nos teatros Ombo, Mitre e Excelsior. O IFT encenava no Lassale e, quando foi reformado o teatro Soleil pelo empresário Charles W. Groll, o teatro ficou sob a direção de Salomon Stramer passando a ser utilizado por várias trupes[53].

O teatro ídiche na Argentina continuou se destacando entre os demais países do continente latino-americano durante vários anos após a Segunda Guerra Mundial mas, com o processo de aculturação que ocorreu nas comunidades asquenazitas da Diáspora e a diminuição gradual do público conhecedor da língua ídiche, acabaria por desaparecer.

---

53. Sobre o Teatro Soleil ver a obra de Nechemia Zucker (org. e red.), *Zeks yohr besser idisch theater, 1945-1950* (*Seis Anos do Melhor Teatro Ídiche, 1945-1950*), Buenos Aires, 1951.

CAPÍTULO 4

O teatro profissional no Brasil:
os anos 1910 e 1920

A vinda ao Brasil de trupes, companhias e atores profissionais do teatro ídiche remonta pelo menos os anos 10 do século passado, conforme podemos verificar nos cartazes[1] onde consta o nome de um dos primeiros profissionais que viriam mais tarde a se estabelecer no país. Trata-se do conhecido ator David Melzer, que integrou boa parte das trupes e companhias vindas da Argentina e que continuaria atuando no teatro ídiche nos anos 1920[2]. Melzer imigrou para a Argentina aproximadamente em 1905 e ainda jovem passou a atuar, no teatro ídiche. Viria a radicar-se no Brasil entre os anos de 1927 e 1928, vindo a falecer em 1967, após uma vida inteiramente dedicada ao teatro

---

1. Uma vez que não havia gráficas com tipos em ídiche no Brasil, entre os anos de 1913 e 1918 os cartazes impressos no Brasil são escritos em português e os títulos das peças em ídiche transliterados com caracteres latinos. Normalmente os títulos das peças transliterados ao ídiche são acompanhados de uma tradução para o português, por vezes incorreta e não correspondendo ao significado do título original. Também são comuns as falhas de impressão dos nomes dos atores e autores, o que indica a dificuldade dos gráficos brasileiros de os entenderem. Procurei não mudar a transliteração dos títulos das peças em ídiche que em sua grande parte não é uniforme e varia de cartaz para cartaz. No período em questão houve duas tentativas na cidade de Porto Alegre de criar jornais em língua ídiche, sob a iniciativa do jornalista e escritor argentino Yosef Halevi, que havia, com a ajuda de elementos locais, trazido daquele país tipos em ídiche para publicar em 1915 o jornal *Di Menscheit* (*A Humanidade*) e, em 1920, *Idische Tzukunft* (*Futuro Judaico*). Porém ambos os periódicos pouco duraram e os tipos que tinham sido trazidos para o Brasil acabariam por se perder.

2. David Melzer nasceu em 20 de abril de 1888, em Jitomir, na Rússia, vindo a falecer em 27 de junho de 1967 em São Paulo. Um cartaz que divulga a peça *Di nekume fun a froi* (*A Vingança de Uma Mulher*), de Kalmanovich, representada em 22 de abril de 1928 no salão da rua Couto de Magalhães, sob a iniciativa do Idischer Theater Gezelschaft (Sociedade Teatral Israelita) do empresário A. Walfisch, anuncia o "Debut de David Melzer, que atuou há 12 anos atrás em São Paulo…" Na verdade sua atuação havia se iniciado há mais de doze anos, o que confirma a informação que nos foi dada por seu neto, o pintor e poeta Sérgio Fingermann, que Melzer radicou-se no Brasil em 1928.

Cartaz da peça *Capitão Dreyfus* de autoria de N. Rakoff, encenada pela Grande Companhia de Operetas Dramas e Comédias sob a direção de H. Starr, com a participação dos atores Albertina Sifser, Paulina Sifser, Arnold Haskel, David Melzer, Bernardo Erlichman, Clara Freiman, Adolfo Freiman, Gold, Grinberg, Viscnik, Bleichman, Pedro Bomblat e Guilhermina. Teatro Polytheama, Rio de Janeiro, 29 de outubro 1913.

Cartaz da peça *O Talmudista* de autoria de N. Rakoff, encenada no Royal Theatre, no dia 5 de dezembro de 1913. Podemos observar no N.B. os dizeres "A empresa reserva o direito de vedar a entrada a quem julgar conveniente". Na verdade trata-se da proibição de ingresso ao teatro ídiche do elemento indesejável, ou seja, os traficantes de escravas brancas e prostitutas.

Fonte: Col. N. Falbel.

ídiche[3]. O zelo de David Melzer em preservar os cartazes referentes à sua atuação pessoal desde o ano de 1913 permitiu que pudéssemos ter acesso a uma preciosa fonte de informação sobre as primeiras trupes profissionais que chegaram ao Brasil. Essas trupes adotaram vários nomes, a começar da chamativa designação de Grande Companhia de Operetas, Dramas e Comédias de Hyman (Harry) Starr. A diversidade dos nomes dessas trupes, que reuniam um núcleo central de atores aos quais se agregavam ocasionalmente outros que nem sempre podemos identificar pelo fato de aparecerem ocasionalmente e por vezes serem mencionados apenas por seu primeiro nome, o que poderia indicar serem "extras" para preencherem algum papel secundário, contava quase sempre com a presença de H. Starr, seja como ator, diretor ou regente[4].

---

3. Toda a informação referente à biografia de David Melzer devo à gentileza de seu neto Sérgio Fingermann.
4. Ainda em 30 de janeiro de 1926 Hyman Starr assina um documento solicitando que a peça *Tobias o Leiteiro* seja submetida à censura pois pretende levá-la à cena no Palácio Teatro no

Pouco sabemos sobre H. Starr, mas pelos cartazes que anunciavam suas peças inferimos que tanto ele quanto a maioria dos atores que compunham essas trupes vinham da Argentina. O *Lexikon funem Idischen Theater* de Zalmen Zylbercweig não nos informa a data de nascimento de H. Starr, mas apenas a cidade de Kutno, na Polônia. Foi criado em Londres e dali emigrou para a África do Sul onde atuou no teatro ídiche para chegar, já numa idade mais avançada, à Argentina vindo posteriormente ao Brasil. O ator Jacob Parnes, que o conheceu e atuou na Argentina radicando-se mais tarde no Brasil, relata que Starr, apaixonado pelo teatro sem o qual não poderia viver, estava ligado aos *tmeim* e, quando teve início a perseguição a esses elementos, foi obrigado a atuar somente para o público das famílias decentes[5]. O jornalista argentino Jacob Botochansky também confirma essa ligação com os *tmeim* e diz que Starr chegou a exercer em seu meio a profissão de *chazan* (chantre de sinagoga) com "orações e arte, tanto para eles quanto para os judeus honestos"[6]. Por alguns cartazes que anunciam espetáculos em benefício da Associação Beneficente Funerária e Religiosa Israelita em prol do cemitério de Inhaúma no Rio de Janeiro, fica evidente a ligação de H. Starr com os *tmeim*. Por outro lado, fica patente, pela leitura dos cartazes, que as trupes se dividiam entre o Brasil e a Argentina durante os anos que atuaram, isto é, entre 1913 e 1918. Podemos ter um razoável conhecimento do período com a informação contida nos cartazes que nos fornecem dados preciosos sobre as trupes, repertórios e os teatros nos quais se apresentaram. As companhias se apresentam com nomes de diretores, administradores e regentes, em que, por vezes, o nome de H. Starr está associado a Marcos Streit, Adolfo Freiman, Samuel Blum, que também aparecem em certos cartazes como diretores independentes. É o caso da Grande Companhia Alemã-Israelita ou Grande Companhia Israelita, dirigida também por Samuel Blum[7]. Com um repertório bastante

---

Rio de Janeiro. Arquivo Nacional, Peças Teatrais, Cx 37/779. Alguns desses "extras", possivelmente, poderiam não ser judeus na medida em que não teriam nenhuma fala a dizer em ídiche, ou apenas algumas restritas palavras ou frases.

5. Jacob Parnes, "Ver is der grinder funem idischen teater in Brazil" ("Quem é o Fundador do Teatro Ídiche no Brasil"), *Di Presse*, Buenos Aires, 21, 22, 24 abril de 1930 *apud* ZLYT, vol. 2, p. 1463. Em 11 de abril de 1924 o jornal *Dos Idische Vochenblatt* anunciava um espetáculo da atriz Esther Huotig que H. Starr trouxera ao Brasil. No anúncio ele declara ser "o fundador do teatro ídiche no Brasil".

6. Jacob Botochansky, "Zwischen forhang un leivent" ("Entre a Cortina e o Cenário"), *Di Presse*, Buenos Aires, 13 de dezembro de 1929, *apud* ZLYT, vol. 2, p. 1463.

7. Samuel Blum, nascido em Galaz, na Romênia, atuou como dirigente de coro na trupe de Goldfaden. Imigrou para a Argentina, não sem antes passar por alguns países da Europa, onde

variado, que ia do gênero da opereta leve até os dramas de bons autores da língua ídiche, as peças dessas companhias eram representadas nas cidades do Rio de Janeiro, São Paulo e Porto Alegre. Nesse sentido, cremos ser importante como registro histórico anexar o levantamento das informações recolhidas nos cartazes que compreendem os anos de 1913 a 1918 aos quais tivemos acesso. Sabemos no entanto que certo número de cartazes se perderam com o passar do tempo, porém o que temos em mãos nos permite ter uma ideia da atividade teatral em língua ídiche existente no país naquele tempo. Importante observar que a falta de um teatro próprio e a insegurança em relação ao sucesso das representações das trupes e as dificuldades financeiras de seus responsáveis bem como o pequeno número de imigrantes judeus asquenazitas eram motivos suficientes para não se comprometerem por uma temporada completa na locação de um teatro. Daí constatarmos que em curtíssimo espaço de tempo após poucas apresentações a mesma trupe passava de um teatro para outro.

Já em 23 de julho de 1913 uma Companhia Israelita de Variedades, de iniciativa do empresário Bernardo Mandelbaum Amandier, encenava no Teatro São José de São Paulo[8], sob a direção de Arnold Haskel, e uma Trupe Tsherpanoff cenas cômicas musicadas das peças *Shulamis*, de Goldfaden, *Depois do Casamento* e *Dois Vagabundos*, essas últimas de autoria do diretor, provavelmente, com auxílio de algum ator da companhia. A mesma companhia, em 24 de julho, levaria à cena peças do mesmo gênero intituladas *Hóspede do Outro Mundo*, *Pérolas*, do mencionado Haskel e *Lisa Clop* de A. Feinman. Em 26 de julho *Chaie un Shmaie* e *Devemos Ser Homens*, em homenagem à atriz Albertina Sifser, e em 27 de julho *O Trabalhador* e *O Hóspede do Outro Mundo*, agora com a participação de mais um conjunto musical, além da trupe Tsherpanoff, denominada Les Canadians[9].

Cartaz que anuncia a temporada de H. Starr em 1914 dirigido ao "distinto publico" frequentador do teatro que está trazendo os melhores atores de Buenos Aires. Observa-se que o cartaz foi impresso na Argentina uma vez que não havia ainda imprensa ídiche no Brasil.

Cartaz da peça *Der Schrekliclher Chulem (O Sonho Terrível)* de Rudolf Marcks com a Grande Companhia Israelita, estrelada por Sem Weller, com os atores Sara Sylvia e Enrique Jaicovsky, sob a direção de Haiman Starr, no Teatro Carlos Gomes, Rio de Janeiro, no dia 21 de dezembro de 1914.

Na temporada de 1915 H. Starr e sua Companhia daria destaque aos atores Sem Weller e E. Jaicovsky com as peças *Die Weisse Sklavin (A Escrava Branca)* de Zolotarevsky e *Kreuzer Sonate* de Jacob Gordin apresentadas respectivamente em 22 de janeiro e 5 de fevereiro no Teatro Carlos Gomes.

Fonte: Col. N. Falbel.

---

continuou sua atividade teatral, orquestrando operetas e compondo suas próprias músicas. Sobre ele ver ZLYT, vol. 1, p. 176.

8. O Teatro São José de São Paulo foi um dos primeiros teatros modernos da cidade e foi inaugurado em 1864. Em 1898 foi destruído por um incêndio e em dezembro de 1909 foi inaugurado um novo teatro com o mesmo nome ao lado do Viaduto do Chá. Sobre o Teatro São José ver A. Barreto do Amaral, *História dos Velhos Teatros em São Paulo*, São Paulo, Governo do Estado, 1979, pp.; S. Magaldi e M. T. Vargas, *Cem Anos de Teatro em São Paulo*, 2. ed., São Paulo, Editora Senac, 2001.

9. *O Estado de São Paulo*, 23, 24, 26 e 27 de julho de 1913. Ver Esther Priskulnik, "Teatro Iídiche em São Paulo", diss. de Mestrado, USP-DLO, 1997.

Em 1913 a Grande Companhia de Operetas, Dramas e Comédias, sob a direção de H. Starr, começaria a apresentar no Teatro Polytheama[10], do Rio, em 29 de outubro, a peça *Capitão Dreyfus*, de N.Rakoff, com a participação dos atores Albertina Sifser, Paulina Sifser, Arnold Haskel, David Melzer, Bernardo Erlichman, Clara Freiman, Adolfo Freiman, Gold, Grinberg, Vischnik, Bleichman, Pedro Bomblat e Guilhermina. Em 7 de novembro se apresentariam no Teatro Carlos Gomes com a peça *Shabes Koidesh* (*Sábado Sagrado*) de Sigmund Feiman; em 10 de novembro *Kol-Nidre* (*Oração do Dia de Perdão*) de Scharkanski; em 17 de novembro, sob o nome de Companhia Israelita, *Schloime Charlatan* (*Salomão, o Charlatão*), de J. Gordin, com a "1ª caricata" Rosa Waxman, "1ª atriz dramática" Fany Waxman, "1º ator dramático" M. D. Waxman, assinalando ser a terceira representação da companhia nesse teatro. Em 5 de dezembro estariam no Royal Theatre com a peça *Der ieshive bucher* (*O Estudante de Talmude*) de N. Rakoff, com a adesão da atriz sra. Gurevitch e Valter. Nesse cartaz, de formato menor, consta um N. B com os dizeres "A Empresa reserva o direito de vedar a entrada a quem julgar conveniente", o que insinua uma clara referência aos elementos dos *tmeim*; em 9 de dezembro, *Capitão Dreyfus*, sob a direção artística de Adolfo Freiman e adesão dos atores Anna Hochberger, A. Mordchin, A. Peir, Alter Grodsky; em 12 de dezembro *Uriel Acosta*, de K. Gutzkov; em 19 de dezembro, em benefício de A. Freiman, seu diretor artístico, a opereta cômica *Shure Scheindel fun Ehupetz* (*Shure Scheindel de Ehupetz*), com a adesão dos atores Samuel Fastovschi, Eni Freiman, Marcovich, Reis, sra. Segal. A mesma trupe voltaria em 22 de dezembro a representar no Teatro Carlos Gomes[11].

Para o ano de 1914 H. Starr faria um contrato mais estável com o Teatro Carlos Gomes[12], o que não impediria a companhia de, sob outros

---

10. O teatro Polytheama foi inaugurado em 8 de agosto de 1911 e ficava à rua Visconde de Itaúna, 443. Ver o site "Teatros do Centro Histórico do Rio de Janeiro, século XVIII ao século XXI", http://www.ctac.gov.br/centro histórico/teatro. Com esse mesmo nome de Teatro Polytheama construiu-se entre 1891 e 1892 um teatro em São Paulo situado à rua São João 21-A. Um incêndio o destruiria em 1914. Sobre os velhos teatros e cinemas de São Paulo vide o site www.arquiamigos.org.br/bases/cinepfield.htm., com textos explicativos de José Inácio de Melo Souza, Inventário dos espaços de sociabilidade cinematográfica da cidade de São Paulo (1895-1929). Ver também J. I. de Melo Souza, *Imagens do Passado: São Paulo e Rio de Janeiro nos Primórdios do Cinema*, São Paulo, Editora Senac, 2004.

11. Sobre esse teatro ver E. F. Werneck Lima, *Arquitetura do Espetáculo, Teatros e Cinemas na Formação da Praça Tiradentes e da Cinelândia*, Rio de Janeiro, Editora UFRJ, 2000, pp. 112-114.

12. O Teatro Carlos Gomes no Rio de Janeiro era de propriedade do empresário Paschoal Segreto (ou Segretto) cujo nome aparece nos cartazes do teatro ídiche nos anos 10 e seguintes.

nomes, realizar espetáculos em outros teatros. Um cartaz impresso em Buenos Aires teria a função de apresentar ao público brasileiro a programação da temporada da Gran (sic) Companhia Israelita, sob a direção de H. Starr na qual figuram I. Jacubovich, Rosa Farsht, David Melzer, sr. Wolpin, Sara Sylvia, S. Jacubovich, Enrique Jaicovsky, Max Schulzinger. Nesse cartaz encontramos um curioso "discurso", em ídiche, do diretor dirigido ao "distinto público", o qual traduzimos na integra:

> Querido público: foi após muitos esforços que pude mobilizar as melhores forças de Buenos Aires. Finalmente posso comunicar ao distinto público, que o que prometo eu cumpro. Nenhum dinheiro economizei e juntamente com os acima lembrados artistas também se encontra o famoso ator dramático Max Shulzinger e o sr. e madame Jacubovich, tomando ainda parte a srta. Rosa Farsht e o jovem tenor David Melzer. Também trago comigo 150 novas peças, o melhor do repertório judaico bem como traduções, entre elas: *Dos meidel fun west* (*A Moça do Oeste*), *Di gebrochene hertzer* (*Os Corações Partidos*), *Chantsche in Amerike* (*Chantsche na América*), *Borg mir dain vaib* (*Empreste-me sua Mulher*), *Semke letz* (*Semke, o Palhaço*), *Chaim in Amerike* (*Chaim na América*), *Di schtif mame* (*A Madrasta*), *Di kluge froi* (*A Mulher Esperta*), *Di russische nagaike* (*O Exílio Russo*), *Yom hachupe* (*Dia de Casamento*), *Dos yudische hartz* (*O Coração Judaico*), *Dos pintale yid* (*O Caráter Judaico*) e muito mais outras peças. Espero que ninguém falte e esteja presente nas primeiras apresentações, pois as peças escolhidas para a inauguração são sem dúvida as melhores. Não quero me estender mas desejo que o público comprove que o que digo é a pura verdade. Atenciosamente, H. Starr.

Nesse ínterim, em São Paulo, no Salão Celso Garcia[13], a Companhia Israelita de Dramas e Comédias se apresentaria, em 20 de março de 1914, com a peça *Die lustige nacht* (*A Noite Alegre*), de Welinsky, com a participação de Albertina Sifser e H. Starr. Entendemos que isso se deu antes da grande programação no Teatro Carlos Gomes que ainda seria antecipada pela Companhia Israelita sob a direção de H. Starr para um festival artístico em benefício de duas pessoas, David Melzer e R. Volpin, realizado em 12 de junho com a peça *Di farblongitte neshume* (*A Alma Errante*), de J. Lateiner, com atores ainda desconhecidos como sr. Joannes, sr. Solomon,

---

Sua atuação empresarial no ramo teatral também se estendeu à cidade de São Paulo. Sobre ele ver Elizabeth Ribeiro Azevedo, "Paschoal Segreto em São Paulo", IV Congresso Abrace, 2006, Rio de Janeiro, *Anais*, Rio de Janeiro, 7 Letras, vol. 1, pp. 218-219.

13. O Salão Celso Garcia estava situado à rua do Carmo, 39.

Na temporada de 1916 H. Starr apresentou-se em vários teatros a começar no Salão Celso Garcia em São Paulo com a peça *Chanale die Neituren* (*Anna a Costureira*) com a adesão de novos atores no dia 18 de fevereiro e seguiria ao Rio de Janeiro para apresentar no Teatro República a peça *Das Meidel Fin der West* (*A Moça do Oeste*) em 4 de agosto, e no Teatro Lyrico a peça *Der Suten in Geneiden* (*O Diabo no Paraíso*) em 7 de outubro. Fonte: Col. N. Falbel.

sra. Maria Zeiger, sr. M. Glaichman. Em 27 de julho, a Grande Companhia Israelita faria seu *debut* com a eminente atriz Sara Sylvia e o primeiro ator Enrique Jaicovsky com a peça *Dos meidel fun der West* (*A Moça do Oeste*) de A. Schor, com o título traduzido ao italiano para *La fanciula del West*. Em 31 de julho a peça *Dos idische hartz* de J. Lateiner, com a inclusão da atriz Nina Raschel; em 10 de agosto *Die schtif muter*; em 4 de setembro *Bar Kochba*, de A. Goldfaden; em 11 de setembro, *Die bialistoker schchite* (*O Pogrom de Bialistok*), de Jacob Jacobs; em 21 de setembro *Der kleiner milioner* (*O Pequeno Milionário*), de R. Marcks; em 25 de setembro *Kol Nidrei*, de M. Schor; em 30 de setembro *Dos meidel fun der West*; em 7 de outubro *Chanele di neituren* (*Chana, a Costureira*), de F. Fairman; em 16 de outubro *Dos pintele yid*, de Boris Tomaschevsky; em 25 de outubro *Shulamis*, de A. Goldfaden; em 30 de outubro *Die gebrochene hertzer*, de Z. Libin; em 6 de novembro *Tzuvischen die kvurim* (*Entre os túmulos*), de A. Weintraub, com a adesão da atriz Sara Zettel e do maestro Costa Junior; em 9 de novembro *Yom a Chupe* (*Dia de Casamento*), de A. Schor; em 21 de dezembro *Der schreklicher chulem* (*O Sonho Assustador*), de R. Marcks, estreando o primeiro ator Sem Weller; em 25 de dezembro *Die 2 velten* (*Os Dois Mundos*), de J. Gordin e em 30 de dezembro *Bas Jeruscholaim* (*Filha de Jerusalém*) de Auerbach. A mesma companhia representaria no High-Life Theatre[14] em 16 de novembro *Dos meidel fun der West* e em 20 de novembro *Die schtif muter*, de Zolotarevsky. Com o nome de Grande Companhia Alemã Israelita sob a direção de H. Starr, a mesma trupe continuaria no High-Life Theatre a representar em 27 de novembro *Das judische herz*, agora, curiosamente, com alguns títulos anunciados em um pretenso alemão, com a provável intenção de atrair esse público ao teatro; em 4 de dezembro *Main vaibs mann* (*O Marido de Minha Mulher*); em 7 de dezembro *David's fidele* (*O Violino de David*), de Maizel, com adesão de novas atrizes, srtas. Chave e Sara; em 11 de dezembro *Die gebrochene hertzer*.

Na temporada de 1915 voltaria a se apresentar no Teatro Carlos Gomes a Grande Companhia Israelita sob a direção de H. Starr dando destaque aos atores Sem Weller e E. Jaicovsky. Começaria em 8 de janeiro com a peça *Der vilder mensch* (*O Homem Selvagem*) de J. Gordin, que se repetiria em 15 de janeiro, com a adesão do ator J. Schreiber; em 22 de janeiro *Die veisse schklavin* (*As Escravas Brancas*) de Zolotarevsky, com a adesão da

---

14. O High-Life Theatre foi inaugurado em 1910 e ficava no Largo do Arouche, antes Praça Alexandre Herculano.

atriz sra. Racir, B. Mewe e sr. Victor; em 29 de janeiro *Borg mir dein vaib* de A. Nager e em 5 de fevereiro *Kreutzer Sonate* (*Sonata Kreutzer*), de J. Gordin. Mais tarde passaria a apresentar-se no Palace-Theatre[15], com o mesmo nome, porém sob a direção de E. Jaicovsky e H. Starr em 8 de setembro com a peça *Idale der blinder* (*Idale, o Cego*), de J. Lateiner; em 13 de setembro *Der talmid-chuchem* (*O Sábio*), de N. Rakoff; em 18 de setembro *Brandil di raterke* (*Brandil, a Conselheira*), de L. Gebel, com a adesão dos atores E. Weiss, I. Langer, A. Castro; em 24 de setembro *Blumale*, de J. Lateiner; em 29 de setembro *Der idischer Hamlet* (*O Hamlet Judeu*), de Zolotarevsky; em 8 de outubro *Di fabrik vechterin* (*A Guardiã da Fábrica*); em 22 de outubro *Shir haShirim* (*Cântico dos Cânticos*), de A. Schor; em 12 de novembro *Shulamis*, de Goldfaden, constando no cartaz a informação: "espetáculo que realiza a Associação beneficente Funerária e Religiosa Israelita em benefício das obras no Novo Cemitério Israelita em Inhaúama (sic)". No cartaz vemos uma bonita gravura contendo uma lápide na qual consta em hebraico a palavra *Cohen* (sacerdote), com o símbolo das mãos espalmadas e as iniciais tradicionais das lápides judaicas com o significado "que sua alma repouse para a vida eterna". Na gravura encontram--se as palavras em ídiche *vegen idischen friedhof*, ou seja, "em benefício do cemitério israelita". Em 15 de novembro a trupe passaria a representar no Teatro Polyteama, sob a administração de Sigmund Mewe, a peça *Das verlorene kind oder umschuldig im kerker* (*O Filho Perdido ou o Inocente na Prisão*), com a adesão do ator Kessler, e em benefício da atriz Berta Mewe; em 29 de novembro *Di seider nacht* (*A Noite de Seder de Pesach*), de M. Richter, em benefício de Jacob Langer e David Melzer, com a adesão da criança Alberto Castro.

A temporada do primeiro semestre de 1916 começaria com algumas apresentações, em São Paulo, no Salão Celso Garcia em que a Grande Companhia Israelita dirigida por H. Starr, secretário W. Novogrodsky, "ensaiador" e ator A. Freiman, encenou, em 10 de fevereiro, a peça *Shir haShirim* (*Cântico dos Cânticos*), de Schor e em 18 de fevereiro *Chanale die neituren*, de S. Feinman. Novos atores, a saber o casal Zuckerberg, srta. C. Freiman, A. Freiman e sra. Eni Freiman, aderiram à trupe. Podemos supor que outras peças foram encenadas sem que tenhamos a necessária documentação para confirmá-las. No Rio de Janeiro a Grande Companhia

---

15. O Palace-Théâtre situado à rua do Passeio, 38, era um teatro antigo e adotou o novo nome com a renovação em 1906.

Israelita, sob a direção de H. Starr e administração de Marcos Streit, começaria a temporada no Teatro República[16] com os novos atores Israel Finguelberg, Eva Polansky, além de atores com nomes Rosita e Renold. Em 28 de julho encenariam a peça *Die eiserne frau* (*A Mulher de Ferro*), de Zolotarevsky; em 4 de agosto, *Dos meidel funWest*; em 11 de agosto *Heikale Mosig*, de A. Shomer; em 18 de agosto *Tema die horbate* (*Tema, a Corcunda*), de A. Shomer, com a adesão do ator Kenik Silberberg; em 25 de agosto *Die zvei isoimim* (*Os Dois Órfãos*); em 8 de setembro *Die umglickliche familie* (*A Família Infeliz*), de Zolotarevsky; em 22 de setembro *Gott mensch und theifel* (*Deus, Homem e Diabo*), de J. Gordin; em 28 de setembro *Zain erste kale* (*Sua Primeira Noiva*), de Z. Libin; em 29 de setembro *Die umglickliche kinder* (*As Crianças Infelizes*), de Z. Libin. Passariam a apresentar no Teatro Lyrico, a partir de 7 de outubro, *Der Suten in Ganeidem* (*O Diabo no Paraíso*); em 13 de outubro *Die farfierte* (*A Enganada*), de A. Vaintraub; em 27 de outubro *Dus getliche lied* (*A Divina Canção*); em 10 de novembro *Das leiben von a frau* (*A Vida de Uma Mulher*), de A. Schor. Fariam uma apresentação no Palace Theatre, em 17 de novembro, de *Mishke un Mosky* (*Mishke e Moshky*) de J. Lateiner, com a adesão da atriz Jeny Krafchiuk. Em 27 de novembro a companhia apresentaria no Teatro República um "grande e pomposo espetáculo em benefício da Associação Beneficente Funerária e Religiosa Israelita para a construção do seu cemitério em Inhaúma", que de fato seria o cemitério dos *tmeim* no Rio de Janeiro[17]. No volante de pequeno formato com a bonita gravura descrita acima em outro cartaz, consta que "o programa será distribuído em avulsos. O Comitê". A peça apresentada foi *Mein veibs mann*, de M. Maisel, conforme cartaz de mesma data e com os mesmos dizeres indicando o local como sendo o Teatro Lyrico[18].

Em 1917 a Companhia Israelita H. Starr começaria sua temporada no Salon (sic) Centro Gallego, no Rio de Janeiro[19], com um "grande festival" em benefício do ator H. Starr que em 12 de janeiro apresentaria a peça *Zvai pariser bandiden* (*Dois Bandidos Parisienses*) de A. Goldfaden. Tomariam

---

16. O Teatro República foi inaugurado em 31 de julho de 1914 e era considerado um dos maiores teatros do Brasil. Estava situado à rua Gomes Freire, 80.

17. Ver N. Falbel, *Judeus no Brasil: Estudos e Notas*, São Paulo, Edusp-Humanitas, 2008.

18. Foi inaugurado em 26 de novembro de 1904, e estava situado à rua 13 de maio, 56.

19. O Centro Galego, situado à rua da Constituição, 30-32, de tendência anarquista, abrigou em 1906 o primeiro congresso operário brasileiro. Ver Milton Lopes, "Memória Anarquista do Centro Galego do Rio de Janeiro (1903-1922)", http://marquesdacosta.wordpress. O endereço no cartaz consta como sendo rua da Constituição, 38.

Cartaz da peça *Dus Farloirene Glük* (*A Felicidade Perdida*) de Z. Korenbluth dirigida por Samuel Blum apresentada no Casino Teatro Phenix no Rio de Janeiro em 30 de março de 1917. A mesma companhia no Salão Luso Brasileiro apresentou a peça *Gotts Schtruf* (*Castigo de Deus*) de Z. Libin no dia 19 de novembro de 1917. Fonte: Col. N. Falbel.

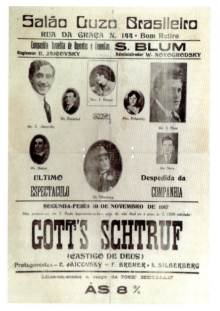

parte Albertina Sifser, que cantaria "Vítimas da Guerra", e os novos atores Seri Weisblat e A. Blender, além de outros já conhecidos. Em 19 de janeiro apresentariam *17 iuhr unter der ert* (*17 Anos Debaixo da Terra*). Em 31 de janeiro a mesma trupe, sob o nome de Grande Companhia Israelita H. Starr, estaria no Palace Theatre apresentando *Fater liebe* (*Amor de Pai*) de N. Rakoff, com a adesão dos atores W. Pomaranz, I. Zalzman, sra. Sabina, I. Pekaroff e sra. Siezeg. Em 26 de fevereiro, já sob o nome de Grande Companhia Israelita de Operas, Comédias e Dramas, sob a direção de Samuel Blum e administração de Marcos Streit, apresentariam no Casino Theatre Phenix[20] *Ben hador* (*Filho da Geração*), de Horovitz; em 30 de março, *Dus farloirene glük* (*A Felicidade Perdida*), de Z. Korenblüth, em homenagem ao ator Arnaldo Patin; em 9 de março *400 yohr* (*400 Anos*), de Lateiner. Com o nome de Companhia Israelita de Operetas e Comédias, o mesmo diretor Samuel Blum, no mesmo teatro, apresentaria em 9 de julho *Tosca*, de V. Sardou, com a adesão dos atores srta. Rina, um desconhecido com as iniciais N.N. e Berta Glasunov; em 13 de julho *David's Fidale*, de Lateiner, com adesão da srta. Rita (ou seria a mesma Rina?), sendo José Helman responsável pela *mise-en-scène*, e em 27 de julho, no Teatro Lyrico, *Churben Jerushalaim* (*Destruição de Jerusalém*), de A. Goldfaden. A mesma companhia

---

20. O Casino-Theatro Phenix se localizava à rua Barão de S. Gonçalo (av. Rio Branco).

passaria a apresentar em 17 de agosto, no Majestic-Teatro (antigo Palace Teatro) *Der ibriger mensch* (*O Homem Supérfluo*), de Z. Libin, com a adesão de Rosa e Jacob Silbert; em 24 de agosto, *Die milchume cales* (*As Noivas da Guerra*) em 31 de agosto, no Teatro República, *Zurik in der heim* (*Volta ao Lar*). No Teatro Lyrico em 27 de agosto *Der ieschive bucher* (*O Estudante da Escola Talmúdica*). Novamente no Teatro Lyrico, em 16 de setembro, *Die macht fun leidenschaft* (*A Força do Sofrimento*), de Z. Libin; em 17 de setembro *Rifcole Kozak* (*Rebeca, a Arrojada*); em 26 de setembro *Alexander kronprintz* (*Alexandre, Príncipe Real*). Em São Paulo, ainda a mesma companhia de S. Blum com o *régisseur* E. Jaicovsky e administrador W. Novogrodsky, apresentariam no Salão Celso Garcia, em 5 de novembro, *Zurik aheim* (*Volta ao Lar*), em benefício da atriz Fanny Brener, com adesão do novo ator Stern; em 19 de novembro, *Gott's schtruf* (*Castigo Divino*), de Z. Libin, e ambas com a *mise-en-scène* de José Helman.

Em 1918 atores isolados da Grande Companhia Israelita de Operetas, Dramas e Comédias, tendo como "ensaiador" Samuel Zilberberg e a participação de atores amadores locais, representariam no Salão Helena de Montenegro, em Porto Alegre, em 19 de maio *Die ideche treren* (*As Lágrimas Israelitas*), de Z. Libin; em 26 de maio *Tzu lib gueld* (*Por Dinheiro*), de J. Zolotarevsky; em 16 de junho *Der kurten schpiler* (*O Apache*) na qual tomaram parte srta. Shames, sra. Gurevitch, sra. K. Schubski, sra. Lehrer, Zilberman, Zilberberg, D. Schubski, M.Schubski, Bernardo; em 23 de junho *Chasie die eisome* (*Chasie, a Órfã*) com adesão da srta. Cherer; em 18 de agosto *A muter hertz* (*Um Coração Materno*), de N. Rakoff, com srta. R. Kohan, M. Dwoskin, H. Mazer, D. Zweibel, L. Epstein, J. Teitelbaum, M. Salkind. David Melzer e Zilberberg incluíram no programa um *vaudeville* em um ato intitulado *A lek anguemachts* (*Uma Lambida de Geleia*). No salão União Israelita, a grande Companhia Israelita, dirigida pelo "ensaiador" S. Zilberberg, com ponto de Meyer Leiderman, apresentaria em 14 de julho *Dus pintele id* (*O Caráter Judaico*), de B. Tomaschevsky; em 21 de julho *Die leibedigue isoimen* (*Os Órfãos Alegres*), de Zolotarevsky, e em 28 de julho *Die fuene fon Zion* (*A Bandeira de Sion*), com a adesão de S. Salcovitch.

Como acima observamos, certamente esse levantamento não é completo e os hiatos de tempo entre uma representação e outra nas temporadas se deve ao fato de não possuirmos melhor informação que somente os cartazes poderiam fornecer.

Se compararmos os repertórios dessas companhias com os repertórios de companhias que atuaram nas décadas seguintes veremos que esta primeira fase do teatro ídiche no Brasil surpreende pela variedade das peças selecionadas que inclui obras de consagrados dramaturgos da época, ainda que nela predominem as operetas leves, melodramas e comédias e o assim denominado *shund-theater*, o que demonstra que naqueles anos já havia no país um público que deveria apreciar a dramaturgia ídiche que se encontrava em pleno florescimento literário com peças de Jacob Gordin, N. Rakoff, Karl Gutzkov, Isidor Zolotarevsky, Z. Libin e outros.

Do grande número de atores que participaram nessas companhias alguns poucos são desconhecidos. Sabemos que alguns viriam a se estabelecer no Brasil, tendo atuado na Argentina, pouco antes ou logo após a Companhia de H. Starr começar a apresentar seus espetáculos nos anos 1910. É o caso de José Schreiber, Jacob Silbert e Rosa Silbert, Eva Polansky[21] e David Meltzer, que continuariam atuando no teatro ídiche com outras trupes vindas do exterior, além de participarem do teatro amador local. Boa parte dos atores cujos nomes são mencionados nos cartazes nos são familiares, pois se destacaram no teatro europeu ou no americano assim como no da Argentina. São eles Adolpho Freiman, Albertina Sifser, Jeny Krafchiuk, I. Langer, Max Schulzinger, A. Mordchin, Samuel Fastovschi, Keinik Silberberg, Enrique Jaicovsky, S. Zilberberg, Sem Weller, Sonia Jacubovich, Jack Jacubovich, Berta Mewe, Ernesto Gregori, B. Erlichman, Pedro Bomblat, Maria Zeiger, Paulina Sifser, Sara Zettel, José Helman, R. Stein, Berta Glasunof, Rosalia Farsht, Eni Freiman, Isaac Freiman, Anita Castro, I. Zalman, Kessler, Leo Peer, Enrique Weiss, Marcela Levin, Marcela de Waiss, Arnoldo Patin, Samuel Fastowistern, Seri Weisblat, M. Sieger, W. Novogrodsky, M. D. Waxman e Fanny Waxman[22]. Entre os nomes aparece Sara Sylvia que atuou durante muitos anos na África do Sul, e tornou-se uma atriz de renome internacional no teatro ídiche. Como vimos, em Porto Alegre elementos da comunidade local tomavam parte nos espetáculos apresentados no Teatro Salão Helena de Montenegro e no Salão União Israelita. Entre eles encontravam-se H. Mazer, L. Epstein, srta. Malchik, R. Schubski, M. Schubski, Meier Leiderman, D.

---

21. Eva Polansky começou sua vida teatral com a trupe da família Cipkus ao se deterem no *schtetl* Zvenigorodka a fim de representarem nesse local. Tornou-se amiga da atriz Zina Rapel e ao casar viajaria para a Argentina onde atuaria como atriz, vindo posteriormente a atuar no Brasil. Ver Nechemia Zucker, *Fir doires idisch theater, di lebens-geshichte fun Zina Rapel*, Buenos Aires, 1944, pp. 96, 106-107, 110, 130-131, 133, 142-143, 153, 157-158, 161-162, 172, 381, 391, 393-394, 405-407.

22. Boa parte de seus nomes e biografias poderão ser encontrados nos volumes do ZLYT.

Zveibel, M. Dvoskin, J. Teitelbaum, M. Salkind, I. Sadcovitz, A. Gurevich e possivelmente outros. Por vezes a identificação do ator torna-se difícil por seu nome figurar incompleto tais como Guilhermina, Katz, Bleichman, Walter, Paulina, Victor, Rosita etc.

A falta de tipos para impressão em ídiche no Rio de Janeiro, com exceção dos que foram trazidos em 1915 para Porto Alegre por ocasião da fundação do periódico *Di Menscheit*, tipos esses que não foram utilizados nos programas e cartazes, explica que as peças sejam anunciadas com seus títulos em ídiche transliterados para o português com a respectiva tradução, nem sempre correta, indicando que os "empresários" e atores conheciam pouco ou nada da língua portuguesa. A título de curiosidade mantivemos suas grafias como constam nos cartazes.

Os cartazes também fornecem uma informação preciosa adicional sobre os velhos teatros existentes no Rio de Janeiro, São Paulo e Porto Alegre. No Rio de Janeiro dos anos 1910 as companhias representaram suas peças no Teatro Polytheama, à Rua Visconde de Itaúna, 443; Carlos Gomes, à Rua Espírito Santo, 2; República, à Av. Gomes Freire, 80; Palace Theatre, mais tarde Majestic-Teatro, à Rua do Passeio, 38; Theatro Lyrico, à Rua Treze de Maio. Em São Paulo eram utilizados o High-Life Theatre, no Largo do Arouche; o Luso Brasileiro à Rua da Graça, 144; Salão Celso Garcia, à Rua do Carmo, 39; e o Royal Theatre à Rua Sebastião Pereira, 62[23] e ainda o Theatro Carlos Gomes. Nada sobrou desses velhos edifícios e salões que o desenvolvimento urbano tratou de destruir sem deixar qualquer rastro de sua existência, perdendo-se em boa parte a história cultural do país da qual o teatro ídiche fez parte.

Assim como outras, a companhia de H. Starr não evitou o contato com o submundo judaico que frequentava o teatro ídiche e, por vezes, até o financiava. Era uma noção difundida considerar as atrizes como mulheres de vida airada e os atores como pessoas instáveis, sem eira nem beira, que viviam de expedientes e à custa de mulheres suspeitas. Portanto, não é de surpreender que, de fato, certas atrizes ou atores proviessem daquele meio ou estivessem ligados a ele. Por outro lado, o preconceito em relação ao teatro gerava infundadas desconfianças sobre pessoas que se dedicavam à arte de representar com legítima vocação e identidade pessoal que exigia enfrentar dificuldades e obstáculos até serem reconhecidos pelo público como verdadeiros artistas. Verdadeiras estrelas errantes,

---

23. O Royal Theatre foi inaugurado em 1913.

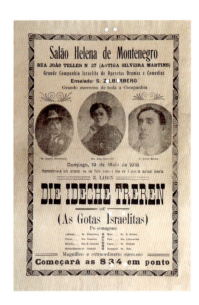  

Cartazes de peças de dramaturgos importantes do teatro ídiche apresentado pela Grande Companhia Israelita de Operetas, Dramas e Comédias no Salão Helena de Montenegro a saber: *Die Ideche Treren* (*As Lágrimas Israelitas*) de Z. Libin em 19 de maio de 1918; *Der Kurten Shpiler* (*O Apache*) de N. Rakoff em 16 de junho de 1918; *Chasie, di iesoime* (*Chase, a Orfã*) de N. Rakoff em 23 de junho de 1918. Nelas participaram entre outros atores locais R. Kohan, M. Dwoskin, M. Mazer, D. Zweibel, L. Epstein, J. Teitelbaum, M. Salkind, Sra. Gurevitch, Sra. K. Schubski, Sra. Lehrer, D. Schubski, M. Schubski, sob a direção de Samuel Zilberberg. Destacam--se nessas peças os profissionais vindos da Argentina David Meltzer e Aida Gurewitz.

parte dos atores acima nomeados seguiram suas carreiras em múltiplos lugares, seja na Europa, Estados Unidos ou Argentina, tornando-se atores respeitados nos países em que atuaram.

A companhia de H. Starr, a partir de 1919, atuaria mais na Argentina e mudaria de nome sob a direção de A. Freiman e I. Zukerman, recebendo em sua trupe novos atores que residiam no lugar. Nos anos 1920 ela se apresenta, entre outras denominações, sob o nome de Ferainigte Idiche Theater Gezelschaft (Sociedade de Teatro Judaico Unida). Alguns dos atores que atuaram nessas companhias no Brasil desaparecerão por completo da vida teatral, porém outros, como estrelas ascendentes, continuarão a atuar durante muito tempo até não poderem subir mais na ribalta. Atores como Pecarhof, David Meltzer, Eva Polansky, José Schreiber se manteriam como integrantes de companhias e trupes na Argentina que se faziam e desfaziam com facilidade, fenômeno comum e rotineiro na história do teatro ídiche. O veterano ator e diretor Adolpho Freiman, juntamente com o empresário José Loureiro, continuaria a encenar em 1910 e em 1920; o vemos à testa de uma Grande Companhia Israelita apresentar em 16 de julho, no Teatro São José de São Paulo, o clássico *Uriel Acosta* de Karl Gutzkow. Em 17 de julho apresentaria a peça *Kean* (sic), de Alexandre Dumas, em 18 de julho *Cadáver Vivente*, de Tolstoi[24]. Uma companhia,

---

24. *O Estado de São Paulo*, 17 e 18 de julho de 1920.

sob a direção de Isaac M. Brunstein se apresenta em 2 de julho de 1922 no Teatro Ginástico Português no Rio, com a peça *Di emesse kraft* (*A Verdadeira Força*) na qual tomaram parte o diretor, Mme. Grinberg, Chaizin, Mme. Friemans, Ch. Leib Herman, Mme. Sabina Herman, Mme. Sophia Brunstein, M. Zweiter, M. Berman e Mme. Medalhon[25].

A década de 1920, que se caracteriza pelo aumento da imigração judaica ao Brasil e a solidificação de suas instituições comunitárias, representa uma nova etapa na história do teatro ídiche no país e se destaca como um período em que é "descoberto" pelas trupes e atores do exterior e no qual se encontram empresários que promovem o teatro profissional. Esses empresários estabelecerão a ponte de contato com atores do exterior e estarão atentos para aproveitarem a passagem de trupes pelo Brasil a caminho de outros lugares, em especial para a Argentina e Estados Unidos e contratá-los para apresentações locais. Por outro lado, atores radicados no Brasil tentavam formar trupes profissionais, ainda que estivessem associados a companhias de fora. Com o surgimento da imprensa ídiche começa a desenvolver-se a crítica teatral. Uma dessas trupes locais, nos anos 1920, é alvo da crítica do redator do jornal *Dos Idische Vochenblat*, do Rio de Janeiro, o poeta e historiador Jacob Nachbin, que não poupou certos atores que na ocasião representaram a peça *Gelt, liebe un shande* (*Dinheiro, Amor e Vergonha*) com a participação da sra. Flederman, sra. Guinter, Rabinovich e Warshavsky cujo desempenho é submetido a uma análise impiedosa, provocando uma reação do ator[26]. Ele enviará uma carta à redação na qual fará observações à crítica de Nachbin, "que exige um teatro de alto nível quando se sabe que mesmo na América não se encontra um público educado para tanto". Acrescenta o missivista:

> Nesse caso o que falar do Rio — em que se encontra uma pequena comunidade que ainda não permite encenar peças mais elevadas, ainda que nós, artistas, queiramos representar peças de cunho literário, uma vez que são mais fáceis de representar do que as de costume ou do *shund-theater*. É um pouco entristecedor que o sr. Shinin [um dos pseudônimos de Nachbin] não tenha tido um pouco mais de paciência para nos ver representar peças dramáticas, pois, ao chegarmos de São Paulo, representamos aqui o *Dibbuk* de Anski, *Motke ganev*

---

25. Cf. documento do arquivo do Museu Judaico do Rio de Janeiro. Certamente essa trupe era composta de amadores.
26. *Dos Idische Vochenblat*, de 23 de novembro de 1923 e 7 de dezembro de 1923.

(*Motke, o Ladrão*) de Scholem Ash e *A farvorfen vinkel* (*Um Lugar Esquecido*) de Hirshbein. Conhecendo o sr. Shinin e ciente de que não foi influenciado por alguém, gostaríamos de saber qual foi o objetivo de seu artigo [...] pois, como posso provar, sempre procurei colocar-me ao lado dos que querem um teatro melhor e sacrifiquei também muitos meios materiais para chegar a um bom teatro e a um bom repertório. Tenho a esperança de que o sr. Shinin revelará a verdade que o animou a escrever o artigo[27].

Nachbin voltará a responder ao ator Warshavsky em forma de carta à redação na qual podemos vislumbrar as sementes do futuro conflito que ocorrerá entre ele e o diretor do DIV. Reitera que não é possível aceitar um nível de teatro, que é um verdadeiro atentado ao bom gosto, dele e de outros, que aspiram algo superior. E os argumentos de que o Vilner Trupe também faz concessões desse tipo e o público não está preparado para tal nível de teatro não devem impedir o jornal de continuar reagindo e defender os interesses culturais do judaísmo brasileiro. Nesse sentido o sr. Warshavski deverá continuar envidando esforços a fim de receber o apoio da *intelligentsia* judaica no Brasil[28]. Nachbin publicaria uma nova crítica teatral com o titulo "Tzvischen tzvei veltn" ("Entre Dois Mundos") que tratava da encenação da peça *Der Dibbuk* de Anski, na qual tomaram parte Warshavsky e Guinter, apresentada no Teatro República no dia 27 de janeiro de 1924, com a participação de Sara Guinter, Ida Blank, Steinberg, Beer, Erlich, Samuelov, Silberman, Pistrak e outros. Entre os atores dá-se destaque especial a Max Jagle, de São Paulo, que havia acumulado uma experiência teatral na Europa e participado em um filme realizado em Berlim, estando seu nome impresso no anúncio com destaque[29]. Dessa vez a crítica de Nachbin foi mais amena, tanto em relação ao desempenho dos atores quanto em relação à encenação como um todo, chegando mesmo a elogiar a atuação artística de Warshavsky no papel de "mendigo", ainda que fizesse algumas ressalvas quanto ao segundo desempenho do mesmo ator no papel do rabino Azriel Mirapoler. Finaliza dizendo que os atores

---

27. DIV, 7 de dezembro de 1923.
28. DIV, 14 de dezembro de 1923.
29. Anúncio no DIV de 25 de janeiro de 1924. Ver sobre isso N. Falbel, *Jacob Nachbin*, Nobel, São Paulo, 1985, pp. 65-67. Na página 67, quando me refiro ao anúncio da peça *Der Dibbuk* escrevi que "a direção [da peça] esteve a cargo de David Herman, *regisseur* do Vilne Trupe", o que poderia levar ao equívoco de que ele estivesse no Brasil. Na verdade quis dizer que o anúncio informa que a maquiagem, as vestimentas e tudo o demais foi realizado segundo o modelo criado por David Herman ao encenar a peça em 1920 em Varsóvia.

encenaram o *Der Dibbuk* com sucesso e que se encontram "no caminho que leva à melhora do teatro em nosso país"[30].

Em 20 de maio de 1924 desembarcaria no Rio, vindo de Buenos Aires, o dramaturgo Mark Arenstein[31]. A notícia informa "que a comunidade, pouco a pouco, vai recebendo personalidades do mundo literário judaico a começar pela visita dos escritores D. Nomberg e Leib Malach que esteve pela primeira vez há cerca de dois anos e agora voltava para encontrar uma comunidade mais desenvolvida. Assim – diz o autor da notícia – recebemos Jacob Parnes[32], que veio de Buenos Aires para aqui se estabelecer, e agora surge entre nós a personalidade que representa um momento na vida do teatro e da literatura judaica: Mark Arenstein"[33]. No Rio de Janeiro formou-se um Comitê de Recepção Mark Arenstein que publicou um anúncio sobre a chegada do famoso escritor e dramaturgo, convidando o público judaico a recepcioná-lo no Salão do Clube Ginástico Português, no dia 1 de junho[34]. Para Nachbin surgia uma nova oportunidade de escrever críticas teatrais durante a presença do grande dramaturgo cuja chegada foi anunciada mais de uma vez[35]. Nachbin assinaria essas críticas com o pseudônimo Shinin Pester, assim como podemos verificar ao escrever sobre a peça encenada por Arenstein intitulada *In roiten land* (*No Pais Vermelho*)[36]. Pela leitura das críticas fica-nos a impressão de que Nachbin tinha um excelente conhecimento da matéria não somente sob o aspecto da técnica teatral mas

---

30. DIV, de 1° de fevereiro de 1924.

31. DIV, de 23 de maio de 1924.

32. Jacob Parnes, sobre o qual nos referimos em outro lugar de nosso trabalho, ao chegar ao Brasil em 1924, passara a ter contato com o pequeno grupo de intelectuais judeus que atuavam na imprensa ídiche, entre eles Jacob Nachbin e Bernardo Schulman. Pela correspondência em ídiche mantida com Schulman, desde 1925, depreendemos as dificuldades pelas quais passou ao se radicar no Brasil, a ponto de pensar em desistir da vida teatral e trabalhar como mascate. Ainda em 1930 sua vida era instável e dependia da ajuda de amigos. Em 1939 criou a Hora Israelita Brasileira e em 1952, juntamente com Jacob Kutno, fundou o *Diário Israelita* no Rio de Janeiro. Veio a falecer em 31 de dezembro de 1975. Sobre ele ainda me referirei ao falarmos sobre o teatro amador em Curitiba.

33. Mark Arenstein (1878-1943), um dos grandes dramaturgos da língua ídiche, atuou como diretor de teatro e foi um dos fundadores do Habima na Rússia. Em 1923 criou um grupo teatral na Argentina e em 1924 viajou para o Chile onde pronunciou conferências sobre teatro e arte chegando nesse mesmo ano ao Rio de Janeiro, lugar em que encenou várias peças. Voltou à Polônia e continuou atuando e fazendo *tournées* pelo continente até ser vitimado pelos nazistas durante a Segunda Guerra Mundial. Sobre ele ver ZLYT, vol. 1, pp. 98-102.

34. DIV, de 30 de maio de 1924.

35. DIV, de 23 de maio de 1924.

36. DIV, de 27 de junho de 1924.

Grupo de Teatro Profissional com os atores I. M. Warchavsky e Jacob Parnes, acompanhados por Nathan Hulak, Aron Kaufman, Mark Arenstein, Jacob Nachbin e Manasche Krzepicki, Rio de Janeiro, 1924. Fonte: Museu Judaico do Rio de Janeiro. Col. N. Faibel.

apurada sensibilidade estética quanto à arte de representar. À peça encenada por Mark Arenstein, *In roiten land*, seguir-se-ia *Schver tzu zain a id* (*Difícil Ser Judeu*) de Sholem Aleichem, a primeira do grande escritor encenada no Brasil que mereceu um artigo crítico de Nachbin[37]. Mais tarde seria encenada a peça de Hirshbein *Di puste ktretchme* (*O Albergue Vazio*); todas as encenações foram altamente elogiadas por Nachbin. Mark Arenstein tinha como coencenador o experimentado ator Jacob Parnes, a quem nos referimos anteriormente, que havia há pouco chegado ao Rio de Janeiro e se esforçava para criar um grupo teatral com os poucos recursos de que dispunha na época. Figuravam nele os atores acima lembrados I. Warshavsky, S. Goldstein, Maria Flederman, Anita Hendrikonski e Eva (Chaia) Polansky, que granjearam a admiração do público e de seu crítico. Nachbin passou a ter uma seção dedicada à crítica teatral com o título "Theater notitzen" ("Notícias Teatrais") na qual comentava as representações de Mark Arenstein. Um dos seus últimos comentários foi dedicado às duas peças do dramaturgo, *Dos lied fun eibige liebe* (*A Canção do Eterno Amor*) e *Mein schvester iz heilig, deine is hefker* (*Minha Irmã é Santa, a Tua é Debochada*), levadas à cena no dia 14 de julho de 1924 no Clube Ginástico Português. Não poupou elogios aos atores e ao dramaturgo, dizendo que desse modo se introduzia o

---

37. DIV, de 4 de julho de 1924.

verdadeiro teatro judaico em nosso país[38]. Mark Arenstein, conforme notícia publicada no DIV, partiria do Rio para a Europa no dia 17 de julho, com o navio "General Belgrano", para nunca mais voltar ao continente[39]. A presença de Mark Arenstein foi sumamente importante no sentido de introduzir o repertório de alto nível literário, rompendo com o costumeiro teatro de *operetkes* que ocupava, em boa parte, a programação das companhias que até aquele tempo chegavam ao Brasil. Durante esse mesmo ano de 1924, outras trupes profissionais viriam atuar no Brasil, tal como a trupe Gutowitch e Cipkus que o jornal *Dos Idiche Vochenblat* anunciou que iria representar no Clube Ginástico Português a peça *Dos pintele id*[40]. A trupe representaria também *Got fun nekome* de Scholem Ash, com a participação do ator e empresário Adolf Mide, que na ocasião estava trazendo um grupo de artistas de Nova York para Buenos Aires[41]. Os atores Mery Gutovitch, Mile Cipkus e S. Cipkus representaram *Di sheine Bela* (*A Linda Bela*) de Freiman[42], *Yankele* (*O Pequeno Jacob*)[43] e outras.

Devemos lembrar que, além dos atores vindos da Argentina, a trupe contava com os que se encontravam vivendo no Brasil como os atores Isaac Meir Warshavsky, Jacob Parnes, Eva Polansky e outros que tomaram parte nas apresentações[44]. Em meados de 1925 formou-se uma Fereinigte Idiche Theater Gezelschaft (Sociedade Unida de Teatro Ídiche), um nome estabelecido anteriormente, com os atores E. Polansky, B. Goldgevicht, srta. Hendrikovska, M. Medalion, Jacob Parnes, I. Paiss, Rabinovich, Lederman e Beer e representaram *Di Shchite* (*A Matança*) de J. Gordin. Essa trupe profissional aparece sob o nome de Di Chaverim Trupe (A Trupe

---

38. DIV, de 18 de julho de 1924.

39. O número do DIV, de 25 de julho de 1924, publicava uma carta de despedida do dramaturgo que, entre outras coisas, se referia "a atitude ou a expectativa de exigências em relação a minha pessoa..."; o redator do jornal esclarecia em nota de rodapé que "aquela atitude de exigências partia do nosso crítico teatral, sr. Shinin Pester, e não do DIV".

40. DIV, de 21 de novembro de 1924. Também a notícia frisa que esta trupe representa somente para famílias e que o Rio necessita de um teatro que atue somente para um público selecionado.

41. DIV, 5 de dezembro de 1924.

42. DIV, 12 de dezembro de 1924.

43. DIV, 19 de dezembro de 1924.

44. DIV, 3 de abril de 1925. São mencionados também Esther Lustig, Anita Hendrikovska, Simon Goldstein, Rabinovitz, Bauer, Lederman, este último durante muitos anos radicado no Rio de Janeiro. Warshavsky atuava em Buenos Aires e a trupe representaria o *Der fremder* (*O Estranho*) de J. Gordin.

dos Amigos) e continuaria representando durante o ano de 1925 e 1926, geralmente no Clube Atlético Português, do Rio, as peças *Der schpiguel fun leben* (*O Espelho da Vida*), *Tzu schpet* (*Muito Tarde*) de M. Richter, *Yacov un Eisev* (*Jacob e Esaú*) ou *Dos idische hartz* (*O Coração Judeu*) de J. Lateiner, *Bar-Kochba*, de Goldfaden, *Schmá Israel*, de Osyp Dymow, *Teive, der milchiger*, de Sholem Aleichem[45]. Em dezembro de 1925, o ator, *régisseur* e empresário polonês Izak Lubelczyk e sua esposa Regina viriam ao Rio para ficar apenas três semanas, seguindo depois para Buenos Aires. Nesse curto período encenariam com M. Lustig, Goldgevicht, Medalion, Melech, Rosen e outros, algumas peças, entre elas *Vi zenen maine kinder?* (*Onde Estão Meus Filhos?*), *Der groisser moment* (*O Grande Momento*) de M. Gebel, *Di rumenische hassene* (*O Casamento Romeno*) de A. Schor e agradariam imensamente ao público judaico da cidade[46]. Lubelczyk também trabalharia com Warshavsky em *Picnic*, *Drei minut tzum toit* (*Três Minutos para Morrer*), *Der Golem fun Prag* (*O Golem de Praga*), *Der idischer galach* (*O Padre Judeu*) de J. Gordin, representados no Palace Teatro. Lubelczyk, de início associado a Abraham Bren, formaria no final de 1927 uma empresa com a ambição de criarem "um teatro judaico estável" no Brasil[47]. Lubelczyk se revelará, futuramente, um empresário por excelência e trará nas próximas décadas ao país uma plêiade de atores e trupes que entusiasmarão os aficionados do teatro ídiche e do público em geral até o seu falecimento nos anos 1960. Será lembrado por atores que escreveram memórias que o celebravam como um homem honesto e cumpridor de seus compromissos e que os recebia calorosamente ao virem ao Brasil. A sua experiência teatral como ator o ajudou a ter uma profunda compreensão humana como empresário[48]. Na verdade, antes de se resolver a dedicar-se à atividade teatral, como empresário, trabalhara com Mery Gutovich nas peças *Feivele Mezik* de Rumschinsky, *Zhidovka* (*Judia*) de I.

---

45. DIV, 2 de outubro de 1925; 23 de outubro de 1925; 29 de outubro de 1925; 6 de novembro de 1925; 27 de novembro de 1925.

46. DIV, 4 de dezembro de 1925; 11 de dezembro de 1925; 8 de janeiro de 1926. No número de 15 de janeiro daquele ano Lubelczyk e sua esposa expressariam condolências pela morte da grande atriz Esther Rochel Kaminska, falecida naqueles dias.

47. *Brasilianer Idishe Presse*, 21 de outubro de 1927; 22 de novembro de 1927, ocasião em que se deu a abertura do pretenso "teatro permanente" no Rio e Lubelczyk foi entrevistado sobre o evento.

48. Sobre Izak Lubelczyk (1890-1960) vide ZLYT, vol. 6, pp. 4985-4988. Nele se encontram testemunhos de alta admiração de Zalmen Zylbercweig, Morris Schwartz, Jacob Kurlender, e da presidente da Pioneren freun farein (Associação Feminina Pioneiras) Sara Linetzki.

Lerner, *Hantche in Amerike* (*Hantche na América*) e também com Samuel Berman na peça *Hassie di iessoime* de J. Gordin, todas apresentadas no Club Ginástico Português[49].

Nesse tempo Lubelczyk traria os artistas Vera Kanievska e Paul Breitman que encenaram no Teatro Fenix a peça *Di ziben gehongene* (*Os Sete Enforcados*)[50], e *Dos pansion meidel* (*A Jovem da Pensão*) de A. Schor no Teatro Boa Vista[51], e um repertório de peças que incluiu *Dos chupe kleid* (*O Vestido de Casamento*), *Dos meidel fun Orient* (*A Moça do Oriente*), *Di idiche kroin* (*A Coroa Judaica*), de B. Tomaschevsky, *Di kenigin fun der luft* (*A Rainha do Vento*)[52], *Di freiliche Keti* (*A Alegre Kéti*), *Schulamis*, *Di Babe Iachne* (*A Avó Yachne*[fofoqueira]) de Goldfaden[53]. *Di kaukazen liebe* (*O Amor Caucasiano*) de Peretz Sandler, e *Di frei fun der velt* (*A Liberdade do Mundo*), foram apresentadas no Teatro Fenix[54]. Em fins de dezembro daquele ano, a trupe Kanievska-Breitman fazia uma declaração pública dizendo que se passaram dois meses desde que iniciaram seu programa de espetáculos no Rio de Janeiro enfatizando a necessidade de se manter um teatro "limpo", e para tanto a comunidade deveria se mobilizar. Daí se dirigirem às instituições para que controlassem a entrada do teatro a fim de evitar que o elemento "indesejável" se misturasse com o público que o frequentava. Nesse sentido, informavam os atores, que a única instituição a responder ao seu apelo e se prontificar para atender a esse objetivo foi o Jugend Club (Clube da Juventude). Portanto, assim declaravam, "não temos medo daqueles homenzinhos que além de intrigarem queriam perturbar a representação de aniversário de nosso diretor Abraham Bren alegando que o teatro está cheio de *linke* (indesejáveis). Deixamos assim a colônia do Rio dizer sobre a questão e terminaremos nossa temporada com a última representação no dia 1 de janeiro de 1928". Assinavam esta declaração os atores da trupe Viera Kanievska, Pesach (Paul) Breitman, Zina Rapel, Max Bren, Tzila Teks, B. Nathan, David Beiguelman, Hava (Eva) Polansky,

---

49. DIV, 31 de dezembro de 1926; 7 de janeiro de 1927; 14 de janeiro de 1927. O diretor da trupe era Sam Zamir e como ponto (*suflior*) o ator Nathan Huliak.

50. IF, 27 de dezembro de 1927. A peça foi encenada em 28 de dezembro de 1927.

51. IF, 3 de janeiro de 1928. A peça foi encenada em 6 de janeiro de 1928.

52. IF, 30 de dezembro de 1927. A peça foi encenada em 1 de maio de 1928.

53. IF, 23 de dezembro de 1927. A peça foi encenada em 25 de dezembro de 1927.

54. BIP, 21 de outubro de 1927; 18 de novembro de 1927; 22 de novembro de 1927; 25 de novembro de 1927; 6 de dezembro de 1927; 9 de dezembro de 1927; 13 de dezembro de 1927; 16 de dezembro de 1927; 23 de dezembro de 1927.

Apresentação da peça *Crime e Castigo* de autoria de Dostoiévsky pelo ator L. Sokolow e sua esposa, acompanhados de um grupo de atores locais. Teatro Phenix, Rio de Janeiro, 24 de fevereiro de 1929. Imagem retirada de reportagem publicada na revista *Illustração Israelita*, abril, maio de 1929. Fonte: Col. N. Falbel.

Jacob Parnes, Nathan Huliak, Miron Serov[55]. A luta para afastar do teatro e da vida comunitária o elemento indesejável nesse ano de 1928 atingiu seu clímax. Nesses mesmos dias, em entrevista dada ao *Idishe Folkstzeitung* (*Gazeta Israelita*) de 27 de dezembro de 1927, V. Kanievska e P. Breitman criticaram a atmosfera que se estava criando ao seu redor devido à presença de certo público indesejável nas últimas representações, acusando a empresa de ser a culpada. A redação os fez ver que com desculpas vazias nada se conseguiria a não ser com uma ação que limpasse o teatro no qual atuavam. A luta contra os *tmeim* e sua influência no teatro ídiche se desencadeara menos de dois anos antes na Argentina, por ocasião da apresentação da peça *Ibergus* de Leib Malach em Buenos Aires, e sobre o

---

55. BIP, 30 de dezembro de 1927. Na ocasião comemoravam-se os "25 anos da vida teatral de A. Bren".

qual já nos referimos em outro lugar. Coincidentemente, por ocasião da passagem do diretor argentino Rudolf Zaslavski pelo Brasil a caminho dos Estados Unidos, em entrevista com o *Dos Idische Vochenblat*, de 19 de novembro de 1926, ele lembraria o seu papel na luta contra os *linke* que por extensão chegaria também ao Brasil.

Em 1º de janeiro de 1928 Viera Kanievska e Paul Breitman apresentariam no Teatro Fenix *Di kenign fun der luft* (*A Rainha do Vento*), em benefício de Abraham Bren que comemorava seus 25 anos de teatro. Em entrevista ao *Idische Folkstzeitung* de 30 de dezembro de 1927 ele novamente lembrava que o público judaico do Rio era indiferente e pouco apoio dava aos atores para lutar contra os "indesejáveis" e impedi-los de frequentar o teatro. Assim mesmo, dizia, "estamos dispostos a tirá-los, mesmo que seja a pauladas", a fim de manter um teatro limpo. A trupe ainda continuaria representando até 6 de janeiro de 1928, com a opereta *Dos pansion meidel* (*A Jovem da Pensão*), encenada no Teatro Boa Vista.

Os anos 1920 se mostravam promissores e muitos atores que passaram pelo Brasil a caminho de Buenos Aires, ou voltando de lá para a Europa e Estados Unidos, ainda que permanecessem por pouco tempo no Rio ou outras cidades, realizaram espetáculos, e quando não o faziam se comprometiam a fazê-lo ao passarem novamente pelo país. Assim, temos uma longa lista de atores e trupes que a caminho da Argentina, por terem seus navios parados no porto do Rio, eram entrevistados e suas declarações publicadas na imprensa ídiche da cidade. Suas declarações são por vezes interessantes e se referem obviamente ao mundo do teatro. Em 1925, quando a companhia de Boris Averbuch com seus atores passou pelo Rio, vindo dos Estados Unidos para a Argentina, ele se queixou que os atores americanos são explorados pelos seus empresários e não lhes dão a oportunidade desejada de representarem peças de valor literário, razão pela qual ele contratou o teatro Olímpia de Buenos Aires para representar *Teyve, der milchiker*, *Schver tzu zain a yid*, *Di ziben gehongene*, *Drei kales* (*Três Noivas*), *Di heintike meidlach* (*As Moças de Hoje*), *Di goldene kale* (*A Noiva Dourada*), e outras do gênero. Faz referência ao seu roteiro de viagem e informa que após Buenos Aires, irá a Londres e à Rússia, mas pararão no caminho para representarem no Rio e em São Paulo, com a participação de artistas do lugar. Sabendo da sensível questão do "público frequentador", o jornalista lembrará que o seu teatro deverá estar fechado para "aqueles que mancham o nome judaico" e "que o caso Tomaschevsky, que desperta até hoje constrangimento e mágoa à comunidade, estava encerrado e não poderia se repetir"[56].

Outros atores, que haviam passado pelo Brasil, acabariam voltando para temporadas mais prolongadas tais como Isaac Deitch, Julius Adler[57] e Lisa Salomon, Ester Perelman, Michael Somerson, Yacov Schefner, Yosef Scheingold, Yacov Silbert, Francis Adler, Heiman Weisman, que atuaram entre os anos de 1925 e 1928, em inúmeros espetáculos, no Rio e em São Paulo[58].

Michael Somerson, com o término da temporada de Viera Kanievska e Paul Breitman, dirigirá alguns espetáculos com os atores Leib Fridman, Natan Klinger, Sara Sylvia, Zina Rapel, Tzile Teks, com as peças *Der guibor in keiten* (*O Herói Acorrentado*) de Victor Hugo, *Paris beinacht* (*Paris à Noite*) de Markovich e *Schklafen fun kokain* (*Escravos da Cocaína*), apresentadas no Teatro Fenix respectivamente em 5, 12 e 16 de fevereiro de 1928[59]. Tais espetáculos também eram promovidos pelo empresário Lubelczyk, que nessa ocasião convidaria o ator Jacob Silbert a dar espetáculos no Rio de Janeiro. Silbert representaria *Di veise schklafen* (*As Escravas Brancas*) e *Zilberg, der Fremder* (*Zilberg, o Estranho*) de J. Gordin no Salão do Clube Ginástico Português[60].

Ainda nesse final da década de 1920, em São Paulo, sob a direção de A. Walfisch, atuaram o veterano David Melzer, Regina Lashkevitch, Yosef Lashkevitch, Geni Cipkus, Yacov Goldboim, M. Goldenberg, sra. Schreiber, sra. Weinstein, sra. Gurevitch, S. Schreiber, Tifenberg, Rochverger, Micha Gutovitch e outros, com a denominação de Idischer Theater Gezelschaft (Sociedade Teatral Israelita), representando, em 22 abril de 1928, no Salão da Rua Couto de Magalhães, 40, as peças *Tzurik tzu main folk* (*De Volta ao Meu Povo*), *Di nekume fun a froi* (*A Vingança de Uma Mulher*) de Kalmanovich, com a severa restrição, assim diz o cartaz, "somente para famílias" e "a entrada aos indesejáveis é rigorosamente proibida".

---

56. DIV, 1º de maio de 1925. Boris Tomaschevsky, ao representar no Rio, não se esforçou em selecionar seu público e sua atitude suscitou críticas e protestos e ele mesmo foi alvo de um boicote da comunidade.

57. Conforme notícia do BIP, de 15 de julho de 1927, chegou ao Brasil em julho de 1927 e no dia 24 representaria *O Pai* de Strindberg, juntamente com Liza Salomon, às expensas de Izak Lubelczyk.

58. BIP, de 25 de fevereiro de 1927, noticia uma representação teatral no Geselchschaft Germania (Sociedade Germânia) com a peça *Lo Tachmod* (*Não Cobiçarás*).

59. IF, 31 de janeiro de 1928; 7 de fevereiro de 1928; 14 de fevereiro de 1928. Zina Rapel comemoraria 25 anos de teatro com a peça *Dos yungue veibel* (*A Jovem Esposa*), conforme noticia do IF de 2 de março de 1928.

60. IF, de 31 de março de 1928.

Um ano antes, David Melzer, seria artista convidado para a peça *Tzurik tzu mein folk* (*De Volta ao Meu Povo*) encenada no mesmo teatro, em 13 de março de 1927, com a mesma trupe. Outra atriz de renome se apresentaria no Rio de Janeiro no Teatro Phenix, em 4 de julho de 1928, com o clássico de J. Gordin *Mirele Efros*, no qual tomariam parte Mile Cipkus, Leib Fridman, Rosa Laks, Regina Lashkevitch e seu esposo, Rubinstein e Gutovitch. Em 24 de junho, *A mames neshume* (*A Alma de Mãe*) de Zolotarevsky, em 1º de julho *Ven a froi libt...* (*Quando uma Mulher Ama...*) e 27 de julho *Shir haShirim* (*Cântico dos Cânticos*), ambas de M. Schor[61]. Nesse tempo, em junho de 1928 viria ao Rio de Janeiro a atriz Frances Adler que apresentaria, em 15 de junho, no Salão Club Ginástico Português a peça *Di Shchite* (*A Matança*) de Gordin, em 5 de agosto *Safo*, em 12 de agosto *Tchias hamesim* (*Ressurreição*) de Tolstói, ambas no Teatro República, e ainda em 12 de agosto, no Instituto Nacional de Música, a opereta *A nacht in Kaukaz* (*Uma Noite no Cáucaso*). Em São Paulo, a famosa atriz apresentaria em 29 de julho, no Teatro Bom Retiro, a peça *Safo*[62]. Também viria o ator Schlomo Naumov para apresentar em 9 de setembro, no Club Ginástico Português, *Der umschuldiger korbn* (*A Vítima Inocente*), de M. Morison, com a participação de Mile Cipkus e outros[63].

Criava-se nesse mesmo ano de 1928, no Rio de Janeiro, a Idische Artistn Farain (Associação dos Artistas Judeus), evidenciando o papel cultural que o teatro ídiche vinha tendo na comunidade judaico-brasileira[64]. O fenômeno da concorrência entre o teatro ídiche propriamente dito e o teatro no vernáculo do país com suposta temática judaica, que na época estava ocorrendo nos Estados Unidos, um motivo, entre outros, para a crise do mesmo, não se manifestara no Brasil. E isso pelo fato de na América haver um teatro ídiche estável, o que exigia muitos e permanentes recursos financeiros para sua manutenção e administração empresarial[65].

O teatro ídiche que se difundira nas comunidades brasileiras tornara-se agora um entretenimento popular para o crescente número de imigrantes que chegaram após o término da Primeira Guerra Mundial e mais

---

61. IF, de 3 de julho de 1928; 22 de junho, 29 de junho e 26 de julho de 1928.
62. IF, 13 de julho; 27 de julho; 31 de julho; 7 de agosto; 12 de agosto de 1928. Sobre Frances Adler ver L. A. Rosenfeld, *The Yiddish Theatre and Jacob Adler*, New York, Shapolsk Pub., 1988, pp. 282-283, 287-289, 300-301, 313-317, e outras.
63. IF, 4 de setembro de 1928.
64. IF, 17 de agosto de 1928.
65. Ver artigo de B. Smoliar, "Der krisis in idischen theater" ("A crise no teatro ídiche"), *Idische Folkstzeitung*, 6 de janeiro de 1928, no qual analisa a situação do teatro ídiche americano.

intensivamente a partir dos meados dos anos 1920. À medida que as sociedades ou instituições comunitárias se formavam, aproveitavam a presença desses atores no país para organizarem espetáculos em seu próprio benefício utilizando-se do teatro como um meio para obtenção de recursos financeiros. Em inícios de 1928, em 6 de janeiro, os atores Viera Kanievska e Paul Breitmann mais precisamente, se apresentaram em São Paulo no Teatro Boa Vista, sob o nome Companhia Israelita de Operetas, com a peça *A Mocinha do Internato* e, em 7 de janeiro, *Amor no Cáucaso*, ambas sob a regência de D. Beigelman[66]. Mesmo sendo uma pequena comunidade de bairro, a Agudat Israel do Brás, em São Paulo, promoveria, em 5 de março de 1928, no salão da Geselschaft Germania, a representação da peça *Lo Tachmod* (*Não Cobiçarás*), aproveitando a presença no Brasil dos atores Esther Perelman, Itzhak Deitch, Yakov Schefner, Michael Somerson[67]. Nesse mesmo ano de 1928 viriam ao país outros atores de primeira grandeza que se uniriam para várias representações. A veterana Sara Sylvia, que já havia estado no Brasil nos anos 1910, atuaria com vários profissionais-visitantes desde os inícios de 1928. Em 5 de fevereiro apresentaria juntamente com Leib Fridman *Der guibor in keiten* (*O Herói Acorrentado*) de V. Hugo, em 12 de fevereiro com Zina Rapel, Tzila Teks, Nathan Klinger e os atores locais, *Paris beinacht* (*Paris à Noite*) de Marcovitch, em 26 de fevereiro, *Dos yunge veibel* (*A Jovem Esposa*), todas no teatro Fênix. O mesmo grupo de atores apresentaria em 11 de março, no Teatro República, *Moshe vu krichste?* (*Moisés, por onde Andas?*)[68]. O já lembrado Jacob Silbert com Sara Sylvia e o grupo local apresentariam em 28 de março de 1928 *Der idischer kenig Lear* (*O Rei Lear Judeu*)[69] e em 13 de junho, *Der Brodiago* (*O Brodiago*) de I.Moskovitch, ambas no Clube Ginástico Português[70]. Também o ator Schlomo Naumov se apresentaria no tradicional Jugend Club (Clube da Juventude), do Rio, em 16 de setembro, com as peças *Der meshugener batlan* (*O Vagabundo Maluco*) de I. L. Peretz e *Di eitze* (*O Conselho*) de S. Aleichem[71]. No final do mesmo ano viria a atriz Clara Goldstein para apresentar no Teatro Fênix, em 21 de novembro de 1928, *Di Kraft fun liebe* (*A Força do Amor*) de Korenblit, e em 25 de novembro *Di Schwartze chupe* (*A Boda Negra*). A atriz se apresentaria também em São Paulo em 29 de novembro[72]. Essas trupes seriam compostas com os conhecidos atores locais que habitualmente comporiam o corpo artístico para todas as peças encenadas. O veterano diretor e empresário Izak Lubelczyk apresentaria

---

66. *O Estado de São Paulo*, 6 e 7 de janeiro de 1928.

67. BIP, 25 de fevereiro de 1927. Os atores Itzhak Deitch e Itzhak Somerson faleceram no Brasil, o primeiro em São Paulo e o segundo no Rio de Janeiro. Ver S. Karakushansky, *Aspectn fun idishen leben in Brazil* (*Aspectos da Vida Judaica no Brasil*), vol. II, p. 160. No mesmo lugar o autor faz referência ao falecimento do ator e músico de teatro Ruben Hochberg, em acidente de automóvel.

68. IF, 27 de janeiro; 31 de janeiro; 7 de fevereiro; 24 de fevereiro; 9 de março; 27 de março de 1928.

69. IF, 27 de março de 1928.

70. IF, 8 de junho de 1928.

71. IF, 11 de setembro de 1928.

72. IF, 20 de novembro; 23 de novembro de 1928.

Anúncio no periódico *Dos Idiche Vochenblat* – (*O Semanário Israelita*) da opereta cômica *Yankele* (*O Pequeno Jacob*), da peça representada por Mile Cipkus e Mery Gutovitch, no Cine Teatro Centenário Rio de Janeiro, 27 de fevereiro de 1924, logo após a chegada dos atores no Brasil.

Anúncio no periódico *Dos Idische Vochenblat* – (*O Semanário Israelita*) da representação da peça *Der Dibuk* (*O Espírito Inquieto*) de autoria de S. Ansky com Max Jagle e a trupe de atores do Rio de Janeiro, no Teatro República no dia 27 de janeiro de 1924.

Anúncio no periódico DIV de apresentação do ator e dramaturgo Mark Arenstein recém-vindo ao Brasil para atuar com trupe local no Rio de Janeiro. Arenstein se apresentou no Clube Ginástico Português no dia 1 de junho de 1924, com um programa variado.

Anúncio no periódico DIV da peça *Di Puste Kretchme* (*O Albergue Vazio*) de autoria de Peretz Hirshbein, no Teatro São Pedro a 16 de julho de 1924 sob a direção de M. Arenstein e Jacob Parnes.

Fonte: Col. N. Falbel.

no Teatro Boa Vista, em São Paulo, em 16 de junho de 1928, sob o nome de Companhia Israelita de Dramas e Comédias a peça *Ressurreição* de Tolstói e nela tomaria parte a atriz Mina Akselrad[73]. Já no final de 1928 viria Marcela Weiss, que já havia atuado no Brasil nos anos 1910, e apresentaria no teatro Fênix dois espetáculos, a saber, em 26 de dezembro *Tzigeiner prinz* (*Príncipe Cigano*) e, em 30 do mesmo mês, *Benkende hertzer* (*Corações Saudosos*) de N. Rakoff[74].

O Brasil passaria a atrair "astros" famosos que demonstravam interesse em se apresentar para as comunidades judias e conhecer o país. O ator Max Klos, que atuou no teatro Soleil de Buenos Aires, escreveria sobre o Brasil o que segue: "Nós viajamos pela primeira vez ao Brasil com três grandes representações de I. J. Singer, *Yoshe Kalb*, *Brider Ashkenazi* (*Irmãos Ashkenazi*) e *Mishpuche Karnovski* (*Família Karnovski*). O sucesso cultural foi tão grande quanto o fantástico sucesso financeiro, apesar do calor tropical que era insuportável, tanto em São Paulo quanto no Rio"[75]. Cantores judeus viriam ao Brasil como o famoso tenor José Rosenblatt que se apresentaria no Teatro Municipal do Rio em 10 de setembro de 1929 para um recital em benefício das vítimas dos graves distúrbios ocorridos na terra de Israel naquele ano.

Mas devemos enfatizar que o sucesso financeiro não seria o único motivo para atores judeus virem ao Brasil. O mesmo fascínio pela beleza natural e exótica, que milhares de imigrantes tiveram ao chegar ao país, também se manifestou em certos atores judeus que sentiram encontrar aqui o paraíso. Nesse sentido é ilustrativo o depoimento do conhecido ator Pesachke Burstein em sua autobiografia:

> Se alguma vez em minha vida sonhei com um paraíso sobre a terra eu o vi naquela manhã do ano de 1934 ao chegar ao Rio de Janeiro. O porto, naquele tempo, era destituído de iluminação elétrica e nem havia os altos e modernos edifícios. A beleza natural do Rio causava admiração. Quando se vê o Rio pela primeira vez fica-se maravilhado. Ao descer do navio senti a umidade morna que paira sobre a cidade. Parei um táxi e tentei me entender com o motorista esclarecendo que minha intenção era encontrar o bairro judeu. Até hoje não sei como o motorista me entendeu e me levou até o café com o nome Belas Artes,

---

73. *O Estado de São Paulo*, 16 de junho de 1928.
74. IF, 21 de dezembro; 28 de dezembro de 1928.
75. Max Klos, *Baim schein fun rampelicht* (*Sob a Luz da Ribalta*), Buenos Aires, 1972, p. 293.

na Avenida Rio Branco, onde atores judeus se encontravam. Assim que cheguei ao lugar veio correndo em minha direção uma menina de aproximadamente catorze anos e me perguntou alegremente em um ídiche fluente: "O senhor é Pesachke Burstein?" Eu obviamente me alegrei, e ela acrescentou: "eu o reconheci por sua fotografia e meu pai saiu há pouco para encontrá-lo no porto".

Anúncio no periódico DIV da turnê do ator I.M. Warshavsky no estado de Pernambuco no mês de agosto de 1924.

Anúncio no periódico DIV da peça *Di Shchite (A Matança)* de Jacob Gordin encenada pela Sociedade Unida do Teatro Idiche no Clube Ginástico Português em 5 de julho de 1925. A Companhia foi formada pelos atores profissionais imigrantes ao Brasil Eva Polanski, Balbina Goldgevicht, M. Hendrikovski, M. Medalion, Jacob Parnes, M. Goldgevicht, I. Paiss, Rabinovch, Lederman e Ber.

Fonte: Col. N. Falbel.

Quem é teu pai? perguntei a ela, e logo fiquei sabendo que o pai da menina era o empresário local Izak Lubelczyk, que havia conhecido em anos passados em Lodz, antes que ele e sua esposa Regina viajassem para o Brasil. A menina contou-me que minha foto foi publicada no jornal judaico. O redator Shabetai Karakuchansky noticiava hoje que eu pararia aqui a caminho da Argentina. Surale, este era o nome da menina, me contou que seu pai havia contratado Geni Goldstein que havia representado em Buenos Aires e estava a caminho de volta a Nova York[76].

Assim, desde a década de 1920 e acentuadamente nos anos 1930 em diante atores judeus que vinham para o continente sul-americano revezavam-se em suas apresentações entre a Argentina e Brasil, e por vezes Uruguai, mesmo aqueles que tinham contratos com teatros locais de Buenos Aires. Nesses anos estarão vindo frequentemente ao Brasil permanecendo por longas temporadas Esther Lerer, Adolfo Straitman, Shemaia Guldin, Leonid Sokolow, Liza Maximova, Adolf Straitman, Morris Schvartz, Jacob Ben-Ami, Joseph Buloff e Luba Kadison, Haim Jacobson, Miriam Kressin, Salomon Stramer, Clara Stramer, Elza Rabinovitch, Margot Steinberg, Cili Tex, Nussen Klinger, Israel Feldboim, Dora Vaisman, Anchel Schor, Micha Gutovitch, Geni Goldstein, Regina Zuker, Karl Cimbalist, Debora Rosemblum, Nahum Melnik, Betty Kertzman, Julius e Ana Natanson, e muitos outros. Além de Lubelczyk, destaca-se nessa década outro empresário, Wolf Vipman, responsável por inúmeras programações em diversas cidades brasileiras. Como sempre, atores residentes no Brasil engajavam-se nessas apresentações, e quando as trupes seguiam para outros países, Argentina, Uruguai, também as acompanhavam como parte do *ensemble*. Não nos é possível enumerar as peças e o repertório imensamente variado, que abrangia todos os gêneros teatrais, apresentados pelos atores acima lembrados e os papéis individuais em que se destacavam na representação de um personagem, ou personagens, seja pela presença, voz, postura peculiar que identificavam e fixavam a "personalidade" do grande ator, modelo que outros desejariam imitar. Talvez possamos afirmar que essa foi a época de ouro do teatro ídiche no Brasil.

Na Europa a Segunda Guerra Mundial viria interromper um florescimento que havia-se iniciado muito antes. A destruição das comunidades do Leste europeu seria acompanhada do esvaziamento da cultura ídiche

---

76. P. Burstein, *Geschpilt a leben* (*Representou uma Vida*), Tel Aviv, 1980, p. 193.

na qual o teatro tinha suas raízes mais profundas. A política deliberada do regime comunista em eliminar a cultura hebraica foi acompanhada desde os anos 1930 por uma sistemática eliminação das instituições de língua ídiche.

A fase final do demoníaco projeto stalinista culminaria com o trágico processo e condenação dos escritores judeus em 1952. Contudo, nas comunidades americanas do Norte e demais países do continente o teatro ídiche continuou vivo, em parte devido a atores, trupes e empresários refugiados do continente europeu que no Novo Mundo puderam continuar a exercer suas profissões. Na Argentina um grande número de atores durante os anos da guerra e após, continuaram fazendo teatro ídiche para um público que ainda entendia e se expressava nessa língua. Nos anos 1940 e 1950 o Teatro Soleil de Buenos Aires, que atuou com um repertório seleto da dramaturgia ídiche, contava com um número representativo de atores locais e recebia continuamente artistas convidados dos Estados Unidos, e de outros países, o que havia de melhor no mundo artístico do teatro judaico. O Brasil, como já dissemos, se beneficiaria dessa situação devido à proximidade geográfica com aquele país, o que facilitaria a vinda desses artistas para representarem nas comunidades brasileiras.

CAPÍTULO 5

O teatro profissional no Brasil: dos anos 1930 até o seu crepúsculo

Nos anos 1930 alguns dos atores e trupes que já haviam estado no país começariam a vir mais frequentemente ao Brasil e passariam longas temporadas de apresentações artísticas. É o caso de Sofia Rafalovich e Herman Klatzkin, Esther Perelman e Isaac Deitch, Max Perelman e Guita Galina, Debora Rosemblum e Nahum Melnik, que não se cansariam de ir e voltar com renovada frequência às cidades brasileiras e apresentar um repertório que variava desde as operetas leves e melodramas até as peças dramáticas dos autores clássicos do teatro ídiche. Os empresários Lubelczyk, Wolf Vipman, Simão Buchalsky foram os que incentivaram o teatro ídiche no Brasil, demonstrando coragem e desprendimento ao trazerem atores como Morris Schwartz, Jacob Ben Ami, Yosef Buloff e Luba Kadison, entre outras estrelas de primeira grandeza do mundo teatral judaico.

A pesquisa nas coleções de cartazes, em seu conjunto, lembradas na Introdução de nossa obra, cobrem efetivamente um período extenso que vai dos anos 1910 até os anos 1960, com alguns poucos da década de 1970, quando o conhecimento do ídiche se restringiu a uma pequena minoria e o teatro ídiche agonizava não somente no Brasil mas em todos os países nos quais existira outrora. São essas coleções e as que se encontram nos arquivos e bibliotecas judaicas e não judaicas nacionais e do exterior que nos forneceram em grande parte os elementos indispensáveis para esboçar uma história do teatro ídiche no território brasileiro, as quais, associadas às fontes da imprensa, às memórias escritas pelos atores e à rica bibliografia existente em ídiche sobre o tema é que nos deram uma ideia de sua importância na vida cultural da imigração asquenazita no país. Como já dissemos, o levantamento de informações

Cartaz da peça: *In a Poilisher Kretchme* (*Em um Albergue Polonês*) de autoria de R. Yozelson com os autores Sofia Rafalovich, H. Klatzkin, Mile Cipkus e outros atores locais, Salão Centro Israelita Beit Yacov, na rua Regente Feijó 1036, em 19 de novembro de 1931.

Cartaz da Peça: *Hulie Kabtzn* (*Alegra-te Mendigo*) com os atores Mile Cipkus, Rosa Laks e Simão Buchalsky. Salão da Biblioteca Israelita.

Fonte: Col. J. Serebrenic – M. Chusyd.

na imprensa judaica e, em menor escala, não judaica sobre o teatro ídiche foi indispensável para confirmar com maior exatidão os dados que colhemos nos cartazes, programas e outras fontes. O confronto de informações da imprensa ídiche e as de outra natureza fez parte do procedimento metodológico usual aplicado em nossa pesquisa. Quando não assinalamos a fonte jornalística de uma apresentação teatral se infere que ela é extraída apenas do cartaz ou programa teatral ou ainda de outra fonte. As informações obtidas na imprensa são assinaladas nas notas de rodapé enquanto a dos cartazes e outro tipo de fontes não são assinaladas, senão raramente, em notas de rodapé. Quando ambas coincidem as assinalamos nas notas de rodapé.

Em 17 de agosto de 1930, no Teatro Fênix, uma trupe de atores profissionais radicados no Brasil que, durante vários anos, vinham atuando como coadjuvantes com atores vindos de fora, realizaram alguns espetáculos no Rio, entre eles a peça *Der tatens zindel* (*O Filhinho do Papai*). A crítica se mostrou entusiasta e concluiu que "está maduro o tempo para se criar um teatro profissional estável". No entanto, assim como nas tentativas anteriores, sabemos que não chegou a acontecer e os excelentes atores que compunham a trupe continuaram a se compor com as companhias e os *stars* do exterior. A direção dessa trupe estava a cargo de Ruben Hochberg e seus atores eram Nathan Klinger, Isaschar Handfus, Lachman e sua esposa, Mile Cipkus[1], Esther Rapel, Ana Rapel, Bela Handfus e outros[2]. Por vezes Mile Cipkus daria um espetáculo com algum ator visitante como Mery Marko, e coadjuvantes, a exemplo do realizado no Salão da Deutsche Turnerschaft (Sociedade Esportiva Alemã), em 27 de dezembro de 1931, com a peça *Yankele* (*O Pequeno Jacob*). Por vezes, de passagem pelo país, poderiam vir atores para apresentarem um *pout-pourri* numa "noite artística" como a dos atores Miriam Korolenko e Leon Blumenson em 1º de março de 1931 no Teatro Santana. Como veremos mais adiante, eles voltariam ao Brasil para uma nova temporada.

Simão Buchalsky. Fonte: Col. M. Chusyd.

Lubelczyk e Nathan Klinger trariam ao Rio de Janeiro Tzile Adler e sob a direção de Jacob Kohen encenariam em 8 de novembro de 1931 no Teatro Fenix a peça *Dos orime reiche iesoimele* (*O Pobre Rico Órfãozinho*) e *Der nacht letzter tantz* (*A Última Dança da Noite*), de Rosenblat com a participação de Tzile Teks e Nathan Klinger juntamente com os atores locais E. Polansky, Regina Lubelczyk, o casal Goldgevicht, Misha Gutovich e David Patron[3]. Tzile Adler havia se apresentado antes no Teatro Casino. Nesse mesmo tempo partiria para a Europa o casal Stramer que havia passado uma temporada em nosso país[4].

Em São Paulo a Companhia Israelita de Dramas e Operetas, formada com os atores locais J. M. Warchavsky, Mile Cipkus, Rosa Laks, Mery

---

1. Mile Cipkus era descendente de uma família de atores que formaram uma das primeiras trupes errantes na Europa Oriental. A notável saga da família é contada nas memórias de Zina Rapel publicadas por Nechemia Zucker, *Fir doires idisch theater, di lebens-geshichte fun Zina Rapel* (*Quatro Gerações de Teatro Ídiche: A História de Vida de Zina Rapel*), Buenos Aires, 1944. Ver também B. Palepade, *Zichroines fun a halbn yohrhundert idisch theater* (*Memórias de Meio Século de Teatro Ídiche*), Buenos Aires, 1946, pp. 38-51. A primeira geração da família Cipkus viria ao Brasil juntamente com dois filhos, Shaike e Mile, enquanto Zina, também seus filhos e netos, se radicaria na Argentina, país em que atuaria até seu passamento em 1943. Tanto a obra de Nechemia Zucker quanto a de Palepade são fontes preciosas para a história do teatro ídiche, em especial na Argentina e no Brasil.
2. Artigo "In idischen theater", IF, 19 de agosto de 1940.
3. IF, 6 de novembro de 1931.
4. IF, 6 de novembro de 1931.

Cartaz da peça: *Shabes Koidesh* (*Sábado Sagrado*), de Sigmund Feinman, com os atores Sofia Rafalovich, Herman Klatzkin, Mile Cipkus e sua esposa Rosa Laks Cipkus, Salão Luso Brasileiro, São Paulo, 16 de outubro de 1932. Fonte: Col. J. Serebrenic – M. Chusyd.

Marko, S. Buchalsky e L. Laskovitch, apresentava no Luso-Brasileiro em 21 de fevereiro de 1932 a opereta *Di amerikanerin* (*A Americana*)[5].

A presença das duplas Esther Perelman e Itzhak Deitsch entre 1932 e 1934 e Sofia Rafalovitch e H. Klatskin em São Paulo e no Rio de Janeiro permitiu o engajamento de vários atores profissionais locais que

---

5. *Diário Nacional*, 21 de fevereiro de 1932.

encenaram um amplo repertório desde o teatro leve, operetas e mesmo peças de elevado teor artístico[6]. Sofia Rafalovitch e H. Klatskin levaram à cena, em 22 de maio de 1932, no Salão Luso Brasileiro, com a participação de Mile Cipkus, a peça *Der schpiguel fun velt* (*O Espelho do Mundo*); em 5 de junho de no Salão da Deutscher Turnerschaft, com atores locais, *A hartz vos beinkt* (*Um Coração Saudoso*) e, em 2 de agosto de 1932, no Salão Luso Brasileiro, a peça *Geld, libe un Schande* (*Dinheiro, Amor e Vergonha*) de Zolotarevsky[7]. Em 18 e 25 de setembro se apresentariam novamente no Salão Luso Brasileiro com as peças *A mame un a kind* (*Uma Mãe sem Filho*) e *Dos pintele id*. Em 30 de outubro, 6, 13, 16, 20 e 23 de novembro do mesmo ano encenariam no Stabiler Idischer Folks-Theater (Teatro Judaico Popular Estável), no Salão Luso Brasileiro, as peças *Mischko Yapantschik*, *Kreutzer Sonata* e *Kapitan Dreifus* (*Capitão Dreyfus*), *Shabes koidesh* (*Sábado Sagrado*), *Di idische kroin* (*A Coroa Judaica*) e *Rasputin*. Nesse mesmo tempo o par de atores Esther Perelman e Itzhak Deitsch fariam uma ampla *tournée* chegando a atuar em outras cidades do país, além do Rio e de São Paulo[8]. Sob o nome de Idischen Opereten, Dramen un Komedien Theater ou ainda Companhia Israelita de Operetas, Esther Perelman e Itzhak Deitsch, sob a iniciativa do incansável empresário Lubelczyk, organizaram espetáculos[9] variados em São Paulo no Teatro Santana, Luso Brasileiro, Boa Vista, Deutsche Turnerschaft e Casino Antártica. No Deutsche Turnerschaft o par de atores juntamente com Yosef Weinstein, Mischa Gutovitch, Mile Cipkus e toda a trupe encenaram em 15 de janeiro de 1933 a peça de Leon Kobrin *Bertchik in Amerika* (*Bertchik na América*)[10]. No Teatro Luso Brasileiro, além dos dois atores tomaram parte na peça de Y. Kalmanovich, encenada em 9 de abril de 1933, *A heim far a mamen* (*Um Lar para uma Mãe*), Yosef Weinstein, diretor e ator, Liza Maximova, Rosa Laks, Ruben Hochberg, Betty Kertzman, David Mandel, Y. Weltman, tendo como ponto Yudel Laks; em 28 de maio, *Ale gegen ir* (*Todos Contra Você*) de Kalmanovich. É interessante observar que a venda de bilhetes tinha como ponto de referência constante o conhecido Bar Jacob situado no

---

6. No *San Pauler Idische Tzeitung* (SPIT) de 22 de dezembro de 1932 se noticia que a trupe de Esther Perelman e I. Deitsch encenarão em 1º de janeiro de 1933 a peça de Leon Kobrin *Soroke in zibten himel* (*Soroke no Sétimo Céu*). Nela consta que "Madame Esther Perelman, que entre nós já atua certo tempo, destaca-se tanto na opereta leve quanto no drama sério…".
7. Uma crítica sobre essa encenação encontra-se no SPIT, 11 de agosto de 1932.
8. Ver subcapítulo "Pernambuco: o teatro profissional e grupos amadores no Recife".
9. SPIT, 30 de março de 1933.
10. SPIT, 12 de janeiro de 1933.

centro do velho bairro judeu de São Paulo, o Bom Retiro, além de contar com o ativo promotor de vendas Eli Goldfeder. Em 16 de abril, do mesmo dramaturgo Kalmanovich, representaram a peça *Wo iz menschlechkeit* (*Onde Encontrar Conduta Humana*) e em 23 de abril *Di eibige naronim* (*Os Tolos Eternos*). Na mesma temporada, no Teatro Santana, se sucedem as peças *Provokator Osef* (*Provocador Osef*) representada em 15 de junho, *Isha raa* (*Mulher Má*) representada em 9 de julho, *Der landsman* (*O Conterrâneo*) de S. Ash, em 30 de julho, nas quais toma parte Mile Cipkus. Nessa última programação consta uma conferência do prof. Silveira Bueno sobre "O Judeu no Teatro Português". Ainda consta uma apresentação, no Deutsche Turnerschaft, das peças *Wo zeinem maine kinder* (*Onde se Encontram Meus*

Filhos), *Di rumenische hassene* de Rumshinski, e *Haike in Odess* (*Haike em Odessa*). No teatro Boa Vista representaram em 30 de maio *Djeikale Bloffer* (*Djeikale, o Falsário*), opereta de Boaz Young.

Mile Cipkus também participaria na apresentação de Leon e Ana Blumenthal, em 12 de agosto, no Teatro Sant'Ana, com a peça *Grand-Hotel* de Kalmanovich. No Rio de Janeiro a companhia, sob o nome de Lubelczyk--Perelman-Deitch, encenou no Teatro Casino *Dvoire fun Berdichev* (*Debora de Berdichev*) de Rumshinsky.

A sucessão de atores-visitantes durante esses anos, entre 1933 e 1936, foi contínua graças à prosperidade e ao crescimento da população judaica e à atuação de empresários e instituições comunitárias. Boa parte desses atores que aqui estiveram voltariam com certa frequência ao Brasil. Era comum a formação de trupes ou companhias em que atores profissionais consagrados vindos do exterior se associavam a atores locais, pois na época o Brasil já contava com um número razoável de profissionais. Os nomes das companhias "temporárias" se revezavam, mas os atores locais eram os mesmos. Também viriam atores-cantores como Moni Serebrow com a trupe de Salomon e Clara Stramer, Israel e Ana Feldboim e Elza Rabinovitch que se apresentarem no Teatro Casino, em 28 de janeiro de 1934, com a opereta *A gan-eden far zai* (*Um Paraíso para Eles*) de S. Secunda[11].

Significativa será a presença de Josef Bulow e Luba Kadison em 1933, os quais fizeram várias apresentações a saber, no Teatro Casino, no Rio, no dia 12 de janeiro, a peça *Der farkischufter kraiz* (*O Círculo Enfeitiçado*); no dia 15 de janeiro, no Teatro João Caetano; *Der kibitzer* (*O Zombador*) e no dia 18 de janeiro as peças *Eiferzucht* (*Ciúme*), de Arzibashew e *Bruria* de David Pinski, sendo as duas últimas representadas em São Paulo em 5 de fevereiro daquele ano, no Teatro Cassino Antartica[12]. A vinda do casal de atores Salomon e Clara Stramer a São Paulo, sob o nome de Companhia Israelita de Operetas, juntamente com outros atores, entre eles Mile Cipkus, Elza Rabinovitch, Israel Feldbaum e outros, enseja uma programação de várias operetas no Teatro Santana. Começando em 1º de outubro de 1933 *Blinder Paiatz* (*Palhaço Cego*), segue-se em 5 de outubro *Hallo Mama*, em 8 de outubro *Galitzianer hassene* (*Casamento na Galitzia*), em 13 de outubro *O Grande Amor*, em 22 de outubro *Canção de Menor*[13].

11. IF, 26 de janeiro de 1934.
12. IF, 13 de janeiro de 1933; 17 de janeiro de 1933; SPIT, 2 de fevereiro de 1933.
13. *O Estado de São Paulo*, 1 e 22 de outubro de 1933.

Anna (Angie) Rapel. Fonte: Col. M. Chusyd.

Atrizes Malvina Rapel e Lili Liliana, da trupe Di Yiidishe Bande (A gangue judaica) representando *Lobuslekh* (*Meninos de Rua*) de autoria de Itzik Manger, Varsóvia, 1937. Fotografia de Leo Forbat.

Cartaz da peça *Hefker Pietroshke* (*Bagunça Geral*) com os atores da trupe Di Yidishe Bande, da qual fazia parte Malvina Rapel. Fonte: Broadsides and Posters Collection Archives Department, The National Library of Israel, Jerusalém.

Cily Tex e seu esposo o ator Nathan Klinger. Fonte: M. Cipis.

Cartaz da peça *Azazel*, encenada no Salão Luso Brasileiro, em 20 de maio de 1932, estrelada por Cily Tex e seu marido Nathan Klinger, acompanhados de Rosa Laks, Mile Cipkus e Simão Buchalsky. Fonte: Col. J. Serebrenic – M. Chusyd.

Temos em 1934 a presença de Moshe Oisher e Florence Weiss que se apresentam em 19 de agosto no Teatro Recreio com a opereta *Natasha*, em 22 de agosto com *Der veg tzu libe* (*O Caminho do Amor*) e, em 26 de agosto, *Der erschter kush* (*O Primeiro Beijo*) com a participação de Esther Perelman e de atores locais[14]. Também se apresentaria no Teatro João Caetano, em 29 de setembro, o ator Menasche Skolnik com a peça *Dem groissen fardiner* (*Ao Grande Ganhador*), em 1º de outubro a peça *Getzil vert a chussen* (*Getzil Fica Noivo*) e 4 de outubro a peça *A chassene oif oistzolen* (*Um Casamento para Ser Pago*) com a participação dos mesmos atores locais, a saber Esther Perelman, Yosef Weinstein, Goldgevicht, Buchalsky, Maximova, Gutovitch, Kertzman e Lubelczyk[15]. Contudo, atores locais como Mile Cipkus e sua trupe continuariam atuando independentemente da vinda de *stars* e em 17 de abril de 1934 representaria no Teatro Luso Brasileiro a peça *Tzubrochene hertzer* (*Corações Partidos*)[16]. I. Lubelczyk traria para o segundo semestre de 1934 a atriz Geny Goldstein que apresentou durante o mês

---

14. IF, 20 de agosto de 1934.
15. IF, 3 de outubro de 1934; 8 de outubro de 1934.
16. IF, 22 de abril de 1934.

Folha de rosto da obra *Fir Doires Idish Theater, Di Lebensgeschichte fun Zina Rapel* (*Quatro Gerações de Teatro Ídiche, A Vida de Zina Rapel*) de autoria de Nechemias Zucker. Buenos Aires 1944. Ilustração do artista e cenógrafo Misha Schwartz. Ao lado outra ilustração do mesmo artista na folha de rosto do livro de memórias do notável ator Bentzion Palepade.

Fonte: Col. N. Falbel.

de agosto cinco espetáculos bem-sucedidos no Rio e em São Paulo, entre eles as peças *Ir groisser sod* (*Seu Grande Segredo*) e *Umgezetzleche kinder* (*Crianças Ilegais*)[17]. Também o ator Leonid Sokoloff viria ao Rio em 1934 e apresentaria no Teatro Casino Antartica seu primeiro espetáculo, em 6 de maio, com a peça *Der mentsch fun untervelt* (*O Homem do Submundo*), em 27 de maio *Der toiber* (*O Surdo*) de David Bergelson, em 3 de junho *Teyve, der milchiker*, e em 1º de julho *Der schif fun schklov* (*O Navio de Escravos*) com a participação de Itzhak Deitsch, Esther Perelman, A. Leitzes, o casal Goldgevicht, S. Buchalsky, Chava Polansky, José Weinstein, sob a direção de I. Ekerman e música de L. Gombarg. Leonid Sokoloff voltaria ao Brasil em outras ocasiões. Em Porto Alegre se apresentariam os dois atores Simão Buchalsky e P. Lerner sob o patrocínio do Círculo Dramático local para encenarem no Centro Israelita Porto-Alegrense alguns espetáculos a começar pela peça *Tudo pelos Filhos*, de Libin, levada à cena em 25 de novembro de 1934[18].

Sofia Rafalovich e H. Klatskin com Mile Cipkus e a trupe de atores locais já mencionados se apresentariam em 30 de dezembro de 1934[19] no Luso Brasileiro com a peça *Reizele dem rebins* (*Rosinha, do Rabino*) de M.

---

17. IP, 28 de julho de 1934; IF, 25 de agosto de 1934.
18. *Correio do Povo*, 24 de novembro e 25 de novembro de 1934.
19. IF, 19 de agosto de 1935.

Rosa Laks.

Mile Cipkus, Rosa Laks e um casal de atores, divulgando a peça *Motke Ganev* (*Motke o Ladrão*) em 1922.

Fonte: M. Cipis.

Hochberg. Nesse mesmo anúncio, com a mesma trupe informava-se sobre uma apresentação de Zygmunt Turkow em São Paulo[20]. Zygmunt Turkow junto com esses atores faria duas apresentações em São Paulo, a primeira em 3 de fevereiro de 1935 com a peça *Yzkor* (*In Memoriam*) de Sekler e em 10 do mesmo mês com a peça *Kidush Hashem* (*Martírio*) de Scholem Ash, ambas no Teatro Cassino Antártica[21]. Anteriormente, no Teatro Santana, em 15 de novembro de 1934 se apresentaria Ludwig Zatz com Esther Perelman e os atores locais Mile Cipkus, Eva (Chava) Polansky, Liza Maximova, Regina Lubelczyk, Kertzman, José (Yosef) Weinstein, A. Goldgevicht, M. Gutovitch[22].

No Rio de Janeiro, no Teatro Fênix, se apresentariam os atores Lucy e Mischa German em 23 de agosto de 1935 com a peça *Di eibige mame* (*A Mãe Eterna*). No final de 1935 e sob a direção de Lubelczyk estariam no Rio Miriam Koralova e Leon Blumenzon, que, sob a regência de W. Kombarov e participação de Mile Cipkus, José Weinstein, Herman Klatzkin, Sofia Rafalovitch, sra. Lubelczyk, Buchalsky e outros encenaram

---

20. SPIT, 30 de dezembro de 1934.
21. *Undzer Vort*, 10 de fevereiro de 1935. Nesse mesmo número Zeev Shachor publicou uma crítica sobre a peça *Yzkor*.
22. IF, 13 de novembro e 1934. Foi nessa temporada que se deu o incidente com o jornal *San Pauler Idische Tzeitung* e os empresários Esther Perelman e I. Lubelczyk devido às ofensas ao ator Ludwig Satz que o periódico publicou. Os empresários publicaram um volante em defesa do mesmo e explicando que o motivo das ofensas se devia ao fato da companhia não ter feito anúncios no jornal. Arquivo N. Falbel.

no dia 29 de dezembro no Teatro Fênix a peça *Dos kaukazer meidel* (*A Moça do Cáucaso*), apresentada anteriormente em São Paulo, no Teatro Santana[23]. Nesse ano Pessachke Burstein viria ao Brasil e faria uma apresentação da opereta *Bandido Gentleman*, sob o nome de Companhia Israelita de Operetas, em 3 de fevereiro de 1935 no Teatro Santana[24].

No primeiro semestre de 1936 viriam Regina Zucker e Karl Zimbalist e apresentariam em 18 de maio, no Teatro João Caetano, a opereta *Serkele Mezik* e, em 14 de junho, a peça *Urke Nachalnik* (*Urke, o Chefe*), que trata de um tema relativo ao submundo judaico[25]. Em São Paulo haviam se apresentado no Teatro Casino Antártica, em 3 de maio, e, em 12 de maio, no Teatro Santana com a peça *Di komediantke* (*A Comediante*). Mile Cipkus e Rosa Laks, com seu grupo de atores, apresentaram espetáculos na comunidade do Méier, no Rio de Janeiro, que incluíram a peça *Di veisse schklavin* (*As Escravas Brancas*) no dia 5 de junho e depois a peça *Galitzianer chassene*, com acompanhamento musical de G. Ostronoff[26]. Em inícios de 1936 viriam da Argentina os atores Debora Rosenblum e Nahum Melnik que se apresentariam no Teatro Cassino Antártica em 13

Cartaz da opereta: *Yankele* (*O Pequeno Jacob*) de autoria de Yacov Kalich com os atores: Mile Cipkus, Mery Marco, I.M. Warshavsky, Lisa Maximova, Rosa Cipkus, Simão Buchalsky e outros, encenada no Salão do Deutsche Turnerschaft, São Paulo, 27 de dezembro de 1931. A apresentação foi feita em benefício de Jacob Cipkus "co-fundador e pioneiro do Teatro Ídiche" cuja foto aparece no cartaz. Fonte: Col. J. Serebrenic – M. Chusyd.

Mile Cipkus.

Rosa Laks Cipkus.

Fonte: M. Cipis.

---

23. IP, 27 de dezembro de 1935; SPIT, 15 de dezembro de 1935.
24. *O Estado de São Paulo*, 3 de fevereiro de 1935.
25. IF, 19 de maio de 1936; 15 de junho de 1936.
26. SPIT, 28 de junho de 1936.

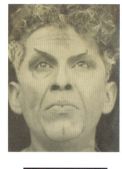

de fevereiro com a peça *A Grande Herança*, em 15 de fevereiro *Campina Verde*, em 15 de março *Urke, o Valente*, e em 18 de março *O Remendado*[27].

Em outubro de 1936 uma Companhia Israelita de Comédias, ou Companhia Cooperativa Artística Isrelita, apresentou-se no Teatro Municipal de São Paulo com Samuel Goldenberg, que veio dos Estados Unidos onde atuou sob a direção do famoso diretor Max Reinhardt[28]. Ele apresentaria no Teatro Municipal de São Paulo, sob o nome de Companhia Cooperativa Artística Isrelita, em 30 de outubro, a peça *Crime e Castigo* de Dostoiévsky; em 30 de outubro, *Tio Moses* de Sholem Asch e em 4 de novembro *A Força Divina*, de Lilien[29]. Em 8 de novembro Samuel Goldemberg apresentaria a peça *Der Futer* (*O Pai*) de Bergelson, todas elas sob o nome da Companhia Israelita de Dramas e Comédias do empresário Lubelczyk na qual tomaram parte Lisa Maximova, Regina Lubelczyk, José Weinstein, Jacob Weltman, Idel Laks, Moyses Gutovitch e Mile Cipkus[30]. Sem podermos estabelecer com precisão, devemos lembrar que, ainda no ano de 1934, deu-se a temporada artística de seis meses de Sofia Rafalovich, que atuaria durante muito tempo no Brasil, e H. Klatzkin[31], representando no Luso Brasileiro *Der schwartzer adler* (*A Águia Negra*) de Morris Meterlink, *Dos chupe kleid* (*O Vestido de Noiva*) de V. Sigal, *Dos pintele id* e *Shulamis* de Goldfaden, nas quais tomam parte os conhecidos atores Abraham Goldgewicht, Ruben Hochberg[32], J. Schreiber, Y. Elinger, J. Weltman, Ana Kertzman, A. Dalina, A. Schor e Simão Buchalsky[33]. Nessa época, os atores visitantes Dora Waisman e Anshel Schor, Salomon e Clara Stramer, Israel e Ana Feldboim, Ezra Rabinovich, representariam no Teatro República *Wilde laidenshaft* (*Sofrimento Selvagem*), de A. Schor. A presença do casal Moshe e Mery Gutovich reuniria os atores Mile Cipkus, Ita Fogel, Shaike Cipkus, Rosa Cipkus, Jenina, Jacob (Yacov) Cipkus, para encenarem *Dos pintele id*, de Boris Tomaschevsky no Salão do Club Gymnastico Portuguez, no Rio de Janeiro. Ainda teríamos, nesses anos, a vinda de

Mile Cipkus o ator e suas múltiplas faces. Fonte: M. Cipis.

---

27. *O Estado de São Paulo,* 13 de fevereiro; 15 de março; 18 de março de 1936.

28. *A Civilização*, São Paulo, 31 de outubro de 1936.

29. Cf. cartazes do Arquivo do Teatro Municipal de São Paulo.

30. *O Estado de São Paulo,* 30 de outubro e 8 de novembro de 1936; *A Civilização*, 31 de outubro de 1936.

31. Notícia de sua partida no *Idische Folkstzeitung*, 13 de novembro de 1934.

32. Conforme volante explicativo publicado por Ruben Hochberg, ele se desligaria da trupe por se sentir explorado pelos dois atores. Arquivo N. Falbel.

33. O programa anuncia a participação da jovem "dançarina Eva Tudor", futura atriz do teatro brasileiro.

Cartaz da peça: *Vo iz menshlichkeit* (*Onde Encontrar uma Conduta Humana*) de autoria de H. Kalmanovitch com a trupe de Esther Perelman e Itzhak Deitsch e atores locais como Mile Cipkus, com a regência de Joseph Weinstein. Salão Luso Brasileiro, 16 de abril de 1933.

Cartaz da peça: *Shulamit* (*Sulamita*) de autoria de A. Goldfaden, com os atores Sofia Rafalovich e H. Klatzkin. Salão Luso Brasileiro. Anos 30.

Cartaz da peça cômica: *Der Groisser Fardiner* (*O Grande Comerciante*) com o ator Menache Skolnik, Teatro Santana, São Paulo, 8 de outubro de 1934. Fonte: Col. J. Serebrenic – M. Chusyd.

Jacob (Yacov) Rechtzeit que representaria no Teatro República do Rio com uma trupe formada com Esther Perelman, Misha Bernstein, Berta Ais, Bela Ais, Sali Bernstein, Rosa Cipkus, Issachar Handfus, Herman Scherzer, Victor Goldberg[34], José Galperin, J. Laks e outros a peça *Yankele fort avek* (*Yankele Viaja ao Exterior*).

Porém a figura de maior destaque que viria em 1936 ao Brasil por iniciativa do empresário Wolf Vipman, seria o extraordinário ator Jacob Ben-Ami que encenaria em 11 de novembro no Teatro Municipal de São Paulo a peça *Israel* de H. Bernstein, em 20 de novembro a peça *O Poeta Ficou Cego* (*Der poet iz gevoren blind*) de H. Leivik, com a participação de Sofia Rafalovich, Herman Klatzkin e atores locais; em 24 de novembro, novamente a peça *Israel* e em 29 de novembro *O Idiota* de Dostoiewsky sob a direção do não menos famoso diretor, crítico e escritor Jacob (Yakov) Mestel[35]. No Rio, cidade em que Ben-Ami havia começado sua temporada no Brasil, apresentaria em 29 de outubro no Teatro Municipal *O Idiota*. Na

---

34. Victor Goldberg em entrevista à *Resenha Judaica*, 2ª quinzena, agosto de 1990, relata que chegara ao Brasil em 1937, após ter atuado no teatro na Polônia, onde nascera na cidade de Pejtricow em 1915, e de imediato foi contratado por I. Lubelczyk.
35. Os mesmos cartazes encontram-se no arquivo de Marcos e Marina Chusyd bem como no Arquivo do Teatro Municipal de São Paulo. A presença de Jacob Ben Ami e Samuel Goldenberg é assinalada na obra de Sábato Magaldi e M. Thereza Vargas, *Cem Anos de Teatro em São Paulo*, 2. ed., São Paulo, Editora Senac, 2001, p. 142.

ocasião veio ao Brasil o escritor e dramaturgo H. Leivik e, no Teatro Fênix do Rio de Janeiro, em 3 de novembro, dar-se-ia a representação da peça de sua autoria *Der poet iz gevoren blind* (*O Poeta que Ficou Cego*) interpretado por Jacob Ben-Ami e a trupe de atores locais. A plateia prestou uma estrondosa homenagem a ambos[36]. Em São Paulo a peça seria apresentada em 20 de novembro no Teatro Municipal e seu sucesso se repetiria[37]. No Rio Jacob Ben-Ami, além de representar a peça *O Idiota*, também levaria à cena *O Pai* de Srindberg com a participação dos atores Sofia Rafalovich, Berta Nissin, Yosef Scwartzberg, Herman Klatzkin, Adolf Leitzis, Abraham e Balbina Goldgevicht, Ruben Hochberg, Simão Buchalsky, Eleonora Zagoni, Ana Boarski. Buchalsky lembra em suas memórias que na apresentação de *O Pai* aconteceu uma falha no diálogo dramático da atriz Sofia Rafalovich em que a personagem Laura afirmava ao marido a legitimidade de sua filha Berta. No diálogo deveria afirmar "Sim, você é pai de Berta" porém a atriz disse "Sim, você é filho de Berta"[38].

Em 28 de setembro de 1937 se apresentaria no Teatro Municipal, trazida que fora ao Brasil por Lubelczyk, a atriz Berta Gerstin com a peça *Di sinfonie fun leben* (*A Sinfonia da Vida*) de Mark Arenstein, na qual tomariam parte Sofia Rafalovich, H. Klatzkin, M. Gutovich, A. Goldgevicht, Mile Cipkus e outros[39]. Berta Gerstin apresentaria em 10 de outubro, com a mesma trupe, no Teatro Casino Antártica a peça *Mirele Efros* de J. Gordin. Em 1937 também viriam os atores Julius e Ana Natanson, trazidos ao Brasil por I. Lubelczyk, e em 27 de maio de 1937 apresentaram no Teatro Central, em São Paulo, a peça *Der galitzianer schlomiel* (*O Galiciano Azarado*), apresentado também no Teatro Recreio, no Rio, em 16 de maio daquele ano com a participação de atores locais, entre os quais se encontravam Sofia Rafalovich e Mile Cipkus[40]. Mile Cipkus juntamente com Rosa Laks, Betty Kertzman e S. Buchalsky encenariam na sede do Poilischer Farband (Associação dos Imigrantes da Polônia), em 7 de setembro, a peça *Fischel der gerotener* (*Fischel, o Talentoso*) de Kalmanovich[41]. A presença sucessiva de vários atores vindos do exterior, além dos locais, permitia uma associação provisória para encenação de peças que

---

36. IF, 4 de novembro de 1936; IP, 6 de novembro de 1936.
37. SPIT, 25 de novembro de 1936. Cf. cartaz no Arquivo do Teatro Muncipal.
38. S. Buchalsky, *Memórias...*, pp. 66-67.
39. IF, 27 de setembro de 1937.
40. IF, 17 de maio de 1937; SPIT, 24 de maio de 1937.
41. IP, 3 de setembro de 1937; IF, 8 de setembro de 1937.

Cartaz da peça: *Tevye Der Milchiker* (*Tevye o Leiteiro*) de autoria de Sholem Aleichem, com a trupe de Esther Perelman e Itzhak Deitsch e Leonid Sokolov além de atores locais como Mile Cipkus, e outros, Teatro Casino Antártica, São Paulo, 3 de junho de 1934.

Cartaz da peça: *Fun Der Untervelt* (*Um Homem do Submundo*) encenada pela trupe de Esther Perelman e Itzhak Deitsch com o ator Leonid Sokoloff. Teatro República, Rio de Janeiro, 6 de maio de 1934.

Cartaz da peça *Der Goldener Cholem* (*O Sonho Dourado*), de autoria de Herman Wohl, com a trupe do casal Stramer, o casal Fletboim, Moni Serebrov, com a participação de Mile Cipkus e atores locais, no Teatro Casino, Rio de Janeiro, 21 de janeiro de 1934.

Fonte: Col. J. Serebrenic – M. Chusyd.

permitissem o sustento desses profissionais. Assim temos durante o ano de 1937 a apresentação em 13 de junho, no Conservatório Musical de São Paulo, da peça *Corações à Venda*; em 16 de junho no Teatro Cassino Antártica a peça *Ihr groisser sod* (*Seu grande Segredo*); em 20 de junho, no Teatro Luso-Brasileiro *Far ihre kinder* (*Para os Seus Filhos*); novamente em 21 de junho, no Teatro Cassino Antártica, *Zindeke mames* (*Mães Invejosas*); em 18 de julho, *Mirele Efros* e, em 25 de julho, *Ihr goldener cholem* (*Seu Sonho Dourado*). O mesmo grupo de atores, entre os quais se encontrava também Jenny Goldstein, continuaram a apresentar em 1º de agosto, no Teatro Santana, *Casamento Ídiche* e, em 8 de agosto, *Dos gassen meidl* (*A Prostituta*)[42]. Ainda nesse ano representaram no Teatro Municipal de São Paulo, em 21 de setembro, *Nora*, de Ibsen, e em 12 de novembro *Ich vil a kind* (*Quero uma Criança*), de Z. Turkow[43].

Ao finalizar o ano de 1937 e durante todo o 1938 viriam os atores Izhak Feld e Lola Schpilman, que se juntariam aos atores locais para representar em 25 de dezembro, no Teatro Cassino Antártica, as operetas *Pinie fun Pintchev* (*Pinie de Pintchev*) e, em 26 de dezembro, *Kopel Kive vert a tate* (*Kopel Kive é Pai*); em 29 de dezembro *Schloime Zolmens chassene* (*O Casamento de Schloime Zolmen*); em 2 de janeiro de 1938, *Chaim Schies*

---

42. SPIT, 11 de junho; 16 de junho; 18 de junho; 21 de junho; 18 de julho; 25 de julho; 1º de agosto; 8 de agosto.
43. Arquivo do Teatro Municipal de São Paulo.

gliken (*As Alegrias de Chaim Schie*); em 9 de janeiro *Itsche Maier fun Varsche* (*Itsche Maier de Varsóvia*)[44]. Clara Fridman e Herry Path, juntamente com o empresário argentino Adolfo Mide[45], representariam com o grupo de atores locais em 22 de maio de 1938, no Teatro Cassino Antártica, *Ieder frois farlang* (*O Desejo de Toda Mulher*); em 25 de maio, *A tog far di chupe* (*Um Dia Antes do Casamento*) e, em 5 de junho, *Der tanz far toit* (*A Dança para a Morte*)[46]. Também já se anuncia novamente a vinda de Debora Rosenblum e Naum Melnik e a visita de Leo Fuks e Mirele Gruber. Estes últimos se apresentaram em 9 e 15 de junho no Teatro Cassino Antártica com a opereta *Naftali Petruschke* e, em 12 de maio, *Der schtot meschugener* (*O Louco da Cidade*), em todas elas com a participação de atores locais[47]. Ao mesmo tempo encontra-se em São Paulo a dupla Erwin Jacobson e May Sheinfeld que se apresentaram em 23 de agosto no Teatro Cassino Antártica com a peça *Oi Amerike* (*Oh! América*); em 25 de agosto, *Der varschever landsman* (*O Conterrâneo de Varsóvia*); em 28 de agosto, *Bai mir bistu schein* (*Para Mim Você é Linda*); em 31 de agosto, no Teatro Santana, *Schmie fun Schnifshek* (*Schmie de Schnifshek*); em 4 de setembro, *Mazel tov, mame* (*Boa Sorte, Mamãe*)[48]. O par de atores Pesachke Burstin e Lilien Luks também se encontravam no Brasil e atuariam no Rio em meados de 1937[49]. Leo Fuks e Mirele Gruber continuariam sua temporada no Rio de Janeiro e representariam em 19 de junho de 1938, no Teatro República, a opereta cômica *Naftali Petruschke*, com a participação da atriz Sofia Rafalovich e todo o elenco de atores locais lembrados acima[50]. Debora Rosenblum e Nahum Melnik encenariam o clássico de Sholem Aleichem, *Dos groisse gevins* (*A Sorte Grande*) em 12 e 19 de maio de 1938, no Teatro Boa Vista de São Paulo. Em 23 de maio, os mesmos apresentaram *Di velt schokelt zich* (*O Mundo se Agita*) e, em 26 de maio, *A fremd kind* (*Uma Criança Estranha*), com a participação dos amadores do Jugend Club de São Paulo[51]. Ainda em setembro de 1938 viria a atriz Berta Gutentag e apresentaria em 18

---

44. SPIT, 22 de dezembro; 26 de dezembro; 29 de dezembro de 1937; 2 de janeiro; 7 de janeiro de 1938.
45. SPIT, 24 de dezembro de 1937; 15 de maio de 1938.
46. SPIT, 20 de maio; 25 de maio; 5 de junho.
47. SPIT, 8 de maio; 10 de maio de 1938.
48. SPIT, 10 de maio; 12 de junho; 17 de agosto; 24 de agosto; 28 de agosto; 31 de agosto; 2 de setembro de 1938.
49. IF, 7 de junho de 1937.
50. IF, 17 de junho de 1938.
51. SPIT, 12 de maio; 19 de maio; 22 de maio; 24 de maio; 26 de maio de 1938.

Cartaz da peça *Der Idiot* (*O Idiota*) Autoria: Dostoiévsky, com os autores: Jacob Ben-Ami sob a regência de Jacob Mestel. Teatro Municipal, Rio de Janeiro, 29 de outubro de 1936. Essa peça também foi encenada em São Paulo.

Programa da mesma peça dirigida por Jacob Mestel com os atores locais que participaram da encenação como Ruben Hochberg, Simão Buchalsky, Sabina e Avraham Goldgevicht, Sofia Rafalovich, Herman Klatzkin e outros. No programa é anunciada a encenação da peça de autoria de H. Leivik *Der Poet is gevoren blind* (*O Poeta Ficou Cego*) que seria encenada no teatro Phenix sob a direção de Mestel e Ben-Ami. Nesta ocasião H. Leivik encontrava-se em visita no Brasil.

Fonte: Col. J. Serebrenic — M. Chusyd.

de setembro, no Teatro Cassino Antártica, a peça *Der eintziger veg* (*O Único Caminho*) e, em 27 de setembro, *Farschpilte velt* (*Mundo Abandonado*)[52]. Nos finais de 1938 se apresentaria a atriz Chaiele Graber, em 27 de novembro, no Teatro Municipal de São Paulo, com a peça *Noch kvure* (*Após o Enterro*), em 1º de dezembro *Shabes in main heim* (*Sábado em Meu Lar*) e em 11 de dezembro o clássico de Anski *Der Dibbuk*[53].

Ainda em final de 1938 uma nova dupla de atores Bela Belerina e Boris Averbach encenariam em 20 de dezembro, no Teatro Santana, a peça *Varshe bainacht* (*Varsóvia à Noite*); em 23 de dezembro, *A froi far alle* (*Uma Mulher para Todos*) e em 1º de janeiro de 1939, no Teatro Luso-Brasileiro, *Di muter* (*A Mãe*) de Gorki[54].

No final de 1939, em 10 de dezembro, a Grande Companhia Israelita de Comédias representaria no Teatro Municipal de São Paulo a peça *Der heintiker zon* (*Filho de Hoje*), de Kalich, com a participação de Samuel Goldenberg[55] e dos atores Mina Axelrod, Sofia Lerer, L. Maximova, Sara

---

52. SPIT, 16 de setembro; 25 de setembro de 1938.
53. SPIT, 27 de novembro; 30 de novembro; 7 de dezembro de 1938.
54. SPIT, 18 de dezembro; 23 de dezembro; 30 de dezembro de 1938.
55. O periódico *Di Tzeit*, n. 4-5, nov.-dez. de 1939, anunciava que Samuel Goldenberg encontrava-se em São Paulo com um grupo de artistas vindos de Buenos Aires. Também o

Fridman, Adolf Straitman, Samuel Guldin, Simão Buchalsky, J. Weitman e Charles Fidelman. No Rio apresentariam em 28 de dezembro a peça *Elteren un kinder* (*Pais e Filhos*)[56]. A mesma trupe, sob o nome de Companhia Israelita Artistas Unidos, em 9 de janeiro de 1940, se apresentaria com Samuel Goldenberg, no Teatro Municipal de São Paulo, a peça *Schmate* (*Trapo*) de Wolf. Mile Cipkus já não participaria da trupe uma vez que falecera em 7 de dezembro de 1939[57]. Samuel Goldenberg continuaria sua temporada em São Paulo enquanto no Rio de Janeiro o empresário Wolf Vipman formaria no final de 1939 uma nova companhia de teatro[58]. Ainda em 1940 teremos as presenças dos atores Max Kleter, Max Rosenblat, Guirt Bulman, Goldele Eizman, que representariam no Teatro Santana[59]. Lilien Fuks, Pessachke Burstein atuariam no Teatro Cassino Antártica assim como o notável ator Paul Baranov representaria nesse teatro *Der fremder* (*O Estranho*), de Gordin[60].

Foto do escritor H. Leivik em sua visita ao Brasil em 1936 junto a ativistas da comunidade do Rio de Janeiro estando ladeado à esquerda por Samuel Malamud e à direita por Israel Dines. Fonte: Col. N. Falbel.

Cartaz da peça *Der Idiot*, encenada no Teatro Municipal do Rio de Janeiro em 29 de outubro de 1936. Fonte: Col. J. Serebrenic – M. Chusyd.

---

periódico *Velt-Schpiguel* de São Paulo, n. 6-7, nov.-dez. de 1939 e o SPIT de 23 de janeiro de 1940 anunciaram a visita do grande ator. Vide também S. Buchalsky, *Memórias...*, pp. 67-70. Cartaz no Arquivo do Teatro Municipal

56. IF, 29 de dezembro de 1939.
57. *Di Tzeit*, n. 4-5, nov.-dez. 1939.
58. *Idem, ibidem*.
59. SPIT, 4 de julho de 1940.
60. *Idem, ibidem*. Baranov representará também em Porto Alegre e em São Paulo, por iniciativa e em benefício da Escola Hatchia (A Renascença) a peça *Der futer* (*O Pai*), de Strindberg.

Foto de Jacob Ben-Ami ofertada ao casal Avraham e Pola Reinsztejn. Fonte: ICIB

Pessachke Burstein viria com a Fareinigte Trupe fun Montevideo (Trupe Unida de Montevideo)[61]. Na verdade sua saída de Montevidéu se deveu a um acidente metereológico, isto é, o teatro em que representavam fora destruído por um vendaval[62]. Boa parte desses atores foram trazidos por Lubelczyk cuja atividade empresarial para o teatro ídiche no Brasil o tornara conhecido do grande público[63].

Em 1939, os consagrados atores Joseph Buloff e Luba Kadison se apresentariam novamente no Brasil com notável sucesso e, como sempre, com um repertório dramático elevado. Em 24 de fevereiro, encenariam no Teatro Cassino Antártica a peça de Peretz Hirshbein, *Di grine felder* (*Os Campos Verdejantes*)[64]. Nesse mesmo ano viria atuar a atriz Geny Goldstein que, em 5 de maio e 11 de abril, se apresentaria no Rio no Teatro República com a peça *Darf a mame dertzeilen?* (*Precisa uma Mãe Contar?*) e, no dia 16 de abril, com a peça *Farloirene glik* (*Felicidade Perdida*) de Max Gebel[65]. Em São Paulo, a atriz se apresentaria em 5 de maio, no Teatro Cassino Antártica na peça *Darf a mame dertzeilen?*, com a participação dos atores Mile Cipkus, Sara Fridman, Regina Lubelczyk, Rosa Laks, Betty Kertzman, Moshe Gutovitch, A. Leitzes, S. Buchalsky, J. Galperin e outros. Antes, em 28 de abril, havia encenado a peça *Ir groisser sod*. A temporada, lembrada acima, do ator Samuel Goldenberg que começara em dezembro de 1939 compreenderia uma série de apresentações bem-sucedidas a começar em 10 de dezembro que levaria à cena no Teatro Municipal de São Paulo a peça *Teyve, der milichker*[66], e em 9 de janeiro, *Schmate*; em 11 de janeiro, no Teatro Cassino Antártica, *Azoi iz dos leben* (*Assim é a Vida*); em 14 de janeiro, *Flichtlingue* (*Refugiados*) de H. Leivik; em 18 e 20 de janeiro, *Der idischer Keinig Lier* (*O Rei Lear Judeu*), de Gordin; em 21 de janeiro, *Iosche Kalb*, de I. J. Singer, e, em 28 de janeiro, *Goldene Chassene* (*Casamento Dourado*)[67]. Em 1940, atores de destaque continuariam vir ao Brasil, entre eles Paul Baratoff, que encenaria *Der*

---

61. *Di Tzeit*, n. 9-10, maio de 1940; *Velt-Schpiguel*, n. 11, abril-maio de 1940.
62. B. Palepade, *Zichroines fun halben yohrhundert idisch theater* (*Memórias de Meio Século de Teatro Ídiche*), Buenos Aires, pp. 443-447.
63. Em declaração ao *Di Tzeit*, n. 12, abril de 1941, ele prometera trazer a São Paulo Morris Schwartz, Zygmunt Turkow, Debora Rosemblum, Nahum Melnik, Lilien Lux e Pessachke Burstein.
64. Ver reprodução do cartaz no livro de sua autoria *On Stage, off Stage, Memories of a Lifetime in the Yiddish Theatre*, Cambridge, Mass., Harvard University Press, 1992, p. 118.
65. IP, 13 de abril de 1939; SPIT, 21 de abril de 1939; 1º de maio de 1939; 5 de maio de 1939; IF, 12 de abril de 1939; 17 de abril de 1939; 2 de maio de 1939.
66. Arquivo do Teatro Municipal de São Paulo.
67. SPIT, 8 de janeiro; 9 de janeiro; 12 de janeiro; 16 de janeiro; 19 de janeiro de 1940.

Cartaz da opereta: *Der Caucazer Bocher (O Jovem Caucasiano)*, de autoria de Joseph Rumshinski com Mile Cipkus, Simão Buchalsky, Rosa Laks e outros, encenada no Salão Luso Brasileiro, São Paulo, em 22 de julho de 1939.

Foto de Simão Buchalsky caracterizado para a peça.

Fonte: Col. J. Serebrenic – M. Chusyd.

futer (*O Pai*), de Strindberg, e no dia 12 de maio, no Teatro João Caetano, *Moshke Chazer*, de Bercovitch[68]. Em São Paulo, Paul Baratoff apresentaria em 23 de maio no Teatro Cassino Antártica a peça *Moshke Chazer* e, em 26 de maio, *Der fremder* (*O Estrangeiro*) de Gordin[69]. Da trupe participariam os atores Lisa Maximova, Betty Kertzman, Sara Fridman, Bela Ais, A. Leices, Ruben Hochberg, Simão Buchalsky, L. Elinger[70], J. Galperin, Idel Laks.

---

68. IF, 13 de maio de 1940; IP, 17 de maio de 1940.
69. SPIT, 15 de maio; 24 de maio de 1940.
70. Um comovente depoimento de sua filha Gália Kariv nos foi enviado em 18.11.2012 sobre seu pai, o ator Laibish Elinger: "…Eu sempre o acompanhava e ficava atrás dos bastidores, nervosa e assustada, de medo que meu pai caísse no palco! Ele representou muitas vezes o papel de Ahasveros ou outros heróis da história judaica antiga e usava roupas pesadas e sandálias amarradas até os joelhos tendo que subir e descer escadas, o que muito me assustava. Já o via esparramado no chão e isso me fazia chorar. Adorava ficar espiando-o atuar e ele era para mim o maior ator do mundo. Isso aconteceu quando eu tinha 6 a 10 anos. Muitas vezes quando vinham grupos de atores do teatro ídiche da Argentina, Estados Unidos, meu

Também Clara Goldstein e Sacha Rosenthal representariam com os atores locais em 24 de novembro de 1940: encenariam no Teatro República a peça *Leben zol Amerike* (*Viva a América*)[71]. Os atores Pessachke Burstein e Lilian Fuks, a convite de Lubelczyk, viriam para uma nova temporada acompanhados de atores experimentados que atuavam na Argentina e em Montevidéu há algum tempo, entre os quais se encontravam Sasha Rosenthal, Willy Goldstein, Clara Goldstein, Sonia Lachman, Aron Alexandroff, Cili Teks, Isak Lachman, Nathan Klinger e Katia Plavina. Encenariam em 30 de maio e 1º de junho, no Teatro Cassino Antártica, a opereta *Der comediant* (*O Comediante*); em 2 e 6 de junho, *Der freilicher kabtzen* (*O Mendigo Alegre*); em 4 e 9 de junho, *Di kale fun Poiln* (*A Noiva da Polônia*); em 8 e 15 de junho *Geneivische libe* (*Amor Oculto*); em 12 de junho, *Men ken lebn, nor men lozt nit* (*Pode-se Viver, mas não Deixam*); em 16 de junho, *A chassene in schtetl* (*Casamento na Aldeia*); em 19 de junho, *Good By New York*, e em 23 de junho, *Der varshever kanarek* (*O cantor de Varsóvia*), todas elas comédias e operetas para entretenimento do grande público[72]. Ainda em 7 de setembro de 1940, o grupo de atores locais com Esther Perelman e Jacob Kurlender encenaram, no Teatro Municipal de São Paulo, a peça *Chassie di iesoime* (*Chassie, a Órfã*).

Como podemos observar, os últimos anos da década de 1930 e inícios de 1940 revelaram uma intensa atividade teatral com atores de alto nível artístico, vindos do exterior, que culminaria com a chegada de Zygmunt Turkow, em 1941, vindo da Argentina após ter conseguido escapar da Polônia invadida pelos nazistas. No Brasil, ele teve uma tripla atuação, ou seja, com os profissionais do teatro ídiche que vinham de fora, no teatro brasileiro, e com os grupos amadores das instituições judaicas locais dos quais trataremos em outros capítulos do presente livro. Estando em Recife, e não podendo voltar à Argentina, Turkow teve de permanecer nessa cidade devido ao perigo que rondava os navios brasileiros mesmo antes do governo Vargas se decidir a entrar na guerra junto com os Aliados. A sorte, por outro lado, lhe foi favorável no momento em que uma trupe brasileira local, dirigida pelo dr. Waldemar de Oliveira, precisou que um ator fizesse

---

pai era 'emprestado' para pequenos papéis que não exigiam muitos ensaios. Então minha mãe e eu éramos convidadas de honra e víamos a mesma peça algumas vezes. Meu pai era muito ativo e cantava no coro Hazamir e fazia parte de muitas entidades, tendo sido um dos fundadores da Linat Hatzedek".

71. IF, 25 de novembro de 1940.

72. SPIT, 28 de maio; 31 de maio; 3 de junho; 5 de junho; 10 de junho; 14 de junho; 17 de junho; 20 de junho de 1940.

o papel de chinês, porém não sabiam como maquiá-lo. Informado de que um "ator polonês" que se encontrava na cidade também conhecia a arte da maquiagem pediram-lhe que transformasse o tal ator em "chinês". E assim Turkow passou a ser o maquiador da trupe e, pouco após, de maquiador passaria a ser regente. A oportunidade se lhe ofereceu por ocasião da encenação de uma peça de autoria de um escritor brasileiro que o *regisseur* da companhia encontrara dificuldades para "decifrá-la". A peça se denominava *A Comédia do Coração*, de Paulo Gonçalves, cuja trama se passa no "coração humano" e os sentimentos de amor, ódio, intriga, fé, medo, loucura são personificados e se mesclam num complexo debate interior. Afora a regência, Turkow projetou a decoração e o vestuário. Ainda que não soubesse o português, sua esposa Rosa, que já havia aprendido a língua, lia-lhe a peça e o ajudava a trabalhá-la de forma artística nos ensaios. E graças a ela, conta Turkow, pôde dar os primeiros passos como regente no teatro brasileiro e a fama do "polonês" acabou inesperadamente se difundindo no meio teatral. O sucesso da *Comédia do Coração* acabou de alguma forma por chegar ao Rio de Janeiro e desse modo seria contratado pela companhia Os Comediantes dirigida pelo artista e teatrólogo Tomás Santa Rosa[73]. Ao chegar ao Rio, o empresário Lubelczyk, que havia sido seu empresário em Lodz, e o futuro administrador Ekerman bem como alguns jornalistas já o esperavam para lhe dar as boas vindas. Na verdade, Turkow já havia estado no Brasil em 1934-1935, período em que percorreu uma boa parte dos países latino-americanos. Nesse tempo, havia representado no Rio, em São Paulo e Porto Alegre com Esther Perelman e Itzhak Deitsch. Dessa vez, juntara-se com o casal Debora Rosenblum e Naum Melnik, que Lubelczyk trouxera ao Brasil, e com os quais travara conhecimento ainda em Buenos Aires. Lubelczyk programaria uma série de apresentações com esses atores e Turkow. Em 6 de julho, o casal e Turkow encenaram no Instituto Nacional de Música a peça *Ven der taivel lacht* (*Quando o Demônio Ri*),de Semion Iuskevitch, na qual também participaram os atores locais Simão Buchalsky, Jaime Galperin, Betty Kertzman[74]. A peça seria novamente apresentada em 30 de julho no Salão Leopoldo Miguez[75]. Na

---

73. Turkow, quando se encontrava no Recife, pretendia ser contratado para atuar na América mas a "Union" dos atores americanos acabou por não aprovar a sua vinda... O relato sobre essa fase da vida de Turkow baseia-se em suas memórias, já mencionadas em outro lugar, intituladas *Di ibergerissene tekufe*, pp. 364-368.

74. Uma crítica encontra-se no IF, 7 de julho de 1941.

75. IF, 8 de agosto de 1941, crítica escrita por Samuel Malamud em português.

Cartaz da peça *Motke vert a chosen* (*Motke Ficou Noivo*), opereta de Kalmanovich, com os atores Mile Cipkus, Mery Marko, I. M. Warshavsky e os americanos Heime Jacobson e Miriam Kresin. Salão Luso Brasileiro, 14 de junho de 1931.

Cartaz da opereta: *Dos Caucaser Meidel* (*A Jovem Caucasiana*) de autoria de Joseph Rumshinsky, com os atores: Miriam Koralova, Sofia Rafalovich e Mile Cipkus e outros. Teatro Phenix, Rio de Janeiro, 29 de dezembro de 1935.

Cartaz da peça *Der Farkischefter kraiz* (*O Círculo Enfeitiçado*) com os atores Joseph Buloff e Luba Kadison, Teatro Casino, Rio de Janeiro, 12 de janeiro de 1933, antigos membros do Vilner trupe, encenada no teatro Casino Antártica, no Rio de Janeiro em 12 de janeiro de 1933, com os atores B. Lerner, I. Ajz, H. Horowitz, Warshavsky, Sofia Rafalovich, Herman Klatzkin, Chava (Eva) Polanska, Regina Lubelczyk, Goldgewicht, Tichler, Lubelczyk, Simão Buchalsky, Kleiman, e Natan Hulak como ponto.

Cartaz da peça *Der Naier Mentsh* (*O Novo Homem*) de autoria de Kalmanovich, estrelando o ator de origem lituana estabelecido nos EUA Samuel Goldenburg (1886-1945), Teatro Casino Antártica, São Paulo, 17 de dezembro de 1939.

comemoração dos 25 anos do falecimento de Sholem Aleichem foi apresentado *Teyve, der milichker* e algumas cenas da peça *Dos groisse gevins* (*Duzentos Mil*). Calcula-se que cerca de duas mil pessoas acorreram ao teatro para ver o espetáculo[76]. Seguiu-se a apresentação da peça de David Pinski, *Der oitzer* (*O Tesouro*) e a peça de Leonid Andreiev, *Der gedank* (*A Ideia*)[77]. Ainda com os atores Debora Rosenblum e Nahum Melnik, Turkow apresentaria em São Paulo, em 14 de agosto de 1941, no Teatro Santana *Di soides fun a groisser schtot* (*Os Segredos de uma Grande Cidade*)[78]. Em 17 de agosto de 1941, Turkow e o casal, juntamente com os atores Lisa Maximova[79], Berta Kertzman, Rosa Laks, S. Fridman, Sarita Cipkus, Y. Weltman, Simão Buchalsky, Elinger, Foigelman, Galperin, Yudel Laks e outros, encenaram em 17 de agosto, no Teatro Santana, em São Paulo, a peça *Der zaide geit* (*O Vovô Caminha*) de Kalmanovich, seguindo-se, no dia 20 de agosto, a peça *Der oitzer* (*O Tesouro*), de D. Pinski, e, em 24 de agosto, *Der gloken tzier fun Notre Dame* (*O Tocador de Sinos de Notre-Dame*)[80]. Em 31 de agosto, no mesmo teatro, com os mesmos atores, encenaram *Teyve, der milichiker* (*Teyve, o Leiteiro*) e, em 9 de setembro, *Di blonjzende shteren* (*As Estrelas Errantes*), de Sholem Aleichem[81]. Consta ainda a encenação, no Teatro Boa Vista, da peça *Der moderner Shylock* (*O Moderno Shylock*), de M. Gold. Turkow, logo após, se concentraria no trabalho com Os Comediantes e no Grupo Dramático da Biblioteca Scholem Aleichem no Rio de Janeiro[82]. Ao atuar no Rio, Turkow lembrará que "nas representações daquele tempo além dos semiprofissionais tomavam parte os talentosos Esther Perelman e Leonid Sokolof que, ao representar o sultão na peça *Shabetai Zvi* sob sua direção, deixou forte impressão sobre sua atuação como ator dramático. Os jornalistas Aron Bergman e Shabetai Karakuschansky deram grande atenção aos papéis que interpretava e conseguiram despertar no público um enorme interesse para com os mesmos"[83].

---

76. IF, 18 de julho de 1941.

77. IF, 25 de julho 1941; IF, 28 de julho de 1941.

78. SPIT, 12 de agosto de 1941.

79. Como vimos acima, Lisa Maximova esteve, com outros atores, atuando com Dr. Paul Baratoff a convite da Empresa Concerto Teatral Vipman.

80. SPIT, 20 de agosto de 1941; o mesmo número traz uma crítica da peça escrita por Nelson Vainer; 22 de agosto de 1941.

81. SPIT, 26 de agosto; 3 de setembro de 1941; 4 de setembro de 1941.

82. Sobre a atuação de Turkow na Biblioteca Scholem Aleichem, ver o capítulo do presente livro intitulado "O Teatro Amador no Rio de Janeiro". Sobre a atuação de Turkow no teatro brasileiro ver o texto que traduzimos do livro *Di ibergerissene tekufe* no Anexo 1 do presente livro.

83. *Di ibergerissene tekufe*, p. 376-377.

No final de 1940 viriam ao Brasil a dupla de atores Itzchak Feld e Lola Szpilman, que se apresentariam em São Paulo com várias operetas: a saber, em 19 de dezembro, no Teatro Cassino Antártica, *Main meideles chassene* (*O Casamento de Minha Filhinha*); em 22 de dezembro, *Leibn zol Amerike* (*Viva a América*); em 25 de dezembro, *Dos galitzianer rebele* (*O Rabininho da Galitzia*); em 29 de dezembro, *Dos freileche schnaiderel* (*O Alfaiatezinho Alegre*);em 1º de janeiro de 1941, *Pinie fun Pintschef* (*Pinie de Pintschef*); em 5 de janeiro, *Kopel Kive vert a tate* (*Kopel Kive é Pai*)[84]. Os atores Willy Goldstein, Natan Klinger e Sasha Rosenthal, que atuaram antes com a dupla de atores, darão um espetáculo sob o nome de Willy Goldstein & Cia e apresentaram no mesmo teatro, em 12 de janeiro, a peça *Main schtetele Belz* (*Meu schtetl Belz*)[85]. Curiosamente, Itzchak Feld e Lola Szpilman apresentarão, em 12 de março, a mesma peça, possivelmente em decorrência de um desentendimento havido com os mencionados atores[86]. De passagem pelo Brasil, os atores Paul Burstein e Lilian Fuks fariam um espetáculo em 5 de novembro de 1941, no Teatro Municipal de São Paulo, intitulado *Viva a América* e *Rabino da Galitzia*, de Sigal, e participação do pianista Carlos Ostronof[87]. Em 22 de janeiro de 1942 a dupla Debora Rosenblum e Nahum Melnik fariam um recital de arte no Teatro Municipal de São Paulo com a pianista Anna Stella Schic e, em 8 de março, com a peça *Di guele late* (*O Sinal Amarelo*), na qual tomaram parte elementos que comporiam o grupo dramático amador do Centro Cultura e Progresso, a saber Binem Orenstein, Klara Kaftal, Isaac Rubinstein, Mendel Steinhaus, Leib Aizemberg, Pola Reinstein, Abram Karpel, Meyer Kohn e Moshe Agater[88].

Em 1943, Lubelczyk formou uma companhia sob o nome de Grupo Paulista de Artistas Israelitas que contava com boa parte dos atores locais, em sua maioria profissionais e alguns amadores. Eram eles Ruben Hochberg, Rosa Cipkus, H. Haim, J. Weltman, D. Brunilovski, J. Galperin, J. Lashkevitch, G. Lashkevitch, J. Foigelman, J. Schwartz, A. Cuker, M. Kestenbaum. A companhia apresentaria, em 14 de março de 1943, no Teatro Municipal de São Paulo, em benefício da Sociedade Beneficente dos Israelitas Poloneses de São Paulo, a peça *Dos groisse gevins* (*A Sorte*

---

84. SPIT, 13 de dezembro; 20 de dezembro; 23 de dezembro; 27 de dezembro; 31 de dezembro de 1940; 2 de janeiro de 1941.
85. SPIT, 9 de janeiro de 1941.
86. *O Estado de São Paulo* 11 de janeiro de 1941.
87. Arquivo do Teatro Municipal de São Paulo.
88. Arquivo do Teatro Municipal de São Paulo.

Grande), de S. Aleichem, e em 9 de maio, no Teatro Cassino Antártica, a peça *Muters hartz (Coração de Mãe)*[89], e ainda, em 6 de junho, *Freiliche hassene (Casamento Alegre)*, de Richter. O Grupo de Amadores Israelitas do Cultura e Progresso também se apresentaria em 23 de maio de 1943, no Teatro Municipal de São Paulo, com a peça *Emek Habacha (Vale de Lágrimas)* sob a direção de I. Lubelczyk e Ruben Hochberg, com a participação de Leon Aizemberg, Mendel Steinhaus, Mauricio Agater, José Weiss e outros[90]. O grupo de atores profissionais, sob o nome de Companhia Israelita de Comédias, se apresentaria em 26 de junho, no Teatro Santana, com a peça *Onde Está a Gentileza?* e em 27 de junho no Teatro Cassino Antártica, *Zara Valente*. No Teatro Municipal de São Paulo um grupo de amadores constituído por Cahim Goldfarb, Josek Rosinek, Bela Sohr, Moyses Agater e outros, sob a direção de Leyba Mandel, apresentaria, em 16 de julho, a peça antinazista *A Vitória da Justiça*, de Wolf Bresser[91]. Nesse ínterim, também o Grupo de Artistas Israelitas de São Paulo, composto de atores locais, sob a direção de Ruben Hochberg, formado por R. Weltman, M. Leonof, Victor Goldberg, Natan Boms, I. Vilensky, Rosa Cipkus, B. Schor, D. Igonska, Idel Laks, Leyba Mandel, Jaime Foiguelman, apresentariam em 5 de novembro de 1944 no Esporte Clube Pinheiros a peça *Shlomke Charlatan*[92].

Lubelczyk traria em 1944 o notável Jacob Ben Ami acompanhado da atriz Berta Gerstin e os dois se apresentariam em 22 de dezembro, no Teatro República de São Paulo, a peça *Der Futer (O Pai)*, de Strindberg.

Em 1945, por iniciativa do empresário Leyba Mandel, chegariam ao Brasil a dupla Max Perelman e Guita Galina, que reuniriam a seu redor os conhecidos atores locais para representarem, em 5 de agosto, no Teatro Municipal, *Di goldene tzeiten (Tempos Áureos)* ou *Di dorfische princessin (A Princesa Aldeã)*, de S. Secunda, uma peça musical leve adaptada pelos atores; em 8 de agosto, *Ioske vert a chussin (Ioske Torna-se Noivo)*; em 12 de agosto, *A mazel fun a bocher (Um Rapaz de Sorte)*; em 15 de agosto, *A grus fun Rusland (Saudações da Rússia)*; em 19 de agosto, *Gezund un meshigue (Saúde e Loucura)*

---

89. Arquivo Miroel Silveira — ECA-USP. A peça de autoria do dramaturgo Z. Libin foi censurada em 10 de maio de 1943.

90. Cartaz, Arquivo do Teatro Municipal. No Arquivo Miroel Silveira — ECA-USP encontra-se o documento do DEIP (Departamento Estadual de Imprensa e Propaganda) que registra a censura da peça, em 19 de maio de 1943, de autoria de M. Kopelman, encenada pela Companhia Israelita de Izak Lubelczyk.

91. Cartaz, Arquivo do Teatro Municipal.

92. *Aonde Vamos?*, 25 de outubro de 1944.

e, em 26 de agosto, em benefício do Escudo Vermelho de David, a peça *Chai gelebt* (*Reviveu*). Nelas tomaram parte, além dos atores vindos de fora, Ruben Hochberg, Jacob Weltman, Victor Goldberg, e Rosa Laks[93]. Alguns meses mais tarde, em 21 de outubro, representavam *Der leidig gueier* (*O Vagabundo*) e, em 29 e 30 de outubro, 1, 2 e 11 de novembro, sempre se mantendo no gênero da opereta leve, receberiam alguns novos atores vindos da Argentina que atuariam sob o nome de Companhia Israelita de Comédias Musicadas, com a parte musical sob a direção do pianista e maestro Italo Izzo[94]. Apresentariam, no Teatro São Pedro de Porto Alegre, *A mazel fun a bucher* (*Um Rapaz de Sorte*), confirmando o gênero teatral da leve opereta que tanto agradava ao grande público em busca de entretenimento. Os títulos de suas peças, a saber *Tempo de uma Princesa do Campo*, no Teatro Municipal, *Tenho Sogra mas não Tenho Mulher* (*Ich hob a schviger on a vaib*), *Motel furt kain Isroel* (*Motel Parte para Israel*), no Teatro Coliseu, *Casamento*, *A gris fun Europe* (*Uma Lembrança da Europa*). Esta última foi apresentada em 18 de novembro e nela tomaram parte Bela Ais e outros conhecidos atores brasileiros e se repetiria em 26 de novembro no Teatro Recreio. Em 9 de dezembro estariam de volta a São Paulo para apresentarem, no Teatro Municipal, *Di rumenische hassene* (*O Casamento Romeno*); em 16 de dezembro, *Wunscht undz mazel-tov* (*Desejem-nos Boa Sorte*); em 16 de dezembro e 23 de dezembro, *A folk vos zingt* (*Um Povo que Canta*), todas elas dirigidas por Leyba (Leon) Mandel, que também era seu empresário, estando Leon Gombarg encarregado da parte musical[95].

A partir de 1945, observa-se no repertório teatral a introdução da temática nacionalista, vinculada ao desejo do ressurgimento de Israel a par da acentuada tendência a abandonar o tradicional repertório dramático para se voltar para a "opereta" cômica, destinada a satisfazer um público mais amplo. Sob a iniciativa do empresário Leyba Mandel, começaria no segundo semestre de 1945 a temporada de Max Perelman e Guita Galina com atores locais que incluiu a apresentação, em 14 de setembro, no Intituto Nacional de Música, da peça cômica *Yaske, o Noivo*, em 23 de setembro *O Vagabundo*, em 30 de setembro *Sonho de uma Ventura* (sic)[96]. Em

---

93. Cartazes, Arquivo do Teatro Municipal de São Paulo.

94. Cartazes, Arquivo do Teatro Municipal de São Paulo.

95. *Aonde Vamos?*, 2 de agosto; 6 de dezembro; 13 de dezembro; 20 de dezembro de 1945.

96. Os atores locais são R. Hochberg, I. Veltman, N. Yuskevitch, V. Goldberg, R. Cipkus, G. Lashkevitch e as irmãs Ais. *Jornal Israelita*, 1º de setembro de 1945; 15 de setembro de 1945; 22 de setembro de 1945. No número de 22 de setembro temos uma nota biográfica

2 de novembro apresentariam, no Teatro São Pedro, a peça *O Vagabundo* e, em 26 de novembro, no Teatro Recreio, a peça *A griss fun Europe* (Lembrança da Europa)[97]. Em São Paulo, apresentariam em 30 de dezembro, no Teatro Municipal, a peça com título bizarro *Dem nazis idische tochter* (*A Filha Judia do Nazista*), com a participação de Micha Michalovitch e os atores locais. Assim se explica o contínuo sucesso da dupla Max Perelman e Guita Galina que voltariam ao Brasil para novas temporadas nos anos seguintes, destacando-se em especial a temporada realizada no ano de 1949, com a participação dos atores brasileiros já mencionados que nos anos 1940 formaram a maioria dos elencos que compunham as duplas,

Cartaz da peça: *Der Gazlen* (*O Criminoso*) estrelando o importante ator de teatro e cinema Ludwig Satz (1891-1944), Teatro República, Rio de Janeiro, 4 de novembro de 1934. De origem polonesa Satz estabeleceu-se nos EUA em 1912.

Cartaz da peça: *Wilde Leidenshaft* (*Sofrimento Selvagem*) de autoria de Anschel Schor com os atores: Dora Weissman, Salomon e Clara Stramer, Teatro República, Rio de Janeiro, 12 de agosto de 1934.

Fonte: Col. J. Serebrenic – M. Chusyd.

sobre a atriz Ida Gomes-Szafran e sua atuação no radioteatro Tupi e Tamoio e a referência sobre sua iniciação artística no Os Comediantes. O veterano jornalista Sabath (Shabetai) Karakuschansky, nesse mesmo número, não poupa o gênero teatral do casal Max Perelman e Guita Galina ao criticar a peça com o título bizarro *Um Cavalheiro com Benzina*.

97. *Jornal Israelita*, 1º de dezembro de 1945; *Folha da Tarde*, 3 de novembro de 1945; 7 de novembro de 1945.

excecpcionalmente acrescidos com um ou outro ator que se encontrava de passagem pelo Brasil[98]. É o caso de Micha Michalovitch que representou com a dupla, unido aos atores locais, em 20 de janeiro de 1946, no Instituto Nacional de Música, a peça *Hertzer un Blumen* (*Corações e Flores*), que se repetiu em 6 de fevereiro no Teatro São Pedro, de Porto Alegre, seguida da peça, apresentada em 10 de fevereiro, *A gan-eden far zai* (*Um Paraíso para Eles*). Outro grupo de atores que estaria atuando no Brasil nesse primeiro semestre de 1946 seria composto de Salomon e Clara Stramer, Kátia Plavina, Sacha Rosenthal, Elsa Rabinovitz e Leon Brest, juntamente com atores locais, que se apresentariam em 22 de janeiro de 1946 no Rio de Janeiro, no Instituto Nacional de Música, com a peça *A nacht in suke* (*Uma Noite de Sucá*) que se repetiria no Teatro Ginástico, em 23 de janeiro de 1946; em 27 de janeiro, apresentariam a peça *A Mulher que Perdeu* e pouco após, em 6 de fevereiro *É Difícil ser Judeu*[99]. Em São Paulo, em 6 de janeiro encenaram *Hertzer un Blumen* (*Corações e Flores*); em 10 de fevereiro apresentariam, no Teatro Municipal, a comédia *A Mulher que Perdeu*, de Schamai Pichnoff; em 17 de fevereiro, *É Difícil ser Judeu*; em 19 de fevereiro *Lua de Mel*; e, em 24 de fevereiro, *Goldene kale* (*Noiva Dourada*). Uma temporada mais longa fariam os ex-atores do famoso Vilner Trupe, Chevel Buzgan e Riwke Schiler, trazidos por I. Lubelczyk, que, em 7 de abril, encenariam *Não Pensar* e, em 14 de abril de 1946, se apresentariam no Teatro Municipal de São Paulo com a peça *Tzurik aheim* (*Volta ao Lar*); em 18 de abril, *In keitn fun leibn* (*Na Corrente da Vida*); em 21 de abril, *Tzulib noit* (*Por Necessidade*); em 28 de abril, *Der heilike flam* (*A Chama Sagrada*); em 5 de maio, *Der gelibter bin ich* (*O Apaixonado Sou Eu*); em 12 de maio, *Tate um zin* (*Pai e Filho*); com a participação de amadores e dos conhecidos atores locais Ruben Hochberg, Clara Kaftal e outros. Continuariam no Teatro Municipal em 30 de maio com a peça *In keiten fun leben*, antes apresentada em 15 de maio no Teatro Ginástico, no Rio de Janeiro. Novamente apresentariam no Teatro Municipal de São Paulo, em 2 de junho, *In keiten fun leibn* (*Na Corrente da Vida*) e, em 9 de junho, *Viazoi di vald ieshive iz butel gevorn* (*Como Terminou a Escola Talmúdica da Floresta*) e, em 16 de junho, *Na dir um vein nisht* (*Tome e Não Chores*). No Rio

Cartaz de um programa artístico cultural com apresentação da peça *Der Krisis* (*A Crise*) de autoria de Jacob Gordin, com os atores Sofia Rafalovich, Herman Klatzkin, Ruben Hochberg, Simão Buchalsky entre outros, com a apresentação de números de mágica, Salão Luso Brasileiro, São Paulo, 21 de setembro de 1932. Fonte: Col. J. Serebrenic — M. Chusyd.

---

98. Em 25 e 26 de janeiro de 1947 a dupla de atores Max Perelman e Guita Galina ainda fariam uma apresentação no Teatro Ginástico da opereta *Seu Primeiro Amor*, com a regência do maestro Carlos Ostronoff. V. *Aonde Vamos?*, 23 de janeiro de 1947.

99. *Jornal Israelita*, 19 de janeiro de 1946; 26 de janeiro de 1946; 2 de fevereiro de 1946; 9 de fevereiro de 1946.

de Janeiro, ainda apresentariam em 30 de junho, no Teatro Ginástico, um variado espetáculo de peças literárias mescladas com canções populares. Em 26 de agosto repetiriam o mesmo tipo de programa e fariam um espetáculo no Teatro Recreio, com uma variedade de pequenas encenações. Sua última apresentação seria no Teatro Recreio em 4 de novembro de 1946, com a peça *Der heilike flam* (*A Bandeira Sagrada*), de W. Somerset Maugham[100].

Em 1946 Morris Schwartz viria ao Brasil para algumas apresentações, a começar por um recital no Teatro Ginástico, no Rio de Janeiro, em 1º de maio de 1946, com excertos da literatura judaica e, em 22 de julho, a apresentação da peça *Di drei matunes* (*As Três Prendas*), de I. L. Peretz e M. Rawitch, com a colaboração de Chewel Buzgan e Riwke Schiler. O mesmo programa seria apresentado no Teatro Municipal de São Paulo, nos dias 20 e 21 de julho, com o recital dramático *Doctor Herzl*[101]. Ainda em 1946 a dupla Debora Rosenblum e Nahum Melnik viriam novamente para uma apresentação de um recital dramático em 25 de agosto no Teatro Municipal de São Paulo. Já nos dias 1º, 8, 14 e 29 de setembro de 1946, Benzion Witler, com a participação de Bela Ais, Berta Ais, Jacob Weltman, Victor Goldberg, fariam vários recitais no Teatro Municipal de São Paulo[102]. Max Perelman e Guita Galina voltariam a se apresentar no Teatro Municipal de São Paulo, em 15 de dezembro de 1946, com a peça *Vem Casar Comigo*; em 22 de dezembro, *Seu Primeiro Amor*; em 28 de dezembro, *Lowke fun Odess* (*Lowke de Odessa*); em 29 de dezembro, *A eidem oif kest* (*Um Genro para Sustentar*); em 5 de janeiro de 1947, *Shir haShirim* (*Cântico dos Cânticos*) e, em 12 de janeiro, *Dos litvische rebele* (*O Rabininho da Lituânia*), com a participação de Samuel Silberberg, Ana Blumental, Berta Ais, Abraham Straitman, Aron Aleksandrov, Bela Ais. A parte musical de suas apresentações estava sob a regência do maestro Carlos Ostronoff[103]. Continuariam a se apresentar no Rio em 1947 e, em 8 e 9 de fevereiro, apresentariam a peça *Dos litvische rebele* no Teatro Ginástico[104]. Nesse ínterim, não deixa de ser interessante a tentativa de um grupo de atores, sob a direção de I. Lubelczyk, de criar em São Paulo uma nova

---

100. *Aonde Vamos?* 9 de maio; 30 de maio; 27 de junho; 8 de agosto; 15 de agosto; 24 de outubro de 1946.
101. *Idem*, 2 de maio; 18 de julho de 1946.
102. Cartazes, Arquivo do Teatro Municipal de São Paulo.
103. Cartazes, Arquivo do Teatro Municipal de São Paulo
104. *Jornal Israelita*, 6 e 13 de fevereiro de 1947.

companhia sob o nome Stabil Idisch Theater (Teatro Estável Judaico) com atores locais, porém não seria bem-sucedido em seu projeto[105]. Em São Paulo, em 15 de junho de 1947 se apresentariam no Teatro Municipal os atores-cantores Benzion Witler e Sofia Lerer com a comédia musical *Leben zol zain geleibt* (*Viva para que Seja Vivido*) e, em 19 de junho, *Der chazen singer* (*O Chantre Cantor*), com arranjos musicais do maestro A. Althausen. Eles continuariam a se apresentar em 22 de junho com a comédia *Bandido Gentleman*, com a participação de Simão Buchalsky, Rosa Cipkus, Ruben Hochberg, Victor Goldberg, Bela e Berta Ais e outros, sob a direção musical de A. Althausen e tendo como ponto Idel Laks.

Porém outros atores que já haviam estado no Brasil, como Pessachke Burstein e Lilien Laks, seriam contratados por L. Mandel e sob a administração de Simão Buchalsky fariam apresentações em São Paulo no Cine Teatro Royal, em 23 de julho de 1947, com a peça *Lomir freilach zain* (*Vamos Ficar Alegres*) e, em 20 de julho, *A nacht in Brazil* (*Uma Noite no Brasil*). Sofia Rafalovich e H. Klatzkin apresentariam no Instituto Nacional de Música, em 23 de novembro de 1947, *A milion far a idin* (*Um Milhão por Judeus*), de Herz Ben Yacob[106], antes tendo, em 2 de novembro, encenado a peça *Kabtzunishe gliken* (*Felicidades de Mendigos*) no Salão da Sociedade Israelita de Santos. No segundo semestre de 1947, a atriz Dina Halpern faria uma *tournée* com a trupe de atores locais e se apresentaria em 2 de agosto no Teatro Municipal com a peça *Der heiliker tantz* (*A Dança Sagrada*); em 7 de agosto, *Mulher contra Mulher* e, em 11 de agosto, *Mit ofene oign* (*Com Olhos Abertos*), com direção de Jaime Galperin e participação de Bela e Berta Ais, Wily Goldstein, Miriam Lerer, Samuel Silberberg, I. Handfus e outros. Ainda no Teatro Municipal, em 9 de novembro de 1947, voltariam a se apresentar Benzion Witler e Sofia (Schifrele) Lerer, com atores locais, na peça *Main hartz iz dain* (*Meu Coração é Seu*); em 13 de novembro, *Altz far dir* (*Tudo para Você*); em 16 de novembro, *Zain letzter gezang* (*Sua Última Canção*) e, em 23 de novembro, *A chassene un libe* (*Um Casamento sem Amor*)[107].

No final de 1947 e inícios de 1948, por iniciativa do empresário Wolf Vipman, Jacob Ben Ami viria novamente ao Brasil acompanhado de uma

---

105. *Undzer Schtime*, 29 de maio de 1947. Um artigo sobre o assunto publicado no "Jornal Israelita" de 3 de julho de 1947, intitulado "O Teatro Israelita em São Paulo" escrito por Leon Mintzis recebia com entusiasmo a ideia.

106. *Undzer Schtime*, 20 de novembro de 1947; IP, 21 de novembro de 1947.

107. Cartazes, Arquivo do Teatro Municipal de São Paulo.

grande trupe de atores da Companhia Dramática Israelita do Teatro Soleil que incluía Salomon Stramer, Berta Gerstin, Sasha Rosenthal, Max Kloss[108], Natan Klinger, Israel Feldboim, Margot Steinberg, Yosef Maurer, Jacob Gerstein, Aron Alexandroff, Leon Narepkin, Gregório Zukerman e muitos outros. Ben Ami se apresentaria no Rio de Janeiro em 16 e 21 de dezembro no Teatro João Caetano, com a peça *A fun vert geboiren* (*Nasce uma Bandeira*) de Ben Hecht[109]; em 18 de dezembro *Beethoven*, de Max Shimoz, e, em 20 de dezembro, *Got mensh un taivel* (*Deus, Homem e Demônio*), de J. Gordin[110]. Em São Paulo apresentariam uma programação teatral de alto nível que se iniciaria em 31 de dezembro de 1947, no Teatro Municipal, com as peças *Nasce uma Bandeira* (*A fun vert geboiren*); em 4 de janeiro de 1948, *Beethoven*[111]; em 11 de janeiro, *Espectros* de Ibsen; em 7 de fevereiro, *Hamlet*, de Shakespeare; em 12 de fevereiro, *Deus, Homem e Demônio* (*Got, mensch un taivel*), de Gordin[112].

O TEATRO PROFISSIONAL NO BRASIL: DO FINAL DOS ANOS 40 ATÉ O SEU CREPÚSCULO

O ano de 1948 se destacaria na história do teatro ídiche no Brasil pela intensa atividade desenvolvida por consagrados atores vindos de fora. Nesse mesmo ano de 1948, viria ao país a famosa atriz Jenny Lovitz com apresentações no Rio de Janeiro em 11 e 30 de novembro respectivamente no Teatro Ginástico e no Teatro Municipal com a peça *A meidel fun Tel-Aviv* (*Uma Moça de Tel-Aviv*); em 4 de dezembro, no Teatro Municipal de São Paulo, com a peça *A moid a faier* (*Uma Moça Alegre*), sob a regência musical do maestro Carlos Ostronoff; no Teatro Carlos Gomes, em 5 de dezembro, repetiriam a peça *A meidel fun Tel-Aviv*, e a seguir, em 8 de dezembro, no Teatro Colombo, a peça *Dos kind fun der gass* (*A Criança de Rua*). No Rio, no Teatro Ginástico apresentaria, em 11 e 12 de dezembro, a

---

108. Em sua autobiografia, *Baim schain fun rampelicht* (*Sob a Luz da Ribalta*), Buenos Aires, 1972, p. 293, ele recorda: "Nós viajamos pela primeira vez ao Brasil com três grandes representações de I. J. Singer, *Yoshe Kalb*, *Brider Ashkenazi* e *Mishpuche Karnovski*. O sucesso moral foi tão grande quanto o fantástico sucesso financeiro, sem considerar que o calor tropical era insuportável tanto em São Paulo quanto no Rio de Janeiro".

109. Apresentada no Teatro São Pedro, em Porto Alegre, em 13 de janeiro de 1948.

110. IP, 5 de dezembro de 1947; *Aonde Vamos?* 20 de novembro; 11 de dezembro; 18 de dezembro de 1947.

111. Cartaz, Arquivo do Teatro Municipal de São Paulo.

112. *Aonde Vamos?* 20 de novembro; *O Estado de São Paulo*, 12 de dezembro de 1947.

peça *A meidel fun Tel-Aviv* e, em 24 de dezembro, no Teatro Carlos Gomes, a peça *Idn furen kain Eretz Isroel* (*Judeus Vão para Israel*), sendo encarregado da parte musical o maestro Eliezer (Leon) Gombarg[113].

Nesse mesmo ano ainda viria a trupe sob a direção de Michal Michalesko com atores que atuavam no Teatro Mitre de Buenos Aires, entre eles alguns brasileiros, Miriam Lerer, Paulina Teichman, Mina Axelrod, Clara Goldstein, Berta Ais, Dora Aizman, José Maurer, Max Klos, Leon Brest, Simão Buchalsky, Willy Goldstein, que apresentaram no Teatro Municipal, nos dias 20, 21, 23 e 28 de novembro, *Josel der klezmer* (*Josel, o Músico*), *O Cavaleiro Alegre*, *Di idische hassene* (*Casamento Judaico*) e *Zain groisse liebe* (*Seu Grande Amor*).

Assim como atores do Mitre, outros vinculados ao Teatro Soleil de Buenos Aires se encontravam em 1948 no Brasil atuando sob a direção de Samuel Glasserman e Moisés Lipman. Dentre os atores estavam Stramer, Narepkin, que apresentaram nos dia 28 e 29 de agosto, no Teatro São Francisco, a peça *Chana Senesh*, do autor argentino Pinchas Bizberg. A mesma peça, patrocinada pela Organização Juvenil Sionista-Socialista Dror, seria encenada em 9 de setembro no Teatro Colombo, no Rio de Janeiro. A companhia ainda apresentaria no mesmo teatro a peça *Teyve fort kain Eretz Isroel* (*Teyve Viaja à Terra de Israel*), uma adaptação da peça de Sholem Aleichem, e em 10 de setembro, sob o patrocínio da Organização das Mulheres Pioneiras (associação beneficente), do movimento juvenil sionista-socialista Dror, da Seção do Congresso Mundial Judaico (sociedade que representa as comunidades da diáspora judaica em questões importantes como antissemitismo e todo tipo de discriminações) e Liga da Palestina Obreira (associação que na época arrecadava fundos para o movimento obreiro e suas instituições em Israel), apresentaria no Teatro Municipal uma rica programação de Oneg-Shabat (ambiente festivo com que se costuma dar início ao dia do sábado) que incluía peças de humor e textos dos clássicos da literatura ídiche. Ainda participariam com ele um grupo de atores como Moshe Lipman, Eny Lytan, David Lederman, Natalia Lipman, Isaac Rotman, do famoso Lodzer Folks Theater, bem como Israel Feldboim, diretor do Soleil, Aharon Alexandrov, Hana Feldboim, Elza Rabinovich, Margot Steinberg e Simão Buchalsky.

---

113. Sobre ele ver *Di Tzeit* (*O Tempo*), n. 4-5, nov.-dez. de 1939. Ele chegou ao Brasil em 1929 e atuou no meio teatral com as companhias que vinham ao país. Ganhou uma representação do Brasil na Argentina em um concurso presidido pelo maestro e compositor Villa Lobos.

Cartaz da peça *Mochke Chazer* de autoria de S. Bergovitch, com o ator Dr. Paul Baratoff e atores locais, Teatro Casino Antártica, São Paulo, 23 de maio de 1940. Fonte: Col. J. Serebrenic – M. Chusyd.

Foto do ator Paul Baratoff (1872-1951) que iniciou sua carreira no teatro e no cinema europeu no período do entre--guerras e atuou no cinema americano. Fonte: Yohr Alchtzik, *Idish Theater in Rumenie*, 1876-1956, p. 53.

Essa trupe se apresentaria em São Paulo no Teatro São Francisco em 22 de agosto com a peça *Hershele Ostropoler* e, em 28 e 29 de agosto, *Chana Szenes-a idische heldin* (*Chana Szenes, uma Heroína Judia*)[114]. Esse último grupo de atores, por iniciativa do empresário Izak Lubelczyk e sob a direção de Moisés Lipman, apresentariam no Teatro João Caetano, em 18 de setembro, novamente a peça *Chana Szenes* e no dia 19 do mesmo mês *Hershele Ostropoler*[115].

Nesse mesmo ano de 1948 o empresário Wolf Vipman[116] traria a trupe de Morris Schwartz que incluía um grupo de bons atores como Charlotte Goldstein, Chevel Buzgan, Israel Feldbaum, Nathan Klinger, Leon Narepkin, Kátia Plavina, Sasha Rosenthal, Riwke Schiler, Margot Steinberg, Solomon e Clara Stramer, que se apresentariam no Teatro Municipal de São Paulo[117]. A notícia de sua vinda seria anunciada por Israel Feldbaum

---

114. *Undzer Schtime*, 19 de agosto; 26 de agosto de 1948.
115. *Aonde Vamos?*, 16 de setembro de 1948; *Undzer Schtime*, 16 de setembro de 1948.
116. Wolf Vipman viria a falecer repentinamente, aos 51 anos de idade, em novembro de 1948. Nasceu em Bausk, perto de Riga, imigrou para o Brasil em 1934, dedicando sua vida a promover o teatro ídiche.
117. Nessa ocasião, a trupe de Morris Schwartz, que vinha da Argentina, teve sérias dificuldades para obter visto de entrada do Itamarati, devido ao ranço abertamente antissemita de seu

e Leon Narepkin, do Teatro Soleil de Buenos Aires[118]. No Rio, em 22 de novembro de 1948, sob o nome de Companhia de Atores Independentes, apresentariam no Teatro Carlos Gomes a peça *Naches fun kinder* (*Satisfações com Filhos*) com a participação de Max Kloss, Ana Rapel e Menachem Schwartz, filho do ator Morris Schwartz. Na trupe, em algumas poucas peças, tomariam parte Jenny Lowitz e Michal Michalowitz, que, por vezes, atuariam de forma independente. Da programação no Rio constavam as peças *O Rei Lear Judeu* no dia 26 de junho, *Der blutiger gelechter* (*O Riso Sanguinolento*) no dia 27 de junho, *De Volta ao seu Povo Israel*, dia 30 de junho, *A Sorte Grande* no dia 2 de julho, *Velvel di balebuste* (*Velvel, a Dona de Casa*) no dia 3 de julho, e, como despedida, a trupe anunciava um grande espetáculo para o dia 7 de julho[119]. Em São Paulo, Morris Schwartz seria homenageado no Centro Cultura e Progresso, e seria saudado, entre outros, pelo diretor-ator Jacob Rotbaum que se encontrava atuando no Brasil[120]. Na ocasião, Rotbaum, que passara a atuar com o grupo dramático daquela entidade, estava ensaiando a peça *Amcho* (*Plebe*), de Sholem Aleichem, e viria com seus acompanhantes, Charlotte Goldstein, o empresário Vipman e Simão Buchalsky, assistir ao ensaio na sede do Centro Cultura e Progresso[121]. Morris Schwartz apresentaria no Teatro Municipal, em 7 de julho, *O Rei Lear Judeu*, em 10 de julho *Der blutiker gelechter* (*O Riso Maldoso*) com a participação dos atores do teatro Soleil que o acompanharam ao Brasil. Ainda no Teatro Municipal de São Paulo, apresentaria, em 11 de julho, a peça *Tzurik tzu Isruel* (*De Volta a Israel*), em 13 de julho *Velvel di balebuste*

---

funcionário Guimarães Gomes, da Divisão de Passaportes do Departamento Econômico do Ministério de Relações Exteriores, conhecido por sua postura antijudaica. Intervenções de personalidades como Roberto Marinho, Herbert Moses não deram o devido resultado e com muita dificuldade o empresário Wolf Vipman conseguiu superar o problema. O mentecapto da Divisão de Passaportes ainda em 1948(!), continuava com a velha política imoral e discriminatória das "circulares secretas" sobre a "imigração semita" dos anos 1930 do governo Vargas... Ver o artigo "O Streicher do Itamarati" em *Aonde Vamos?* de 17 de junho e 24 de junho de 1948. O visto seria concedido somente por ordem do Presidente da República, General Gaspar Dutra, aos Consulados do Brasil em Buenos Aires e Nova York. Provavelmente a cidadania americana do grande ator deve ter pesado na decisão do Presidente da República...

118. *Undzer Schtime*, 1º de julho de 1948. Dariam cinco espetáculos incluindo duas apresentações espetáculos em Porto Alegre.

119. *Aonde Vamos?*, 24 de junho de 1948; ver crítica do dramaturgo Pedro Bloch em *Aonde Vamos?*, 1º de julho de 1948.

120. *Aonde Vamos?*, 15 de julho de 1948. Conforme *Aonde Vamos?* de 22 de julho, ele daria um espetáculo no Poilisher Farband (Associação dos Imigrantes Poloneses) de São Paulo com a peça *Uma Aldeia da Polônia*, de M. Kipnis.

121. *Undzer Schtime*, 15 de julho de 1948.

Cartaz da peça *Der zeide gueit* (*Lá Vai o Vovô*), da autoria de Kalmanovich, representada pelos atores vindos da Argentina Debora Rosenblum e Nahum Melnick, com a participação de Zygmunt Turkow que ainda se encontrava na cidade de Recife e outros atores locais, em 17 e 20 de agosto de 1941, Teatro Santana, São Paulo. Fonte: Col. J. Serebrenic – M. Chusyd.

Cartaz da peça: *Zurik a Heim* (*Volta ao Lar*) com os atores Chewel Buzgan e Riwkele Schiler acompanhados de atores locais, Teatro Municipal São Paulo, 7 de abril de 1946. Fonte: Col. J. Serebrenic – M. Chusyd.

Morris Schwartz entre um grupo de atores, vendo-se ao seu lado o diretor Jacob Rotbaum e os atores Chewel Buzgan e Rywkele Schiler, 1948. Fonte: ICIB.

(*Velvel, a Dona de Casa*), e em 15 de julho cenas de várias peças, entre elas *Shabetai Tzvi* e *Teyve, der milichker*[122]. Rotbaum chegara ao Brasil em abril de 1948 a convite do Centro Cultura e Progresso e realizara no Instituto de Educação Caetano de Campos de São Paulo uma série de noites de arte e literatura, interpretando, entre outras peças, em 10 de abril *O Maharam de Rotenberg* (*O Rabino Meir de Rotenberg*), de H. Leivik, e em 29 de maio *A Mãe* de Tchekhov[123]. Com o Dramkraiz (Círculo dramático) do Centro Cultura e Progresso encenou em 30 de maio e 6 e 13 de junho, no Teatro Municipal, *O Sonho de Goldfaden* (*Goldfadens chulem*)[124]. Os amadores que tomaram parte nessa peça foram Ruben Hochberg, Póla Reinstein, Méier Kon, Binem Orenstein, Mendel Kestembaum, Clara Kaftal, Guinche Kon, Amélia Kaplanski, Jacob Schik, J. Bilerman, Herschel Fleisher, Balbina Sigulem, Hantche Bulka, Mendel Steinhaus e Leib Aizenberg. Entre agosto e setembro desse ano, foi ao Rio para atuar na Biblioteca Scholem Aleichem e no Poilisher Farband (Associação dos Imigrantes Poloneses)[125].

O Rio de Janeiro também receberia, ainda em 1948, a atriz e declamadora Berta Singerman, que estivera anteriormente no Brasil, e se apresentaria em 12 de setembro no Teatro Municipal do Rio de Janeiro para uma noite de arte[126]. Ela voltaria para uma nova apresentação em 29 de abril de 1951, no Teatro Municipal do Rio, encantando o público por sua notável versatilidade que combinava gesticulação, voz e original interpretação de personagens em espanhol, ídiche e também em português[127]. Novamente faria uma apresentação no Teatro Municipal do Rio com um riquíssimo programa de recitação de textos de literatura ídiche[128].

Michal Michalesko, Willy Goldstein e Miriam Lerer, com uma trupe de atores do Teatro Mitre de Buenos Aires, voltariam a atuar no Brasil e se apresentariam no Teatro Ginástico em 3 de novembro com a opereta *Yossel der klezmer* (*Yossel, o Músico*); em 6 de novembro, *A idische chassene* (*Um*

---

122. *Undzer Schtime*, 8 de julho de 1948.

123. *Undzer Schtime*, 8 de abril; 20 de maio de 1948.

124. *Undzer Schtime*, 20 de maio de 1948. Cartazes, Arquivo do Teatro Municipal de São Paulo.

125. *Aonde Vamos?*, 29 de julho de 1948. Rotbaum deixaria o Brasil em setembro desse mesmo ano. Durante sua estadia no país proferiu dezenas de conferências sobre teatro, arte e literatura em várias cidades brasileiras. Sobre sua atuação em São Paulo e Rio ver os respectivos capítulos em nosso livro dedicados ao teatro amador naquelas cidades bem como o capítulo sobre o ICIB.

126. *Aonde Vamos?*, 9 de setembro de 1948.

127. *Aonde Vamos?*, 12 de abril e 3 de maio de 1951.

128. *Aonde Vamos?*, 14 de abril de 1955.

Cartaz da peça *Di idische chasene* (*O Casamento Judaico*) com o ator Michal Michalesko e a trupe do Teatro Mitre de Buenos Aires e com atores locais. No Teatro Municipal de São Paulo, 23 de novembro de 1948.

Cartaz anunciando as representações de Morris Schwartz e Charlotte Goldstein no Teatro Municipal de São Paulo, especificando o nome dos atores que integram a companhia na temporada de 1948. Fonte: Col. J. Serebrenic – M. Chusyd.

Casamento Judaico); em 7 de novembro, *Der freilicher bocher* (*O Jovem Alegre*). No Teatro Municipal de São Paulo as mesmas peças seriam apresentadas, a começar em 20 de novembro com a opereta *Yossel der klezmer*; em 21 de novembro, *Der freilicher bocher*; em 23 e 28 de novembro, *A idische chassene*[129]. De sua trupe, sob a direção de Willy Goldstein e Miriam Lerer, faziam parte José Maurer, Max Kloss, I. Handfuss, Paulina Taichman, Clara Goldstein, Mina Axelrod, Miriam Lerer, Simão Buchalsky, Berta Ais e outros atores locais[130]. A atriz Jenny Lovitz se agregaria à trupe para apresentar, em 30 de novembro, a peça *A meidel fun Tel-Aviv* (*Uma Moça de Tel-Aviv*). Ela continuaria a encenar no Teatro Municipal de São Paulo, em 4 de dezembro, *A moid a feier* (*Uma Moça Alegre*) e, em 5 de dezembro, *A Garota de Tel-Aviv*[131]. Já em 3 de agosto de 1949, Esther Perelman e Jacob Kurlender apresentariam um espetáculo artístico no Teatro Municipal de São Paulo e continuariam com a participação de atores locais, Rosa Cipkus e Simão Buchalsky, a se apresentar no dia 7 de agosto com a peça *Chasie di yesoime* (*Chasie, a Órfã*).

A acima lembrada temporada de Max Perelman e Guita Galina, em 1949, foi intensa e nela os atores locais tiveram ampla participação.

---

129. *Undzer Schtime*, 18 de novembro; 25 de novembro de 1948.
130. *Aonde Vamos?*, 28 de outubro de 1948.
131. *Undzer Schtime*, 2 de dezembro de 1948.

Apresentaram-se no Teatro Municipal de São Paulo em 13 e 18 de agosto com a peça *Der schhlemazidiker hussen* (*O Noivo sem Sorte*); em 21 de agosto, *Motl furt kain Isroel* (*Motl Viaja à Israel*) e, em 25 de agosto, *A nacht oif Broadway* (*Uma Noite na Broadway*). As peças se repetiriam em 3-4 de setembro, no Teatro Ginástico, e em 14 de outubro, no Teatro João Caetano, no Rio. Em Porto Alegre apresentaram, em 19 de outubro, no Teatro São Pedro, a mesma comédia *Der schlemazidiker hussen*; no dia 23 de outubro, *Der mames zindele* (*O Filhinho da Mamãe*) e o espetáculo intitulado *A nacht in Broadway*; em 26 de outubro, a peça *Getzel fun Chelm* (*Getzel*

Foto de Morris Schwartz com, da direita para a esquerda, Simão Buchalsky, Michal Michalovitch, Rosa Laks, Bela Ais, Morris Schwartz, Jenny Lowitz, Victor Goldberg e I. Handfus. Fonte: Col. M. Chusyd.

Cartaz das peças *Sender Blank* e *Ioshe Kalb* de autoria de: I. J. Singer, encenadas no Teatro Carlos Gomes no Rio de Janeiro pela companhia de Morris Schwartz em 28 de novembro de 1951.

Hershele Ostropoler, comédia musical adaptada e dirigida por Moisés Lipman, com os atores do Teatro Soleil da Argentina e atores poloneses, apresentada no Teatro João Caetano, Rio de Janeiro, em 19 de setembro de 1948.

Cartaz de apresentação da peça: *Chane Senesch* no Teatro São Francisco e Teatro Colombo, estrelando o ator de teatro e cinema Moisés Lipman, um dos líderes da trupe Kaminska na Polônia, e os atores do Teatro Soleil da Argentina, com o patrocínio do movimento Juvenil Sionista-Socialista Dror. Os cartazes refletem o momento histórico após a proclamação do Estado de Israel em 14 de maio de 1948.

Fonte: Col. J. Serebrenic – M. Chusyd.

de Chelm) e, em 30 de outubro, *Tenho Sogra mas não Tenho Mulher*[132]. Todas essas comédias musicais, nas quais constava a autoria de M. Margulit ou Margolit, tradução para o hebraico do nome Perelman, eram na verdade criações ou improvisações do próprio Max Perelman. Outra peça de seu leve repertório, *Motl furt kain Isroel* (*Motl Viaja a Israel*), foi apresentada no Teatro Municipal em 7 de setembro e, no Teatro Coliseu, em 17 de setembro. Do mesmo gênero, com ligeira mudança de nome, *Teyve furt kain Eretz Isroel* (*Teyve Viaja a Israel*), foi apresentada em 12 de setembro, no Teatro Colombo. Faziam parte ainda de seu repertório as peças apresentadas em 9 de outubro *Der mames zindale* (*O Filhinho da Mãe*); em 16 de outubro, *A nacht oif Broadway*; em 3 de novembro, *Getzel fun Chelm*; em 12 de novembro, *Ich hob a schviger on a vaib* (*Tenho Sogro sem Ter Mulher*) e *Dorfishe liebe* (*Amor Aldeão*) e, em de 20 de novembro, *A veib farn tate* (*Uma Esposa para o Papai*), todas apresentadas no Teatro Municipal de São Paulo[133]. Esta última seria também apresentada em 30 de novembro, no Teatro República, pertencendo todas elas ao gênero das comédias musicais que tanto deleitava o público que frequentava esse tipo de teatro. O casal de atores também apresentaria, em outubro, três espetáculos no Teatro São Pedro de Porto Alegre.

---

132. *Diário de Notícias*, 20 de outubro e 26 de outubro de 1949; também *Folha da Tarde*, 18 de outubro de 1949, que anuncia a chegada da Companhia em Porto Alegre.
133. Cartazes, Arquivo do Teatro Municipal de São Paulo.

Cartaz da peça *Chasie di Iesoime* (*Chasie, a Órfã*) com os atores Esther Perelman e Jacob Kurlender, Teatro Municipal de São Paulo, 7 de agosto de 1949. Fonte: Col. J. Serebrenic – M. Chusyd.

Foto de Esther Perelman. Fonte: Col. Marcos Chusyd.

Como já lembramos, o ator-diretor Jacob Kurlender, juntamente com Esther Perelman, encontrava-se nesse tempo no Brasil atuando junto ao grupo dramático do Instituto Cultural Israelita Brasileiro, ocasião em que o grupo de atores locais o convidou a tomar parte ativa na encenação da peça *Chassie di iesoime* (*Chassie, a Órfã*) em 7 de agosto de 1949, no Teatro Municipal de São Paulo, após um recital que haviam feito em 3 de agosto[134]. Em 18 de setembro, Jacob Kurlender e Esther Perelman também encenariam no Teatro Municipal de São Paulo a peça *Madame Jaclin*, com a participação dos amadores do Centro Cultura e Progresso. Juntos também encenariam a peça *Dos leben iz a cholem* (*A Vida é um Sonho*), no Teatro Ginástico. Ainda no Teatro Municipal de São Paulo, Kurlender, com o Grupo Dramático do Centro Cultura e Progresso, faria em 11 de dezembro uma notável apresentação da clássica obra de Peretz Hirshbein, *Di Grine Felder* (*Campos Verdejantes*)[135]. Nos anos seguintes continuariam, ocasionalmente, vindo ao Brasil. O mesmo grupo de

---

134. *Undzer Schtime*, 4 de agosto de 1949. Sobre eles escreveu Leon Mintzes no *Undzer Schtime* de 11 de agosto de 1949. Sobre a representação da peça *Chassie di iesoime*, Luzer Goldbaum comentou no *Undzer Schtime* de 18 de agosto de 1949.
135. Cartaz, Arquivo do Teatro Municipal de São Paulo. Enre os atores se encontravam Jacob Schik, Balbina Sigulem, Leib Aizenberg, Clara Kaftal, Pola Rainstein e outros. Jaime Galperin servia de contrarregra e a parte musical estava sob a orientação do regente Carlos Ostronof.

amadores apresentaria em 15 de janeiro de 1950, no Teatro Municipal, a peça *Di rumenische chassene* (*O Casamento Romeno*). No mesmo teatro, os atores profissionais locais, sob o nome de Companhia Israelita de Comédias, apresentariam no dia 15 de janeiro *Tzipke fayer* (*Tzipke, a Endiabrada*), tomando parte na peça Leão Elinger, Goldina Laschkevitch, Victor Goldberg, José Weinstein, entre outros. Sob a iniciativa de I. Lubelczyk, Esther Perelman, juntamente com Mischa Bernstein, viria novamente a São Paulo com a assim intitulada Companhia Israelita de Comédias da Argentina para uma longa temporada e em 5 e 12 de abril de 1950 se apresentariam no Teatro Municipal com a peça *Emigranten* (*Emigrantes*); em 9 de abril, *Dem zeidens gelibte* (*A Amada do Avô*); em 16 e 23 de abril, *Mazel-tov* (*Boa Sorte*), na qual tomaram parte Ruben Hochberg, Berta Ais, Isuchar Handfus, Herman Schertzer, Rosa Cipkus; em 4 de junho, *Chane Pessel fun Odess* (*Chane Pessel de Odessa*)na qual tomaram parte Bela Ais, Sali Bernstein, Max Altman, entre outros; em 8 de junho, *Der ibereguer mentsch* (*O Homem Supérfluo*); em 11 de junho, *Vos kinder kenen...?* (*O que Crianças Sabem...?*); em 18 de junho, *Dos freiliche schnaiderel* (*O Alfaiatezinho Alegre*); em 21 de junho, *Emigranten*; em 25 de junho, *Freidl vert a kale* (*Freidl Fica Noiva*), na qual tomariam parte conhecidos atores locais[136].

Um espetáculo comemorativo especial do 35º aniversário da morte do escritor I. L. Peretz foi organizado sob a direção de Jacob Kurlender e o grupo teatral do Centro Cultura e Progresso e incluiu, além de uma palestra de José Sendacz sobre a figura do escritor homenageado, audição de piano por Nora Boulanger e apresentação das peças *Personagens Infortunados*, *Es Brent* (*Fogo*), nas quais tomaram parte Amalia Kaplanski, Guinche Kon, Lola Kopelman, Leib Aizenberg, Pola Rainstein, Mendel Steinhaus, Jacob Schik, entre outros[137].

Esther Perelman e Mischa Berenstein encenariam, em 13 de agosto, no Teatro Municipal de São Paulo, *Gekoifte libe* (*Amor Comprado*)[138]. Anteriormente, no Rio, em 29 de maio de 1950 se apresentaram no Teatro República com a peça *Vos kinder kenen?*[139]. Ainda no segundo semestre de 1950, o compositor e ator, radicado na Argentina, Salomon (Schlomo) Prizament e sua parceira Gizi Haidn também estariam no Brasil e, juntamente com Esther Perelman, Issachar Handfus, Bela Ais, Berta

---

136. *Undzer Schtime*, 10 de abril de 1950. Cartazes, Arquivo do Teatro Municipal de São Paulo.

137. Cartaz, Arquivo do Teatro Municipal de São Paulo.

138. *Undzer Schtime*, 3 de agosto de 1950.

139. *Aonde Vamos?*, 8 de junho de 1950.

Ais, Misha Bernstein, Sali Bernstein, Rosa Cipkus, Jaime Galperin, Victor Goldberg, I. Laks, Ruben Hochberg e a cantora Sara Garbi, se apresentariam em 27 de setembro, no Teatro República, com a comédia musicada *Freiliche bachurim* (*Jovens Alegres*). Também se apresentariam em 6 de outubro, no Teatro Municipal, com a peça de sua autoria *Di korten vaferin* (*A Jogadora de Cartas*). Em São Paulo, em 1º de outubro se apresentariam no Teatro Municipal, com a comédia musical *In an ungarische kretschme* (*Em um Albergue Húngaro*); em 4 de outubro, *A nacht in Varsche* (*Uma Noite em Varsóvia*); em 8 de outubro, *Der kurten varfern* (*A Leitora de Cartas*); em 11 e 17 de outubro, *Idn furen kain Isroel* (*Judeus Viajam para Israel*), em 15 de outubro *Der klezmerl* (*O Pequeno Músico*)[140]. Voltariam a se apresentar em 7 e 10 de dezembro de 1950, no Teatro Municipal de São Paulo, com a peça *Amerikaner glikn* (*Felicidades Americanas*). Como evento artístico único, em 22 de outubro se apresentaria no Teatro Municipal de São Paulo o conhecido tenor de Israel Uri Zifroni com um programa intitulado "Caminho de Jerusalém", promovido por Simão Buchalsky e Leyba Mandel com a participação de Sonia Turner, Aizik Rotman, Rivkele Nimetz e outros[141].

Com a volta de Prizament à Argentina, Misha Bernstein e Esther Perelman, aproveitando a vinda do ator Jack Rechtzeit, continuariam a temporada e, em 24 de dezembro, no Teatro Municipal de São Paulo, fariam um novo espetáculo com a opereta *Der frailecher tzigainer* (*O Cigano Alegre*) e, em 7 de janeiro de 1951, encenariam a comédia *Getz vert a chussen* (*Getz Fica Noivo*)[142]. Também no segundo semestre de 1950 se apresentariam em 27 de agosto no Teatro Municipal de São Paulo os artistas de Israel Mark Morawsky e Irena Rukina, em grandioso espetáculo musical.

Em 1950 voltaria ao Brasil o ator Jacob Ben Ami com Berta Gerstin, para uma apresentação promovida pelo empresário Izak Lubelczyk, em 22 de dezembro, no Teatro República, com a peça *Der Futer* (*O Pai*), de Strindberg, que seria apresentada novamente em 31 do mesmo mês no Teatro Municipal de São Paulo[143]. Jacob Ben Ami faria uma nova apresentação

---

140. *Undzer Schtime*, 28 de setembro de 1950; 5 de outubro; 12 de outubro de 1950.

141. Cartaz, Arquivo do Teatro Municipal de São Paulo.

142. Cartazes, Arquivo do Teatro Municipal de São Paulo. Tomaram parte Berta Ais, Issachar Handfus, Rosa Cipkus e outros.

143. *Aonde Vamos?* 21 de dezembro de 1950. Crítica de Abi Detcher no *Aonde Vamos?*, de 28 de dezembro de 1950; *Undzer Schtime*, 28 de dezembro de 1950;

Cartazes das peças *A nacht oif Broadway* (*Uma Noite na Broadway*), *Motel vai a Israel* e *Tenho sogra mas não tenho mulher*, apresentadas no Teatro República e Teatro Coliseu, no Rio de Janeiro em 11 de setembro, 29 e 30 de outubro e 1 e 2 de novembro de 1949. Os atores Max Perlman e Guita Galina tiveram uma presença contínua apresentando-se em várias capitais do Brasil. Fonte: Col. J. Serebrenic – M. Chusyd.

no Teatro Municipal de São Paulo, em 1º de janeiro de 1951, com a peça *Shimshon un Dalila* (*Sansão e Dalila*)[144].

Em 1951, Jenny Lowitz, que já havia estado no Brasil em fins de 1948 e inícios de 1949, e Michal Michalovitch, fariam uma temporada com a Companhia de Artistas Israelitas Unidos no Teatro República, dando início às representações, em 12 de maio, de *Di importirte dinst* (*A Criada Importada*), seguindo-se em 23 de maio de 1951 a peça *Der ershter valtz* (*A Primeira Valsa*); em 27 do mesmo mês, *Saidi vert a layde* (*Saydi Torna-se uma Lady*) e, em 10 de junho, *Die grine kale* (*A Noiva Novata*). A crítica, não assinada, publicada no jornal *Idische Presse* sobre os atores e em particular sobre o gênero definido como "operetkes un melodrames fun der amerikaner 'theater konfektzie' mit zaier shablon nussach…" (operetas e melodramas da "confecção teatral" americana, com sua fórmula estereotipada…), não foi das melhores e seu autor terminava com um apelo para "que os talentosos atores se dedicassem a peças mais sérias e explorassem seus talentos para a verdadeira arte"[145]. A crítica de Abi Detcher, que tinha uma seção fixa de crítica de *ballet*, teatro, música no periódico *Aonde Vamos?*, por ocasião da apresentação da comédia musical *Di importirte dinst* (*A Criada Importada*) não foi menos contundente ao se referir a "esse gênero tipicamente idish de diversão – e tipicamente atrasado, obsoleto e antiteatral. Esse 'teatro' idish que se faz há tanto tempo exige urgentemente um substituto condizente com o nosso tempo"[146]. Esse gênero de teatro – entretenimento leve para amplo e heterogêneo público que o frequentava – seria alvo de críticos mais exigentes como I. Fater, músico e maestro que atuou no Brasil, que em um artigo faria uma severa análise do que se passava no Brasil e também na França que havia visitado tempos antes[147].

---

144. *Undzer Schtime*, 28 de dezembro de 1950.

145. IP, 6 de julho de 1951. Curiosamente, o mesmo jornal, de 8 de junho de 1951, anunciava "o grande sucesso de Jenny Lowitz e Michal Michalovitch no Teatro República".

146. *Aonde Vamos?*, 17 de maio de 1951. Abi Detcher parece desconhecer a cultura ídiche e o teatro ídiche de alto nível dramático e artístico, representado no Brasil por extraordinários atores e trupes.

147. IP, 9 de novembro de 1951. O artigo se intitula "Der barg-arup fun idischen theater" ("A Decadência do Teatro ídiche"). Ele escreverá que "em Paris, p.ex. costuma-se passar alguém por um *star* (hoje eu, amanhã você) e como um indicador numa página de números todos giram ao redor do 'astro'. Com o repertório não há nenhuma preocupação, pode ser *Rifkale dem rebins* (*Rebeca Filha do Rabino*), *Dos meidel fun Volge* (*A Moça do Volga*), *Gelt iz di velt* (*Dinheiro é Tudo*) – melodramas não faltam. Sempre as mesmas canções, danças e piadas, mas com disfarces diferentes. Se introduz no meio o que cai nas mãos. Se alguém

Zygmunt Turkow, que ainda se encontrava no Brasil, havia traduzido para o ídiche a peça escrita em hebraico de autoria de I. Mossenzon, intitulada *Bearvot Haneguev* (*Nas Estepes do Neguev*) e seria apresentada em 23 de abril de 1951 no Teatro Sant'Ana[148]. Turkow também traduziu para o ídiche a peça de Pedro Bloch *De Volta a Vida* (*Tzurik tzum leben*) ou *Esta Noite Choveu Prata* encenada nos dias 5, 6 e 7 de outubro de 1951, no Teatro Cultura Artística[149].

Em São Paulo, Jenny Lowitz e Michal Michalovitch, promovidos pela Companhia Israelita de Comédias, de I. Lubelczyk, apresentariam em 24 de junho, no Teatro Cultura Artística, as comédias *Di importirte dinst*; em 27 de junho, *Schwartze oign* (*Olhos Negros*); em 29 de junho, *Der ershter valtz*; em 1º de julho, *Seidi wert a layde*; em 11 de julho, *Dos meidel fun Tel--Aviv* (*A Moça de Tel-Aviv*); em 15 de julho, *Di grine kale* (*A Noiva Inexperiente*); em 20 de julho, *Di freiliche rebetzin* (*A Rabina Alegre*); em 12 de agosto, *Di Komediantke* (*A Comediante*) e, em 19 de agosto, *Di wilde moid* (*A Moça Selvagem*). Quando apresentaram, em 8 de agosto, a peça *Di heilige libe* (*O Amor Sagrado*), também despertaram uma crítica, agora direcionada para o conteúdo por ser "leviano e não judaico"[150]. O mesmo expediente de colocar a autoria da peça em nome do próprio autor é também utilizado por M. Michalovitch, assim como o uso de iniciais obviamente inventadas com o propósito de disfarçar que são "arranjos" dos próprios artistas. Em 2 de outubro do mesmo ano, os atores se apresentariam no mesmo Teatro República, com a comédia musical *Di freiliche rebitzn*, à qual se seguiriam as peças do mesmo gênero *Idische hassene* (*Casamento Judaico*), *Dos chupe kleid* (*O Vestido de Noiva*) e, em 21 de outubro, *Oi iz dos a moid* (*Ai, que Moça!*), na qual tomariam parte Esther Perelman, Micha Berenstein, Issachar Handfus, Herman Schertzer, Simão Buchalsky, Victor Goldberg, Bela Ais, Rosa Cipkus e outros[151]. Ainda em 29 de novembro, na

---

sabe cantar uma bonita canção — entra; se dois sabem cantar um dueto — melhor ainda. Contanto que se preencha o tempo e se termine com a obrigação".

148. Arquivo Miroel Silveira, ECA – USP. A peça foi censurada por requerimento de Sylvio Checchia em nome dos Artistas Unidos "Z. Turcov", em 20 de abril de 1951.

149. Arquivo Miroel Silveira, ECA – USP. A peça foi censurada em 3 de outubro de 1951 por requerimento do empresário Izak Lubelczyk.

150. *Der Neier Moment*, 10 de agosto de 1951. O mesmo crítico que, com o pseudônimo de "Emitz", em 18 de julho de 1951, ao escrever sobre a peça *Di grine kale* observa: "Se se sabe de antemão que teatro é esse, economiza-se tempo para nele procurar verdadeira arte". Sua crítica é dirigida fundamentalmente ao desempenho dos atores.

151. IP, 19 de outubro de 1951.

Associação Brasileira de Imprensa, Jenny Lowitz e Michal Michalovitch participariam da comemoração da data da partilha da Palestina com a apresentação de um programa artístico variado[152]. Lubelczyk traria ainda nesse ano a atriz Cili Liptzin e conjuntamente com os mesmos atores apresentariam, em 22 de abril, *Schtarker fun liebe* (*Mais Forte que o Amor*) e, em 6 de maio, *Ir ershter lign* (*Sua Primeira Mentira*), de Kalmanovich, ambas no Teatro República. Além desses atores, o empresário novamente contrataria Max Perelman e Guita Galina, nesse ano de 1951, para se apresentarem em diversos lugares, a saber: em 12 de agosto, no Teatro República, com a peça *Der leidegeier* (*O Vagabundo*) e, em 16 de agosto, *A bucher mit sechel* (*Um Rapaz com Cérebro*). Em 24 de agosto, o par de atores, com a mesma companhia formada com alguns atores vindos de fora, entre eles Valdemar Haince, Pinie Goldstein, M. Zamar e os artistas da trupe local, Berta Ais, Bela Ais, Rosa Cipkus, Jaime Galperin, Issachar Handfus, Esther Perelman e Schmilovich, encenaram no Teatro Madureira a peça *Motl's glikn* (*As Alegrias de Motl*).

Importante para o teatro ídiche no Brasil foi novamente a vinda de Morris Schwartz para a temporada de 1951. Ele veio de Buenos Aires com os atores Max Kloss, Ana Rapel, Sacha Rosental, Kátia Plavina e Menachem Schwartz, que atuaram certo tempo com a Companhia de Artistas Independentes[153] de Jenny Lowitz e Michal Michalovitch[154] e os atores locais que também formariam uma Chaverim Trupe (Trupe dos Amigos)[155]. No conjunto contavam com dezesseis pessoas e representaram em vários teatros a começar pelo Teatro Odeon a partir do dia 8 de novembro com *Naches fun kinder* (*Alegrias de Filhos*); em 11 de novembro, *Sender Blank*, em 15 de novembro, *Der tehilim yid* (*O Judeu dos Salmos*); em 22 de novembro, de novo a peça *Naches fun kinder*; no dia 25 de novembro, *Der tehilim yid*; em 28 de novembro, *Sender Blank*; em 30 de novembro, *Yoshe kalb*, e em 2 de dezembro, *Got, mensch un taivel* (*Deus, Homem e*

---

152. *Aonde Vamos?*, 29 de novembro de 1951.

153. *Jornal Israelita*, 15 de novembro de 1951, que anuncia a programação de Morris Schwartz no Rio de Janeiro, no Teatro Carlos Gomes; *Undzer Schtime*, 13 de novembro de 1951.

154. Ambos formaram a empresa com os artistas locais. E o *Idische Presse* de 30 de setembro de 1951 anuncia que em 2 de outubro levarão à cena a peça *Di freiliche rebitzn* (*A Rabina Alegre*).

155. *Jornal Israelita*, 25 de outubro de 1951; IP, 23 de novembro de 1951. Conforme *Undzer Schtime* de 30 de novembro de 1951, foi organizada em 20 de novembro uma conferência de imprensa com Morris Schwartz. Morris Schwartz também faria em 27 de outubro uma visita à redação do *Undzer Schtime*, noticiada em 30 de outubro de 1951, e também ao *Idische Presse*, aunciada em 30 de novembro de 1951.

Demônio) no Teatro Carlos Gomes[156]. Meses antes, em meados de 1951, os rotineiros desentendimentos entre empresário e atores causariam a saída de Jenny Lowitz e Michal Michalovitch, rompendo o compromisso com Lubelczyk. Em consequência desse atrito e após o término da temporada de Morris Schwartz, surgiu a mencionada Companhia de Atores Independentes. Com essa composição a companhia que se formou planejava a temporada de 1952 quando seus membros foram inteirados de que o ator Michal Michalovitch se tinha associado novamente ao empresário Lubelczyk para ser diretor independente. Os demais se sentiram traídos a ponto de divulgarem publicamente o ocorrido[157].

No mesmo ano, Ben-Zion Witler com Shifrele Lerer e uma trupe de Buenos Aires apresentaria em 15 de novembro, no Teatro República, a opereta *Dos lid fun hofenung* (*A Canção da Esperança*)[158]. Contudo, dois anos após a criação do Estado de Israel, em 1950, os atores M. Morawski e Irena Rukina, com coadjuvantes locais e sob a direção de S. Buchalsky e L. Mandel, viriam apresentar peças leves de entretenimento no Teatro Municipal de São Paulo nos dias 27 de agosto e 29 de outubro com a peça *Tel Aviv lacht* (*Tel-Aviv Ri*)[159]. Também viria para uma curta temporada nos meses de agosto e setembro de 1951 uma trupe de artistas do Teatro Soleil de Buenos Aires, sob a direção de Moises Lipman e Samuel Glasserman, que apresentariam no Teatro São Francisco *Di Goldgreber* (*Os Mineiros*) e *Herschele Ostropoler*. Nos dias 28 e 29 de agosto, a trupe apresentaria a peça *Chana Szenes – uma Heroína Judia*, de P. Bizberg. Esta última também foi encenada com a atriz Emy Lyton, em 9 de setembro, no Teatro Co-

---

156. A administração estava a cargo de Simão Buchalsky e a parte musical sob a regência do maestro Leo Gombarg. *Aonde Vamos?*, 2 de dezembro de 1951; IP, 7 de dezembro de 1951. Morris Schwartz daria uma longa entrevista a *Aonde Vamos?* em 29 de novembro de 1951, na qual falaria sobre teatro ídiche. Anteriormente, em 27 de outubro, havia dado uma entrevista sobre teatro ídiche no *Undzer Schtime*, publicada em 6 de novembro de 1951. Morris Schwartz publicaria uma nota de despedida do Rio de Janeiro no *Idische Presse* de 30 de novembro de 1951.

157. *Undzer Schtime*, 21 de dezembro de 1951; 4 de janeiro de 1952; *Der Neier Moment*, 11 de janeiro de 1952.

158. Ver S. Buchalsky, *Memórias...*, pp. 86-88.

159. *Undzer Schtime*, 18 de julho 1950, no qual se encontra uma entrevista com Leyba Mandel e S. Buchalsky que se associaram como empresários para trazerem ao Brasil atores de destaque. O anúncio da vinda desses atores de Israel também se encontra no *Idische Presse* de 4 de agosto de 1950. Os mesmos empresários trariam o cantor de opera Uri Zifroni que daria seu primeiro concerto no Teatro Municipal do Rio em 11 de outubro. Cf. *Undzer Schtime*, 19 de outubro de 1950; *Idische Presse*, 20 de outubro de 1950; *Jornal Israelita*, 5 de outubro de 1950.

Cartazes anunciando os famosos cômicos Szymon Dzigan e I. Schumacher em sua temporada de 1952, em que apresentaram as peças humorísticas: *Abi men zeit zich* (O Importante é que nos Encontramos), *Me lacht fun der welt* (Rir-se do Mundo) e outras do gênero. Fonte: Col. J. Serebrenic – M. Chusyd.

lombo, sob o patrocínio do movimento juvenil sionista-socialista "Dror". Sem dúvida, atraía grande público a história da heroína e poetisa Chana Szenes que fora enviada a Iugoslávia para cumprir uma missão de ajuda aos judeus da Hungria, durante a Segunda Guerra Mundial, e caíra nas mãos dos alemães.

Nesses anos 1950 era frequente a presença no país de atores como Jenny Lowitz e Michal Michalovitch, já conhecidos e consagrados, com os coadjuvantes Esther Perelman, Issachar Handfus e Berta Ais, que se apresentavam continuamente em São Paulo e no Rio. Em 16 de setembro de 1951, vemo-los no Teatro Cultura Artística, com a peça *Tzipke Faier* (*Uma Moça Endiabrada*); em 2 de outubro de 1951, no Teatro República, com a peça *Di freiliche rebitzen* (*A Alegre Rabina*); em 7 de outubro, *Djenkies hassene* (*O Casamento de Djenkie*); em 13 de outubro, *Importirte dinst* (*Empregada Importada*); em 14 de outubro, *Dos chupe kleid* (*O Vestido de Casamento*); em 17 de outubro, *Vi mener lebn* (*Onde Homens Vivem*); em 21 de outubro, *Oi iz dos a meidel* (*Ai, que Moça!*).

Micha Bernstein e Esther Perelman apresentariam, em 5 de abril de 1951, no Teatro Municipal, *Emigranten* (*Emigrantes*); em 9 de abril, *Dem zaidens gelibte* (*A Amada do Vovô*); em 16 de abril, *Mazel Tov* (*Boa Sorte*), e, em 22 de abril, *Schtarker fun liebe* (*Mais Forte que o Amor*), de Kalmanovitch; em 29 de abril, *A chassene in tfisse* (*Casamento na Prisão*), no Teatro República, com a participação da atriz Cili Liptzin.

No ano de 1951, deu-se um evento especial com a comemoração dos 35 anos de Zygmunt Turkow no teatro ídiche, período em que estava atuando diretamente com o Círculo Dramático da Biblioteca Scholem Aleichem no Rio de Janeiro. Ele seria homenageado pelos atores profissionais vindos do exterior e pelos atores locais que se encontravam no Brasil, com a apresentação da peça *Der oitzer* (*O Tesouro*), encenada no Teatro República, em 5 de agosto de 1951, na qual o próprio Turkow tomaria parte[160]. O evento também comemorava os dez anos de atuação teatral de Rosa Turkow, sua esposa. Um extraordinário público de cerca duas mil pessoas esteve presente na significativa comemoração, que o empresário Izak Lubelczyk, que trabalhara com Turkow ainda na Polônia, abrira com um discurso, seguido de uma fala em português do dramaturgo Pedro Bloch, presidente do Comitê do Jubileu de Turkow[161]. Turkow, antes de abandonar o Brasil, ainda encenaria com Esther Perelman, no Teatro Boa Vista, *Der moderner Shylock* (*O Moderno Shylock*).

Em 1952, Lubelczyk e Michal Michalovitch trariam o ator Sem Schmilovitch que, com a participação de atores que se encontravam no Brasil, entre eles Jenny Lowitz, além dos atores locais, se apresentaria em 6 de janeiro, no Teatro de Cultura Artística, com as operetas *A brivele der mamen* (*Uma Cartinha para Mamãe*) e, em 19 de janeiro, *Der tatens tochter* (*A Irmã de Papai*)[162]. O mesmo Sem Schmilovitch, juntamente com Max Perelman, Guita Galina e outros atores, apresentariam, em 27 de abril, no Teatro de Cultura Artística, a comédia musical *Der vilner chossen* (*O Noivo de Vilna*)[163]. A trupe continuaria apresentando, em 3 e 17 de maio, no Teatro de Cultura Artística, a opereta *A man tzu fardingen* (*Um Marido para Ser Alugado*); em 4 e 21 de maio, a opereta *Der Zeide gueit* (*O Vovô Anda*); em 10 de maio, *Opgenarte mener* (*Maridos Enganados*); em 11 de maio, *Der paiatz* (*O Palhaço*); em 18 de maio, *Nacht mentschen* (*Pessoas da Noite*); em 25 de maio, *Motl Meiers gliken* (*As Alegrias de Motl Meier*)[164]. Sem Schmilovitch representaria com Jenny Lowitz e Michal Michalovitch, em 29 de maio, no Teatro de Cultura Artística, a comédia *Di importirte dinst* (*A Empregada Importada*) e, em 1º de junho, *Vi mener lebn* (*Onde Homens Vivem*)[165].

Ainda em 1952 Leiale e Yosef Sterling fariam uma visita ao Brasil promovida pela Companhia dos Artistas Israelitas Independentes, formada por Esther Perelman, Issuchar Handfus e Simão Buchalsky, os quais se

---

160. *Aonde Vamos?*, 9 de agosto de 1951, onde consta a crítica de Abi Detcher à peça.

161. O relato da comemoração encontra-se no IP, 10 de agosto de 1951.

162. *Der Neier Moment*, 4 de janeiro; 18 de janeiro de 1952.

163. *Undzer Schtime*, 18 de abril de 1952; *Der Neier Moment*, 18 de abril de 1952.

164. *Undzer Schtime*, 28 de abril; 5 de maio; 13 de maio; 20 de maio de 1952; *Der Neier Moment*, 2 de maio; 9 de maio; 23 de maio de 1952.

165. *Undzer Schtime*, 28 de maio de 1952; *Der Neier Moment*, 29 de maio de 1952.

apresentariam em São Paulo em 25 de maio no Teatro República com a peça *Mamele* (*Mãezinha*), que também seria apresentada em 1º de junho, no Teatro João Caetano[166]. Em 6 de julho daquele ano, no Teatro de Cultura Artística, levariam à cena a peça *Vos iedes maidel darf vissen* (*O que Toda Moça Deve Saber*), sob a direção técnica de Jayme Galperin; em 13 de julho, os mesmos atores apresentariam *Dos chazendel* (*O Pequeno Chantre*)[167].

Nesse mesmo ano, os atores Dzigan e Schumacher também chegariam a São Paulo e dariam, em 30 de março, um espetáculo variado no Teatro Odeon com a comédia *Abi men zet zich* (*Importante que nos Vejamos*) e no Teatro de Cultura Artística, em 2 e 6 de abril, *Abi men zet zich*, *Simches bai idn* (*Festas entre Judeus*) e, em 13 de abril, o espetáculo humorístico *Melacht fun der welt* (*Rir-se do Mundo*). Em 15 de abril se apresentariam no Teatro São Pedro em Porto Alegre[168]. Continuaram sua temporada no Rio apresentando, em 27 de abril, no Teatro República, *Abi men zet zich* (*O Importante é Encontrar-se*) e, em 4 de maio, *Simches bai idin* (*Festas entre os Judeus*). O teatro humorístico e a comédia ligeira teriam como seus melhores atores esses talentosos comediantes cujo domínio da língua ídiche com seus regionalismos, ditos espirituais e prosa popular os tornariam famosos em todo o mundo judaico.

Os atores Henry Guero e Rosita Londner também viriam ao Brasil para apresentar com outros atores, incluindo os locais, em 5 e 7 de junho, no Teatro Cultura Artística, o musical *Dos reidele dreit zich* (*A Rodinha Gira*) e, em 8 de junho, *In a meshugene velt* (*Em um Mundo Louco*)[169]. A dupla de atores juntamente com Sem Schmilovitch fariam uma apresentação de despedida em 15 de junho, no Cine Teatro Odeon, com a comédia musical *Zait gezunt* (*Tenham Saúde!*)[170]. Nesse mesmo mês de junho, viriam de Israel a famosa cantora e atriz Lea Deganit e o ator Moshe Halevi que encenariam, em 16 de junho, a peça *A chassene in schtetl* (*Um Casamento na Aldeia*)[171]. Possivelmente, uma comédia intitulada *Tzigainer meidl* (*Uma Moça Cigana*), de autoria do ator e diretor-empresário Simão Buchalsky,

---

166. *Undzer Schtime*, 16 de maio de 1952.

167. *Idische Presse*, 25 de abril de 1952; 29 de maio de 1952; *Undzer Schtime*, 1 de julho de 1952; *Der Neier Moment*, 4 de julho de 1952; *Jornal Israelita*, 22 e 29 de maio de 1952.

168. *Der Neier Moment*, 14 de março; 9 de abril de 1952; *Undzer Schtime*, 3 de abril; 9 de abril de 1952; *Folha da Tarde*, Porto Alegre, 10 de abril de 1952, e *Diário de Notícias*, Porto Alegre, 15 de abril de 1952.

169. *Undzer Schtime*, 3 de maio de 1952; *Der Neier Moment*, 6 de junho de 1952.

170. *Undzer Schtime*, 11 de junho de 1952; *Der Neier Moment*, 13 de junho de 1952.

171. *Der Neier Moment*, 13 de junho de 1952.

Cartaz da peça: *Tel Aviv Lacht* (*Tel Aviv ri*) com os dois atores israelenses Mark Morawski e Irena Rukina, Teatro Municipal, São Paulo. 29 de outubro de 1950. Após a formação do Estado de Israel começaram a vir ao Brasil atores do teatro ídiche daquele país.

Cartaz dos atores Paul Burstein e Lilian Lux, que vieram em várias temporadas ao Brasil e apresentaram a peça *Moderne vaiber* (*Mulheres Modernas*) e outras do gênero, percorrendo vários estados do país.

Fonte: Col. J. Serebrenic – M. Chusyd.

censurada em 5 de julho de 1952, faria parte do repertório da dupla, sem qualquer data de encenação e especificação de teatro[172].

Também a atriz Dina Halpern, que havia atuado no teatro ídiche de Varsóvia e se radicara nos Estados Unidos, viria para uma temporada ao Brasil. Juntamente com Sem Schmilovitch, Esther Perelman, Misha Berenstein, Herman Schertzer, Aron Alexandroff, Bela Ais, Bernardo Sauer, Cili Teks, Victor Goldberg, Rosa Cipkus, Isucher Handfus, Dina Halpern se apresentaria no Teatro de Cultura Artística, a partir de agosto de 1952, com um repertório dramático. A trupe apresentaria, em 10 e 16 de agosto, a comédia *A kampf far a heim* (*A Luta por um Lar*); em 14 de agosto, *Di groisse ierushe* (*A Grande Herança*); em 17 de agosto, *Tchias hamessim* (*Ressurreição dos Mortos ou Katiusha Maslova*), de Tolstoi; em 7 de setembro, *Di gebrochene hertzer* (*Corações Partidos*), de Z. Libin; em 9 de setembro, *Chassie di iessoime* (*Chassie, a Órfã*), de Gordin; em 10 de setembro, *Motke ganev* (*Motke, o Ladrão*), de Scholem Ash; em 13 de setembro, *Di shchite* (*A Matança*), de Gordin; em 14 de setembro, *Di froi vos hot derharguet* (*A Mulher que Matou*), de Gordin. Essas duas últimas com a participação do ator e diretor Jacob Kurlender. Dina Halpern e seu elenco ainda apresentariam,

---

172. Arquivo Miroel Silveira, ECA – USP. O requerimento datado de 5 de julho de 1952 é de M. Pinto de Carvalho.

em 21 de setembro, a peça *Kroitzer Sonate* (*Sonata Kreutzer*)[173]. Devemos observar que o repertório de Dina Halpern e sua trupe destacou-se por uma programação seleta de peças clássicas do teatro dramático judaico, diferentemente das habituais operetas de entretenimento do repertório das trupes profissionais que vinham ao Brasil, à exceção de alguns atores e companhias referidas anteriormente.

O ano de 1952 continuou a receber atores do exterior que de passagem se apresentavam no país, tais como Guizi Hajden e Schloime Prizament que juntamente com os atores locais, fariam em 5 e 8 de outubro, no Teatro Luso-Brasileiro, apresentações da comédia musical *A simche in schtetl* (*Uma Festa na Aldeia*)[174]. Em outubro de 1952, por iniciativa de Lubelczyk, um grupo de atores cômicos, composto de Elvira Boshkowska, Simon Nusbaum, Max Neufeld e Sonia Lemberg, se apresentaram em 19 e 24 de outubro, no Teatro de Cultura Artística, com a comédia musical *Di freiliche vanderer* (*Os Errantes Alegres*) e, em 26 de outubro, *Altz vert gekashert* (*Tudo é Justificado*)[175]. Ainda em novembro desse ano, os conhecidos atores Peissachke Bursztein e Lilian Luks, com uma trupe de atores de Buenos Aires que incluía Salomon e Clara Stramer, Anna Rapel, Elza Rabinovich, L. Narepkin, Margot Strinberg, Israel Feldboim se apresentariam em 8 e 15 de novembro, no Teatro de Cultura Artística, com a opereta *Zing Isroel zing* (*Cante Israel, Cante*) e, a seguir, em 9 e 12 de novembro a opereta *A chussn un a kale* (*Um noivo e uma noiva*); em 16 de novembro *Der komediantchik* (*O Comediante*); em 23 e 29 de novembro, *A chassene in schtetl* (*Um Casamento na Aldeia*); em 30 de novembro, *Dos cabaret meidel* (*A Moça do Cabaret*)[176]. Guizi Hajden e Shloime Prizament voltariam novamente para se apresentar em 7 de dezembro de 1952 para uma revista musical no Cine Teatro Odeon[177]. Os mesmos atores fariam novas apresentações no Teatro de Cultura Artística, a partir de março de 1953, com atores vindos de fora e locais, em 19, 22 e 25 de março, com a opereta *Ven a mame fargest* (*Quando uma*

---

173. *Der Neier Moment*, 8 de agosto; 15 de agosto; 5 de setembro, 12 de setembro; 19 de setembro de 1952; *Undzer Schtime*, 5 de agosto; 12 de agosto; 5 de setembro; 12 de setembro; 19 de setembro de 1952.

174. *Undzer Schtime*, 30 de setembro de 1952.

175. *Undzer Schtime*, 14 de outubro; 24 de outubro de 1952; *Der Neier Moment*, 17 de outubro; 24 de outubro de 1952.

176. *Undzer Schtime*, 31 de outubro; 15 de novembro; 28 de novembro de 1952; *Der Neier Moment*, 31 de outubro; 14 de novembro; 21 de novembro; 28 de novembro de 1952.

177. *Der Neier Moment*, 28 de novembro de 1952.

Grupo de atores no Rio de Janeiro com Pesachke Burstein e Lilian Lux juntamente com o empresário Izak Lubelczyk, sua esposa e filha, Michał Michalovitch, Victor Goldberg, Bela Ais, Simão Buchalsky e I. Handfus. Fonte: Col. M. Chusyd.

Mãe Esquece); em 29 de março, *Di idische tzigainerin* (*A Cigana Judia*); em 7 de abril, *Der golem fun Prag* (*O Golem de Praga*); em 11 de abril, Broder Singer[178]. A temporada, agora sem a participação direta dos dois atores, continuaria no mesmo teatro com Sem Schmilovitch, Esther Perelman e os atores locais. Em 19 de abril, apresentaram a opereta *Kopel Kive vert a tate* (*Koppel Kive Torna-se Pai*); em 26 de abril, *Ir chupe tantz* (*Sua Dança de Casamento*); em 3 de maio, *Dos meidel fun Poiln* (*A Moça da Polônia*); em 10 de maio, *Yokls Chassene* (*O Casamento de Yokl*)[179].

Uma presença diferente no cenário teatral judaico-brasileiro foi o anúncio da encenação em ídiche da peça *O Último Navio*, de Mordechai Bar, que deveria estrear entre 12 e 19 de janeiro de 1953[180]. Espetáculo

---

178. *Undzer Schtime*, 11 de março de 1953; *Der Neier Moment*; 20 de março; 27 de março; 3 de abril; 10 de abril de 1953.
179. *Der Neier Moment*, 24 de abril; 1º de maio; 8 de maio de 1953; *Undzer Schtime*, 24 de abril de 1953.
180. *Aonde Vamos?*, 18 de dezembro de 1952.

à parte foi a comemoração dos 40 anos de vida artística de Schloime Prizament, que juntamente com Guizi Hajden foram homenageados, em 18 de maio, no Teatro Caetano de Campos, com a realização de um programa musical no qual tomaram parte[181]. Meses antes, passaria pelo Brasil o ator Maier Celniker, que faria uma apresentação, promovida por uma Sociedade Amigos do Teatro e Música Ídiche, em 4 de janeiro de 1953, no Teatro Luso-Brasileiro, de vários esquetes, a saber *Der paiatz* (*O Palhaço*), *Bobe Buntzie* (*Vovó Buntzie*) e outras[182].

Nos anos seguintes, atores voltariam ao Brasil para novas *tournées*, como Pessachke Burstein e Lilian Lux, Max Perelman e Guita Galina, Michal Michalovitch que juntamente com Dina Halpern, Aron Alexandrov, Esther Perelman, Cily Texs, Issachar Handfus, Bela Ais, Bernard Sauer, Rosa Cipkus, Victor Goldberg, e outros atores locais repetiriam em boa parte o repertório de suas apresentações. Também Max Perelman e Guita Galina estariam presentes para nova temporada com Waldemar Heinze, Pinie Goldstein, Moishe Zamar com espetáculos musicais a começar com *Vinsch mir mazel tov* (*Deseje-me Boa Sorte*), realizado, em 14 de junho de 1953, no Teatro de Cultura Artística; em 21 de junho, *Der griner chosen* (*O Noivo "Verde"*); em 5 de junho, *A bucher mit seichel* (*Um Rapaz com Cabeça*); em 12 de junho, *Fir chassenes in ein nacht* (*Quatro Casamentos em uma Noite*); em 19 de junho, *Shulamit*, de Goldfaden; em 26 de junho, *Dorfishe libe* (*Amor Aldeão*)[183].

Durante os anos de 1953-1954, Pessachke Burstein e Lílian Lux continuariam a atuar nas cidades brasileiras com um novo grupo de atores formado com Salomon e Clara Stramer, Israel e Ana Feldboim, Ana Rapel, Elza Rabinovich, Margot Steinberg, David Kaplan, Nachman Erlich, L. Narepkin e Simão Buchalsky[184]. Também nesse tempo o casal Debora Rosenblum e Nahum Melnik estariam de passagem pelo Brasil. Em São Paulo, se apresentariam no Teatro de Cultura Artística, em 17 de outubro, com a peça *Menachem Mendels gliken* (*As Alegrias de Menachem Mendel*) e, em 21 de outubro, *In Neguev* (*No Neguev*)[185]. No Rio, dariam um

---

181. *Der Neier Moment*, 8 de maio de 1953. O espetáculo teve o patrocínio da Federação Israelita de São Paulo.

182. *Undzer Schtime*, 16 de janeiro de 1953.

183. *Undzer Schtime*, 5 de junho de 1953; *Der Neier Moment*, 5 de junho; 19 de junho; 3 de julho; 10 de julho; 17 de julho; 24 de julho de 1953.

184. Ver S. Buchalsky, *Memórias*, p. 90. *O Diário de Notícias*, Porto Alegre, 16 de janeiro de 1953, anunciaria seu último espetáculo naquela cidade *Der goldener schidach* (*O Compromisso de Casamento*) após terem encenado em 14 de janeiro *Der Comediantchik*.

185. *Undzer Schtime*, 13 de outubro de 1953; *Der Neier Moment*, 16 de outubro de 1953.

"Concerto" em 30 de novembro de 1953,patrocinado pela Organização Feminina Pioneiras do Rio de Janeiro, no qual incluíam um amplo repertório musical com a participação da pianista Lea Gombarg. Os cantores e atores Benzion Witler e Shifrele Lerer, com um amplo grupo de atores, entre eles Sasha Rosenthal, Suzana Sand, Paulina Taichman, Abraham Sztraitman, Bela Ariel, Clara Goldstein, Aron Alexandroff, Anita Lang, José Maurer, atores do Teatro Corrientes e Excelsior de Buenos Aires, se apresentaram no Teatro de Cultura Artística, em 25 de outubro, com a comédia musical *Main mans kale* (*A Noiva de Meu Marido*); em 30 de outubro, *In a rumenische kretshme* (*Em um Albergue Romeno*); em 1º de novembro, *Ven libe ruft* (*Quando o Amor Chama*); em 8 de novembro, *Kinder fargessen nit* (*Crianças não Esquecem*); em 15 de novembro, *Dem milioners treren* (*As Lágrimas do Milionário*); em 22 de novembro, *Dos gezang fun main hartz* (*A Canção de Meu Coração*); em 29 de novembro, *Iankel der Schmid* (*Yankel, o Ferreiro*), de David Pinski; no Teatro Colombo, em 6 de dezembro, *Der vilder mentsch* (*O Homem Selvagem*), de Gordin; em 13 de dezembro, *A roman fun ein nacht* (*O Romance de uma Noite*)[186]. O grupo de atores da trupe do Teatro Corrientes continuariam a temporada e se apresentariam em 20 de dezembro, no Teatro Alumínio, sob a direção de Willy Goldstein, com a peça *Ven kabtzonim veren raich* (*Quando Mendigos Enriquecem*) e, em 21 de dezembro, *Der ieshive bucher* (*O Estudante do Talmude*)[187]. Benzion Witler e Sofia (Shifrele) Lerer voltariam a atuar com o grupo no Teatro de Cultura Artística e, em 25 de dezembro, encenariam *Mit geld darfmen nit schtoltziren* (*Com Dinheiro não Devemos nos Orgulhar*); em 27 de dezembro, *Oif der schvel fun glik* (*No Umbral da Felicidade*); em 31 de dezembro, *Di velt shokelt zich* (*O Mundo se Agita*); em 31 de janeiro, *Freid, humor, tantz um gezang* (*Alegria, Humor, Dança e Canto*), um espetáculo variado de despedida dos atores[188]. A dupla de cantores ainda chegaria a fazer dois espetáculos, no Teatro de Cultura Artística, encenando, em 16 de maio, *Amerikaner gliken* (*Alegrias Americanas*) e, 22 de maio, *Dos greste glik* (*A Maior Felicidade*)[189].

---

186. *Undzer Schtime*, 23 de outubro; 30 de outubro, 6 de novembro; 13 de novembro; 24 de novembro; 29 de novembro; 1 de dezembro de 1953; *Der Neier Moment*, 23 de outubro; 6 de novembro; 13 de novembro; 20 de novembro; 27 de novembro; 30 de novembro; 4 de dezembro; 18 de dezembro de 1953.

187. *Der Neier Moment*, 18 de dezembro de 1953. Cartazes, Arquivo do Teatro Municipal de São Paulo.

188. *Undzer Schtime*, 25 de dezembro de 1953; *Der Neier Moment*, 24 de dezembro; 29 de novembro de 1953

189. *Der Neier Moment*, 14 de maio; 21 de maio de 1954.

Já em 14 de fevereiro de 1954, o ator Nathan Klinger, coadjuvado com os atores locais, faria uma apresentação no Teatro de Cultura Artística da peça *Tog un Nacht* (*Dia e Noite*), de Anski. A eles se juntaria a dupla Jenny Lowitz e Michal Michalovitch, que viriam ao Brasil para uma nova temporada. Apresentariam, em 6 de março, no Teatro Santana *Dos galitizia-ner vaibel* (*A Esposa Galiciana*) e, em 7 de março, *Di goldene kale* (*A Noiva Dourada*)[190]. Em 14 de março de 1954, eles se apresentariam no Teatro Colombo, com *Hulie kabtzen* (*Alegrem-se Mendigos!*)[191].

Morris Schwartz viria para uma temporada no primeiro semestre de 1954 e reuniria a seu redor uma trupe de bons atores visitantes como Jenny Lowitz, Michal Michalovitch, Max Kloss, Aron Aleksandroff, Kátia Plavina, Sem Shmilovitch, Clara e Sasha Goldstein, Esther Perelman, Jacob Kurlender e atores locais. Como sempre, Morris Schwartz se preocuparia em selecionar peças do repertório dramático judaico. Em 3 e 4 de abril apresentaria no Teatro de Cultura Artística *Brider Ashkenazi* (*Os Irmãos Ashkenazi*), de I. B. Singer; em 11 e 13 de abril, *Der Dibbuk* de Anski; em 18 de abril, *Shylock un zain tochter* (*Shylock e sua Filha*), de Ari Even Zahav; em 1° e 2 de maio, *Di mishpuche Karnovski* (*A Família Karnovski*), de I. B. Singer; em 9 de maio, *Kidush Hashem* (*Martírio*), de Scholem Ash; em 9 de junho, *Der tefilin yid* (*O Judeu dos Salmos*), de Scholem Ash; em 12 junho, *Got, Mensch un Teivel* (*Deus, Homem e Demônio*), de Gordin; e em 13 de junho, *Der mishpet* (*O Processo*), de K. J. Honig[192]. Mais uma vez, Morris Schwartz, com um seleto repertório, reafirmava a existência da tradição dramatúrgica do teatro ídiche para um público mais exigente que não se satisfazia com o gênero do leve entretenimento.

Durante 1954 e 1955 uma sucessão de atores conhecidos se apresentaram no Brasil, por vezes, com apenas alguns poucos espetáculos ocasionais, contando sempre com a participação dos atores locais. Foi o caso da atriz Karola Heller que, em 21 e 27 de julho, apresentou no Teatro de Cultura Artística o drama *Far elterens zind* (*Pelo Pecado dos Pais*) e, em 15 de agosto, no Teatro Luso-Brasileiro *Ven a mame farguest* (*Quando uma Mãe Esquece*)[193]. Do mesmo modo, Shimon Dzigan e Isroel Szumacher

---

190. *Der Neier Moment*, 5 de fevereiro; 5 de março de 1954; *Undzer Schtime*, 26 de fevereiro de 1954.

191. *Der Neier Moment*, 12 de março de 1954.

192. *Undzer Schtime*, 26 de março de 1954; *Der Neier Moment*, 26 de março; 9 de abril; 16 de abril; 30 de abril; 7 de maio; 4 de junho; 11 de junho de 1954.

193. *Undzer Schtime*, 16 de julho de 1954; *Der Neier Moment*, 16 de julho; 13 de agosto de 1954.

voltariam a se apresentar em 1º de agosto no Teatro de Cultura Artística[194]. Também os atores Leon Liebgold e Lili Liliana, com a participação
de atores locais, e, de Jacob Kurlender, fariam uma apresentação, em 13
e 14 de novembro, no Teatro de Cultura Artística, com a peça *Dem bekers
libe* (*O Amor do Padeiro*)[195]. Nesse mesmo mês, no dia 28, Jonas Turkow,
irmão de Zygmunt Turkow, e Diana Blumenfeld apresentariam, no Teatro de Cultura Artística, a comédia *Freuds theorie fun chaloimes* (*A Teoria de
Freud sobre os Sonhos*), de Anthony Zwodzinski[196].

Henry Guero e Rosita Londner voltariam para uma temporada no Teatro
de Cultura Artística e apresentariam, com os atores locais e também com
a participação de Jacob Kurlender, em 21 e 22 de maio de 1955 *Iankele un
Ruchele* (*Yankele e Ruchale*); em 28 e 29 de maio, *Der freilicher schichputzer* (*O
Engraxate Alegre*); em 4 e 5 de junho, *Main vaibs mishpuche* (*A Família de Minha Mulher*); em 9 e 10 de julho, *Der singuer fun main hartz* (*O Cantor de meu
Coração*); em 16 e 17 de julho, *Der zisser bucher* (*Um Doce Rapaz*); em 21 de
julho, *Berke Durak*; em 23, 24, 30 e 31 de julho, *Der glik shidech* (*Um Feliz Arranjo de Casamento*)[197]. As constantes idas e vindas que caracterizavam a vida
dos atores do teatro ídiche explicam a presença de Henry Guero e Rosita
Londner em apresentação única, em 18 de setembro de 1955, no musical
Dos redele dreit zich (*A Roda Gira*)[198]. O mesmo tipo de programação única
teríamos com Pinie Goldstein e Anna Rapel, Cily Teks, com a apresentação, em 1º de setembro, no Teatro Leopoldo Fróes, da comédia musical *Dos
galitzianer rebele* (*O Pequeno Rabino da Galitzia*)[199].

Nesse tempo, chamou a atenção uma nova tentativa que se deu em
23 de setembro de 1955, em São Paulo, de formar uma Associação dos
Atores Judeus no Brasil, que durou pouco tempo. A formação de um
Comitê de Organização, com a participação de Michal Michalovich, I.
Handfuss e S. Buchalsky, não teve um número de adesões que justificasse
a novel organização[200].

---

194. *Der Neier Moment*, 30 de julho de 1954.

195. *Der Neier Moment*, 12 de novembro de 1954.

196. *Der Neier Moment*, 19 de novembro de 1954.

197. *Undzer Schtime*, 7 de maio; 1º de julho; 15 de julho de 1955; *Der Neier Moment*, 20 de maio;
     26 de maio; 3 de junho; 1º de julho; 15 de julho; 22 de julho de 1955.

198. *Der Neier Moment*, 16 de setembro de 1955.

199. *Der Neier Moment*, 19 de agosto de 1955.

200. *Undzer Schtime*, 18 de outubro de 1955; *Aonde Vamos?*, 20 de outubro de 1955; Boletim
     Vanguarda Israelita, primeira quinzena de 1955. O comunicado sobre sua formação es-
     clarece que, "não estando organizado numa corporação profissional, salutar e sem uma

No final de 1955, uma Companhia Israelita de Revistas, com o cantor-ator Leo Fuld se apresentaria em 5 e 6 de novembro no Teatro Santana com o musical *Vuhin zol ich guein* (*Para Onde Irei*), coadjuvado pelos atores locais[201]. As apresentações no Teatro Santana teriam continuação com Jenny Lowitz e Micha Michalovitch, com a participação de Jacob Kurlender, Esther Perelman e outros, que apresentaram em 12 de novembro a opereta *Dos galitzianer vaibl* (*A Esposa Galiciana*) e, em 13 de novembro, *Dos meidl fun Broadway* (*A Moça de Broadway*)[202].

No primeiro semestre de 1956 viriam novamente para se apresentar no Teatro de Cultura Artística Pessachke Burstein e Lilian Luks, iniciando sua temporada em 7 de abril com a comédia musical *Moderne vaiber* (*Mulheres Modernas*), que se repetiria em 14 e 15 de abril; em 21 e 22 de abril, a peça *M'kon leben nor m'lost nit* (*Pode-se Viver mas não Deixam*); em 28 e 29 de abril, *Gewald ratewet* (*Socorro, Salvem-nos*); e em 5 e 6 de maio, *Di eibike kale* (*A Noiva Eterna*)[203].

Morris Schwartz, que se encontrava na Argentina representando no Teatro Soleil, seria novamente convidado pelos empresários Lubelczyk e Willy Goldstein a vir ao Brasil. Ele formaria um elenco composto da sra. Schwartz, sua filha Francis, Esther Perelman, Jacob Kurlender, Eny Liton, Sam Smilovitch, Simão Buchalsky, Victor Goldberg, Bela Ais, Clara Goldstein, Wolf Goldstein, Beti Markowa, Pedro Shterngold, Michal Michalovitch, Jenny Lowitz, Samuel Glas, sob a direção de palco de Jayme Galperin. A temporada do grande ator começou em Porto Alegre seguindo para São Paulo e Rio de Janeiro. Talvez possamos afirmar que seria essa das últimas companhias formadas com atores consagrados do teatro ídiche que se apresentariam no Brasil. A partir daí atores e trupes diminuiriam em número e suas visitas ao país tornar-se-iam menos frequentes.

A companhia de Morris Schwartz apresentaria cinco espetáculos no Teatro de Cultura Artística de São Paulo. A primeira das peças, *Yosele Solovei*, de Sholem Aleichem, seria apresentada em 13 e 14 de outubro de 1956[204]. Em 18 de outubro, apresentaria *Yosche Kalb*, de I. J. Singer; em

---

representação oficial, o ator judeu, bem como em muitos casos, o teatro ídiche no Brasil, não chegaram a possuir o caráter social e a autoridade indispensáveis ao seu desenvolvimento cultural (sic)".

201. *Undzer Schtime*, 1º de novembro de 1955; *Der Neier Moment*, 4 de novembro de 1955.

202. *Der Neier Moment*, 11 de novembro de 1955

203. *Der Neier Moment*, 23 de março; 6 de abril; 27 de abril; 4 de maio de 1956.

204. *Der Neier Moment*, 5 de outubro; 12 de outubro; 16 de outubro; 23 de outubro de 1956; *Undzer Schtime*, 19 de outubro de 1956.

Apresentação da Nova Companhia Israelita de Comedias com a peça *Wi Mener liben* (*Como os Homens Amam*), empresariada por Simão Buchalsky, no Teatro de Cultura Artística, em São Paulo, em 9 de setembro de 1951, estrelando os atores Jenny Lowitz e Michal Michalowitz acompanhados entre outros por Esther Perelman, Isucher Handfuss, Bela Ais, Rosa Cipkus, Ulla Lander, o próprio Simão Buchalsky, Victor Goldberg e Jayme Galperin

Cartaz de apresentação da peça *A 5 te rad tzum voguen* (*A Quinta Roda da Carroça*) com a Trupe de Pinie Goldstein e Anna Rapel e atores locais, apresentado no Instituto Cultural Israelita Brasileiro – ICIB, São Paulo, em 21, 22 e 25 de abril de 1962.

Cartaz da apresentação humorística de Szymon Dzigan, no clube A Hebraica de São Paulo em 28 de julho de 1974.

Cartaz da peça cômico-musical *Di rebitzn fun Isroel* (*A Rabina de Israel*) com os veteranos atores Pesachke Burstein e Lilian Lux e outros atores, apresentada no teatro A Hebraica de São Paulo, 5 e 12 de novembro de 1978.

Fonte: Col. J. Serebrenic – M. Chusyd.

21 de outubro, *Id Süss* (*Judeu Süss*), de Feuchtwanger, sob a direção musical do maestro Oleg Kusnetzoff e Jayme Galperin como diretor de cena; em 25 de outubro, *Sender Blank*, de Sholem Aleichem, e em 27 e 28 de outubro, *Di emese kraft* (*A Verdadeira Força*), de Gordin. A mesma peça seria

apresentada nos dias 6 e 8 de novembro no Rio de Janeiro, no Teatro Serrador, seguidas, em 10 de novembro, da peça *Yoshe Kalb* e, no dia 11 de novembro, *Di emese kraft,* de J. Gordin[205].

Em março de 1957 o incansável Lubelczyk reuniria um grande grupo de atores conhecidos do público brasileiro, vindos da Argentina, para apresentarem em 31 de março, no Teatro de Cultura Artística de São Paulo, a comédia *Fishel der guerotener* (*Fishel, o Talentoso*); em 6, 7 e 10 de abril, encenavam *Drei techter iz kain gelechter* (*Três Filhas não é Brincadeira*); em 13, 14 e 20 de abril, a comédia musical *Der bobes ierushe* (*A Herança da Vovó*). A trupe era composta dos atores Simon Nusbaum, Jenny Lowitz, Sonia Lemberg, Sofia Rafalovitch, Herman Klatzkin, Betty Markova, Sam Schmilovitch, e dos atores locais Simão Buchalsky, Victor Goldberg, Jayme Galperin e Samuel Glas[206]. Também juntar-se-iam a eles os conhecidos atores Henry Guero e Rosita Londner para representarem várias peças leves a começar da comédia *Hit aich far shadchunim* (*Cuidem-se dos Casamenteiros*) apresentada em 27 de abril; em 1 e 9 de maio, encenavam *Berke Durak*; em 4 e 5 de maio, *A man darf zain a man* (*Um Homem Precisa ser Homem*); em 10, 11, 12 de maio e 3 e 8 de junho, *Erlech iz schverlech* (*Seriedade é Pesaroso*); em 6 e 7 de junho, *Azoi iz dos lebn* (*Assim é a Vida*); em 10 de junho, *Dos telerl fun himl* (*O Pratinho do Céu*); em 13 e 14 de junho, *Ich bin nit ich* (*Eu Não Sou Eu*); em 20 e 21 de junho, *Iosele in Amerike* (*Yosele na América*)[207].

Benzion Witler e Shifrele Lerer voltariam a se apresentar em 16 e 17 de novembro de 1957 no Teatro de Cultura Artística com a comédia *Main glichleche heim* (*Meu Lar Feliz*); em 20 de novembro *A geshichte fun a libe* (*A História de um Amor*); em 23 e 24 de novembro, *Dos libe fun amol* (*O Amor de Outrora*); em 30 de novembro e 1° de dezembro, *Ven hertzer zinguen* (*Quando Cantam Corações*)[208]. Apresentações esporádicas ocorreriam ainda nesse tempo, como a do grupo formado por Herman Klatzkin, Sofia Rafalovitch, Betty Markova, Mendel Schteinhaus (amador), Samuel Smilovitch e Samuel Glas, sob a direção de Simão Buchalsky, que apresentariam, em 6 de novembro de 1957, no Teatro Leopoldo Fróes, a peça *Zsidovka* (*Judia*). Atores que se destacavam por suas vozes como Bentzion Witler, e *chazanim* (Cantores de Sinagoga) famosos como David

---

205. *Idische Presse*, 9 de novembro de 1956.
206. *Der Neier Moment*, 22 de março; 29 de março; 12 de abril de 1957.
207. *Der Neier Moment*, 26 de abril; 30 de abril; 7 de maio; 2 de julho de 1957.
208. *O Estado de São Paulo*, 16 de julho de 1957.

Kusevitzki, promovidos por Simão Buchalsky, se apresentariam no Teatro Municipal de São Paulo em 29 de julho e 8 de agosto de 1957[209], ocupando um lugar entre as estrelas errantes do teatro ídiche. Com o passar do tempo e o falecimento desses atores-cantores, tais apresentações artísticas tornar-se-iam cada vez mais raras[210]. E isso se devia ao próprio fato de que o público mudara e o número dos que podiam entender o seu repertório diminuíra gradativamente. Ainda em 12 e 13 de julho de 1958 Max Perelman e outros atores fariam uma apresentação no Teatro de Cultura Artística com a peça *Der gassn hendler* (*O Comerciante das Ruas*) e, em 19 e 20 de julho, *Zain tzveite chassene* (*Seu Segundo Casamento*)[211].

Morris Schwartz viria mais uma vez para se apresentar em 16 e 17 de agosto de 1958 no Teatro de Cultura Artística com a peça *Di naie velt* (*O Novo*

---

209. Sob a iniciativa de Simão Buchalsky. Anos antes Leyba Mandel e Simão Buchalsky formaram a Empresa Artística São Paulo Ltda., que traria o cantor israelense Uri Zifroni para se apresentar no Teatro Municipal, em 11 e 15 de outubro de 1950.

210. Max Perelman e Shimon Dzigan fariam um espetáculo humorístico, em 16 de setembro de 1967, no Teatro Paramount, ao mesmo tempo em que os atores Lya Kenig e Chevis Tolper, do Teatro Habimah de Israel, se apresentavam em 17 e 18 de setembro com uma programação em ídiche e hebraico no Clube "A Hebraica" de São Paulo e na CIP (Congregação Israelita Paulista). Em 30 de maio, o *Der Neier Moment* anunciava que Max Perelman, Guita Galina, Menora Zahav e Simão Nusbaum se apresentariam em 10 de junho de 1973 no Teatro "A Hebraica" com a comédia musicada *Yone macht a leben* (*Yone Vive uma Boa Vida*), na qual tomariam parte Avraham Klatzkin, Sofia Rafalovitch, Sonia Lemberg, Simon Tenovski, Simão Buchalsky, Schlomo Zemer e outros. Ver também *Der Neier Moment*, 1°, 4, 13, 22 e 29 de junho de 1973. Em 8 de julho de 1974, o *Der Neier Moment* anunciava a vinda de Shimon Dzigan que, em 4 de agosto de 1974, no Clube "A Hebraica" apresentaria o programa humorístico *Az m'lebt derlebt men* (*Se se Vive bem se Sobrevive*). No mesmo espaço se apresentariam o ator israelense Schmuel Atzmon e a cantora Dorothy Livia com uma peça humorística *Tate di lachst* (*Papai, Você Está Rindo*), sob a administração de Simão Buchalsky e direção de Jaime Galperin. Conforme *Der Neier Moment* de 11 de agosto de 1978, Atzmon viria novamente a São Paulo, após voltar de uma *tournée* na Argentina acompanhado de um grupo composto dos atores Yacov Halperin, Fany Saltchinski, do empresário Willy Goldstein e do pianista Simon Tenovski. Apresentaram-se no Clube "A Hebraica" em 20 de agosto com o programa artístico *M'lacht zich arop fun hartz* (*Alivia-se o Coração com o Riso*). Pessachke Burstin e Lilian Luks também se apresentariam no Clube "A Hebraica" em 5 de novembro de 1978, com a comédia musical *Di rebitzin fun Isroel* (*A Rabina de Israel*). Cf. *Der Neier Moment*, 27 de outubro de 1978. No ano seguinte, viriam as atrizes Geny Kessler e Sara Grinhoiz e se apresentariam em 6 de maio de 1979 no Clube "A Hebraica", numa programação intitulada *Zingt um lacht mit undz* (*Cante e Ria Conosco*). Esse tipo de espetáculo se repetiria em 8 de agosto de 1980 com os artistas Schmuel Rodensky, Schmuel Segal e Schmuel Atzmon que apresentariam pequenos diálogos humorísticos no mesmo Clube. Dez anos após, em 25 de novembro de 1990 viria a São Paulo o ex-ator e humorista americano Simon Nusbaum, que juntamente com os cantores Sonia Lemberg e Bert Kieffer fariam um espetáculo humorístico-musical no Clube "A Hebraica".

211. *O Estado de São Paulo*, 10 de julho de 1958.

Mundo); em 23 e 24 de agosto, *Di hitzerne schissel* (*O Prato Quente*); em 30 e 31 de agosto, *In a farvorfen vinkl* (*Em um Lugar Esquecido*), de Peretz Hirshbein[212]. Em 29 de novembro de 1958, Herman Yablokoff, juntamente com Jenny Lowitz, encenaria no Teatro de Cultura Artística a comédia *Papirosn* (*Cigarros*) e, em 3 de dezembro, *Der farkishefter nign* (*A Melodia Enfeitiçada*). Em 1959, os atores Yosef e Leale Sterling fariam uma *tourneé* por várias cidades do país que incluiu Porto Alegre, Curitiba, Recife, Salvador, Rio e São Paulo. Em meados de setembro encontravam-se em Porto Alegre e se apresentaram no dia 18 desse mês numa noite artístico-cultural no Clube de Cultura com as peças de I. L. Peretz *Musar* (*Harmonia Conjugal*) e *A idish meidel fun Poilen* (*Uma Moça Judia da Polônia*)[213]. Continuariam sua *tournée* pelo país e chegariam a apresentar-se também em Poços de Caldas, nos dias 20 e 22 de fevereiro[214]. No Rio se apresentariam nos dias 19 e 20 de março no Teatro República com o espetáculo musical *Ydn redn, ydn zingen* (*Judeus Falam, Judeus Cantam*)[215]. Em São Paulo se apresentaram no Teatro Luso-Brasileiro em 12 de abril com o musical *Lachen iz gezunt, doktoirim haisen lachen* (*Rir é Salutar, Médicos Recomendam Rir*) e em 26 de abril, no Teatro Paramount, *Chelemer chachomim* (*Sábios de Chelem*).

As luzes que iluminavam os palcos do teatro ídiche, a muito custo, se mantinham acesas e lentamente esmaeciam até se apagarem nos anos 1960. O que veríamos após essa década eram as "migalhas da mesa de Homero".

Pinie Goldstein e Anna Rapel estiveram em 1960 atuando no Brasil e em 21 de março se apresentariam no Teatro Luso-Brasileiro com um espetáculo intitulado *Lebedik un freilach* (*Vivacidade e Alegria*), no qual tomou parte a cantora Roza Porozovska sob a direção musical de Ernesto Hoenigsberg. Dois anos após, em 1962, o par de atores voltaria a se apresentar nos dias 21, 23 e 25 de abril de 1962 com uma trupe formada pelos atores Nathan Klinger, Dora Cipis, Victor Goldberg, Bela Ais, Golda Kamin, Samuel Glass, Natalia Aidenbaum, Elvira Adler, Jaime Galperin. Representariam no TAIB (Teatro de Arte Israelita Brasileiro) do Instituto Cultural Israelita Brasileiro (ICIB), a peça *A 5te rad tzum vogen* (*Uma Quinta Roda da Carroça*). Ironicamente, o

---

212. *O Estado de São Paulo*, 16 de agosto de 1958

213. *Correio do Povo*, 16 de setembro de 1959; 17 de setembro de 1959; *Folha da Tarde*, 17 de setembro de 1959; *Undzer Schtime*, 8 de outubro de 1959; *Der Neier Moment*, 13 de novembro de 1959 informa que tinham voltado de Pernambuco e Bahia e se preparavam para se apresentar em São Paulo.

214. *Undzer Schtime*, 10 de março de 1960.

215. *Idische Presse*, 18 de março de 1960.

título encerrava um melancólico significado simbólico: nada mais salvaria o teatro ídiche de seu ocaso, nem sequer uma roda adicional à carroça, a carroça que transportara as primeiras trupes das estrelas errantes que vagavam dias e noites em caminhos iluminados por outros astros, os celestiais, e simbolizara o início do teatro ídiche. Em sua temporada apresentaram em 28 de abril e 2 e 3 de maio *Farlost zich oif mir* (*Confie em Mim*); em 4 e 5 de maio, *Moishe Zalmens gliken* (*As Alegrias de Moishe Zalmen*); em 12 e 13 de maio, *Kopel Kive vert a tate*; em 19 de maio, *Di lebedike mishpuche* (*A Família Alegre*); em 24, 26 e 27 de maio, *Tzipke faier* (*Tzipke, a Endiabrada*); em 31 de maio *Iukl fun Mexico* (*Yukl do México*) e em 17 de junho, *Di Zvei Kuni Lemels* (*Os dois Kuni Lemel*)[216].

O grupo de atores locais ocupava um espaço maior nas apresentações locais, nele se destacando Berta Ais (Loran) que, no Teatro Esplanada, apresentou em 8 de março de 1964 a comédia *Di importierte dienst* (*A Criada Importada*); em 10 de março, *A printseske in NewYork* (*Uma Princesa em Nova York*); em 1º de abril, *Freilicher teg* (*Dias Alegres*); em 4 de abril, *Kopl Kive vert a tate* (*Kopel Kive Torna-se Pai*); em 11 de abril, *Rumenische chassene* (*Casamento Romeno*), todas elas promovidas pela Companhia Israelita de Comédias Musicadas. Tais programações esporádicas passavam a ser mais escassas e os artistas que deviam lutar pela sua sobrevivência sentiam o quanto o público frequentador do teatro havia drasticamente diminuído, do mesmo modo que as trupes que outrora costumavam vir ao Brasil[217]. Em 27 de junho de 1965, no Teatro Municipal, Berta Ais apareceria na peça *Mirele Efros*, de Gordin, sob a direção de Jacob Kurlender, apresentada em comemoração ao cinquentenário artístico de Esther Perelman[218]. Em 1964 ainda teríamos mais uma temporada de Michal Michalovitch, promovida por Pinie Goldstein juntamente com Anna Rapel e Cily Teks, que se apresentariam em 17 de junho no Teatro Esplanada com a comédia *Di goldene chassene* (*O Casamento Dourado*); em 18 de junho, *Um Dia bem Aproveitado*; em 20 de junho, *Lovke Maladietz;* e, em 26 de junho, *Rumenische chassene* (*Casamento Romeno*)[219].

Apesar da visível e rápida diminuição do público que acorria ao teatro ídiche nos anos 1960, um acontecimento inusitado ocorreria em 1965

---

216. *O Estado de São Paulo*, 20 de abril; 26 de abril; 4 de maio; 12 de maio; 19 de maio; 24 de maio; 31 de maio; 17 de junho de 1962.

217. *O Estado de São Paulo*, 20 de fevereiro; 10 de março; 1 de abril; 4 de abril; 11 de abril de 1964.

218. *O Estado de São Paulo*, 27 de junho de 1965.

219. *O Estado de São Paulo*, 17 de junho de 1964.

na cidade do Rio de Janeiro provocado pela vinda da atriz Ida Kaminska – verdadeiro ícone do teatro ídiche – com uma companhia de atores do Teatro Estatal Judaico "E.R.Kaminska" de Varsóvia. A companhia, que havia retomado suas atividades após a Segunda Guerra Mundial, chegara com uma trupe constituída de Marian Melman, Chewel Buzgan, Ruth Kaminska, Ruth Kovalska, Maria Fridman, Ludmila Sirota, Michael Szwjlich, Sofia Skrzeska, Karol Latowicz, Juliusz Berger, Swryn Dalecki, Josef Dogim e Marian Rudenski. Foram recebidos com grande entusiasmo ao visitarem as instituições da comunidade judaica local, apresentando nessa oportunidade duas peças clássicas do repertório teatral ídiche: *Serkele* de Schlomo Ettinger e *Mirele Efros* de Jacob Gordin. Em São Paulo, *Mirele Efros* e *Serkele* seriam apresentadas em 6 e 8 de agosto no Teatro Municipal, além da apresentação, em 7 de agosto, de uma peça intitulada *As Árvores Morrem de Pé*[220]. Em 13, 14 e 15 de agosto, parte da companhia apresentaria no TAIB (Teatro Artístico Israelita Brasileiro) a comédia *Lachn iz gezunt* (*Rir é Salutar*), sob a direção de Karol Latowicz[221]. Ida Kaminska, filha da "mãe do teatro ídiche" Esther Rochel Kaminska, estava com cerca de oitenta anos e sua presença era suficiente para evocar e vivificar a memória do teatro ídiche ao qual dedicara sua vida[222].

No ano de 1966, o empresário Dante Viggiani traria ao Brasil os consagrados atores Joseph Buloff e Luba Kadison com uma companhia de atores que incluía Samuel Guildin, Max Kloss, Natan Klinger, Alberto Marty, Kátia Plavina, José Griminger, Jordana Fain, Anita Lang, Itzchok Lichtensztein, Pinchas Apel, Samuel Heilman e outros. Eles se apresentariam em 6 e 8 de outubro, e no Teatro Municipal de São Paulo com a peça *Brider Ashkenazi* (*Irmãos Ashkenazi*); em 9 de outubro, os contos de Anton Checov, *O Vagabundo*, *A Bruxa*, adaptados para o ídiche[223]. Seria uma das últimas presenças de dois notáveis atores e de uma companhia teatral em língua ídiche no Brasil. Doravante, como vimos mais acima, o teatro dramático tradicional desapareceria totalmente para dar lugar a apresentações individuais esporádicas de velhos atores que poderiam encontrar um espaço em clubes ou instituições para divertir uma audiência saudosa das canções, do folclore e do humor que a língua e a cultura ídiche acumulara com o plasmar do tempo.

---

220. *O Estado de São Paulo*, 29 de julho de 1965.

221. *O Estado de São Paulo*, 10 de agosto de 1965.

222. *Aonde Vamos?*, 5 de agosto de 1965. Sua presença é também assinalada na obra de S. Magaldi e M. T. Vargas, *op. cit.*, p. 420.

223. *O Estado de São Paulo*, 6 de outubro de 1966.

CAPÍTULO 6

O teatro ídiche no
Rio de Janeiro: os círculos
dramáticos de amadores

O primeiro grupo dramático da comunidade judaica no Rio de Janeiro formou-se na Associação Achiezer, que ficava na Rua Visconde de Itaúna, 113. O caráter beneficente e de ajuda mútua da Achiezer, criada para receber e dar apoio aos imigrantes, motivou a criação de um grupo que promovesse eventos culturais e espetáculos pois desse modo poderiam arrecadar fundos necessários à associação. À semelhança do que ocorreu em São Paulo e em outros lugares, organizaram uma Biblioteca cujos associados programavam atividades artísticas e teatrais. Temos uma informação preciosa sobre o Grupo Dramático da Achiezer em carta de 26 de julho de 1914 que a associação escreveu a Ofélia Kastro[1]. Na carta, a Achiezer agradece a colaboração do Departamento Dramático e a Ofélia Kastro pelo desempenho nas peças *Estherke* e *A Matança* (*Di Shchite*), representadas em julho daquele mesmo ano[2]. Um depoimento oral de Ofélia Kastro, registrado pelos historiadores Egon e Frieda Wolff, em 3 de dezembro de 1976, confirma que o nome do diretor era Leib Gherman e o elenco, além de Ofélia Kastro, era composto de Chifra Brunstein, Itzik Meier Brunstein, Toibele, Sabina Schwarz e Sima Hoineff[3].

De fato, pelos depoimentos escritos para o *Léxico dos Ativistas Sociais e Culturais* de Henrique Iussim[4], sabemos que Ofélia Kastro e outros

---

1. A carta foi publicada por Egon e Frieda Wolff no *Jornal Israelita*, Rio de janeiro, 31.1.1980. Cópia no Arquivo N. Falbel. A carta menciona que o espetáculo *Di Shchite* foi em benefício da biblioteca da associação.
2. O autor da peça *Di Shchite* é o dramaturgo Jacob Gordin. Sua figura aparece no programa de divulgação da peça publicado pela Sociedade Beneficente Israelita "Achiezer", na qual consta a data de 26 de julho de 1914. Cópia no Arquivo N. Falbel.
3. Cópia no Arquivo N. Falbel.
4. Sobre o *Léxico* ver N. Falbel, *Judeus no Brasil: Estudos e Notas*, São Paulo, usp-Humanitas, 2008, pp. 657-662. As partes do *Léxico* referentes ao Rio de Janeiro e a São Paulo nunca foram publicadas e permanecem manuscritas.

membros da Achiezer atuaram no teatro amador ídiche, entre eles Henrique Knop que chegara ao Brasil em 1912, vindo da Polônia e participou não somente da criação da biblioteca da Associação mas também em suas atividades teatrais.

Outro de seus membros foi Isaac Brunstein, originário da Bessarábia, que desembarcou no Rio em 1912 e passou a integrar a Achiezer. Na verdade, seu nome é Itzik Meier Brunstein, lembrado no depoimento de Ofélia Kastro, e foi quem orientou e organizou o círculo dramático da Achiezer. Em seu depoimento ao *Léxico* ficamos sabendo que encenou o *Got, Mensch un Taivel* (*Deus, Homem e Demônio*) de Jacob Gordin[5]. O círculo dramático da Achiezer também realizou várias representações em benefício da Biblioteca Scholem Aleichem, fundada em 1915, e do Comitê do "Relief", que se organizou para prestar auxílio às vítimas da Primeira Guerra Mundial[6]. Isaac Brunstein continuaria participando em outros círculos teatrais, isto é, no Jugend Club e no Jugend Heim, sobre o qual falaremos mais adiante. O grande dramaturgo Peretz Hirshbein, que em sua visita ao Brasil, em 1914, passaria por São Paulo e Rio de Janeiro provocando nessas cidades verdadeiro entusiasmo, deve ter estimulado a atividade teatral do grupo dramático da Achiezer[7]. De fato, conforme o testemunho do próprio escritor, o convite para Peretz Hirshbein vir ao Rio de Janeiro partira da Associação Achiezer[8].

Além da Achiezer, havia, nesse tempo, no Rio de Janeiro, duas outras sociedades, ou seja, a Tiferet Sion e a Agudat Achim. Em 1915 deu-se a criação da Biblioteca Scholem Aleichem destinada a ter uma longa existência. Desde o início, ao se definir como entidade de caráter social e cultural, aspirou formar um grupo dramático em sua associação que com o passar do tempo amadureceria e daria uma contribuição ímpar para a difusão do teatro ídiche naquela cidade. Efetivamente, essa associação

---

5. *Léxico*, Rio de Janeiro, depoimento de abril de 1953.
6. *Léxico*, Rio de Janeiro, depoimento de março de 1953.
7. Ver P. Hirshbein, *Drames, reizes, zichroines* (*Dramas, Viagens, Memórias*), Buenos Aires, YWO, 1967, p. 179. Hirshbein seria convidado a vir a Argentina e estando nesse país recebeu convite para vir ao Rio de Janeiro pela associação "Achiezer", como ele próprio nos informa. Abraham Kaufman, ativista comunitário de São Paulo, sabendo de sua viagem, o convidou a vir a São Paulo e dessa cidade viajou de trem ao Rio. Peretz Hirshbein, em seu livro, pp. 144-176, relata sua estadia na Argentina e, nas pp. 176-182, sua estadia no Brasil, a começar do convite que lhe fora feito pela Achiezer ainda quando se encontrava na Argentina. Em sua obra *Fun vaite lender* (*De Terras Longínquas*) relata a morte de A. Kaufman que naquela ocasião se encontrava enfermo.
8. P. Hirshbein, *Fun vaite lender*, p. 179.

Apresentação do primeiro grupo amador no Rio de Janeiro da Sociedade Beneficente Israelita Brasileira "Achiezer" encenando a peça de Jacob Gordin, *Di Shchite (A Matança)*, 26 de julho de 1914, Rio de Janeiro. Fonte: Col. N. Falbel.

Apresentação do grupo amador sob a direção de Isaac M. Brunstein da peça *Di Emesse Kraft (A Verdadeira Força)* encenada no Clube Gymnastico Portuguez, no Rio de Janeiro, em 2 de julho de 1922. Fonte: Museu Judaico do Rio de Janeiro.

consolidaria o seu grupo dramático somente em 1930, o que não a impediu, desde os primeiros anos de existência, a encenar com seus sócios peças em ídiche e realizar outras atividades culturais, conforme as informações do noticiário do periódico *Dos Idishe Vochenblat* (*O Semanário Israelita*), criado em 15 de novembro de 1923. Os programas culturais da BSA compreendiam conferências, noites literárias e musicais, representações teatrais e o que era denominado na época de "jornal falado" (*lebedique tzaitung*) cujo conteúdo consistia de sátiras e humor sobre temas que se encontravam na pauta do dia da vida comunitária.

Quando em 1° de julho de 1919 inaugurou-se no Rio de Janeiro o Jugend Club, Clube Juventude Israelita, afora as programações lítero-musicais, seus membros dedicaram-se a encenar peças do repertório clássico do teatro ídiche. O casal de atores Benzion e Fanny Zaduchviler[9], que já se encontrava no Rio de Janeiro desde 1917, durante vários anos participou e orientou o grupo de amadores em seu trabalho, tomando parte, como atores, nas representações. O grupo dramático era dirigido por um ativista comunitário, Nathan Huliak[10], apaixonado

---

9. As biografias do casal se encontram no *Léxico dos Ativistas Sociais e Culturais* de Henrique Iussim.
10. A biografia de Nathan Huliak se encontra no *Léxico dos Ativistas Sociais e Culturais* de Henrique

Programa da montagem da peça *Naftole Botwin* de autoria de A. Veviorka, em 5 de abril de 1930, pela Seção Dramática do Arbeter Kultur Center Morris Winchevsky e o Kultur Club Freiheit, fundados na década de 1920 como organizações de trabalhadores judeus no Rio de Janeiro. Da encenação participa Simão Buchalsky com o seu nome original Kopel Nudel.

Panfleto da Associação dos Israelitas da Polônia no Brasil (Poilisher Farband), no Rio de Janeiro que possuía um Dram Krais (Grupo dramático), anunciando noites artísticas com a apresentação de peças curtas sob a orientação de Simão Buchalsky e Hersh (Henrique) Blank, 21 de janeiro de 1933.

por teatro, e contou, mais tarde, com a ajuda de um ator experiente, Jacob Parnes, que havia atuado no teatro profissional desde que se engajara em uma *tournée* do famoso Vilner Trupe da Europa[11]. Ao chegar ao Rio de Janeiro, apresentou-se pela primeira vez em 3 de maio de 1924 com as peças *Der meshugener batlen* (*O Louco Vagabundo*) e *Di goldene keit* (*A Corrente de Ouro*), de I. L. Peretz[12]. A presença do escritor Leib Malach, calorosamente recepcionado pela comunidade carioca, ofereceu ao ator a oportunidade de participar em vários eventos em homenagem ao ilustre visitante[13].

Nathan Huliak, que havia estudado numa escola talmúdica na Polônia, abandonou sua possível carreira de rabino, ingressou no movimento socialista judeu Bund, aprendeu o ofício de serralheiro e, como autodidata,

---

Iussim; também faz referência a ele S. Karakuschansky, *Aspectn funem idischen lebn in Brazil* (*Aspectos da Vida Judaica no Brasil*), Rio de Janeiro, Monte Scopus, 1956, vol. 1, pp. 95-96.

11. Em 1923, ele emigrou para a Argentina e lá atuou intensamente nos grupos teatrais locais, bem como colaborou no jornal *Di Presse*. Ao passar a viver no Brasil, colaborou com os jornais locais exercendo uma intensa atividade comunitária. Sua biografia consta no *Lexikon fun Idischen Theater* de Zalman Zilberzweig (ZLIT), New York, Farlag Elisheva, 1959, vol. 3, pp. 1887-1888. Estranhamente, o autor do verbete sobre Parnes desconhece o seu paradeiro e supõe ter ele falecido durante a Segunda Guerra Mundial.

12. *Dos Idische Vochenblat*, 3 de maio de 1924. A entusiástica e elogiosa crítica sobre sua apresentação foi publicada no mesmo periódico de 9 de maio de 1924. Nas apresentações de Parnes participaram os amadores Sofia Bronstein e seu esposo.

13. *Dos Idische Vochenblat*, 9 de maio de 1924.

adquiriu bons conhecimentos de literatura ídiche[14]. Ao chegar em 1923 ao Brasil, passou a atuar no Jugend Club do Rio, no qual Haim Tischler e Jacob Parnes ensaiavam peças teatrais, entre as quais encontramos o *Der meshugenem batlen* (*O Louco Vagabundo*), de I. L. Peretz. Jovens amadores, sob sua orientação, levavam ao público comunitário pequenas cenas de autores consagrados, como Tunkeler, Leon Kobrin, Sholem Aleichem, I. L. Peretz, como nos informa *Dos Idische Vochenblat*[15].

Em 25 de setembro de 1926, o grupo de amadores do Jugend Club encenou *Mazel Tov* (*Boa Sorte!*), de Sholem Aleichem, em que tomaram parte Nathan Huliak, A. Levin, Srta. Zimerman, Srta. Drucker e H. Pelson. Pouco tempo após, em 25 de dezembro daquele ano, o grupo encenaria a peça *Der inteligent* (*O Intelectual*), de Peretz Hirshbein[16]. O grupo dramático do Jugend Club, ainda que não fosse estável, contava com um bom número de jovens talentosos conhecedores da literatura ídiche e interessados em difundi-la em suas atividades culturais. Em 1928 ocorreu no Jugend Club uma divisão interna que levou à formação do Jugend Heim (Lar da Juventude), o que de certo modo enfraqueceu a antiga associação e a obrigou, mais tarde, a encerrar suas atividades. A luta ideológica em suas fileiras revelou-se de forma aguda na assembleia geral de 30 de maio de 1928, quando as duas tendências, a nacional-progressista e a esquerda radical, se defrontaram com duas chapas para eleger a diretoria[17]. Em Niterói, lugar onde se encontrava uma comunidade judaica organizada, também foi criado um Jugend Club com uma seção dramática e sabemos que, em 18 de agosto de 1928, o mesmo representou *Der fremder* (*O Estranho*), de J. Gordin[18]. Contudo, o Jugend Club do Rio continuou sendo um centro cultural ativo na comunidade e boa parte dos eventos culturais e sociais eram realizados por seus membros, incluindo assembleias para fins específicos, campanhas em benefício de outras entidades, conferências e outras atividades. Em 22 de setembro de 1928, o grupo de atores encenou a comédia *Der experiment fun Professor Voronof* (*O Experimento do Professor*

---

14. *Léxico*, Rio de Janeiro, depoimento de julho de 1955. Arquivo N. Falbel.

15. DIV, 21 de novembro de 1924, 26 de dezembro de 1924; 24 de abril de 1925; 16 de abril de 1926; 24 de abril de 1926.

16. DIV, 24 de setembro de 1926; 24 de dezembro de 1926.

17. IF, 1º de junho de 1928. A nova diretoria ficou constituída por Werner Becker, Galper, Raizman, Goldman, Landau, Yoni Koifman, Artur Koifman, Hersh Lerner, Eksman, Struzberg e Bergman.

18. IF, 14 de agosto de 1928.

Voronof), com a participação de Jacob Parnes, Eva (Chava) Polansky e Anita Hendrikovsky[19]. Suas atividades teatrais e culturais se estenderiam até os anos 1930.

A Biblioteca Scholem Aleichem, nesses anos 1920, desempenhava um papel importante na difusão da cultura ídiche, pois possuía uma rica biblioteca – a maior da comunidade – e contava com um grande número de sócios, reunindo jovens imigrantes de várias tendências ideológicas bem como de formação judaica tradicional adquirida em seus lugares de origem na Europa Oriental. Jacob Parnes, nesses anos, atuava também na Biblioteca Scholem Aleichem, como podemos verificar pela notícia publicada no *Brazilianer Idishe Presse* (*Imprensa Judaico-Brasileira*) de 17 de maio de 1927, na qual consta que encenou a peça *Meshugenem batlem* (*O Louco Vagabundo*), de I. L. Peretz.

A valorização e o interesse para com o teatro ídiche se revela no debate em que tomaram parte Nathan Huliak, Haim Tichler, I. M. Bronstein, M. Halperin, Aron Schenker sobre a peça *Ibergus* (*Transbordamento ou Regeneração*) de Leib Malach[20].

Nessa mesma década de 1920 surgiram associações que se identificaram com ideologias existentes no continente europeu e que tinham uma representação partidária definida nas comunidades judaicas dos países da Europa Oriental. Portanto, não é de estranhar a presença de um Idisher Arbeiter Farband "Tzukunft" (Associação Operária Judaica "Futuro"), que sucedeu ao Proletarische Kultur "Tzukunft" (Cultura Operária "Futuro"), de clara orientação "bundista" (do partido Bund), cujo "idishismo" se preocupava em preservar a língua e a cultura ídiche[21]. Curiosamente, esses grupos, ou pequenas associações de pouca duração, se atritavam continuamente, disputando entre si os imigrantes que procuravam um espaço para lazer social e cultural após uma jornada exaustiva de trabalho como ambulantes, artesãos e operários ou ainda como empregados nos estabelecimentos comerciais e oficinas dos veteranos imigrantes que tiveram certo sucesso econômico.

Entre essas associações encontrava-se o Morris Winchevski Club, que também atuou nos anos 1920 e tinha um grupo de teatro amador, com uma postura ideológica nitidamente de esquerda. Em 1928, por ocasião

---

19. IF, 25 de setembro de 1928.
20. DIV, 3 de dezembro de 1926.
21. DIV, 6 de março de 1925; 29 de maio de 1925; 5 de junho de 1925.

Programa da peça *Ferloirene Hofennung* de autoria de Herman Haiermans, sob a direção de Henrique Blank e Jose Landa, Teatro Ginástico Português, Rio de Janeiro, 1944. Fonte: Col. N. Falbel.

da formação de uma nova associação, a Algemeiner Idicher Professioneler Arbeiter Farband (Associação Geral dos Trabalhadores Profissionais Judeus), a nova entidade soltou um volante no qual, além de proclamar suas necessidades e objetivos, esclarecia que o Winchevski Club reunia apenas ambulantes (*klientelchikes*), enquanto a nova agremiação "reúne verdadeiros operários judeus e é dirigida pelos mesmos", o que ilustra bem o espírito que animava as transitórias sociedades daqueles

Henrique (Hersh) Blank (1905-1995), Rio de Janeiro, 1946. Fonte: BIBSA.

anos[22]. O periódico *Brasilianer Idische Presse*, de 28 de junho de 1927, noticiava uma noite lítero-musical comemorativa da passagem para a nova sede do Winchevski Club, constando do programa o monólogo *Anarchist* (*Anarquista*), *Di nevue* (*A Profecia*) de M. Rosenfeld, *A chodesh on arbet* (*Um Mês sem Trabalho*), *A drusche far a ferd* (*Uma Pregação a um Cavalo*) de M. Winchevski, entre outras coisas, indicando o quanto a literatura ídiche voltada às questões sociais fazia parte de sua programação cultural. Ainda em 5 de abril de 1930, a "dramatische sektzie"(seção dramática) do Arbeter Kultur-Tzenter "Morris Winschevski" (Centro Cultural Operário "Morris Winschevski) e o Kultur-Club "Freiheit"(Clube Cultural "Liberdade") encenaram a peça *Naftole Botwin*, de A. Veviorka.

A presença de atores profissionais que passaram pelo Rio de Janeiro nos anos 1920 e aqui permaneceram durante certo tempo deu ensejo à formação de grupos de teatro ídiche, formados por amadores das associações existentes que patrocinavam a vinda de trupes da Argentina com a intenção de reunir alguns de seus elementos com as trupes profissionais itinerantes. Assim, em 1925, surge uma trupe Di Chaverim Trupe (A Trupe dos Amigos), no Rio de Janeiro, que representou *Der schpiguel fun leben* (*O Espelho da Vida*), *Tzu schpet* (*Muito Tarde*) de M. Richter, *Yacov un Eisev* (*Jacob e Esaú*) ou *Dos idishe hartz* (*O Coração Judeu*) de J. Lateiner, *Bar Kochba* de Goldfaden, *Schmá Israel* (*Ouve, ó Israel*) de O. Dymow, e outras peças[23]. Não temos os nomes dos atores, com exceção de Esther Lustig[24], mas podemos inferir que são os mesmos que tomaram parte em uma trupe anterior com o nome de Fereignite Idische Theater Gezelschaft (Sociedade Unida de Teatro Judaico), que apresentou *Di Schchite,* de Jacob Gordin, em maio de 1925, com a participação de Eva Polansky, B. Goldgevicht, Srta. Hendrikovska, M. Medalion, Jacob Parnes, I. Paiss, Rabinovich, Lederman e Ber[25]. Essas trupes locais, assim como surgiam, desapareciam rapidamente para dar lugar a outras apenas com nomes diferentes.

Nos primeiros meses de 1930, a diretoria da Biblioteca Scholem Aleichem deliberou criar uma série de seções culturais em sua associação,

---

22. Lamentavelmente, temos pouco conhecimento dessas associações a não ser as informações obtidas no noticiário da imprensa ídiche da época.
23. DIV, de 2 de outubro de 1925; 23 de outubro de 1925; 29 de outubro de 1925; 6 de novembro de 1925; 27 de novembro de 1925.
24. Atuou no teatro profissional na Argentina.
25. DIV, de 2 de julho de 1925. Na verdade, a maioria dos atores eram profissionais e vieram da Argentina, parte deles radicados no Brasil, além de alguns poucos amadores.

Fotografias da montagem da peça *Krochmalne Gas* (*Rua Krochmalna*) de autoria e direção de Zygmunt Turkow e cenário de Jose Landa. Teatro Recreio, Rio de Janeiro, 13 de novembro de 1944. Fonte: A. Rumchinsky.

Fotografia da montagem da peça *Krochmalne Gas* (*Rua Krochmalna*) de autoria e direção de Zygmunt Turkow e cenário de Jose Landa. Teatro Recreio, Rio de Janeiro, 13 de novembro de 1944. Fonte: A. Rumchinsky.

entre as quais se incluía um coro, um grupo para conferências e um círculo dramático. Para esse fim foram convidados também ex-membros do grupo amador do Centro Obreiro M. Winchevski, acima lembrado, que se juntaram aos elementos da Biblioteca e criaram o Dram-kraiz bei der Bibliotek Scholem Aleichem (Círculo Dramático da Biblioteca Scholem Aleichem). Uma de suas primeiras atividades a obter grande sucesso foi a programação realizada sobre o escritor Sholem Aleichem. A parte teatral ficou a cargo de L. Milman e H. Tischler, B. Gulka e

Esboços diversos e alguns personagens desenhados por J. Landa. Fonte: Arquivo Histórico Judaico Brasileiro / AHJB.

Rosemberg[26] encarregaram-se dos eventos menores. Foram representadas peças do repertório dramático judaico como *Der dorfs-yung* (*O Jovem Aldeão*) de L. Kobrin, *Di ganovim* (*Os Ladrões*) de Bimko, *Got, mensch un taivel* de J. Gordin, *Di 7 gehongene* (*Os Enforcados*) de L. Andreiev, *Der letzter korben* (*A Última Vítima*), esta última encenada com o famoso ator Schlomo Naumov[27]. O círculo dramático da associação contava com o apoio de trabalhadores profissionais, incluindo alfaiates, marceneiros, pintores, todos membros da entidade que voluntariamente se dispunham a fazer sua parte na encenação de uma peça. Naquele tempo, as peças eram também levadas às comunidades suburbanas da cidade, Niterói, Leopoldina e Nilópolis, lugares em que viviam muitas famílias. Em 1934 encenou-se em Niterói a peça *Hersh Lekert* de A. Koshnirov, deixando uma profunda impressão no público presente.

Personalidades do mundo artístico judaico, em sua passagem pelo Rio de Janeiro, conheceram o círculo dramático, entre elas o pintor Zolotarev, o escritor, ator e regente Jacob Mestel, os atores Ben-Ami, Samberg, Naumov, Joseph Buloff, Luba Kadison, Miriam Lerer e Sokoloff. Em dado momento, houve uma tentativa de criar um círculo dramático infantil que não perdurou. Em 1933, criou-se um coro com I. Paiss e Z. Varantz que também não teve continuidade. Mas o papel desempenhado durante as décadas em que atuou foram importantes para a difusão do teatro ídiche. Em fase posterior, o círculo dramático foi dirigido por

---

26. *Bulletin Yovel-Oisgabe zum 40tn yohrgang fun der Idish-Brasilianer Biblioteca Scholem Aleichem* (*Boletim do Número Comemorativo dos 40 anos da BIBSA*), Rio, 1955, pp. 61-63.
27. Sobre ele ver ZLIT, vol. 2, pp. 1383-1384; ZLIT, vol. 5, pp. 4843-4844.

Ensaio para a noite literária sobre o dramaturgo Leon Kobrin (1873-1947), com Mauricio Wasserman, José Landa, Zygmunt Turkow, Henrique Blank, entre outros. Rio de Janeiro, maio de 1946.

Hersch (Henrique) Blank, juntamente com os cenaristas M. Griner e J. Landa[28] e com o maestro e músico Leo Gombarg.

Hersch Blank teve um papel primordial no desenvolvimento do teatro amador no Rio de Janeiro a começar do círculo dramático da Biblioteca Scholem Aleichem[29]. Em 1940 deu-se a comemoração dos 25 anos da existência da BSA. Para esse evento foi organizado, no salão do Teatro Regina, um programa artístico com declamações de Sara Takser e Ida Szafran, monólogo de Ida Kamenetzki, canto de Gregório Grinberg, solo de violino de Isaac Feldman e a encenação da peça de Mark Arenstein, *Ver iz der ganev* (*Quem é o Ladrão*), regida por Simão

---

28. Josif (José) Landa nasceu em Dondushen, Bessarábia. Imigrou para o Brasil em 1936. Estudou arquitetura e dedicou-se à pintura passando a atuar junto ao grupo teatral da Biblioteca Scholem Aleichem do Rio de Janeiro. Dotado de raro talento, foi poeta, escritor, pintor, cenarista, ator e diretor de teatro. Colaborou em vários periódicos de língua ídiche com contos e poesias que foram reunidas em seu livro *Lichtike kaioren, lider un dertzeilungen* (*Claras Madrugadas, Poesias e Contos*), Rio de Janeiro, Monte Scopus, 1959. Sobre ele ver N. Falbel, *Literatura Ídiche no Brasil*, São Paulo, Humanitas, 2010, p. 59.

29. Em 5 de junho de 1986 a pesquisadora Georgina Koifman realizou uma longa entrevista com H. Blank, nascido em 13 de julho de 1905, em Varsóvia, cuja cópia nos foi cedida gentilmente pela autora e na qual encontramos preciosa informação sobre sua pessoa e atividade teatral. Outra interessante entrevista gravada com H. Blank foi feita por Arnaldo Lev.

Buchalsky[30]. Um número significativo de amadores passaram a participar do círculo dramático da Biblioteca entre eles Julio Wasserman, Samuel Nissenholz, Tuli Wigotov, Dr. Salomão Horen e o jovem Isaac Paschoal, que viriam a falecer antes de 1955. Nessa segunda fase, a partir dos anos 1940 realizar-se-ia, em 23 de agosto de 1943, a Noite de Arte no Teatro Ginástico na qual constavam as peças *Mazel-Tov* de Sholem Aleichem, *Aleijados* de D. Pinski, *As Três Costureiras* e *Champagne* de I. L. Peretz, com declamações, cantos, solos de violino e piano, sob a direção de H. Blank e J. Landa. Nela tomaram parte José Landa, H. Blank, ambos diretores, W. Fahrer, Eli Shapiro, F. Broner, Dina Varantz, Riva Psoibomaga, Aida Kamenetzky, Sima Tochner, além dos solistas Natan Schwartzman, Paul Zoanith e outros[31]. Na verdade, os amadores do círculo dramático participavam em todo tipo de evento cultural que contivesse alguma programação artística, seja ela de caráter comemorativo ou de outra natureza. Pode-se notar sua ativa presença

Atores: Rosa Turkow; Ida Kamenestsky, M.A Levovitch

Atores: Rosa Turkow; M. A. Levovitch

Fotografias da montagem da peça *Kidush Hashem* (*Santificação do Nome*), de autoria de Scholem Ash, dirigida por Zygmunt Turkow, tendo como assistentes de direção H. Blank e J. Landa. Este último também responsável pelos cenários, 1945. Fonte: A. Rumchinsky.

---

30. *IF*, 7 de outubro de 1940.
31. Ver crítica "A Noite de Arte no Teatro Ginástico", *Aonde Vamos?*, de 26 de março de 1943.

Cena da montagem da peça *Bar Kochba* de autoria de Abraham Goldfaden, adaptação de I. Ashendorf, sob a direção de Zygmunt Turkow, assistido por Henrique Blank, cenografia de José Landa, encenada em 30 de julho de 1946 e 19 de agosto de 1946 no Teatro Recreio, Rio de Janeiro. Fonte: A. Rumchinsky.

nas Academias de Estudo, comemorações festivas dedicadas a algum escritor de língua ídiche, desde os clássicos até os mais recentes, com os quais havia certa afinidade ideológica ou tendência progressista, tais como a realizada em 13 de junho de 1943 no Instituto Nacional de Música sobre o pensador Chaim Jitlovski, ou, mais tarde, a de 19 de dezembro de 1948 sobre Morris Winchevski e Morris Rosenfeld, realizada no A.B.I. e outras mencionadas em nosso trabalho[32].

Na segunda fase da Biblioteca Scholem Aleichem, além das peças lembradas acima, seu círculo dramático representou, em 24 de abril de 1944, *Di farloirene hofenung* (*A Esperança Perdida*), de Herman Haiermans, no Teatro Ginástico, sob a direção de H. Blank e J. Landa, com cenografia e figurinos de Santa Rosa e execução de Ângelo Lazary. A peça seria novamente apresentada em 6 e 7 de maio no Teatro Ginástico[33]. Já com a vinda de Zygmunt Turkow ao Rio de Janeiro, o círculo dramático começaria uma nova fase em sua existência. Turkow, obrigado a sair da Polônia, em 1939, quando seu teatro foi bombardeado, conseguiu graças ao irmão Mark Turkow chegar à Argentina, passando naqueles dias fatídicos por Itália e Portugal. Como já havíamos lembrado em outro lugar de nosso trabalho,

---

32. Nessas Academias de Estudo observa-se um esquema padronizado de programação que consiste em: *a*) abertura; *b*) conferências (geralmente feitas por Aron Schenker); *c*) parte artístico-teatral, com a participação do Dram-Krais.
33. *Aonde Vamos?*, 11 de maio de 1944.

Cena da montagem da peça *Bar Kochba* de autoria de Avraham Goldfaden, adaptação de I. Ashendorf, sob a direção de Zygmunt Turkow, assistido por Henrique Blank, cenografia de José Landa, encenada em 30 de julho de 1946 e 19 de agosto de 1946 no Teatro Recreio, Rio de Janeiro. Atores: David Berman, José Landa, Henrique Blank, M. A. Levovitch, Saul Wainzof, Moises Rawet, L. Faingold, A. Uhn, M. Wasserman, Aida Kamenetzky, Rosa Turkow, Dina Varantz, Cyle Gandelman, Eva Lerner, Joana Pascoal, Mira Psoibomaga, Zina Wainzof, Riva Psoibomaga M. A. Levovitch, Henrique Blank, e José Landa.

Foto dos atores David Berman e Aida Kamenetzky na peça *Bar Kochba*.

Fonte: A. Rumchinsky.

logo viria ao Brasil onde ficou, por razões e circunstâncias da guerra, confinado no Recife sem poder voltar àquele país, passando a desenvolver uma atividade teatral junto à comunidade local até ser "descoberto" por uma companhia da cidade e daí vir ao Rio de Janeiro. Sua rara formação e experiência teatral foi uma dádiva para o teatro amador ídiche da BSA. Josif Landa, em um escrito sobre Turkow, lembra que

> Isaac Paschoal, que também atuava junto ao grupo de teatro amador da Biblioteca Scholem Aleichem, – num encontro comigo e com Santa Rosa – aventou a possibilidade de que talvez fosse viável (sob o aspecto econômico) para os dois grupos – Os Comediantes e o Grupo Teatral da Biblioteca S. Aleichem – trazer os Turkows de Recife para o Rio. Foi assim que os Turkows vieram para o Rio de Janeiro... E com orgulho lembro que para as passagens, nós do grupo da Biblioteca, juntamos na hora a importância necessária para a vinda de Recife. Os nossos amigos – alguns já não estão infelizmente entre nós – devem lembrar-se ainda da primeira visita que coletivamente fizemos ao casal recém-chegado e que morava numa pensão da Rua Baependi. Ele não nos conhecia pessoalmente, mas como se fôssemos velhos amigos ou quase filhos seus, abraçou a todos e... chorou. Depois... depois bem – começou aquele período chamado Brasil [na vida de Turkow], Rio, – o Dramkraiz (Círculo Dramático da Biblioteca) e Os Comediantes. As suas lágrimas – logo depois, começaram a ser lágrimas de alegria pois em breve toda a sua vida, a nossa vida, se entrelaçou numa febril atividade, que poderia ser cognominada de heroica e quase gigantesca[34].

João Ângelo Labanca, em depoimento a Fausto Fuser, confirma o que o próprio Turkow já relatara em sua autobiografia sobre seu ingresso no Os Comediantes:

> ...nosso Isaac Pascoal dizia: – "Olhe, está no Brasil um grande diretor chamado Turkow. Ele começou no Teatro Habima e depois teve seu próprio teatro na Polônia, que os alemães puseram fogo. Esse teatro era um verdadeiro museu – possuía peças do mundo inteiro. Ele é um grande ator. Esteve nos Estados Unidos e não se adaptou. Esteve na Argentina, onde o irmão era jornalista e lá também não se adaptou. Está lá em Pernambuco dirigindo o Teatro de Amadores, com Waldemar de Oliveira". Então resolvemos buscá-lo. Nos cotizamos – ganhávamos bem, dentro do padrão da época: eu era advogado, outro, jornalista; outro, pintor – na época, pagávamos aos diretores mas éramos amadores. A "granfinagem" colaborou muito com Os Comediantes[35].

---

34. Fundo 442 Josif Landa, caixa 3, AHJB. Trata-se de um manuscrito de J. Landa para uma conferência proferida sobre Zygmunt Turkow.

35. F. Fuser, *A "Turma" da Polônia na Renovação Teatral Brasileira, ou Ziembinski: O Criador da Consciência Teatral Brasileira?*, tese de doutorado defendida na ECA-USP, 1987, vol. II, p. 419.

Turkow tomaria parte no programa apresentado no Instituto Nacional de Música em 1º de outubro de 1944, no qual representaria um ato do *Shabetai Zvi* de Zulavski, *Dr. Wolf* de sua autoria e um ato de *O Avarento* de Molière, juntamente com sua esposa Rosa e Isaac Paschoal[36]. Em 30 de outubro de 1944, encenaria no Teatro Recreio a peça de sua autoria *Krochmalne Gas (Rua Krochmalna)* com cenários de J. Landa[37]. Logo após começariam os ensaios para a peça *Kidusch Hashem (Martírio)* de Scholem Ash, que seria apresentada no Teatro Ginástico em 26 de fevereiro de 1945[38]. Entre os participantes das duas peças encontramos Aida Kamenetzky, Dina Varantz, Isaac Paschoal, M. A. Leibovitch, J. Landa, Rosa Turkow, Mauricio Wasserman, Helena Kurtz, H. Blank, Salomão Zilberstein, Tula Wigotow, David Berman, Aron Uhn, Cilly Goifman, Riva Psoibomaga, José Rappoport, Abram Zilberstein, Abram Grinman, Willy Fahrer, Leon Faingold, Samuel Nissenholtz e outros. Ambas as peças seriam apresentadas em São Paulo, no Teatro Municipal, sendo a primeira nos dias 23 e 24 de junho e a segunda nos dias 27 e 28 do mesmo mês de 1945, sendo recebidas com grande entusiasmo pelo público da cidade[39]. No dia 15 de abril, Turkow realizaria a Segunda Grande Noite de Arte no Instituto Nacional de Música, com uma rica programação teatral que compreendia *O Médico Louco* de L. Andreiev, *Quando o Diabo Ri* de Bieli, *Teyve, der milchiker* de S. Aleichem, *Varsóvia em Chamas*, de sua autoria. Outra realização significativa de Turkow seria a Noite de Arte em homenagem ao 30º aniversário da morte de I. L. Peretz realizada em 28 de maio de 1945, no Teatro Ginástico, cuja programação incluiu encenações de *Bontzie Schveig*, *Berl Schneider* e *Schvester (Irmãs)* de I. L. Peretz, além da novela *A klezmers toit (A Morte de um Músico)* do mesmo autor[40]. Turkow também participaria, em 3 de setembro de 1945, de uma noite de arte no Teatro Serrador, na qual tomariam parte a pianista Ester Neuborger, a bailarina Madaleine Rose[41].

---

36. Ver crítica de Rosa Palatnik (Szafran) em *Aonde Vamos?*, 5 de outubro de 1944.

37. *Aonde Vamos?*, 19 de outubro e 26 de outubro de 1944; nota crítica em *Aonde Vamos?*, 2 de novembro de 1944.

38. *Aonde Vamos?*, 31 de dezembro de 1944. Ver crítica da peça por Bernardo Seibel em *Aonde Vamos?*, 8 de março de 1945.

39. *Aonde Vamos?*, 24 de junho de 1945. Cartazes, Arquivo do Teatro Municipal de São Paulo. Isaac Paschoal em artigo publicado no *Jornal Israelita*, de 7 de setembro de 1945, menciona as primeiras peças que Turkow se dedicou a encenar com o grupo dramático da BSA.

40. *Aonde Vamos?*, 7 de junho de 1945.

41. *Jornal Israelita*, 1º de setembro de 1945. Nesse mesmo número, ele publicaria um texto literário intitulado *Carta do Front*, que tem como tema uma carta de um soldado judeu à sua mãe. No número de 22 de setembro, Turkow publicaria o texto intitulado *Izkor* relativo ao martirológio judaico através da história tendo como fundo o Holocausto.

Nesse tempo encontrava-se no Brasil o ativista comunitário, ator e diretor argentino Leo Halperin, que desempenhou um papel ativo na vida teatral da Argentina. Proferiu na BSA uma conferência sobre "Teatro e os Israelitas", além de colaborar com a imprensa judaica local com artigos e textos literários[42]. Turkow viveria um especial momento de realização pessoal em sua trajetória artística ao apresentar, em 20 de novembro de 1945, no Teatro Ginástico, a peça *Dos groisse gevins* (*A Sorte Grande*) de Sholem Aleichem, com cenários de Lasar Segall, execução de Ângelo Lazari e música de Leo Gombarg[43]. Para a realização dos cenários da peça, Turkow contatou Lasar Segall.

Na primeira carta datada de 29 de julho Turkow assim se expressa: "Esse espetáculo, além de seu caráter comemorativo, deverá também servir como demonstração de nossas artes teatrais, pelas quais há tanto interesse nos círculos culturais brasileiros. É evidente que sua participação como criador dos projetos de cenário e figurino seria a garantia de um alto nível artístico para o espetáculo e uma celebração solene da cultura judaica no Brasil". Após várias trocas de cartas, Turkow manifesta que "a cooperação entre artista e diretor exige, é claro, uma concordância e uma confiança mútuas; esta última possibilita concessões de ambas as partes. Mas, sobretudo, eles devem sentir e ver o espetáculo da mesma forma em seu aspecto final. Só então sua criação será harmônica, e o espetáculo não irá sofrer de um ecletismo teatral. O diretor e o artista devem criar uma atmosfera correspondente com a situação e composições em grupo". Possivelmente Turkow conhecia a obra do pintor que incluía a feitura de painéis para os bailes carnavalescos da SPAM (Sociedade Pró-Arte Moderna), em 1933 e 1934, bem como os cenários para *Sonho de uma Noite de Verão*, espetáculo apresentado no Teatro Municipal de São Paulo pela Escola de Dansa e Gymnástica Chinita Ullman e Kitty Bodenheim em 1938[44].

---

42. *Jornal Israelita*, 29 de setembro de 1945, no qual Leo Halperin publicou o texto *A Mãe e o Filho*.

43. Em *Aonde Vamos?*, de 22 de novembro, anuncia-se a peça para o dia 25 de novembro, porém na nota crítica do mesmo periódico de 29 de novembro consta a data da representação como sendo 20 desse mesmo mês. Também *Jornal Israelita*, de 27 de outubro de 1945 e 10 de novembro, anunciam a peça para 20 de novembro desse ano a ser apresentada no Teatro Ginástico. O anúncio no mesmo jornal, publicado em 17 de novembro, que lembra a data de 30 do mesmo mês certamente não passa de um erro.

44. Catálogo da exposição Lasar Segall cenógrafo, Centro Cultural do Banco do Brasil, Rio de Janeiro, 1 de fevereiro a 31 de março, 1996. Segall ainda pintaria os cenários para o *O Mandarim Maravilhoso* de Bela Bartok, apresentado pelo Ballet do IV Centenário de São Paulo no Teatro Municipal de 6 a 26 de junho de 1955.

Ainda na Alemanha Segall teve contato com o teatro ídiche no círculo de seus conhecidos com os quais convivia[45]. O famoso pintor vivia em São Paulo e boa parte das tratativas entre ambos foi feita por correspondência a partir de 29 de julho de 1945. Nessa troca de cartas em russo, o diretor descreveu o conteúdo da peça, especificando os atos que a compunham, esboçando em alguns deles alguns desenhos de palco a fim de dar a Segall uma noção das tramas existentes no texto de Sholem Aleichem[46].

Turkow participaria da vida comunitária judaica dando uma contribuição pessoal com sua arte às iniciativas das instituições locais. Assim o vemos organizar um programa artístico para o Comitê Russo de Socorro às Vítimas da Guerra no qual ele apresentou, em 22 de agosto de 1945, as peças *O Avarento* de Molière, *Guerrilheiros* de sua própria autoria, e vários monólogos com a participação de Hersch Blank e Aida Kamenetzki. O relatório da Biblioteca Israelita Brasileira Scholem Aleichem (BIBSA) do ano de 1946 revela que, em 6 de abril desse ano, ele apresentou novamente no Teatro Ginástico a peça *Dos groisse gevins*[47]. Turkow tomaria parte na noite lítero-musical, realizada em 11 de maio de 1946 em homenagem ao dramaturgo Leon Kobrin, na qual consta uma recitação coletiva da peça *Dorfs Yung* (*Jovem Aldeão*) com o círculo dramático da BSA na qual o veterano líder comunitário Aron Schenker falaria sobre o grande dramaturgo e escritor. No final desse mês Turkow e Rosa viajariam a Belo Horizonte e fariam encenações de várias peças durante os dias 28, 30 de maio e em 4 de junho representariam a peça *Shabatai Zvi*.

Nesse tempo de trabalho intensivo, ele encenaria em 27, 29 e 30 de julho de 1946, no Teatro Recreio, o clássico de Goldfaden-J. Aschendorf *Bar Kochba*, que seria reapresentada em 19 de agosto no mesmo teatro[48]. Participaria na Noite Lítero-Artística dedicada aos trinta anos do falecimento de Sholem Aleichem, realizada em 24 de agosto pelo Colégio Israelita Brasileiro Scholem Aleichem, com coro sob a direção do prof. I. Fleischman, conferência do professor P. Tabak sobre "A Vida e a Obra de S.

---

45. Em um caderno de anotações escrito por sua esposa Jenny Klabin Segall, aparentemente com a intenção de escrever uma história da família, lemos o que se segue: "Abrão Epstein montava também peças de teatro (Jidisches Teater) em que ele era regisseur, cantor, ator. Lasar às vezes fazia os cenários". Doc. ALS 0010-MLS –IPHAN / MinC.

46. No Arquivo do Museu Lasar Segall encontram-se 12 cartas de Sygmunt Turkow a Lasar Segall e 3 cartas do pintor a Turkow, um programa de apresentação da peça bem como os desenhos dos cenários.

47. Ver *Aonde Vamos?*, 4 de abril de 1946; *Jornal Israelita*, 30 de março de 1946.

48. A crítica sobre a peça encontra-se em *Aonde Vamos?* de 8 de agosto de 1946.

Cenários e figurinos desenhados por Lasar Segall para a peça *Dos Groisse Gevins*, encenada pelo Grupo Dramático da Biblioteca Israelita Brasileira Scholem Aleichem dirigida pelo diretor Zygmunt Turkow. Fonte: Arquivo Lasar Segall/Museu Lasar Segall/Ibram-MinC.

Fotos da peça *Dos Groisse Gevins*, Teatro Ginástico, 20 de novembro de 1945. Grupo dramático da Biblioteca Israelita Scholem Aleichem, acervo Rumshinsky.

Correspondência entre Lasar Segall e Zygmunt Turkow sobre os cenários da peça *Dos Groisse Gevins*.

Fonte: Arquivo Lasar Segall/Museu Lasar Segall/Ibram-MinC.

Aleichem", e a interpretação de Turkow da encenação *Teyve e Suas Filhas*[49]. Pouco tempo após, em comemoração à data natalícia de seus 50 anos e 30 anos de teatro, encenaria em 23 de setembro, no Teatro Recreio, com o círculo dramático da BIBSA a peça de sua autoria *Abraham Goldfaden*[50]. A iniciativa fora de uma Comissão Promotora dos festejos na qual se encontravam intelectuais, jornalistas e escritores, composta de Maxim

---

49. *Aonde Vamos?*, 22 de agosto de 1946; 29 de agosto de 1946.
50. Encenaria pela segunda vez em 7 de outubro do mesmo ano. Ver *Aonde Vamos?*, 3 de outubro de 1946.

II. Для более удобного определения деталей назовем все части сцены их техническими именами.

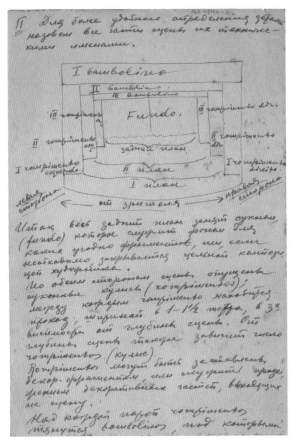

Итак, весь задний план занят сукном (fundo), которое служит фоном для каких угодно фрагментов, или, если необходимо, закрывается цельной картиной цвет художника.

По обеим сторонам сцены, опущены суконные кулисы (comprimento); между которыми comprimento находится проход, шириной в 1-1½ метра, в 3ᵉ висимости от глубины сцены. От глубины сцены также зависит число comprimento (кулис).

Сomprimento могут быть заявлены декор. оформлением, или служить предметным декоративных частей, выходящих на сцену.

Над каждой парой comprimento тянутся bambolina, под которыми

IV. которые мне нужны для акции, на которых уже происходят репетиции, а именно:

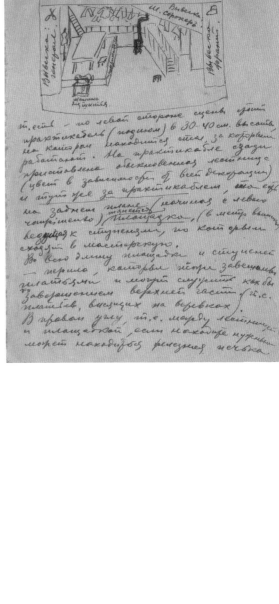

т. е. — по левой стороне сцены, общий практикабель (подиум) в 30-40 см. высотой, на котором находится стол, за которым работают. На практикабле сзади приставлена обыкновенная лестница (цвет в зависимости от всей декорации) и тут же за практикаблем, так что на заднем плане (начиная с левого comprimento) площадка, (в метр высотой) к ступеньки, по которым сходят в мастерскую.

Во всю длину площадки и ступенек — перила, которые могут завешиваться плательями и могут служить как бы завешиванием верхней части (т.е. плательев, висящих на веревках).

В правом углу т.е. между лестницей и площадкой, если находите нужным может находиться режиссерский шесток

VI.

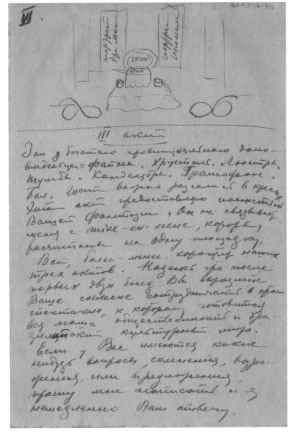

III акт

Зал в богатом провинциальном домовладельце профита. Хрусталь. Люстры. Тумбы. Канделябры. Граммофон. Бал. Гости важно рассевшие в креслах.

Этот акт представляю исключительно Вашей фантазии. Он не связывает сцены с mise-en-scène, которую рассчитали на одну площадку.

Вот, более менее, характер наших трех актов. Надеюсь что после первых двух бесед Вы выразите Ваше согласие содружничать в работе спектаклем, к которому готовится без малого общественный и братский культурный мир.

Если у Вас имеются какие либо вопросы, сомнения, возражения, или предложения, прошу мне написать и я немедленно Вам отвечу.

Correspondência entre Lasar Segall e Sygmunt Turkow. Fonte: Arquivo Lasar Segall/Ibram-MinC.

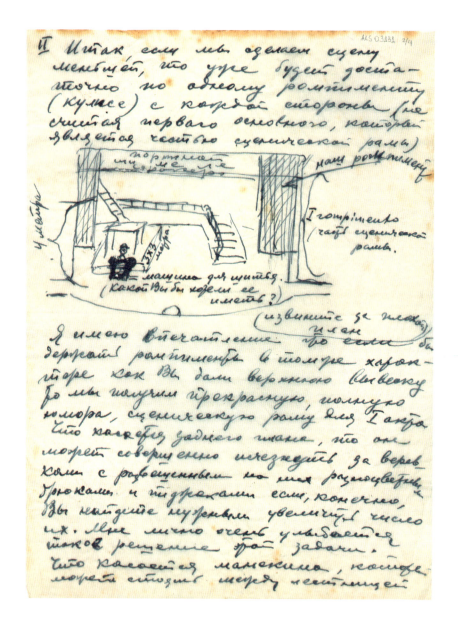

Stern, P. Tabak, M. Jacobskind, Zvi (Henrique) Iussim, Rosa Palatnik, J. Landa, Aron Bergman, Leo Halperin[51], Samuel Malamud, Hersch Blank

---

[51]. Como já dissemos em outro lugar de nosso trabalho Leo Halperin atuou no teatro ídiche da Argentina assim como sua esposa Esther. Esther Halperin, enquanto o casal esteve no Brasil, foi diretora artística do Círculo Dramático e Coro "Max Nordau" composto de membros das instituições comunitárias judaicas Wizo, Young Wizo e Organização Juvenil Sionista. Ver *Aonde Vamos?*, 23 de maio; 25 de julho de 1946.

e outros[52]. Em sua homenagem Os Comediantes levaram à cena a peça de E. O'Neill *Desejo*[53]. A imprensa brasileira dedicou espaço ao jubileu de Turkow e o teatrólogo Joracy Camargo, em artigo publicado no jornal *Diretrizes*, escreveu sobre ele em termos de apreço e exaltada admiração pelo "brilhante representante da universal família do teatro"[54]. De fato, nesse tempo, ele estaria atuando no teatro brasileiro e regeria com Os Comediantes a peça *Mulher Sem Pecado* de Nelson Rodrigues, encenada no Teatro Phoenix em janeiro de 1946, tendo como parceiro Ziembinski e como assistente João Angelo Labanca[55]. Turkow seria admirado por sua direção mesmo antes da apresentação da peça e pelo próprio autor Nelson Rodrigues[56]. Também seria o diretor e responsável pela encenação da

---

52. O Comitê do 50º aniversário se formaria em agosto acompanhado de uma notícia publicada em ídiche divulgando o acontecimento. Ver *Aonde Vamos?*, 15 de agosto de 1946.

53. No volante que anuncia o espetáculo consta: "Os Comediantes do qual o sr. Zygmunt Turkow é diretor-de-cena por motivo de seu jubileu artístico resolveu homenageá-lo…".

54. Ver Z. Turkow, *Di Ibergerissene tekufe* (*A Época Interrompida*), Buenos Aires, 1961, p. 385.

55. J. Guinsburg e Armando Sérgio Silva (org.), *Diálogos sobre Teatro*, São Paulo, Edusp, 1992, pp. 57-92; Ruy Castro, *O Anjo Pornográfico*, São Paulo, Companhia das Letras, 1992, p. 195. O *Jornal Israelita* de 16 de fevereiro de 1946 publicaria uma crítica sobre a peça de Sabath Karakushansky; *Jornal Israelita*, Rio de Janeiro, 2 de novembro de 1946. Um ano antes, em 2 de novembro de 1945, o *Jornal Israelita* publicaria um pequeno artigo sobre Turkow intitulado "Turkow e o Teatro Brasileiro" no qual se observa "…tem ele se dedicado ao teatro de amadores fazendo parte do grupo Os Comediantes, como um de seus diretores artísticos, posto a que vem emprestando o melhor de seu talento e da sua dedicação ao desenvolvimento, sempre crescente, da arte cênica no Brasil".

56. *O Cruzeiro*, Rio de Janeiro, 8 de setembro de 1945, assina Freddy; *Correio da Manhã*, Rio de Janeiro, 14 de outubro de 1945. Na revista *Diretrizes*, 15 de janeiro de 1946, Nelson Rodrigues, em entrevista concedida à revista se expressa: "[…] Mais importante, porém, do que a própria peça e os seus tipos e situações discutíveis, é a realização cênica de *A Mulher sem Pecado*. Este trabalho, que consumiu vários meses, constitui uma importantíssima contribuição para o nosso teatro moderno; é uma experiência que nós devemos ao magistral ensaiador polonês Turkow; é a apresentação de novos processos cênicos. Turkow fez um espetáculo da melhor e da mais moderna técnica teatral. Uma representação justa, sóbria, harmoniosa; uma densa atmosfera dramática, maravilhosamente criada pelo ensaiador. Cada instante da peça, cada inflexão, cada atitude, passou a ter uma maior carga de emoção um valor plástico mais positivo". Ver Fausto Fuser, *A "Turma" da Polônia…*, tese de doutorado, pp. 643-656. Outras críticas positivas sobre a direção de Turkow encontram-se no mesmo trabalho de Fuser, que se refere a um *Jornal*, sem identificação, de 19.1.1946, assinado por A.P.A. que fala da "magistral direção de Zygmunt Turkow"; em *O Globo*, Rio de Janeiro, se expressa: "O cenário de Santa Rosa, talvez um pouco grandioso, é todavia bem ideado e facilita sobremodo a inteligentíssima marcação de Turkow, que, com o jogo de escadas e dos planos, consegue uma belíssima marcação e prova o seu alto quilate como diretor de cena", assina Gustavo A. Dória; na *Folha Carioca*, Rio de Janeiro, 21.1.1946, "O Sr. Zygmunt Turkow trabalhou a peça do sr. Nelson Rodrigues com uma apresentação brilhante…", assina José César Borba; *Correio da Manhã*, Rio de Janeiro, 14.2.1946: "N'*A Mulher sem Pecado*, Turkow apresentou uma

peça *Terras do Sem Fim*, de Jorge Amado, com adaptação teatral de Graça Mello, apresentada no Teatro Ginástico em 8 de agosto de 1947, com cenários de Santa Rosa[57]. Ainda em 1947 ele pretendia levar à cena com Os Comediantes a peça *O Inspetor* de Gogol, texto que havia traduzido juntamente com Isaac Paschoal[58], mas cuja encenação por razões financeiras, ou políticas, não foi realizada[59].

No grupo Os Comediantes estaria em contato com Ziembinski, como ele, um imigrante da Polônia, a quem o teatro brasileiro deve muito[60]. Turkow que teve uma passagem relativamente rápida pelo grupo, deixou um lastro maior de seu talento criador no teatro ídiche ao qual dedicou sua vida. No entanto, ele marcou os atores que trabalharam sob sua direção. Ao se referir a Turkow o ator João Angelo Labanca assim se expressou:

> […] *Terras do Sem Fim* […] é uma parte nebulosa de nossa vida teatral e dos Comediantes, principalmente porque foi difícil, e mesmo a montagem daquela peça. Agora tínhamos como elemento principal o nosso ensaiador Zygmunt Turkow, que conduzia os atores de tal maneira que nós saímos daquilo que éramos considerados e chamados "ziembinsquinhos", para termos personalidade própria. Cada ator tinha a sua personalidade, dentro de um conjunto que não prejudicava o todo. Mas Turkow deixou que as nossas personalidades, as nossas espontaneidades, a nossa criatividade viesse à tona, e eles os amparava […]. O Ziembinski nos obrigava a imitá-lo. Nós éramos uma cópia fiel do Ziembinski. Ele não admitia que um dedo fosse levantado, assim ou assado […]. E veio o

---

novidade na técnica de teatro". Mas nem todas foram positivas, como se podia esperar das muitas críticas publicadas sobre a peça.

57. Ver Fausto Fuser, *A "Turma" da Polônia...*, tese de doutorado, pp. 657-666, que reproduz algumas críticas negativas à direção de Turkow publicadas na imprensa.

58. Rio de Janeiro, Ed. Leitura, 1945.

59. *Aonde Vamos?*, 24 de agosto de 1950.

60. O relacionamento entre ambos indica claramente que a hipótese aventada de Ziembinski ser judeu carece de fundamento. Ruy Castro, em seu livro, *O Anjo Pornográfico: A Vida de Nelson Rodrigues*, São Paulo, Companhia das Letras, 1994, p. 163, escreve que, "ao fugir da guerra, o polonês Ziembinski chegou ao Brasil... Nos dele e nos de milhares de judeus como ele". No entanto, Yan Michalski, em seu livro *Ziembinski e o Teatro Brasileiro*, São Paulo/Rio de Janeiro, Hucitec, 1995, p. 77, cita o testemunho do ator Labanca no tocante às relações entre Turkow e Ziembinski: "E o Ziembinski de certa forma também depreciava o Turkow. Ele nunca se referia ao Turkow a não ser dizendo 'esse judeu'. Isso era uma depreciação que nos feria também na ocasião". Na leitura do livro autobiográfico, escrito em ídiche, de Turkow, *Di ibergerrisene tekufe*, p. 380, Turkow, ao se referir a seu colega, usa a expressão "o ator polonês Ziembinski", o que dá a entender ser uma clara indicação que ele, Ziembinski, não era judeu.

Turkow, ao contrário, ele nos obrigou a estudar o texto, nos ensaiava [...]: "– Raciocina com o personagem!" e nos obrigou a estudar. Realmente nos deu toda uma estrutura interna que é um ator [...] e nessa época lançou muitas ideias do método de Stanislavski. "– Mas vocês não fiquem presos a essas coisas", apressava-se ele a acrescentar[61].

No referido depoimento a Fausto Fuser, Labanca acrescenta sobre Turkow: "Turkow não era atirado como Ziembinski – era muito reservado". E mais adiante ele testemunha: "A consciência implantada por Adacto, Turkow e Ziembinski era dar uma personalidade ao ator. Turkow principalmente, nos deu a consciência do que, politicamente, o ator deve ser perante a sociedade: o ator é um político numa tribuna dando uma mensagem através de sua voz, seu corpo – e sua consciência. Sem isso a representação é oca, vazia"[62].

Turkow dedicar-se-ia plenamente ao teatro ídiche e seu olhar crítico para o teatro profissional, no qual reinava o "starismo" e o interesse comercial, o levou a cumprir uma missão entre os grupos de amadores, onde quer que fosse solicitado nas comunidades judaicas do Brasil desde quando começara a atuar com o grupo dramático do Centro Cultural Israelita de Pernambuco, no Recife. Ainda que, esporadicamente, atuasse com profissionais em outros lugares, enquanto permaneceu naquela cidade tudo indica que seu verdadeiro sentimento de realização teatral se manifestava no trabalho com o grupo de amadores local até o ano de 1943 quando ali permaneceu. Foi ali que elaborou a peça *Abraham Goldfaden*, que teria uma segunda versão apresentada no Rio, no Teatro Recreio, como foi lembrado acima, e novamente em 7 de outubro de 1946 na qual tomaram parte Ida Kamenetzki, Rosa Szafran-Pasternak, Marta Parnes, Ahuva Kestelman, entre outros[63]. Coincidentemente, nesse mesmo ano de 1946 viria a São Paulo o importante diretor de teatro na Polônia Jacob Rotbaum, que atuaria junto ao grupo dramático do Instituto Cultural Israelita Brasileiro, o ICIB. Rotbaum também viria ao Rio de Janeiro para encenar em 29 de setembro de 1946, no Instituto Nacional de Música, a

---

61. J. Guinsburg e Armando Sérgio Silva, *op. cit.*, p. 90. Sobre sua atuação com Os Comediantes e no teatro brasileiro do Recife ver Anexo 1 do presente livro.

62. F. Fuser, *A "Turma" da Polônia...*, p. 423. Sobre Os Comediantes e o papel desempenhado por Turkow e Ziembinski vide também a obra de Nanci Fernandes e Maria Thereza Vargas, *Uma Atriz: Cacilda Becker*, São Paulo, Perspectiva, 1984, pp. 216-231.

63. Z. Turkow, *Schmussen vegen theater (Conversações sobre Teatro)...*, p. 182.

Programa da peça *Tewye O Leiteiro*, de autoria de Sholem Aleicheim, dirigida por Zygmunt Turkow, que também atua no papel de Tewye. Teatro Recreio, Rio de Janeiro, 1948. Fonte: A. Rumchinsky.

peça *Viderschtand* (*Levante*) de Noach Lurie, e proferir várias palestras na BIBSA[64]. Em 9 de outubro Rotbaum daria uma conferência sobre "Teatro e Cultura"[65].

Nesse ínterim, o grupo dramático da Biblioteca Israelita Brasileira Scholem Aleichem (BIBSA) dando continuidade às suas programações organizaria em 8 de setembro de 1947, no Teatro Regina, uma Noite Musical-Artística que incluía as peças *DiVant* (*A Parede*), de Z. Segalowicz, e *Agenten* (*Agentes*) de Sholem Aleichem, sob a regência teatral de H. Blank, com cenários de J. Landa, que incluía vários números musicais sob a direção do maestro Leo Gombarg.

Um passo importante para estimular o teatro ídiche, quando Turkow ainda se encontrava no Brasil, foi a decisão de criar em 15 de março de 1948, no Rio, uma Sociedade Amigos do Teatro Israelita (Gezelschaft Fraint fun Idischen Theater). A iniciativa partiu da BIBSA e em sua composição encontravam-se majoritariamente membros dessa entidade. A

---

64. *Bulletin*…, já citado, pp. 38-39.
65. Jacob Rotbaum (1901-1994) começou efetivamente sua carreira em 1930 no Vilner Trupe, quando encenou Eugene O'Neill. Teve um aprendizado com o famoso teatrólogo Meyerhold e o ator-diretor Schlomo Michoels, revelando-se também como pintor e desenhista de talento. Foi diretor do teatro polonês (1952-1968) em Wroclaw, mas devido à onda antissemita na Polônia daqueles anos foi afastado de sua função. No Brasil atuou no ICIB de São Paulo. Sobre ele ver também o capítulo de nosso livro "O Teatro Amador em São Paulo".

proclamação lançada pela Sociedade Amigos do Teatro Israelita aponta o papel do teatro na vida cultural judaica e assinala a presença de Zygmunt Turkow como importante estímulo para essa iniciativa[66]. Foi nesse ano de 1948 que Turkow realizou uma série de palestras sobre teatro, verdadeiro curso para o grupo dramático do qual resultaria o livro *Schmussen vegen theater* (*Conversações sobre Teatro*), publicado em Buenos Aires em 1950[67].

Em 29 de março de 1948 Turkow encenaria, no Teatro Recreio, *Teyve, o Leiteiro*, na qual participariam Bety Kertzman, Cilla Goifman, Ida Kamenetzki, David Berman, Riva Berman, José Landa, M. Lovitch, José Wasserman, Leopoldo Doliar, Willi Fahrer, Saul Weinzof, O. Gandelman. Seria um ano de importantes realizações teatrais que incluiria uma "Mendele Akademie" com encenações da obra do clássico da literatura ídiche Mendele Mocher Seforim, em homenagem aos 30 anos de seu

Fotografias da montagem da peça *Der Mishpet* (*O Processo*) (1939), de autoria de Schulamit Bat Dori, com tradução ao ídiche. Dirigida por Zygmunt Turkow. Teatro Carlos Gomes, Rio de Janeiro, 1 de setembro de 1948. A peça foi encenada em benefício da campanha pró-Israel. Fonte: A. Rumchinsky.

---

66. *Bulletin...*, já citado, p. 40.
67. No arquivo da BIBSA encontram-se convites para as palestras proferidas por Turkow, entre as quais uma sobre o tema da terceira conferência "O Teatro e Nós" ("Theater un mir").

Der Maharam fun Rotenburg, ator Lasar Kovarski no papel de Osher.

falecimento, intitulada *Omer R' Mendele* (*Disse R' Mendele*), apresentada em 29 de abril no espaço da Associação Brasileira de Imprensa (ABI). No segundo semestre, em 27 de novembro e 4 de dezembro encenaram a peça de H. Leivik, *Der Maharam de Rotenburg* (*R' Meier de Rotenburg*), apresentada no Teatro Carlos Gomes. No mesmo ano, em 12 de junho, o grupo dramático da BIBSA, sob a direção de Hersch Blank, já havia encenado no ABI a peça do escritor H. Sloves, *Nekume nemer* (*Vingadores*). Ainda em 1º e 15 de setembro de 1948, no Teatro Carlos Gomes, o grupo dramático encenaria, com a atriz israelense Shulamit Bat Drori, a peça *Der mishpet* (*O Processo*) que seria reapresentada posteriormente em 28 de abril de 1952 e 19 de abril de 1954 no Teatro Recreio.

A Sociedade Amigos do Teatro Israelita, no ano de 1949, realizaria outros espetáculos sob a direção de Turkow, a começar pela peça *Ale froien zenen schvester* (*Todas as Mulheres são Irmãs*), de Maria Marazovich Schtekovska, com a participação de Ida Kamenetzki, Ida Shafran[68] e Rosa Turkow, apresentada em 20 de agosto de 1949 no salão da ABI. Logo após encenaria em 17, 18 e 25 de setembro de 1949, na ABI, a peça *Haman's mapole* (*A Queda de Haman*), de H. Sloves, com cenários de Mendel Griner e música de Lea Gomnarg. Ainda no mesmo ano, em 11 e 18 de dezembro de 1949, a peça *Kol Tov* (*Tudo de Bom*). Em 8 de dezembro de 1949, encenaria

---

68. Ida Shafran atuaria no teatro brasileiro e radionovelas sob o nome artístico de Ida Gomes.

o clássico *Massoes Beniomen Haschlishi* (*Viagens de Benjamin, o Terceiro*), de Mendele Mocher Seforim.

Entre os objetivos da Sociedade Amigos do Teatro Israelita encontrava--se o intercâmbio cultural com São Paulo, o que de fato se deu com a encenação da peça *Tiefe vortzlen* (*Raízes Profundas*) em 26 de maio de 1951, no Teatro República, com a participação do Círculo Teatral do Centro Cultura e Progresso de São Paulo, sob a regência de Jacob Kurlender[69] e os amadores Moshe Agatur, Pola Reinstein, Lola Kopelman, Balbina Sigulim, Mendel Steinhaus, Guintze Kon, Leib Aizenberg, Jacob Schik, Meir Kon, Marcos Schor e Jaime Moscovitch. A Sociedade, anteriormente, também havia encenado, no Teatro República, a peça *Dervachung* (*Despertar*) do Dr. I. B. Zifer, com o círculo dramático da entidade ao lado de membros da Biblioteca Scholem Aleichem. Nessa última peça, regida por Hersh Blank, tomaram parte Maurício Wasserman, Saul Waisof, Moshe Rawet, Abraham Grinman, David Berman, Ida Kamenetzky, Mendel Kestenberg, Hirsh Blank, Dina Varantz, J. Wasserman e outros.

Turkow e Rosa fariam uma apresentação artística em junho de 1950, no ABI, com a peça de Andreief, *Dr. Kerzchnezew*[70].

Para o jubileu do Keren Kayemet LeIsrael (Fundo Nacional), Turkow encenaria pela segunda vez, em 16 de abril de 1951, no Teatro Regina, a peça de I. Mozenson, *Bearvot HaNeguev* (*Nas Estepes do Neguev*), apresentada mais tarde em São Paulo e Porto Alegre[71]. Nesse ínterim, Turkow

---

69. Ver sobre ele no *zlit*, vol. 4, pp. 3205-3206. Jacob Kurlender destacou-se como ator e diretor de notável talento. Veio ao Brasil em 1949 onde atuou em São Paulo e Rio de Janeiro até 1954. Nesse ano, juntamente com sua esposa, a atriz Esther Perelman, integrou-se, por iniciativa dos empresários e diretores Izak Lubelczyk e Willy Goldstein, à trupe sob a direção de Morris Schwartz, que na ocasião se encontrava em *tournée* no país e, após representarem alguns meses no Brasil, viajaram para uma *tournée* na África do Sul, voltando novamente ao Brasil para atuar com o grupo dramático do icib em São Paulo, além de outros. Em 1957 tomou parte, com a esposa, no Idischen Kunst-Theater (Teatro de Arte Judaico) que Morris Schwartz criou em Buenos Aires, participando nas peças *Yosele Solovei*, *Blondzende Schtern* (*Estrelas Errantes*) e *Sender Blanck* de Sholem Aleichem, *Estherke* e *Chelemer Chachomim* (*Sábios de Chelem*) de Aharon Zeitlin, *Onkel Mozes* (*Tio Moisés*) de Scholem Ash, e outras. Voltou ao Brasil com Morris Schwartz para representar *Di drei matunes* (*As Três Prendas*, adaptação do texto de I. L. Peretz), *Der Dibbuk* de Anski, *In a fervorfen vinkel* (*Em um Canto Esquecido*) de Hirshbein e *Teyve, der milichker* de Sholem Aleichem. Em seu repertório, incluiu as peças *Oifschtand in der Gheto* (*Levante no Gueto*) de Peretz Markish, *Schver tzu zein a yid* (*Difícil Ser Judeu*) de Sholem Aleichem, e *Hershele Ostropoler* de Gerschenzon. Em 1960 deixaria o Brasil para voltar à Polônia.

70. Ver crítica em *Aonde Vamos?*, 29 de junho de 1950.

71. *Aonde Vamos?*, 5 de abril de 1951, e crítica de Abi Detcher, em *Aonde Vamos?* de 19 de abril de 1951. Como já lembramos, Turkow participou em eventos comunitários enquanto

Fotografia da montagem da peça *Der Maharam fun Rotenburg* (*O Rabino Meir de Rotenburg*), de autoria de H. Leivik. Dirigida por Zygmunt Turkow, que também faz o papel do Rabi Meir de Rotenburg. Na peça participam Rosa Turkow e Henrique Blank. Teatro Recreio, Rio de Janeiro, 6 de junho de 1949. Fonte: A. Rumchinsky.

Foto da atriz Dina Warantz na peça *Tzwei Idiche Froen* (*Duas Mulheres Judias*). Fonte: A. Rumchinsky.

seria convidado a ser diretor artístico da companhia com Sady Cabral e Maria Sampaio que Sarah e José César Borba estavam formando para fazer apresentações no Teatro Fênix[72]. Em 27 de novembro de 1950, apresentaria, no Teatro Serrador, a peça *Tzurik tzum leben* (*De Volta à Vida*), uma adaptação da peça de Pedro Bloch, *Esta Noite Choveu Prata*[73]. Meses antes de sua ida a Israel a fim de lá se estabelecer, participaria, em 10 de maio de 1951, numa comemoração, no Rio de Janeiro, do terceiro aniversário da Independência de Israel promovida pela Organização Sionista do Rio de

---

esteve no Brasil. Exemplo ilustrativo é sua participação na recepção ao líder sionista Jacob Zerubavel. Ver *Aonde Vamos?*, 28 de setembro de 1950. Também Rosa Turkow participaria em eventos comunitários, como podemos constatar na comemoração do Centenário de I. L. Peretz, promovida pela organização feminina Wizo do Rio de Janeiro, em 1º de julho de 1951, no qual apresentou textos do clássico escritor da língua ídiche. Ver *Aonde Vamos?*, 5 de julho de 1951.

72. *Aonde Vamos?*, 27 de julho de 1950. Em setembro, Turkow dirigiu a peça *Caminhantes sem Lua*, de Sarah e José César Borba, no Teatro Fênix, que, segundo a crítica de *Aonde Vamos?*, de 5 de outubro de 1950, não obteve sucesso. As críticas à peça feitas por Sábato Magaldi, no *Diário Carioca*, 19.9.1950, de A. Accioly Netto, em *O Cruzeiro*, Rio de Janeiro, 30.9.1950, bem como o fragmento do artigo de José César Borba e o fragmento na *Revista Branca*, sem data, reproduzidos por Fuser em sua tese de doutorado (pp. 667-670), tendem a valorizar a direção de Turkow, apesar do pouco sucesso da peça. Pouco após, em 26 de outubro do mesmo ano, *Aonde Vamos?* anunciava que a peça de Pedro Bloch, *Esta Noite Choveu Prata*, iria ser filmada em Israel com Zygmunt Turkow e representada por ele, Turkow, em Israel e também na Europa.

73. Ver crítica de Abi Detcher em *Aonde Vamos?*, 8 de dezembro de 1950.

Programa da peça *Ale Froien zenen Schwester* (*Todas as Mulheres são Irmãs*), de autoria de Maria Marazovitch Chepkovska, traduzida por Isaac Paschoal e adaptada pelo próprio Zygmunt Turkow. As atrizes principais são Rosa Turkow, Ida Shafran (Ida Gomes) e Aida Kamenetzky. Rio de Janeiro. Fonte: A. Rumchinsky.

Cena da montagem de *Die Puste Kretchme* (*O Albergue Vazio*) de autoria de Peretz Hirshbein, com os atores Aida Kamenetsky e M. A. Levovitz.

Janeiro, em um recital, em ídiche, com o título *Não é Mais uma Lenda* (*Ez iz mer nit kain legende*)[74]. Já em junho o crítico de teatro Abi Detcher (ou Deutscher)[75] escreveria sobre Turkow o que se segue: "Este ano Zygmunt Turkow completará trinta e cinco anos de teatro, toda uma existência dedicada a uma paixão: o teatro! Vindo da Polônia, a ele devemos a criação e o desenvolvimento do teatro em ídiche no Brasil, a ele devemos os maiores sucessos do teatro em ídiche no Brasil. O teatro brasileiro contou com sua colaboração; o seu desempenho no terceiro elenco de *Vestido de Noiva* de Nelson Rodrigues, como um dos dois homens inatuais, foi uma autêntica criação. Turkow também dirigiu uma das melhores peças de Nelson Rodrigues, *A Mulher Sem Pecado*, mas muitos afirmam que o seu melhor trabalho diretorial no teatro brasileiro foi realizado encenando *A Comédia do Coração* de Paulo Gonçalves para um grupo de amadores. Está sendo organizado um comitê para festejar esses trinta e cinco anos de teatro de Turkow; a essa justa homenagem desde já nos associamos"[76]. Em 5 de agosto de 1951, no Teatro República, em comemoração aos trinta e

---

74. *Aonde Vamos?*, 17 de maio de 1951. Os movimentos juvenis judaicos da época, Dror, Hashomer Hatzair, Bnei Akiva, Chalutz Hatzair, Gordonia, Betar e Wizo-Juvenil executariam vários números artísticos.
75. Veio a falecer, ainda jovem, em 19 de fevereiro de 1957 no desabamento de um prédio da comunidade judaica no Rio de Janeiro. Ver *Aonde Vamos?*, 28 de fevereiro de 1957.
76. *Aonde Vamos?*, 21 de junho de 1951.

Cena da montagem de *Massoes Benyomen Hashlishi* (*As Viagens de Benjamin III*) de autoria de Mendele Moicher Seforim, dirigido por M. A. Levovitz com os atores Mendel Kestenbaum, M. A. Levovitz, A. Griman, Dina Warantz e Saul Weinzof.

cinco anos de teatro, Turkow apresentaria a peça *Der oitzer* (*O Tesouro*) de David Pinski, na qual seria diretor e primeiro ator[77]. Nessa apresentação participariam os profissionais Esther Perelman, Rosa Turkow, I. Handfuss, Simão Buchalsky e outros[78]. Também a Cia. Nicette Bruno teria Turkow

---

77. *Aonde Vamos?*, 12 de julho de 1951. Aron Neuman, em comemoração aos 35 anos de teatro de Turkow, escreveria um artigo, publicado em *Aonde Vamos?* de 2 de agosto, sobre a atuação do grande ator e diretor no Brasil.
78. *Aonde Vamos?*, 9 de agosto de 1951.

como diretor da peça *Divorçons* de Jacques Deval[79]. Ainda em 18 de novembro de 1951 Turkow encenaria, no Teatro Regina, com o grupo dramático da BSA-Cabiras, *Oif di felder fon Isroel* (*Nos Campos de Israel*) de Schlomo Ari, sob o patrocínio do Keren Kaiemet LeIsrael (Fundo Nacional)[80].

Turkow deixaria o Brasil em fins de dezembro de 1951 e chegaria a Israel para se fixar no país. Inicialmente atuaria no teatro ídiche, passando logo depois a encenar no teatro hebraico[81]. Como vimos em outro lugar, ele passou a ser um portador da dramaturgia brasileira em Israel, a começar pela encenação da peça *Esta Noite Choveu Prata*, de Pedro Bloch, traduzida para o ídiche com o título *Tzurik tzum lebn* (*De Volta à Vida*). O crítico Abi Detcher nos informa que ele procurou interessar o Habima na peça de Nelson Rodrigues, *Vestido de Noiva*, bem como escreveu ao literato Samuel Rawet solicitando-lhe uma peça. De fato, em Israel, Turkow encenou a peça *O Casaco Encantado* de Lucia Benedetti, esposa de Raimundo Magalhães Junior, autor de *O Judeu* (*Disraeli*), que também pretendia lançar em hebraico[82]. Turkow viria a falecer em 1970, em Israel, porém Rosa continuaria ativa como atriz, obtendo sucesso em outros países, em particular em Melbourne, na Austrália, lugar em que nos anos 1980 atuaria como diretora do teatro ídiche no Kadimah Theatre "David Herman"[83].

No entanto, o circulo dramático da BIBSA continuaria sua programação teatral em ídiche até os anos 1960, graças à fecunda direção do veterano H. Blank que a ele esteve ligado desde o início. Hersh Blank seria regente dos eventos comemorativos e artísticos da BIBSA, como o do 7º aniversário

---

79. *Aonde Vamos?*, 13 de setembro de 1951. A notícia ressalta que ele se desincumbirá dessa tarefa na sua volta de Montevidéu, Buenos Aires e Santiago, antes de seguir para Israel.

80. *Aonde Vamos?*, 22 de novembro de 1951.

81. *Aonde Vamos?*, 20 de dezembro de 1951. Abi Detcher escreverá: "O distinto casal de artistas seguirá no próximo domingo rumo a Israel onde se radicará. O nosso *ishuv* (comunidade) tem uma dívida para com Zygmunt e Rosa Turkow, especialmente com o primeiro: enquanto campeava a mediocridade nos espetáculos locais de teatro em yiddish foi Z.T. o único a tentar dar representações de nível superior, representações a que ainda se aplica o termo teatro".

82. *Aonde Vamos?*, 24 de abril de 1952. Conforme notícia em *Aonde Vamos?* de 4 de junho de 1953, lemos que "Turkow, dirigente do Teatro Popular em Israel, de pouco êxito até agora, apresentou na semana passada a sua primeira peça em hebraico. Título da peça: *Eu sou o Acusado*, de J. Bar Jossef. Numa entrevista à imprensa, segundo o *Yedioth Hayom* (*Notícias do Dia*), de 25 de maio, declarou Turkow que ainda por algum tempo apresentará peças em yiddish e hebraico, mas pretende, em futuro próximo, montar apenas peças em hebraico".

83. *The Australian Jewish News*, Melbourne, 29 de julho de 1988; 3 de novembro de 1989; 10 de novembro de 1989. Rosa Turkow dirigiu nesse teatro a peça de Leon Kobrin *In di hoiche fenster* (*Nos Altos Escalões*).

do periódico *Undzer Schtime* (*Nossa Voz*), realizado no Teatro Recreio em 26 de abril de 1954. No 40° aniversário da instituição e inauguração da sede própria, sob sua direção, em 21 de novembro de 1955 encenou, no Teatro Recreio, *Di goldgreber* (*Os Mineiros*) de Sholem Aleichem. Em 12 de abril de 1958 encenou textos de comédias de Mendele Mocher Seforim na ABI e, em 20 de outubro de 1958, *Der Mulat* (*O Mulato*) de Langston Hughes, no Teatro Recreio. Evento especial seria organizado pelo Grupo Teatral do Departamento Juvenil da BIBSA, sendo sua primeira realização teatral em 16 de maio de 1959, em comemoração aos cem anos do nascimento de Sholem Aleichem, na qual seriam apresentadas, no Teatro Maison de France, as peças *Die kalikes* (*Os Aleijados*) de D. Pinski, *Hercules* de G. Bel com tradução de Z. Zylberczweig, *Mazel Tov* de Sholem Aleichem, sob a direção de H. Blank e cenários de M. Griner. No mesmo ano de 1959, em 5 de dezembro, no Maison de France, foi encenada a peça *Der oitzer* (*O Tesouro*) e no ano seguinte, em 17 de maio de 1960 a bem-sucedida peça *Dos groisse gevins* (*A Sorte Grande*), de Sholem Aleichem, voltaria a ser encenada, sob a direção de H. Blank.

A Biblioteca Scholem Aleichem, em 1941, estimulou a criação de uma associação de jovens denominada Clube dos "Cabiras" com uma programação cultural própria. Em dado momento passou a representar, através de seu círculo dramático de língua portuguesa peças do repertório ídiche traduzidas para o vernáculo. Em 30 de dezembro de 1943, sob a direção de Simão Buchalsky encenariam no Teatro Ginástico a peça *O Homem que Fica* de Raimundo Magalhães Junior[84]. Anteriormente já haviam encenado a peça *Não Consultes Médico*, de Machado de Assis[85]. Sua programação em 17 de dezembro de 1945 incluiu a representação da peça de Peretz Hirshbein *Campos Verdejantes* (*Grine Felder*)[86], traduzida por Isaac Paschoal que veio a falecer nesse mesmo ano[87]. A direção da peça esteve a cargo de Otto Schlesinger e nela tomaram parte Abram Director, Bela Karakuschansky, Ruth Knop, Simão Schveid, Liuba Koifman, Dina Moscovici, Jayme Libergot, David German e Mario Kremer[88].

---

84. *Aonde Vamos?*, 6 de janeiro de 1944. Ver crítica à peça em *Aonde Vamos?*, 17 de janeiro de 1944.
85. *Folha do Cabiras*, julho de 1945, ano I, n° 1.
86. Ver a crítica em *Aonde Vamos?* de 31 de dezembro de 1945; *Jornal Israelita*, 22 de dezembro de 1945.
87. *Aonde Vamos?*, 25 de outubro de 1945, comunica o falecimento de Isaac Paschoal ocorrido no dia 17 do mesmo mês, contendo uma pequena nota biográfica sobre sua pessoa.
88. *Jornal Israelita*, Rio de Janeiro, 22 de dezembro de 1945; *Aonde Vamos?*, 31 de dezembro de 1945.

 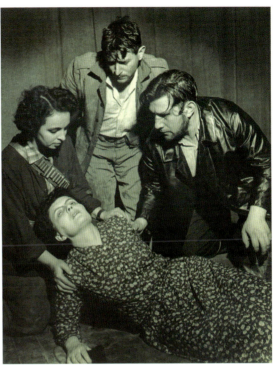

Não seria a única peça da dramaturgia ídiche que representariam. Em 12 de setembro e 22 de outubro de 1949, no Teatro Ginástico, levariam à cena a peça de Leon Kobrin *Yankel Boile* (*Der dorfs yung*, *O Jovem Aldeão*)[89] e, no ano seguinte, em 21 e 22 de janeiro de 1950, representariam *Mentschn* (*Gente*) de Sholem Aleichem, sob a direção de Misha Berenstein; *S'iz a lign* (*É uma Mentira*) de Sholem Aleichem, no evento comemorativo no encerramento do Congresso do ICUF (Associação de Cultura Judaica) e 3º aniversário do jornal *NossaVoz* (*Undzer Schtime*) realizado na ABI; em 15 de abril, em comemoração do Levante do Gueto de Varsóvia representariam *Sanatório Medem* de Z. Turkow, na ABI[90], sob a direção de W. Hammer; em 3 de julho, *Oilem Habo* (*O Mundo do Além*) de S. Aleichem, sob a direção de H. Blank[91]. Em 2 de abril o grupo teatral dos Cabiras promoveria a apresentação, no Teatro Regina, das peças *Bafraiung* (*Libertação*) de M. Katz,

Fotografias da montagem da peça *Di Tzeit fun Gezang* (*O Tempo da Canção*), de autoria de H. Sloves, dirigida por Zygmunt Turkow. Teatro Serrador, Rio de Janeiro, 14/21 de agosto de 1950. Com os atores David Berman, Moshe Rawet, Sara Takser, Avraham Grimman, Mendel Kestenboim, Dina Warantz e cenário de Mendel Griener. Fonte: A. Rumchinsky.

---

89. *Aonde Vamos?*, 20 de outubro de 1949.
90. Foi reapresentada novamente em 22 de abril no Festival Cabiras, no Fluminense Futebol Clube.
91. Representada também pelo Grupo Dramático da BIBSA, em noite promovida pelo ICUF de Madureira, no salão da Escola I. L. Peretz e também em 30 de outubro no Festival de Confraternização com o Grupo Dramático da BIBSA e Centro Cultura e Progresso de São Paulo.

Anúncio da peça *Tzurik Tzum Leibn* (*De Volta à Vida*), de autoria de Pedro Bloch, o autor de *As Mãos de Eurídice*. O texto é uma adaptação da peça do mesmo autor, *Essa Noite Choveu Prata* na qual o ator Zygmunt Turkow representa três diferentes papéis no palco. Teatro Serrador, 27 de novembro de 1950, Rio de Janeiro. Fonte: A. Rumchinsky. A peça destaca o talento de Turkow na arte da maquiagem.

Di grenetz (*A Fronteira*) de L. Daniel e D. Licht e *Mazel tov* de S. Aleichem, sob a orientação de H. Blank e participação de Ary Rosembrach, Esther Hagk, Sara Berman, Dora Jucht e outros[92].

---

92. *Aonde Vamos?*, 12 de abril de 1951.

270 ESTRELAS ERRANTES: MEMÓRIA DO TEATRO ÍDICHE NO BRASIL

O teatro amador no Rio de Janeiro, com a fundação da Biblioteca Is-raelita H. N. Bialik em agosto de 1939, ganharia um novo grupo dramá-tico que seria orientado pelo ator e diretor Simão Buchalsky. O grupo dramático programou noites lítero-musicais, como a de 5 de dezembro de 1943, realizada no Instituto Nacional de Música, que incluiu canções do folclore ídiche e hebraico encenadas por Simão Buchalsky e um tre-cho da opereta *Shulamit*, além de declamações e números musicais do violinista Samuel Margulis[93]. Em 31 de julho e 14 de agosto de 1944, em comemoração ao 5º aniversário da instituição, apresentaria um rico programa no Teatro Serrador que incluía a peça em um ato *Unzere kinder* (*Nossas Crianças*) de S. Glazerman, *Hertzls fon* (*A Bandeira de Herzl*), um ato com três quadros, com as canções encenadas *Milchome invalid* (*Invá-lido de Guerra*), *Chanele un Nochimil* (*Chana e Nahum*), *Der kleiner flichtling* (*O Pequeno Refugiado*), o diálogo *13 a schlimazldiker numer* (*13, um Número de Azar*) de M. Nadir, o monólogo *Der litwischer baldarschen* (*O Pregador Lituano*) de I. Tunkeler, além de canções populares[94]. Na programação to-maram parte J. Schor, M. Coifman, S. Rowner, E. Streitman, H. Trope, R. Bilmis, o menino A. Teitelbaum, D. Roterman, M. Ingber, Ida Shafran e Simão Buchalsky.

No dia 27 de agosto de 1945, levariam à cena um programa artístico composto de *Dos groisse gevins* (*A Sorte Grande*) de S. Aleichem, *Oib nicht noch hecher* (*Senão mais Alto*), *Vênus un Shulamis* (*Vênus e Sulamita*), *Musser* (*Moral*) e *Dos Schtraimel* (*O Chapéu*), todas de I. L. Peretz[95]. Nesse mes-mo ano seria fundada uma Sociedade Teatral Antonio José da Silva com objetivo de promover atividades e cursos sobre arte. Em sua diretoria tomaram parte Simão Buchalsky, Manoel Ingber, Sofia Rudes, M. Aizik, Ida Shafran e Leon Zilberman[96]. Outra associação juvenil, denominada Cadima, de tendência sionista, surgiria no Rio de Janeiro em 1946, e realizariam no dia 16 de agosto, no Instituto Nacional de Música, uma Noite de Arte com a representação da peça *Dos eibige lied* (*A Canção Eter-na*) de Mark Arenstein[97].

---

93. *Correio da Manhã*, Niterói, 8 de dezembro de 1943.
94. *Aonde Vamos?*, 3 de agosto de 1944.
95. *Aonde Vamos?*, 23 de agosto de 1945.
96. *A Nota-Mensal*, Boletim Interno da B.I.H.N. Bialik, Ano II, agosto de 1945, n. 11. Buchalsky publicou um artigo sobre "O Grupo Dramático e o Dever do Ensaiador", no Boletim Interno, Ano I, novembro de 1944, n. 2.
97. *Cadima* (*Avante*), Ano II, n. 14-15, julho-agosto de 1947.

O elemento denominado "progressista", com todos os seus setores e instituições, a partir de 1950, manteve entre 27 e 29 de janeiro um Primeiro Encontro da Associação Israelita Brasileira de Cultura (Iidish-Brasilianer Kultur Farband – ICUF) na Biblioteca Scholem Aleichem, que visava estabelecer uma coordenada programação cultural em todo o Brasil. Um ano e meio após, em 13-15 de junho de 1952, repetiu-se o encontro no qual tomaram parte representantes da Biblioteca Scholem Aleichem, *Undzer Schtime*, Comitê ICUF, com suas várias seções, Instituto para Cultura e Ensino, Escola e Ginásio Scholem Aleichem, Organização Feminina Vita Kempner, Cabiras, Farband fun Poilishen Idn (Associação dos Judeus Poloneses), Círculo Dramático da Biblioteca Scholem Aleichem, incluindo organizações similares de São Paulo com representantes da Sociedade para o Teatro e Música e o Círculo Dramático do Centro Cultura e Progresso, além de representantes de várias capitais do país (Belo Horizonte, Curitiba, Salvador, Porto Alegre etc.)[98]. O Comitê do ICUF (Idischer Kultur Farband) do Rio de Janeiro, lembrado acima, organizou em 12 de novembro de 1951, no Teatro Recreio, uma festa de comemoração dos cem anos do nascimento de I. L. Peretz, na qual, além das conferências de Aron Schenker e Itsche Goldberg, encenou-se uma apresentação musical intitulada *Zing mir a lid* (*Cante-me uma Canção*) de I. L. Peretz, sob a regência de Hersh Blank e direção musical de Lea Gomberg. Hersh Blank também programaria o evento do ICUF no encerramento do "mês do livro judaico", realizado em 14 de novembro de 1954 na ABI, com a peça *Der ktav fun rechts oif links* (*A Escrita da Direita para a Esquerda*) de H. Sloves, além de outras apresentações artísticas.

A importância e o papel do teatro ídiche na vida judaica foram enfatizados nas resoluções do Segundo Encontro da AIB de Cultura, no qual se refere o parágrafo V "Sobre o teatro judaico e os Círculos Dramáticos"[99]. Nas resoluções se enfatiza a necessidade de um trabalho permanente de apoio ao desenvolvimento dos círculos dramáticos, coros e atividades artísticas afins.

Dentre as organizações de imigrantes que tinham uma preocupação social e cultural destacou-se a Associação dos Judeus Poloneses (Farband fun Poilishe Idn) do Rio de Janeiro que teve durante muito tempo um círculo dramático de amadores de bom nível.

---

98. *Funken (Centelhas), literarish-gezelshaftliche oisgabe fun Ikuf in Brazil* (Publicação social-literária do ICUF no Brasil), Rio de Janeiro, nº 1, dezembro de 1952.

99. *Funken*, Rio de Janeiro, nº 1, dezembro de 1952, pp. 74-75.

Zygmunt Turkow e a arte da maquiagem. Transformando-se nos personagens que incorporou durante sua atuação na BIBSA. Fonte: A. Rumchinsky.

Os judeus poloneses do Rio, desde 1926, criaram uma associação cultural com o nome de I.L.Peretz Farain (Associação I.L.Peretz) que alguns anos depois, em 1930, passou a se denominar Farband fun Poilishe Idn[100]. Já em 1936 editaram um boletim intitulado *Poilishe Idn* (*Judeus Poloneses*) remontando seu círculo dramático a essa década[101]. Em 29 de agosto de 1937, encenariam a peça *Dos groisse gevins* de S. Aleichem regidos por H. Blank e S. Buchalsky[102]. Em uma atividade denominada "Peretz Academie", realizada em 17 de abril de 1938, o círculo dramático do Poilischer Farband apresentou, entre números de cantos e declamações, a peça em um ato *Gebrochene hertzer* (*Corações Partidos*)[103]. Em inícios de 1939, Blank e Buchalsky atuariam em prol da escola Mendele Mocher Seforim do bairro Leopoldina e representariam *Dos groisse gevins* e *Main vaibs meshugues* (*As Loucuras de Minha Mulher*), de Mark Arenstein. O teatro passava a ser importante para promoção e apoio financeiro às escolas judaicas recém-fundadas[104]. Apesar das dificuldades da década seguinte, em inícios de 1940, o talentoso ator e regente Simão Buchalsky dirigiu o círculo dramático da associação em apoio à Escola I.L.Peretz. O círculo dramático apresentava peças menores, obtendo muito sucesso com suas programações, a exemplo da levada a efeito em 2 de março daquele ano na qual constava *Unzer kinder* (*Nossas Crianças*) de S.Glazerman, *Oif a naien veg* (*Em um Novo Caminho*) de S. Doksel e *Main vaibs meshugues* de Mark Arenstein[105]. Em 23 de março dirigiria um programa de encenações, canto e declamações que incluíam *Bravo, dos heist geschpilt* (*Bravo, isto é o que se Chama Representar*) e

---

100. *IF*, 19 de agosto de 1930. A assembleia realizou-se em 16 de agosto, sendo eleita uma diretoria provisória sob a presidência de Aron Bergman.

101. *IF*, 27 de agosto de 1937, no qual se menciona a renovação do grupo dramático.

102. *IF*, 21 de agosto, 30 de agosto, 3 de setembro de 1937; *IP*, 3 de setembro de 1937.

103. *IF*, 22 de abril de 1938. Blank e Buchalsky seriam elogiados por seu trabalho teatral no Poilisher Farband em um artigo publicado no *IF*, de 6 de dezembro de 1938, assinado por Rosa Shafran. Em artigo publicado no *IF*, de 23 de setembro de 1938, vemos que os repetidos elogios aos esforços de ambos continham uma recriminação à indiferença da comunidade frente às necessidades materiais da instituição que ambicionava dar continuidade a uma programação cultural de bom nível.

104. *IP*, 18 de janeiro de 1939; *Jornal do Brasil*, 7 de janeiro de 1939.

105. *IF*, 27 de fevereiro de 1940; *Di Tzeit*, janeiro, n. 6 e março, n. 8 de 1940; *IP*, 8 de março de 1940. A iniciativa da fundação da escola se deve ao Poilisher Farband, cf. *IF*, 23 de janeiro de 1940, que contém uma circular do relatório das atividades da instituição para a Assembleia Geral a se realizar em 27 de janeiro; o mesmo no *IP*, de 20 de janeiro de 1940. Sobre o compromisso com a nova escola e o círculo dramático ver *IF*, 19 de fevereiro de 1940 e *IP*, 28 de fevereiro de 1940. Simão Buchalsky em seu livro *Memórias da Minha Juventude e do Teatro Ídiche no Brasil*, São Paulo, Perspectiva, 1995, menciona sua atuação no Poilisher Farband do Rio.

A bande meschugoim (*Um Bando de Loucos*), ambas de S. Glazerman[106]. Buchalsky também dirigiria a programação teatral para a "Peretz Akademie" (Academia de estudos sobre I. L. Peretz) que a associação comemoraria em 27 de abril de 1940 na qual se representou *Berl der Schneider* (*Berl, o Alfaiate*), *Venus un Shulamis* e *Er un zi* (*Ele e Ela*) de I. L. Peretz, com a participação de Hersh Blank[107]. O Poilisher Farband continuou com seu círculo dramático até os anos 1950, empreendendo juntamente com a Biblioteca Scholem Aleichem encenações em que tomavam parte elementos de ambos os grupos dramáticos. Em 19 de abril de 1952, na comemoração do Levante do Gueto de Varsóvia, promovida pelo Poilische Farband e pelos *landsmanschaften* (associações de imigrantes de mesma origem), apresentaram, no Teatro República, com o grupo dramático da BIBSA a peça *Nekume* (*Vingança*)[108]. Simão Buchalsky, como vimos, teve uma múltipla atuação em vários grupos dramáticos daquele tempo, incluindo o círculo dramático do Poilischer Farband, bem como da Biblioteca H. N. Bialik do Rio de Janeiro, e em outras. Também pequenas comunidades do Rio de Janeiro criaram grupos amadores e realizaram espetáculos de teatro ídiche. Buchalsky encenaria, em 3 de junho no Salão Grêmio Recreativo de Nilópolis, a peça de Rumshinsky *Amerikaner gliken* (*Alegrias Americanas*), com a participação de Bety Kertzman, D. Waiss, Sonia Tachner, Bentchik Lerner, Herman Worowitz, Goldgevicht, Daschevski e outros. Alguns meses após, em 1º de setembro, o mesmo grupo encenaria a peça *Troi vi iz daín hartz* (*Triste, como Teu Coração*), de J. Berkovitz.

Cremos que numa avaliação retrospectiva podemos afirmar que as instituições "progressistas" ou de esquerda, de todos os matizes, no seu conjunto, foram as que efetivamente deram uma contribuição maior à difusão do teatro ídiche no Brasil. Isso se explica por várias razões entre as quais podemos assinalar:

a) essas instituições seguiram as linhas partidárias originárias na Europa (Bund, Linke-Poalei Zion, e outras correntes) que adotaram o "idichismo" como parte de sua plataforma ideológica. O ídiche, para essas correntes partidárias, era considerada a língua nacional das *folks-massen* (massas populares), isto é, falada por milhões de judeus da Europa Oriental, e a dos que emigraram para outros continentes, em especial o Novo

---

106. *IP*, 29 de março de 1940; *IF*, 29 de março de 1940.

107. *Di Tzeit*, São Paulo, 9-10, maio de 1940.

108. *Aonde Vamos?*, 17 de abril de 1952.

Mundo. O "idichismo" implicava na afirmação de uma cultura elaborada desde o século X quando o dialeto originário do *mittelhochdeutsch*, médio alto-alemão, começou a se sedimentar como meio de comunicação entre os judeus da Alemanha medieval e das comunidades que iam se formando, com o tempo, com a expansão germânica no Leste europeu. Durante vários séculos, a língua amoldou-se para ser um instrumento precioso da criatividade judaica, gerando uma literatura própria que espelhou o mundo espiritual, os sentimentos e a vida da população dos *schtetlach* (pequenas cidades) e das populações urbanas da vasta região que abrangia o Império Czarista e seus territórios. No século XIX, o ídiche havia acumulado uma considerável e rica literatura que passara a ser transmitida na rede escolar judaica representada pelo Cysho (Organização Central das Escolas Judaicas de Orientação Idichista). Ela foi instrumental para o ensino das ciências, exatas e humanas, e para a aquisição de cultura geral, servindo de veículo para o conhecimento e a aproximação dos judeus à civilização europeia, o que lhe deu o *status*, à semelhança de outras, de língua nacional dos filhos de Israel. O ídiche já não era mais o "jargão", no olhar depreciativo de certos correligionários aculturados nos países do Ocidente europeu, mas era motivo de orgulho nacional para aqueles que tinham consciência de sua cultura milenar.

b) o "progressismo" judaico via a existência da Diáspora como uma realidade permanente e duradoura que o ideal das correntes nacionalistas para a criação de um Estado Judeu, seja na Terra de Israel ou em outro lugar, concepção dos assim denominados "territorialistas", ainda que passou a ser predominante, não chegou de todo a eliminar. Sua interpretação da história e do destino do povo judeu implicava, de um lado, a manutenção do judaísmo e sua herança cultural, evitando a assimilação e favorecendo a permanente identidade de seus membros com o seu povo, e, de outro lado, a luta permanente contra os males da Diáspora assentada na crença de que a participação dos judeus nos movimentos socialistas eliminariam pela raiz as injustiças, os preconceitos e a opressão que estes sofriam nos lugares onde se encontravam, levando-os a sua autoemancipação. Essa concepção se opunha ao movimento nacionalista, o sionismo, desde que se organizara como movimento político no século XIX, que formulava o renascimento judaico ser possível somente na Terra de Israel e cujo significado histórico-espiritual-cultural se voltava para o passado longínquo, aos tempos bíblicos, num esforço de recuperação da língua hebraica e toda sua criatividade através dos tempos, desde a compilação da Bíblia

Hebraica. O ídiche para os nacionalistas voltados ao renascimento do hebraico e sua cultura era uma língua da Diáspora (Galut) e de ideologias que justificavam a permanência e a continuidade da Diáspora. A Diáspora, ou a dispersão, era vista como a submissão de um povo ao jugo de outras nações, do passado sofrido e pesaroso, dos guetos, da extraterritorialidade, da discriminação e alienação social e ausência de esperanças na construção do futuro. A esperança e o renascimento nacional estavam associados ao hebraico e a renovação do povo. Antes de tudo, deveria começar pela renovação da língua gerada no solo dos Patriarcas, dos Reis

Fotografia da montagem da peça *Goldgreber* (*Os Mineiros*), de autoria de Sholem Aleichem, dirigida por Henrique Blank (Hersh Blank). Teatro Recreio, Rio de Janeiro, 21 de novembro de 1955. Fonte: A. Rumchinsky. Atores em cena: Aida Kamenetzky, M. A Levovitz, Iehuda Ciornai

de Israel e Judá e a dos Profetas portadores da mensagem ética do Deus monoteísta dos hebreus. Pensadores como Achad Haam, que elaboraram um nacionalismo que formulava ser o futuro Estado Judeu um centro de irradiação espiritual e cultural, viam no hebraico a língua unificadora do povo judeu ao redor de seu renascimento e o ídiche como uma língua secundária. As divergências ideológicas entre o "progressismo" e o sionismo se deram durante certo tempo também no plano linguístico, na oposição entre o ídiche e o hebraico. O tempo revelaria que o destino do ídiche como língua da Diáspora não dependeria da razão ideológica mas de uma realidade imprevisível e cruel que foi a Segunda Guerra Mundial que aniquilou seis milhões de judeus e destruiu as raízes que alimentavam a criatividade cultural do idioma falado nas comunidades da Europa. E na Europa Oriental, isto é, na Rússia Soviética, a eliminação do ídiche e da cultura judaica, a partir dos anos 30, fez parte de uma política do Estado comunista. Nas comunidades asquenazitas do Ocidente, após o término da Guerra, as gerações descendentes dos imigrantes nascidos no Novo Mundo foram perdendo contato com a língua e, mesmo quando a estudavam, o hebraico passou a ser predominante nos currículos escolares enquanto o ídiche ficou relegado às poucas escolas "progressistas" existentes nesses países. As escolas idichistas foram, com o tempo, fechando seus estabelecimentos e, quando não o fizeram, é porque adaptaram o seu currículo ao hebraico, ficando o ídiche como língua secundária e opcional. De qualquer modo, o "progressismo" manteve-se ideologicamente adstrito a essa cultura da qual o teatro ídiche era parte importante, pelas razões acima expostas, independentemente do fato de que não era um privilégio exclusivo de suas associações e grupos, pois se tratava de uma cultura de uma população que não se confinava apenas em uma corrente ou tendência mas era compartilhada por todos que a vivenciavam.

Porém, apesar do desaparecimento gradativo do teatro ídiche, ainda podíamos, a partir dos anos 1960, ter no Rio de Janeiro, graças ao empenho individual de pessoas e ao apoio de raras instituições, realizações teatrais em ídiche como as realizadas pelo grupo dramático do Clube Esportivo Monte Sinai, no qual Hersh Blank passou a atuar como regente[109]. Ele chegaria a apresentar vários espetáculos a começar no ano de 1962 quando encenaria as peças *Dos groisse gevins* (*A Sorte Grande*), *Mazel-Tov* (*Boa*

---

109. O Clube Esportivo Monte Sinai foi fundado em 27 de setembro de 1959 e a partir dos anos 1960 deu início a formação de um grupo dramático.

Desenho de cenário
de J. Landa. Fonte: AHJB.

Sorte!), *Der brenendiker dorn* (*A Sarça Ardente*); em 1963, encenaria *Wiglied* (*Canção de Ninar*) de S. Aleichem, *Dos guevein fun kind* (*O Choro da Criança*), de I. Ashendorf, *Di goldgreber* (*Os Mineiros*) de S. Aleichem; em 1964, *Goldene tzaiten* (*Tempos Dourados*) de S. Daikel, *Di kischefmachern* (*A Feiticeira*) de Goldfaden; em 1965, *Naches* (*Prazeres*) de I. L. Peretz, *Der Chusen* (*O Noivo*) de J. Tunkeler, *Oilem habo* (*Mundo do Além*) de S. Aleichem; em 1966, *Di ketube* (*O Contrato de Casamento*) de E. Kishon, *Guevald, ven schtarbt er* (*Socorro, quando Ele Morrerá*) de Chana Gottesfeld, também representada em 1967; em 1967, *Chana Szenes* de Aron Meged, *Di vant* (*A Parede*) de Z. Segalowitz, *Champagne* de I. L. Peretz, *A gast in schtetl* (*Um Hóspede no Schtetl*); em 1968, *Tzurik zu zain folk* (*De Volta ao seu Povo*) de L. Kobrin; em 1969, *Shraga Faivish kumt in Neguev* (*Shraga Faivish Chega ao Neguev*) de I. Sela, *Teyve, der milchiker* de S. Aleichem, que foi reapresentada em 1970; em 1971, *Der reben's kantschik* (*O Chicote do Rabino*) de J. Singer, *Main vaibs meshuges* (*As Loucuras de minha Mulher*) de Mark Arenstein, *Bar Kochba* de Goldfaden, e um Festival de Goldfaden que incluiu essa última peça, *Shulamis* e *Di kischefmachern*. Continuaria a atuar nos anos seguintes, a saber, em 1972, encenando *Dos groisse gevins* (*A Sorte Grande*), *A zinger, a bankir un a pusheter arbeter* (*Um Cantor, um Banqueiro e um Simples Trabalhador*), *Der zinger fun noit* (*O Cantor por Necessidade*), *Mazel Tov* (*Boa Sorte!*); em 1973, *Zing mir a lid* (*Cante-me uma Canção*) de Peretz e A. Goldberg; em 1974, *Aleijados, Der paiatz* (*O Palhaço*) de J. Levy, *Mit der subvei in Haifa* (*Com o Metrô de Haifa*) de I. Heiblune e M. Gros, *A brif tzu a mame fun a Isroel soldat* (*Carta para uma Mãe de um Soldado de Israel*), de Harry Patzanovsky, *Korten meshugues* (*Loucura por Cartas*) de Schlomo Prizament, *Oif a fidel konzert* (*Em um Concerto de Violino*) de D. Karpinovitch; em 1975, *Penina* de Chaver Paver; em 1978, *Tzurik tzu zain folk* (*De Volta ao seu Povo*) de L. Kobrin; em 1983, *Kasrilevner*, de S. Aleichem. A longa lista de encenações do Clube Monte Sinai se deve à dedicação incansável e ao amor de Hersch Blank, ao teatro amador de uma instituição disposta a dar todo o respaldo ao talentoso regente, em um tempo, como já vimos, em que as trupes profissionais haviam diminuído e mostravam claros sinais de decadência. O sucesso dessa iniciativa deveu-se essencialmente ao notável esforço pessoal e solitário de um homem que dedicou sua vida ao teatro ídiche, o notável Hersch Blank[110].

---

110. A grande parte da relação dos espetáculos do Clube Esportivo Monte Sinai encenadas por H.Blank encontra-se em um documento do Fundo 442 Josif Landa, AHJB. Entre os atores participantes do grupo dramático encontravam-se Emilia Rosenberg, Miriam Nossek, José Rosenblum, Lazar Kovarsky, Moisés Garfinkel, Isaac Dain, Esther Melzak, Pedro London, Aaron Diker, Morris Mintz, Jacob Steinberg, Regina Vaisfuss, Sara Milzak, Pinchas Teneboim, Iechiel Shor, David Garfinkel.

CAPÍTULO 7

O teatro ídiche em São Paulo: os círculos dramáticos de amadores

Pouco sabemos sobre os inícios do teatro ídiche em São Paulo, mas as primeiras notícias indicam que, entre 1912, ano em que se oficializou uma comunidade judaica asquenazita organizada ao redor da sinagoga Kehilat Israel no Bom Retiro, e 1914, já havia um grupo de amadores do teatro ídiche. Nesse mesmo ano, formou-se o Círculo "Philo-Dramático" junto a Biblioteca Israelita fundada por Abraham Kaufman, em abril de 1914. Nesse mesmo ano, Peretz Hirshbein, o renomado escritor e dramaturgo que em 1908 criou um importante grupo teatral em Vilna, visitaria São Paulo uma vez que fora convidado a vir para Argentina. Kaufman, bem como membros da comunidade do Rio de Janeiro, sabedores de que Hirshbein estaria no país vizinho, aproveitariam a oportunidade para convidá-lo a vir ao Brasil. Certamente, sua vinda a São Paulo tem algo a haver também com a existência do grupo Philo-Dramático. Hirshbein, em sua obra *Fun vaite lender* (*De Países Longínquos*) incluiria uma narrativa intitulada *A id iz krank* (*Um Judeu Está Enfermo*)[1]. De fato, o enfermo era Abraham Kaufman, que viria a falecer durante a permanência de Hirshbein no país. A Biblioteca reunia um círculo de pessoas que juntamente com o fundador formariam um grupo interessado em promover eventos culturais no qual tomaram parte Moisés Levcovitch (Costa), nascido no Brasil em 1891, Abraham Levin, Henrique Milion, Idal Tabacow, Israel Schwartz e outros. Os artistas amadores Bernardo e

---

1. Peretz Hirshbein em entrevista ao *Di idische emigratzie*, órgão do Hias-Emigdirekt de Berlim, reproduzida em parte no *IF*, 12 e 27 de janeiro de 1928, no Rio de Janeiro, menciona que na época não havia em São Paulo mais que 300 almas "mas eram gente de família", o que não é exato. Na obra *Fun veite lender: Argentine, Brazil, Yuni, November, 1914*, New York, 1916, reed. Book Renaissance, p. 173, ele escreve: "no total há aqui 200 famílias. E isso também, nos últimos tempos alcançaram o número de centenas".

Fanny Zaduschliver, Isaac Meier, Schifre Bronstein, Chassie Naiman, Eva Ticker, David Becker, I. Kleinman encenaram as operetas de Goldfaden, *Shulamis*, *Bar-Kochba*, bem como peças de Jacob Gordin, *Der vilder mentsch* (*O Homem Selvagem*) e *Got, mentch un taivel* (*Deus, Homem e Demônio*). Bernardo Zaduschliver nasceu em 1893, em Moguilev-Podolski, na Rússia, e, ao chegar ao Brasil, em 1912, passou a se ocupar com o círculo dramático anexo à Kehilat Israel. Fanny Kleinberg, sua esposa, nasceu em Secureni, na Bessarábia, em 1894, e, ao vir para o Brasil em 1913, passou a atuar de imediato nesse círculo dramático. O longamente estabelecido casal de imigrantes Isaac e Golde Tabacow davam apoio financeiro às iniciativas teatrais do grupo que apresentavam para a pequena comunidade paulista espetáculos beneficentes para o Relief – Comitê de Ajuda às Vítimas (da Primeira Guerra Mundial) e, mais tarde, a partir de 1916, para a Sociedade Ezra de ajuda aos imigrantes.

Conforme a publicação *Geschichte fun Ezra* (*História da Ezra*), publicada em 1941, de autoria de José Nadelman, um velho ativista da comunidade em São Paulo, o casal Zaduschviler desempenhou um papel central nessas atividades artísticas. Ao se transferirem para o Rio de Janeiro, em 1917, continuaram a promover representações teatrais, o que também é confirmado pela curta biografia que se encontra no *Léxico dos Ativistas Sociais e Culturais da Coletividade Israelita do Brasil*, na parte referente ao Rio de Janeiro, que não chegou a ser publicada[2].

Posteriormente, na década de 1920, quando a imigração para o Brasil e para São Paulo tornou-se mais intensa, a comunidade passou a criar instituições culturais, sociais e esportivas como o Jugend Club, o Círculo Israelita e o Clube Esportivo Macabi, além de *landsmanschaften* que agrupavam imigrantes de seus lugares de origem.

De acordo com o testemunho escrito de Hugueta Sendacz, intitulado *Aspectos Culturais do Bom Retiro*, um clube denominado Tzukunft foi fundado em 1922 ou 1923 passando posteriormente a se denominar Jugend Club, cuja sede se localizava na Rua Amazonas, no bairro do Bom Retiro, em São Paulo[3].

---

2. Os originais me foram cedidos por Zvi Yatom (Henrique Iussim), que deveria editá-los como parte do amplo projeto que estabelecera nos anos 1950 e contara com a colaboração de Baruch (Bernardo) Schulman e outros intelectuais daquele tempo. Sobre o projeto do *Léxico* vide N. Falbel, *Judeus no Brasil: Estudos e Notas*, São Paulo, Edusp-Humanitas, 2008, pp. 657-662.

3. Cópia do manuscrito me foi cedida gentilmente pela autora e sua filha Marina Sendacz, a quem muito agradeço.

Associação Tzukunft antecessora do Jugend Club, c. 1920. Fonte: Col. N. Falbel.

Reunião do grupo fundador da sessão dramática do Jugend Club, São Paulo, 1934. Da direita para a esquerda: Jacob Veltman, E. Beineman, Schlomo Kucinsky; David Weinberg; desconhecido, e Ruben Hochberg entre outros. Fonte: Col. N. Falbel.

De fato, o Jugend Club (Clube da Juventude) foi fundado em 1925[4] e teve sua primeira sede na Rua Santa Ifigênia, nº 5, transferindo-se mais tarde para a Rua José Paulino, e logo em seus primeiros meses de vida

---
4. No *Léxico* de Iussim consta 1928 como ano da fundação.

Encenação da peça *Ganuven* (*Ladrões*) pelo grupo dramático do Jugend Club de São Paulo com a participação de Simão Buchalsky, Ruben Hochberg, Jacob Weltman, o casal Bjostek e Yankel Len, anos 1930. Fonte: Col. M. Chusyd.

Cartaz da peça *Gevald, wen starbt er?* (*Socorro, quando ele vai morrer?*), do autor H. Gottesfeld, encenada pelo Jugend Club no Salão Luso-Brasileiro, São Paulo, em 30 de novembro de 1935. Fonte: AHJB.

teve de enfrentar problemas internos, a começar pelas restrições impostas ao ingresso de moças[5], além de um grupo de oposição que não aceitava a orientação de sua diretoria[6]. Nesse ano existiam, portanto, três instituições culturais, ou seja, a Biblioteca Israelita, que tinha um acervo de dois mil livros e contava com 120 sócios[7], o Centro Sionista, fundado em 1915, e o Jugend Club.

Quanto à atividade teatral do Jugend Club em seus primeiros anos de existência não temos maiores informações, porém sabemos que, em 14 de janeiro de 1933, a associação levaria ao palco do Salão Luso-Brasileiro a peça *Hirsh Leker*t de H. Leivik. Em 1934, o Jugend Club sofreu uma cisão da qual surgiu o Einheit Club (Clube União), que também criou um grupo dramático, sobre o qual falaremos mais adiante. Enquanto isso, o Jugend Club continuou sua programação cultural e, em 2 de outubro de 1938, no teatro Luso-Brasileiro encenou, sob a direção de Ruben Hochberg, a peça *Zvei Kuni Lemels* (*Os Dois Kuni Lemels*) de Goldfaden[8]. Uma

---

5. DIV (*O Semanário Israelita*), 18 de dezembro de 1925.
6. DIV, 8 de janeiro de 1926, traz a notícia de que, em 24 de novembro de 1925, houve uma reunião do grupo de oposição composto de Herman Schwartz, Leon Mutchnik, Schlomo Landa, Isaac Timoner.
7. A Biblioteca Israelita tinha uma comissão presidida por Oscar Segall, vice-presidente José Nadelman, secretário Goldenberg, tesoureiro Fichman, vogais Walbe, Karabachevski e Schechtman. Ver DIV, de 11 de dezembro de 1925.
8. SPIT, 30 de setembro de 1938.

carta da associação, datada de 3 julho de 1939 e dirigida a Lasar Segall, agradece ao pintor por lhes ter conseguido um espaço a fim de poder representar uma peça do teatro ídiche[9]. Nesses anos, o teatro ídiche era uma atividade central na programação cultural do Jugend Club, como podemos constatar pelo anúncio no periódico *Velt-Schpiguel* (*Espelho do Mundo*) de agosto de 1940 no qual informava que o Dram-Krais (Círculo Dramático) estava preparando a apresentação da peça *Dervachung* (*Despertar*), encenada anteriormente, sob a orientação de Ruben Hochberg, na qual a amadora Pola Reinstein teria o papel de Magda, e havia representado de tal modo "que profissionais poderiam aprender com ela como representar". A peça *Dervachung* (*Despertar*) seria encenada em 27 de outubro de 1940 no Teatro Santana[10]. Em 13 de julho de 1941 apresentariam no Teatro Luso Brasileiro a peça *Der dorfs yung* (*O Jovem Aldeão*) de Leon Kobrin[11]. Importante também no Jugend Club foi a criação do coro Schaefer que participava de suas atividades teatrais[12]. Em 1939 viria ao Brasil o ator Jacob Weislitz, do Vilner Trupe, que assumiu a orientação do grupo dramático do Jugend Club, desempenhando um papel central na formação dos atores amadores daquela associação[13].

Em artigo escrito sobre a biblioteca do Jugend Club, Josef Sendacz expressa que a associação "é a maior instituição progressista do Brasil" e em seu currículo dramático, suas incontáveis representações superam muitas vezes as dos profissionais que por aqui se apresentaram[14]. Ainda em abril de 1941, o círculo dramático, conforme notícia publicada em 12 de abril de 1941 no periódico *Di Tzeit* (*O Tempo*), "que já atua há 12 ou 13 anos", estava preparando a peça *Der Dukus* (*O Duque*) de Alter Kacyzne, sob a orientação de R. Hochberg. O coro Schaefer, acima lembrado, foi resultado da iniciativa de Lea Schaefer, viúva do conhecido compositor e músico Jacob Schaefer, que promoveu a difusão da obra de seu esposo em vários países, entre os quais o Brasil, na ocasião em que visitou o Jugend Club em meados de 1939, apresentando-a ao coro[15]. Em 16 de março de 1940, o coro, dirigido

---

9. A carta em ídiche encontra-se no Arquivo Lasar Segall/Museu Lasar Segall/Ibram-MinC.
10. *SPIT*, 15 de outubro de 1940.
11. *SPIT*, 7 de julho de 1941.
12. Ver *Velt-Schpiguel*, n.º 3, agosto de 1939; n.º 12, agosto de 1940.
13. Sobre Jacob Weislitz ver o Apêndice 1: Um manuscrito de Jacob Weislitz.
14. *Di Tzeit*, 7 de fevereiro de 1940.
15. *Di Tzeit*, 2 de setembro de 1939; 9-10 de maio de 1940. Em setembro sob a orientação de Lea Shaefer o coro ensaiou *A bund mit a statchke*.

pelo maestro Althausen, se apresentava no Salão Luso-Brasileiro numa noite de arte (*Klein kunst ovent*) com declamações feitas por Mendel Steinhaus e Clara Kaftal dos poemas *Kedoshim* (*Mártires*) de Malka Lee e *Misses Kaplan zogt* (*Sra. Kaplan Diz…*) de A. Rantch, com um monólogo

S'iz a lign (*É uma Mentira*) de Sholem Aleichem, encenado por M. Kestenbaum e H. D. Stern[16].

A Biblioteca Israelita continuaria existindo na década de 1920 e o Sport Club, que antecedeu o Macabi, este último com sua sede no Largo Paissandu, 20, em frente ao Salão Lira, também tinha um teatro amador que atuava em benefício dos judeus poloneses. Seu grupo dramático, que contava com a participação de Max Jagle, encenara, em 26 de junho de 1926, a peça de Jacob Gordin *Der Idischer Kenig Lear* (*O Rei Lear Judeu*), com os amadores Sra. Deitchman, Sra. Bakal, Srta. Landsman, Srta. Rosenboim, Leon Beltzer, David Brosilavski, Jacob Melnik, Jacob Goldbaum e outros[17].

Devemos observar que, naqueles anos, Max Jagle desempenhara um papel importante como diretor e ator experimentado nas entidades que promoviam atividades teatrais com seus círculos dramáticos. Nascido em Kalisz, na Polônia, em 25 de março de 1898, chegou ao Brasil em 1922 com uma bagagem teatral, pois havia cursado em sua terra natal uma escola dramática[18]. Sem dúvida, em São Paulo, nos anos 1920, ele era um dos poucos que se dedicavam a criar círculos dramáticos nas instituições comunitárias da época centradas no Bom Retiro, orientando os amadores num repertório literário de bom nível. Atuava tanto no Macabi, assim como o fizera anteriormente no Sport Club, quanto no Centro Sionista e no Jugend Club. Somente em 1925 chegaria Adolfo Wolff, também nascido na Polônia, em Radom, e que, além de uma boa formação cultural, possuía certa experiência teatral adquirida na Europa, uma vez que havia trabalhado com os atores Paul Baratoff, Itzchak Deitsch e outros atores que se destacariam como profissionais no mundo do teatro ídiche[19]. Em depoimento para o *Léxico dos Ativistas Sociais e Culturais*, em 1953, consta que atuou em um círculo dramático, sob sua direção, que representou *Got, mensch un taivel* (*Deus, Homem e Demônio*) de J. Gordin.

A atuação de Max Jagle foi intensiva, comparada na época somente com a de Jankiel (Jacob) Weltman, nascido também na Polônia, em

O diretor Ruben Hochberg, junto com Pola Reinstein (Rejnsztein), Jaime Galperin, Mendel Steinhaus, entre outros em leitura de peça. C. 1950. De pé da esquerda para a direita: Wolff Huberman. De pé da direita para a esquerda: Jaime Galperin, Mendel Steinhaus. Sentados: da direita para a esquerda: Leib Ajzenberg, Mendel Kestenbaum, Pola Rejnsztein, Ruben Hochberg, Geni Kohn. Ruben Hochberg atuou como diretor de teatro junto ao Jugend Club, a Associaçao dos Israelitas Polonesas, Cultura e Progresso, bem como no ICIB.

Peça *Oifshtand* (*O Levante*), encenada no Teatro Luso Brasileiro, em 1938, sob a direção de Ruben Hochberg com os atores Pola Reinstein e o próprio Hochberg, entre outros.

Fonte: ICIB.

---

16. *Di Tzeit*, 8 de março de 1940.
17. DIV, 11 de junho de 1926.
18. Conforme sua biografia no *Léxico*, era filho de Abraham e Sara Lea, vindo a falecer em 11 de fevereiro de 1949.
19. Conforme o *Léxico* de H. Iussim, Adolfo Wolff, filho de Israel e Raquel Lea, nasceu em 8 de agosto de 1892. No ano em que prestou seu depoimento, em 1953, ainda se mostrava muito ativo na vida comunitária.

Carta do Jugend Club agradecendo a Lasar Segall a indicação de um espaço para a realização de uma peça teatral 03/07/1939. Fonte: Arquivo Lasar Segall/Museu Lasar Segall/Ibram-MinC.

Lapitch, que ao chegar ao Brasil em 1929[20], começou a participar nas programações teatrais da comunidade paulista, pois também havia acumulado certa experiência em arte dramática em seu lugar de origem. Ainda nesse tempo, mais exatamente em 24 de julho de 1926, Max Jagle, na noite de fundação da Leie Schpor Kasse (Caixa Econômica de Crédito)[21],

---

20. Jacob Weltman nasceu em 2 de outubro de 1902. Ver biografia no *Léxico* de H. Iussim.

21. DIV, de 16 de julho de 1926, comunicava que se criou uma Leie Schpor Kasse sob a iniciativa

Grupo Dramático do Jugend Club sob a direção de Jacob Weislitz, 1939 com: 1. Mendel Kertzenbaum; 2. Guintche Kon; 3. Leib Ajzenberg; 4. Pola Rejnsztejn; 5. Jose Sendacz; 6. Lola Kopelman; 7. Yankel Len; 8. Miriam Len; 9. Motel Voloch; 10. Binem Orenstein; 11 Mule Goldstein; Kopelman. Fonte: ICIB.

Cartaz da peça *Tog un Nacht* sob a direção de Jacob Weislitz encenada no Teatro República em 10 de outubro de 1939. Fonte: Col. J. Serebrenic – M. Chusyd.

Foto com dedicatória ao Grupo Dramático de Jacob Weislitz atuando na peça *Sholom Schwartzbard*, de autoria de Alter Kacyzne. Fonte: ICIB.

a futura Cooperativa de Crédito do Bom Retiro, dirigiria a peça *Der Get* (*O Divórcio*) de Sholem Aleichem[22].

Do mesmo modo, por ocasião da inauguração da nova sede do Centro Sionista, em 9 de abril de 1929, Max Jagle encenaria a peça *O Humorista*, de Tunkeler[23]. Antes, quando o Centro Sionista resolvera fazer um programa de difusão de suas ideias no Clube Macabi, seria o ativo *regisseur* quem se encarregaria da parte teatral[24]. Em 24 de dezembro de 1927, apresentaria, no Salão Luso-Brasileiro, a peça *Mitn schtrom* (*Com a Corrente*) e a comédia *Tchias haMessim* (*Ressurreição dos Mortos*) em benefício dos colonos na terra de Israel[25]. Assim, podemos constatar que todas as entidades recorriam ao talentoso ator, que sempre se mostrava disposto a dar de si para ajudá-las em suas campanhas e programações culturais. Lamentavelmente, Max Jagle faleceu jovem, e, sem dúvida, os grupos dramáticos de amadores daquele tempo deveram muito ao seu trabalho e dedicação pessoal ao teatro[26]. Nesses anos se destacaria Mile Cipkus, ator de grande talento e versatilidade, que vinha de uma notável e tradicional família de atores. Em 4 de dezembro de 1925, *Dos Idische Vochenblat* anunciava que Mile Cipkus e Rosa Laks iriam ao Rio para uma temporada teatral. Ele atuou vários anos em São Paulo e no Rio de Janeiro e ainda em outros lugares como ator profissional, contratado pelos empresários das trupes que vinham do exterior, assim como pelas trupes que se formavam nos anos 1920 e 1930 no Brasil. Com seus familiares chegou a formar uma trupe com a participação da atriz Mery Gutowich que, associados a outros atores, percorreram as capitais do país[27]. Os membros da família Cipkus e Laks, que viviam no Bom Retiro, forneceram um bom número

---

de Leon Muchnik, Leon Raw, Schlomo Landa. A assembleia de fundação deu-se em 20 de junho do mesmo ano. Os objetivos da entidade propunham incentivar e criar meios para os profissionais e artesãos judeus que se estabelecessem em São Paulo, providenciar-lhes trabalho e fazer empréstimos a pequenos comerciantes necessitados. O capital seria formado por ações a serem vendidas e por espetáculos teatrais destinados a esse fim, devendo-se, para tanto, organizar um grupo teatral sob a orientação de Max Jagle. O primeiro espetáculo seria apresentado no dia 24 de junho, no Teatro Lira, com a peça *Der Get* (*O Divórcio*), de Sholem Aleichem.

22. DIV, 20 de agosto de 1926.
23. *Ilustração Israelita*, nos 9 e 10, abril-maio de 1929.
24. IF, 30 de março de 1928.
25. IF, 10 de janeiro de 1928.
26. No SPIT, 12 de dezembro de 1931, noticia-se a encenação de *Moshke Hazir* de Bercowitch para o dia 19 do mesmo mês, em sua sede, sob a direção de Max Jagle.
27. DIV, 21.11.1924; 5.12.1924; 12.12.1924; 19.12.1924.

Peça *Sholom Schwartzbard*, de autoria de Alter Kacyzne, encenada pelo Jugend Club sob a direção de Jacob Weitslitz em 1939. Fonte: ICIB.

de atores ao teatro profissional, como podemos verificar nas *Memórias da Minha Juventude e do Teatro Ídiche no Brasil*, do ator e diretor-empresário Simão Buchalsky[28].

Na década seguinte, isto é, nos anos 1930, formar-se-iam novas associações além das existentes acima mencionadas, encontrando-se entre elas o Einheit Club, fundado em 1934 e com sede à rua José Paulino, 144, no bairro do Bom Retiro. Em boa parte a iniciativa se deveu a Salomão Kucinski, que tinha convicções trotskistas, e, como vimos, foi consequência de uma cisão ocorrida no Jugend Club, que havia adotado uma orientação pró-stalinista. Entre os fundadores da nova organização encontravam-se Germano Nuzbaum, Abraham e Isaias Zilberman, Salomão Trezmielina, Jacob Weltman, Jacob Uzurpator, Jochen Orenstein, Rubem e Leizer Pintchevski, David Brusilovski, Simcha Lerner e outros. De início, o clube manteve-se apegado a uma linha trotskista, porém mais tarde identificou-se inteiramente com uma ampla atividade cultural idichista, na qual o teatro tinha um lugar privilegiado, uma vez que nesse clube se concentravam elementos do Bund, do Linke Poalei Zion (Poalei Zion de Esquerda) e outros elementos de esquerda,

---

28. São Paulo, Perspectiva, 1995. Lamentavelmente, Mile Cipkus veio a falecer no auge de sua carreira artística, deixando um verdadeiro vazio cultural na comunidade judaico-brasileira.

Peça *Uriel Acosta* de autoria de Karl Gutzkow, encenada pelo Grupo Dramático Cultura e Progresso em 1947. Fonte: ICIB.

todos adeptos da língua e cultura ídiche. Interessante notar que, entre os anos de 1934 e 1935, foi fundada uma escola, no Bom Retiro, seguindo o modelo da rede escolar do Cysho (Organização Central das Escolas de linha idichista na Europa Oriental). Nesse sentido, seu diretor, Abraham Ajzengart, era fiel seguidor dessa corrente educativa e recrutava seu corpo docente entre os sócios do Einheit Club. A escola teve uma existência limitada de apenas dois anos, ainda que fosse frequentada por 250 alunos e gozasse de grande popularidade. As desavenças e as disputas ideológicas entre os vários grupos partidários foi a razão principal para que deixasse de existir. O Einheit Club possuía uma biblioteca de 1.500 volumes e um círculo dramático dirigido por Jacob Weltman, que, a partir de 1934, começaria a apresentar seus primeiros espetáculos. De acordo com os cartazes que compulsamos para fazer esse levantamento, o Einheit Club encenou *Hirsh Lekert* de H. Leivik em data incerta; em 12 de maio de 1934, *Der provokator* (*O Provocador*) de Waksman; em 12 de janeiro de 1935, *Di 7 gehongene* (*Os Sete Enforcados*) de Leonid Andreiev; em 27 de abril de 1935, *Di ganovim*

(*Os Ladrões*) de P. Bimko; em 13 de março de 1937, *Dos groisse gevins* (*A Sorte Grande*) de Sholem Aleichem[29], além de realizarem noites lítero-musicais em que se encenavam peças curtas de Mark Arenstein, Sholem Aleichem, Tunkeler e outros autores. Entre outros tomaram parte no círculo dramático, Jacob Weltman, David Brusilovski, Bela Visotzka, Shepsel Ziskind, Regina Beinerman, Jojchen Orenstein, Abraham Galitzki, Leizer Krein, Beile Kaminietzki, Joine Spector, Mina Orlinski, Adela Shapira, Perl Leiner, servindo de ponto "Moishe", personagem que não pudemos identificar. Em documento datado de 13 março de 1935, Moisés Goldstein, presidente da Biblioteca Cultura, com sede à Rua Ribeiro de Lima, 39, requereu que se mandasse censurar a peça *O Bravo Soldado Schvaik*, comédia em quatro atos de autoria de Hochberg[30].

O Einheit Club acabaria por se dissolver em 1947 e boa parte de seus sócios ingressaria em agrupamentos partidários próximos ao sionismo obreiro[31]. Nesse período, isto é, na década de 1940, existiam dois coros em São Paulo, o Coro Schaefer e o Hazamir, e ambos participavam, por vezes, nas encenações teatrais do gênero da "opereta", tendo como maestros Jaime Foigelman, A. Pelavski e A. Althausen. Este último pertencia ao grupo fundador do Coro Hazamir surgido em 1935, do qual tomavam parte J. Foiguelman, A. Cantor, P. Schor, J. Waichenberg, I. Maierovitch, I. Bilman, M. Kibak, M. Goldring, J. Schultz, Wasserman e M. Korn. O Hazamir também levou à cena em 24 de março de 1940, no Teatro Sant'Ana, a peça *Ahashverosh* (*Ahasveros*)[32] e, em 1943, no Teatro Municipal, a peça *Bar-Kochba*, ambas de Goldfaden, sob a regência de A. Althausen[33]. A formação de um Grupo de Amadores Israelitas Paulistas, composto de atores com boa experiência teatral, que incluía Ruben Hochberg, Rosa Cipkus, H. Haim, J. Weltman, D. Brusilowski, J. Galperin, J. Lashkevitch, G. Lashkevitch, J. Foigelman, J. Schwartz. A. Cuker, M. Kestenbaum, Leyba Mandel, tendo como diretor Izak Lubelczyk, encenariam

---

29. Esta última peça é anunciada no SPIT, 12 de março de 1937.

30. Arquivo Miroel Silveira-ECA-USP. Possivelmente a "Biblioteca Cultura" é identificada com o Einheit Club. Certamente a autoria da peça é do ator e diretor Ruben Hochberg.

31. Um "Comunicado" em ídiche de 30 de outubro de 1947 oficializa a dissolução da instituição e sua identificação ideológica com o sionismo-socialista. Arquivo N. Falbel.

32. SPIT, 19 de fevereiro de 1940.

33. Ver artigo de R. Reiss "Hazamir-1935-1945", *Aonde Vamos?*, 19 de julho de 1945. Em nota de falecimento no jornal *O Estado de São Paulo*, 18 de fevereiro de 1988, consta que Jacob Schick, pai da pianista Anna Stella Schik, foi um dos fundadores do Coro Hazamir e escreveu peças de teatro. Quando residiu em Campinas, criou um grupo de teatro local.

em 14 de março de 1943, no Teatro Municipal, a peça *Dos groisse gevins* de Sholem Aleichem, em benefício da Sociedade Beneficente dos Israelitas Poloneses em São Paulo. Em 23 de maio apresentariam a peça *In emek habache* (*No Vale de Lágrimas*) de M. Kopelman. Esses atores, e outros que se juntaram a eles, atuaram como trupe profissial e tomaram parte nas companhias profissionais que vieram ao Brasil.

Com a formação do Grupo Teatral do Centro Cultura e Progresso, do qual Ruben Hochberg passaria a ser diretor, começaria uma nova fase no teatro amador de língua ídiche em São Paulo. O grupo seria composto por atores que revelaram verdadeiro talento para a arte teatral, encontrando-se entre eles Jacob Fridman, Pola Reinstein, Leib Aizenberg, José Rosenberg, Mendel Steinhaus, Moishe Agater, Dora Zgonska, Nathan Boms, além de outros. Já em 16 de julho de 1944 encenariam no Teatro Municipal a peça *A Vitória da Justiça* de Wolf Bresser e em 20 de agosto desse ano o clássico *Uriel Acosta* de Karl Gutzkov[34]. O Grupo Teatral Centro Cultura e Progresso se projetaria pelo elevado nível de desempenho teatral e pelo seleto repertório com que se apresentava. Sob a direção de Ruben Hochberg, o grupo encenaria no Clube Pinheiros, em 5 de novembro de 1944, a peça *Schlomke Scharlatan* (*Schlomke, o Charlatão*), da qual participariam, além de Hochberg, R. Weltman, M. Leonof, W. Goldberg, N. Boms, Z. Wilenski, E. Cipkus, B. Schor, D. Zgonska, Z. Laks e outros[35]. Com uma programação selecionada de peças com bom nível dramático, o grupo, que se esmerava em apresentar um digno trabalho artístico, passaria a atrair o público mais esclarecido e exigente. Também vemos o papel que desempenhou na difusão da cultura ídiche ao se associar à rica programação na comemoração do 30º aniversário da morte do escritor I. L. Peretz com a participação dos Coros Hazamir e Shaefer, sob a regência de Jayme Foiguelman e A. Althausen, palestra de José Sendacz, declamações de Paulina Beiguelman e Michel Zaltzman, leitura teatral de Mendel Steinhaus e Ruben Hochberg, sob o patrocínio da Sociedade Beneficente dos Israelitas Poloneses, Associação dos Israelitas Poloneses de São Paulo, Centro Cultura e Progresso, Sociedade Beneficente Israelita[36]. Em 28 de outubro de 1945, sob a direção de Ruben Hochberg, vemo-lo encenando, no Teatro Municipal, a peça *Der tog is gekumen* (*Surgiu*

Cenas da peça *Dos Groisse Gevins* (*A Sorte Grande*) de autoria de Sholem Aleichem, encenada no Teatro Santana em 9 de agosto de 1948 e dirigida por Jacob Rotbaum com os atores Geni Kon, Clara Kaftal, Amalia Kaplanski, Mendel Kestenbaum, Mendel Steinhaus, Moshe Agater, Pola Reinstein, Balbina Sigulem, Boris Cipkus, Leib Aizemberg, Gintche Kon, Ruben Hochberg, Jacob Schik, Jayme Bilerman, Tema Guinzel, Binem Orenstein, Gerson Puckynsk, Meir Kon, Ana Bulka, Jacob Schik e outros. Fonte: ICIB.

---

34. *Aonde Vamos?*, 31 de agosto de 1944.
35. *Aonde Vamos?*, 26 de outubro de 1944.
36. Cartaz, Arquivo do Teatro Municipal de São Paulo.

o Dia) de M. Hashevatsky e B. Bergoltz[37]. Em 22 de setembro de 1946 encenariam *Di kishefmacherin* (*A Feiticeira*), de Goldfaden, sob a regência musical do maestro A. Althausen e, no ano seguinte, em 6 de julho de 1947, *Uriel Acosta*. Já em fins de 1947 o grupo contava com a importante presença e direção de Jacob Rotbaum, que viera da Polônia e, em 9 de agosto de 1948, encenaria no Teatro Santana a comédia de Sholem Aleichem *Folk* (*Povo*) e, em 16 de agosto, *Dos groisse gevins* (*A Sorte Grande*)[38]. Contrastando com as programações das trupes profissionais que nesses anos vinham frequentemente ao Brasil, eles continuariam coerentes com a sua orientação inicial. Sob a orientação de Jacob Rotbaum, encenaram a original peça de sua autoria *Goldfadens Cholem* (*O Sonho de Goldfaden*), com a participação de Moyses Agater, Ruben Hochberg, Pola Reinstein, Clara Kaftal, entre outros, do Coro Hazamir e do Coro Shaefer, com a pianista Dora Althausen, peça que foi apresentada no Teatro Municipal de São Paulo em 30 de maio, 6 de junho e 13 de junho de 1948[39]. Vale lembrar que, em sua programação cultural, o Centro Cultura e Progresso incluía concertos lítero-musicais, com a participação do coro Schaefer, dirigido pelo maestro A. Althausen, a exemplo do realizado em 10 de julho de 1949 no I. E. Caetano de Campos.

Em 27 de março de 1949 apresentariam no Teatro Municipal *Der dorfs yung* (*Yankel Boile*) (*O Jovem Aldeão*) de Leon Kobrin[40] e meses mais tarde, em 18 de setembro, a peça *Madame Jaclin* de Jacob Kurlender, com a participação do autor, que viera para atuar no Brasil junto ao grupo, com Esther Perelman, na ocasião homenageada por seus vinte anos de atividade teatral[41]. O Grupo Teatral do Centro Cultura e Progresso ainda apresentaria, em 11 de dezembro, no Teatro Municipal, sob a direção de Kurlender, *Di grine felder* (*Campos Verdejantes*) de P. Hirshbein e, em 18 de dezembro, com o ator Leonid Sokolof, no Teatro Caetano de Campos, a peça *No Porto de Marselha*[42].

Nesse tempo, a comunidade já se apresentava com múltiplas instituições sociais, culturais e de beneficência, o que estimulava uma atividade

Cenas da peça *Goldfadens Cholem* (*O Sonho de Goldfaden*) de autoria e direção de Jacob Rotbaum com o Grupo Dramatico do Centro Cultura e Progresso, no Teatro Municipal, em 13 de junho de 1948 com os atores Moises Agater, Ruben Hochberg, Pola Reinstein, Meier Khon, Binem Orenstein, Mendel Kestenbaum, Clara Kaftal, Gintche Kohn, Amalia Kaplansky, Jose Schik, Jayme Bilerman, H. Fleicher, Balbina Sigulem, Chana Bulka, Mendel Steinhaus, Leib Aizenberg, Boris Cipkus, Rosa Green, Tema Guinzel, Jayme Urem, Moises Leirner, Anna Mitcowski, Riva Nimtzovitch, Jayme Stupac, Ester Waiskop, Rosa Feldman, Jacob Leiner, Nathan Mitcowski, Lenina Pomeranz, Johny Synnas e os corais Hazamir e Schaefer, sob a direção do maestro A. Althausen. Fonte: ICIB.

---

37. *Aonde Vamos?*, 15 de novembro de 1945. Nesse mesmo número ver artigo de Bernardo Seibel.
38. *Undzer Schtime*, 29 de julho; 12 de agosto de 1948.
39. Cartazes, Arquivo do Teatro Municipal de São Paulo. Consta a Casa Teatral como a fornecedora dos figurinos e a cenografia de Condell.
40. *Undzer Schtime*, 24 de março de 1949.
41. *Undzer Schtime*, 15 de setembro de 1949. Ainda que não fosse mencionado o grupo teatral do Centro Cultura e Progresso, boa parte dos atores pertenciam a esse grupo.
42. *Undzer Schtime*, 24 de novembro; 15 de dezembro de 1949.

Jacob Rotbaum com um grupo de atores do ICIB, em 1948. Binem Orenstein, Huberman, Leib Ajzenberg, Lola Kopelman, Sra. Huberman, Clara Kaftal, Guinche Kon, Amalia Kaplansky, Jacob Rotbaum, Telma Gunbel, Pola Rajnsztajn.

Jacob Rotbaum em Santos, 1948.

Fonte: ICIB.

teatral mais ampla favorecendo a vinda de um número maior de trupes do teatro profissional, que percorriam com suas apresentações todas as capitais do país onde houvesse comunidades com certo porte para acorrerem ao teatro ídiche. Dos anos 1950 em diante, o grupo dramático de língua ídiche do Instituto Cultural Israelita Brasileiro (ICIB) ou Casa do Povo (Folkshois), localizado à Rua Três Rios, 252, no Bom Retiro, seria um dos poucos que continuariam mantendo um repertório dramático tradicional e contemporâneo graças à atuação dos renomados diretores Jacob Rotbaum e Jacob Kurlender, que souberam aproveitar o elemento humano local e lhes dar uma segura orientação teatral. Como lembramos, seus atores eram, por vezes, chamados a encenar com atores profissionais, como ocorreu na comédia musical *Rumenische chassene* (*Casamento Romeno*), apresentada em 15 de janeiro de 1950, no Teatro Municipal, sob a direção de Jaime Galperin.

As vindas de Jacob Rotbaum e Jacob Kurlender ao Brasil foram decisivas para o desenvolvimento do grupo dramático do ICIB. Rotbaum estivera pela primeira vez no Brasil em 1938 a convite da Associação dos Israelitas Poloneses (Poilisher Farband) quando encenou no Teatro Municipal, com seu grupo teatral, a peça *Dos groisse gevins* (*A Sorte Grande*) ou *Duzentos Mil*, de Sholem Aleichem. A Associação dos Israelitas Poloneses ainda faria uma notável apresentação em 13 de janeiro de 1946, no Teatro Municipal, da peça *Shulamit* de Goldfaden, sob a direção de José Schreiber e com a participação de Raquel Krasilchik, Esther Gross, Necha Sztein, I. Freiman, Israel Gross, Henrique Bilman, Geny Kohn, Meyer Kohn, Henrique Schubski, José Sutzkever, Luiz Barbiaz, Salo Wolf juntamente com o coro Hazamir, sob a regência do maestro A. Althausen[43]. Devemos lembrar que associações menores, como a Associação Brasil-Bessarábia (Bessaraber Farband), poderiam patrocinar a apresentação de peças, tal como se deu em 24 de janeiro de 1954, na sede da própria Associação com a opereta *Di freiliche kapelie* (*O Bando Alegre*)[44].

Jacob Rotbaum e Jacob Kurlender voltariam por várias vezes a atuar com o grupo dramático do Centro Cultura e Progresso e com o do ICIB revezando-se por vários períodos. Em 28 de maio de 1950, deu-se o espetáculo comemorativo do 35º aniversário da morte do clássico escritor da língua ídiche I. L. Peretz, com a abertura solene e palestra de José Sendacz[45]. A programação incluiu a apresentação das peças *Personagens Infortunadas* e *Es Brent* (*Fogo*), ambas de I. L. Peretz, sob a direção de Jacob Kurlender, e com o Grupo Teatral do Centro Cultura e Progresso, no qual participaram Amalia Kaplanski, Guinsche Kon, Lola Kopelman, Leib Aizenberg, Pola Reinstein, Mendel Steinhaus, Jacob Schik, juntamente com o Coro Shaefer e a pianista Nora Boulanger. Em 9 de dezembro de 1950, Kurlender apresentaria, no Teatro Municipal, a peça *Raízes Profundas*, de Arnold Dissow e James Gaw. O mesmo diretor encenaria em 6 de setembro de 1952, no Caetano de Campos, a peça *Di mishpuche Zonenbruch* (*A*

---

43. *Aonde Vamos?*, 10 de janeiro de 1946.

44. *Undzer Schtime*, 12 de janeiro de 1954.

45. Sobre ele ver o livro *Um Homem do Mundo — José Aron Sendacz*, org. Familia Sendacz, Ed. do Autor, 2005.

Desenhos de Jacob Rotbaum dos personagens da peça Sender Blank, 1962

Personagem Miriam Blank, atriz Gintche Kon (1962).

Fonte: ICIB.

Família Zonenbruch), de Leon Kruchovski[46]. Também o ator Felipe Wagner que atuava junto ao grupo, dirigiu a peça *A bunt mit a stachke* (*Uma Rebelião com um Caminho*), encenada em 27 de agosto de 1955[47].

---

46. *Undzer Schtime*, 2 de setembro de 1952.
47. *Undzer Schtime*, 19 de agosto de 1955.

Personagem Dr. Kluger, ator Jacob Schik.

Personagem Zalman, ator Wallerman.

Personagem Mames, atriz Balbina Sigulem.

Personagem Rebe Kalman, ator Meier Kon.

Personagem Rebe Meier, ator Aizenberg.

Personagem Froike, ator Binem Orenstein.

Personagem Gabaite Bashe, atriz Amalia Kaplanski.

Personagem Ossip, ator Jose Serber.

Personagem Clara, atriz Branca Orenstein.

Fonte: ICIB.

Rotbaum alcançaria grande sucesso no evento que comemorou o 11º aniversário do jornal *Undzer Schtime* (*NossaVoz*), fundado em 3 de abril de 1947 ao encenar a peça *Der Goldfadens cholem* (*O Sonho de Goldfaden*) no Teatro Carlos Gomes em 9 de junho de 1958, na qual o maestro Abraham Pelavski encarregou-se da parte musical.

Cenas da peça *Sender Blank* de autoria de Sholem Aleichem e direção de Jacob Rotbaum, 1962. Pola Reinstein, Geni Kon, Rafael Golombeck, Mendel Steinhaus, Jose Serber, Clara Kaftal, Balbina Sigulem, Guintche Kon, Moshe Agater.

Pola Reinstein e Guintche Kon.
Fonte: ICIB.

Na mesma época, entre os anos de 1959 e 1960, o diretor Jacob Kurlender encenaria várias peças com o círculo dramático do Centro Cultura e Progresso. Em comemoração ao centenário de nascimento do escritor Sholem Aleichem, encenaria em 29 de agosto de 1959 no Teatro Municipal a peça de Sholem Aleichem *Schver tzu zein a id* (*Difícil Ser Judeu*)[48]. Essas peças teatrais seriam levadas a outras cidades, entre elas Salvador, na qual ambos os diretores encenariam na Sociedade Israelita da Bahia. Também em Santos Kurlender encenou, no Clube Canaã, a peça de M. Gerszenson *Hershele Ostropoler*. No conjunto das comemorações do centenário de Sholem Aleichem o grupo dramático também se apresentaria em Salvador com dois espetáculos promovidos pela Sociedade Israelita da Bahia, respectivamente em 7 e 9 de fevereiro de 1960.

O círculo dramático inspirou a formação do grupo que encenou peças em português e atuaria no Teatro TAIB (Teatro de Arte Israelita Brasileiro) ao ser inaugurado em 22 de outubro de 1960. A inauguração contou com a participação do coro Schaefer, sob a direção do maestro Henigsberg.

Jacob Kurlender com os atores do círculo dramático em língua ídiche levaria à cena em 18, 19, 20 e 24 de novembro de 1960 no TAIB a peça

---

48. Cartaz, Arquivo do Teatro Municipal de São Paulo. Nele consta a direção da peça de Jaime Galperin e a participação de Pola Reistein, Clara Kaftal, Hugueta Sendacz, Moyses Agater, entre outros. Na abertura solene do evento em que estiveram presentes altas autoridades convidadas também foi programada uma palestra sobre o escritor.

Foto da peça *Hershele Ostropoler*, de Sholem Aleichem. Direção: Jacob Kurlender.

Jacob Kurlander (1904-?)

Foto da peça *Tife Wortzlen* (*Raízes Profundas*), 1961. Direção de Jacob Kurlender. Nela tomaram parte Kopelman, Moshe Agater, Leib Aizenberg, Mendel Steinhaus, Balbina Sigulem, Geni Kon, Meier Kon, Pola Reinstein, entre outros.

Fonte: ICIB.

Hershele Ostropoler[49]. Rotbaum voltaria a atuar em 1962 junto ao ICIB e em 25 de agosto de 1962 faria um primeiro recital no TAIB.

O grupo de atores de língua ídiche contava com os experimentados Moshe Agater, Pola Reinstein, Balbina Sigulim, Mendel Kestenboim, Mendel Steinhaus, Meier Kon, Binem Orenstein, Guintsze Kon, Clara Kaftal, Amália Wolak, Leib Aizenberg além de outros. Entre os meses de agosto e dezembro de 1962 Rotbaum dirigiu várias peças que incluíam *O Sonho de Goldfaden*, novamente a peça *Dos groisse gevins* (*A Sorte Grande* ou *Duzentos Mil*), e a peça *Família Blank* de Sholem Aleichem, esta última apresentada no Teatro Municipal em 23 de dezembro de 1962.

A bem-sucedida peça *Raízes Profundas* continuaria sendo encenada no TAIB, em 1963, e outras peças como *O Dibuk* de An-sky e *Família Blank*. O final dos anos 1960 assinalaria o esmaecimento do teatro ídiche, ainda que se promovessem, esporadicamente, encenações isoladas em ídiche como a peça *Di ksibe* (*A Certidão de Casamento*), apresentada em 1965.

A título de curiosidade, ainda que não se relacione com o tema de nosso trabalho, vale lembrar que a atividade teatral no ICIB não se restringiu apenas aos adultos. A associação preocupou-se em introduzir o teatro como instrumento educativo e, para tanto, criou nos anos 1950 um clube infanto-juvenil denominado I. L. Peretz sob a orientação de Tatiana Belinky e Felipe Wagner, além de Boris Cipkus, filho do notável ator Mile Cipkus, cuja dinastia de atores remontava aos inícios do teatro ídiche na Europa. O Clube I. L. Peretz teria a direção teatral de Felipe Wagner e levaria à cena em 20 de novembro e 4 de dezembro de 1960 a peça infantil *O Mágico de Oz*, adaptação de Georges Ohnet, e, em 16 e 29 de abril de 1961, *A Bruxinha que era Boa*. Boris Cipkus dirigiu *Simbita e o Dragão*, assim como outras peças, juntamente com elementos próximos ao ICIB com experiência teatral e patrocinados pela Associação Feminina Vita Kempner, que atuava junto às entidades progressistas do país. A lista dessas peças infantis, que certamente encantavam as crianças participantes e da audiência, inclui *A Aventura na Ilha Azul* de Ricardo Gouvêa, *Joãozinho Anda p'ra Trás*, sob a direção de Felipe Wagner, *O Pirata da Lua*, de Jurandir Pereira, e outras[50]. Boris Cipkus participaria do grupo teatral do ICIB que também representaria peças em português tal como a comédia *Bolingbrok & Cia* de Martins Pena, encenada em 16

---

49. *O Estado de São Paulo*, 17 de novembro de 1960.

50. As peças se encontram no arquivo do ICIB.

e 17 de setembro de 1956 no Teatro Leopoldo Froes. Para a campanha dedicada ao término da construção do teatro TAIB o Grupo Teatral programou vários espetáculos a começar pela peça *Um Veredicto para N.N.*, de Oswaldo Dragun, e cenas do *Sonho de Goldfaden* encenadas em 20 de junho de 1959 no próprio local do teatro. O teatro, que fora construído com projeto de Jorge Wilheim e executado pelo engenheiro Biro Ernesto Zeitel, também seria utilizado para representações de peças em português do grupo teatral do ICIB bem como por outras companhias do teatro brasileiro[51]. Ainda em 29 de agosto de 1959, em comemoração ao nascimento de Sholem Aleichem, o Grupo Teatral de língua ídiche, sob a direção de Jaime Galperin e com os amadores Moshe Agater, Janny Reinstein, Clara Kaftal, Hugueta Sendacz, Leib Aizenberg, Mendel Steinhaus, Binem Orenstein, Pola Reinstein, Moisés Gurfinkel, Jacob Schik, Hersch Fleisher e outros, levariam à cena, no Teatro Municipal, a comédia *Dos groisse gevins* (*A Sorte Grande*).

Uma série de peças em português, de elevado valor dramático, fariam parte do repertório do TAIB e, ainda que nosso trabalho vise o teatro ídiche, não poderíamos omitir a importância do trabalho realizado por seu grupo teatral como uma instituição judaica que também fez teatro no vernáculo do país. Em 27 de junho de 1960, Amir Haddad levaria à cena *The Golden Boy*, de Clifford Odets, com Ana Mauri, José Serber e outros. A mesma peça seria encenada em 27 de outubro, com a participação de Adélia Victoria, Julio Lerner, e ainda seria novamente encenada em 20 de novembro do mesmo ano[52]. A programação do grupo amador de língua portuguesa incluiu a apresentação, em 16 e 20 de abril de 1961, de *Histórias para Serem Contadas*, de Oswaldo Dragun, com a participação de Felipe Wagner, José Serber, Ana Mauri, Boris Cipkus, Marcos Gawendo, Isaac Wasserman, N. Ritburd, Berek Hitelman e Selma Erlich[53]. Em 1º de setembro de 1961 apresentariam a peça *Nascida Ontem*, de Garson Kaniv.

Entre outras, o TAIB encenaria *As Asturianas Famosas* de Augusto Boal, baseada na obra de Lope de Vega; *O Menino de Ouro*, de Cliford Odets; *Eterno Trio*, de Felipe Wagner; *A Importância de Ser Prudente*, de Tatiana Belinky, baseada na peça de Oscar Wilde; *Trágico à Força*, de A. Tchekhov; *Novo Othelo*, de Joaquim Manoel de Macedo; *Uma Certa Manhã*, de Carlos

---

51. Sobre o TAIB, ver Sábato Magaldi e M. Thereza Vargas, *Cem Anos de Teatro em São Paulo*, São Paulo, Editora Senac, 2001, 2ª ed., pp. 358-359.
52. *O Estado de São Paulo*, 15 de outubro; 18 de novembro de 1960.
53. *O Estado de São Paulo*, 16 de outubro de 1961.

Foto do final da peça *Tife Wortzlen (Raízes Profundas)* 1961. Direção Jacob Kurlender, que figura entre os atores. Fonte: ICIB.

Ney; *Questão de Confiança*, adaptação de Tatiana Belinky; *Quem Casa Quer Casa*, de Martins Pena; *O Médico e a Morte*, de Eugenio Heltai, e *Os Dois ou Inglês Maquinista*, de Martins Pena. O TAIB seria também um lugar para apresentações de outras companhias teatrais e em seu décimo aniversário de existência o Teatro de Arena encenaria a peça *O Melhor Juiz: O Rei*, de Lope de Vega. Desse modo, a programação cultural da associação abria as portas para um importante intercâmbio com o teatro brasileiro.

Jacob Rotbaum voltaria a atuar em 1962 junto ao ICIB e, em 25 de agosto de 1962, faria um primeiro recital no TAIB, ao qual se sucederiam

Bollinbrook & Cia de Martins Pena, dirigida por Francisco Giachieri com os atores Elias Glezer, Fortuna Leirner, Hugueta Sendacz, Rafael Golombeck, Boris Cipkus e outros e encenada no teatro Leopoldo Froes em 16 e 7 de setembro 1956.

Programa da peça *O Dibuk* encenada em 1963 por ocasião da inauguração do Teatro de Arte Israelita Brasileiro TAIB.

Fonte: ICIB.

outros em 10 de setembro e 13 de outubro[54]. Em 27 de outubro de 1962, encenaria no TAIB a comédia *A Família Blank*, de Sholem Aleichem, com a participação, entre outros, de Rafael Golombek, José Serber, Ana Mauri[55]. A peça obteria grande sucesso e seria apresentada continuamente em

---

54. *O Estado de São Paulo*, 18 de agosto; 1º de setembro; 7 de outubro de 1962.
55. *O Estado de São Paulo*, 14 de outubro de 1962.

Cena da peça *Hershele Ostropoler* de Sholem Aleichem com adaptação de M. Gerszenson e encenada por Jacob Kurlender em 12 de abril de 1960.
Fonte: ICIB.

28 e 31 de outubro; 3, 4, 7, 10, 17, 18 e 25 de novembro; 1, 2 e 23 de dezembro de 1962; 16 e 23 de junho de 1963. Momento importante na programação do TAIB foi a encenação em português, em 18 de abril de 1963 de *O Dibuk*, de An-Ski, sob a direção de Graça Mello, com a participação de Maria Quadros Malta, José Serber, José Mandel, Silvio Band, Boris Cipkus, Rafael Golombek e outros[56].

A contribuição de Jacob Rotbaum à divulgação do teatro e da cultura ídiche no Brasil incluiu os assim denominados *Recitais Falados* (*Vort Konzert*), tais como os realizados em 25 de agosto, 15 de setembro e 13 de outubro de 1962 no TAIB, em que apresentou obras de Sholem Aleichem, I. L. Peretz, N. Nudelman e N. Lurie. Imbuído de seu papel de agente cultural, programou eventos comemorativos sobre escritores do mundo literário judaico, que compreendiam conferências em ídiche e em português, geralmente acompanhadas de uma parte musical, como a levada a cabo em 26 de dezembro de 1954, dedicada à recordação do aniversário da morte de Moshe Olguin, bem como a realizada em 27 de março do mesmo ano em homenagem a Abraham Raizen[57].

---

56. *O Estado de São Paulo*, 16 de abril de 1963; *Crônica Israelita*, 16 de maio de 1963. A peça seria encenada durante os dias 20, 22, 25 e 27 de abril; 3, 4, 5, 10, 11, 17, 18, 19, 24, 25, 26 e 31 de maio; 1, 2, 15 e 16 de junho de 1963.
57. Sobre a família de Rotbaum e sua atuação teatral, entre as indicações que encontramos na bibliografia sobre o teatro ídiche, ver o importante artigo de Schmuel Bat, "Einer fun der barimter mischpuche Rotbaum" ("Um dos Famosos Membros da Família Rotbaum"), publicado no *Forwerts*, New York, e reproduzido na *Folha Israelita Brasileira*, São Paulo, de maio de 1999; aspectos biográficos também se encontram no texto publicado no *Undzer Schtime* (*Nossa Voz*), 21 de fevereiro de 1958, extraído de *Zichroines fun Yaacov Rotbaum* (*Memórias de*

Com a partida de Rotbaum, Jacob Kurlender, durante certo tempo, orientaria o círculo teatral em ídiche do ICIB e levaria à cena em 26 e 30 de outubro e 2 e 3 de dezembro de 1963 a peça *Tiefe vortzlen (Raízes Profundas)*[58]. O grupo apresentaria, em 25 de junho de 1965, uma peça de I. L. Peretz intitulada *Schlom bais (Paz Familiar)*, em homenagem ao 50º aniversário de seu falecimento cuja programação incluía declamações e uma parte musical do Coro Schaefer[59]. Kurlender, em 27 e 28 de agosto de 1965, apresentaria a peça de Efraim Kishon *Di ksibe (A Certidão de Casamento)*, que seria encenada novamente em 5 de dezembro do mesmo ano[60]. Rotbaum voltaria mais uma vez ao Brasil, em 1966, para encenar com o grupo teatral do ICIB, em 18 e 19 de junho, *A Família Blank*. Seria a despedida e o encerramento da atividade do grupo amador que se destacara pelo seu nível de atuação teatral, dedicação e fidelidade à cultura ídiche, que nesse tempo começava a se confinar a um pequeno número de conhecedores. As programações mistas, que incluíam uma parte em português, passavam agora a ser mais frequentes. A comemoração do 50º

Ensaio da peça *O Dibuk* de autoria de An-ski (Szlojme Zajnwel Rapoport), sob a direção de Graça Mello, com cenário de Marco Antonio Guimarães e acompanhamento do coral Schaefer sob a direção de Ernest Henigsberg, com os atores José Serber, Carlos H. Silva, Marcus Toledo, José Mandel, Marcos Gawendo, Boris Cipkus, Silvio Band, e outros.

O ator Boris Cipkus caracterizado como o mensageiro na peça *O Dibuk* encenada pelo Grupo Dramático do ICIB, em 1963.

Fonte: ICIB.

Jacob Rotbaum) com o título de "Schlomo Michoels, no 10º Aniversário da Trágica Morte do Grande Ator Judeu-soviético".

58. *O Estado de São Paulo*, 12 de outubro de 1963.
59. *O Estado de São Paulo*, 23 de junho de 1965. A mesma programação sobre I. L. Peretz com o grupo teatral foi realizada em 30 de junho de 1965.
60. *O Estado de São Paulo*, 20 de novembro de 1965.

aniversário do falecimento de I. L. Peretz, na qual Jacó Guinsburg discorreu em português e José Sendacz em ídiche, com a participação do coro Schaefer, revelava uma nova realidade cultural. O mesmo se deu no 50º aniversário do falecimento de Sholem Aleichem, em 1966, no qual Tatiana Belinky proferiu uma conferência em português sobre a vida e obra do autor e José Sendacz em ídiche, com a participação do círculo dramático que se apresentou com pequenas encenações. Ainda é desse período o registro de uma programação intitulada *Concerto*, apresentada no TAIB com o coro Schaefer e o grupo dramático. Mas, doravante, o brilhante grupo amador de teatro ídiche do ICIB cessaria suas atividades para não mais ressurgir.

As mágicas luzes dos palcos em São Paulo, nos quais se apresentaram grupos amadores de teatro ídiche das múltiplas associações da comunidade de imigrantes, apagar-se-iam definitivamente.

CAPÍTULO 8

A presença do teatro ídiche em outras comunidades do Brasil

Assim como nos grandes centros o teatro ídiche também fez parte da atividade cultural das pequenas comunidades de outros Estados do território brasileiro. No próprio Estado de São Paulo, em cidades como Campinas e Santos, que tinham pequenas comunidades estruturadas desde as primeiras décadas do século passado encontramos instituições que possuíam grupos amadores. Já em 1927 o grupo dramático de Campinas representava peças de J. Gordin e em Santos no Centro Cultural H. Jitlovski era frequente a realização de noites lítero-musicais com encenações de peças teatrais.

O teatro profissional com trupes vindas de fora se apresentavam nas maiores capitais dos diversos Estados devido o fato do público que o frequentava poder cobrir seus gastos e ainda oferecer certa margem de lucro. A existência de uma comunidade antiga em Curitiba também possibilitou a criação de um grupo dramático amador local assim como atraiu a vinda de atores e trupes profissionais. Por vezes imigrantes com experiência teatral, como no caso de Isaac Paiss e Chaim Israel Jugend em Curitiba, motivavam a formação de grupos amadores e recebiam o devido apoio comunitário, desempenhando desse modo importante função cultural entre seus correligionários.

Em Porto Alegre, cidade na qual se concentrou uma comunidade de imigrantes da Europa decorrente em parte da colonização da JCA (Jewish Colonization Association) no Rio Grande do Sul, além de atrair trupes e companhias profissionais devido a sua importância por localizar-se na rota de passagem da Argentina ao Brasil, teve desde as primeiras décadas do século passado grupos de teatro amador. Ainda nos anos 1910 o veterano ator e diretor José Schreiber e sua esposa Rebeca orientaram grupos amadores, papel que assumiria nos anos 1930 o escritor Marcos

Jacobovitch. Também, nos anos 1950, o ator e empresário Simão Buchalsky criaria naquela cidade uma Escola Dramática "Peretz Hirshbein" a fim de incentivar a atividade teatral entre a geração mais jovem.

Na região nordeste do território brasileiro a cidade do Recife destacou-se pela importância de seu grupo de amadores que desde o final da primeira década do século passado preocupou-se em criar um círculo dramático. O poeta-jornalista-historiador Jacob Nachbin ao passar a residir na cidade também tomou parte na encenação de peças que contava com jovens talentosos dedicados ao teatro ídiche. Atores como Jacob Parnes, Y. M. Warschavsky atuariam com o grupo dramático local e a presença de trupes profissionais que incluíam Pernambuco em seu roteiro de apresentações se utilizaram de atores amadores na encenação de suas peças. A presença de Zygmunt Turkow no Recife, a partir de 1941, deu novo alento ao grupo de amadores. Assim como no Recife, em Salvador, na Bahia, igualmente formou-se um grupo dramático desde os anos 20 e no qual durante certo tempo Jacob Nachbin também atuou. Do mesmo modo a comunidade judaica de Salvador receberia a visita de atores profissionais como Nathan Klinger, Sofia Rafalovich, Herman Klatzkin e outros. Ainda em 1950 Zygmunt Turkow e sua esposa se apresentariam naquela cidade com uma rica programação artística.

Certamente em outras pequenas comunidades das regiões do território brasileiro em geral e do Nordeste em particular, a exemplo de João Pessoa, existiram grupos amadores de teatro ídiche porém pouco conhecimento temos sobre eles.

1. AS CIDADES DE CAMPINAS E SANTOS E SEUS CÍRCULOS DRAMÁTICOS

A existência de uma comunidade organizada em Campinas desde a década de 1920, quando contava com cerca de trinta famílias, levou à criação de um grupo dramático de amadores local. A comunidade denominada Beit Yacov (Casa de Jacob) contava com um elemento esclarecido e imbuído do papel que a cultura tradicional em língua ídiche representava na preservação dos valores com os quais haviam sido educados na Europa.

Noites lítero-musicais com representações dramáticas faziam parte da vida social de Campinas, nas quais se destacavam José e Jacob Schik. Temos notícias, no jornal *Dos Idische Vochenblat*, sobre a realização de uma noite lítero-musical em 21 de outubro de 1924, ano que se encenam as peças *Foter un kinder* (*Pais e Filhos*) e *Der meshugener in schpitul* (*O Louco no Hospital*), com José e Jacob Schik[1] e José Pistrak, que incluía no programa declamações de canto[2]. Em 3 de janeiro de 1925, em benefício da Biblioteca da Juventude, foi organizada uma nova noite lítero-musical, com a participação do coro, em que se encenaram peças escritas pelo professor de hebraico M. Schik, e eram dirigidas ao público juvenil presente, participando nelas Perl Schik, D. Schechtman, J. Pistrak, J. Roitman, S. Milner, M. Bloch e outros[3].

Já em 1927, o grupo dramático em Campinas representava peças mais sérias como *Hentzi Genendil* e *Tzu er iz schuldig* (*Se Ele é Culpado*), de Gordin, com Jacob Schik, Anita Kastro e José Schreiber, estes últimos com experiência profissional[4].

O grupo dramático do Centro Beit Yacov, em 24 de dezembro de 1927, realizaria em benefício da escola local uma programação de Chanuká com as crianças da escola na qual se representou a peça *Der inteligent* (*O Intelectual*), de P. Hirshbein[5].

Assim como em Campinas, onde os membros da comunidade tomavam parte como componentes do grupo dramático local e tinham muitas vezes a sorte de contarem com elementos com certa experiência teatral, também em Santos, no Centro Cultural H. Jitlovski, criado na década de 1920, era frequente a realização de noites lítero-musicais com encenações de peças teatrais. O periódico *Brasilianer Idishe Presse* (*Imprensa Israelita Brasileira*), de 26 de agosto de 1927, nos informa que foi apresentada a peça de Abraham Reizen, *Di gute brider* (*Os Bons Irmãos*) com a participação de Appelrod e Alter, membros da comunidade local.

2. CURITIBA: O TEATRO PROFISSIONAL E OS GRUPOS AMADORES

Com a formação da União Israelita do Paraná, em 27 de julho de 1913, sob a iniciativa de Júlio Stolzenberg, Bernardo Schulman, Leão Charatz, Samuel Friedman e Jacob Mandelman e outros, propiciou-se à pequena comunidade judaica local dar os primeiros passos para programarem

---

1. Jacob Schick viria a falecer em 16 de fevereiro de 1988. Em seu necrológio, publicado em 18 do mesmo mês em *O Estado de São Paulo* consta sua atuação no teatro amador local.
2. *Dos Idische Vochenblat*, 28 de novembro de 1924.
3. *Dos Idische Vochenblat*, 16 de janeiro de 1925.
4. *Brasilianische Idische Presse*, 8 de julho de 1927.
5. *IF*, 30 de dezembro de 1927.

eventos comemorativos de caráter artístico-cultural[6]. De clara identificação com o movimento sionista, os membros locais mais intelectualizados que comporiam o Centro Israelita, mais tarde denominado Centro Mosaico do Paraná, comemoravam os acontecimentos históricos vinculados aos ideais de criação de um Estado Judeu. Os ativistas J. Stolzenberg, B. Schulman, Salomão Jaskevich, entre outros, imbuídos da necessidade de difundir a cultura judaica entre seus correligionários, promoviam encenações de peças do repertório teatral ídiche em sua comunidade. Sabemos de uma encenação realizada por Júlio Stolzenberg em 1918, intitulada *Al neharot Bavel* (*Junto aos Rios da Babilônia*), promovida pela Sociedade Shalom Tzion[7]. Porém a figura de proa da atividade teatral da comunidade local foi Isaac Paiss, filho de pais atores e que desde criança atuara no teatro ídiche. Chegou ao Brasil em 1920 e começou a atuar em um grupo amador de São Paulo em benefício da associação "Ezra", de ajuda ao imigrante. Em 1922, promoveu a encenação da peça *Bar Kochba*, de Goldfaden, em benefício da Sociedade Beneficente (Relief) do Rio de Janeiro[8]. Em 1925, já vivendo em Curitiba, encenou *Di puste kretchme* (*O Albergue Vazio*), de Peretz Hirshbein, o que confirma a existência de um grupo dramático de amadores nessa cidade[9].

As várias menções sobre teatro na correspondência do ator Jacob Parnes com Bernardo Schulman, que chegara ao Brasil vindo da Argentina em 1924, evidencia que o grupo dramático era muito ativo. Em carta de 9 de março de 1925, ele se refere à "juventude que faz teatro...". Em outra carta de 7 de fevereiro do mesmo ano, anexa à mesma uma pequena peça, possivelmente para ser encenada[10]. Sabemos que Parnes, em 1925, passou uma temporada naquela comunidade e encenou a peça *Di neveile* (*A Carcaça*), de Peretz Hirshbein[11].

---

6. Vide Iussim, *Léxico...*, "Curitiba", 1953, pp. 11-12.

7. *IF*, 1º de janeiro de 1937.

8. No *Léxico* de Iussim, "Curitiba", p. 14 consta "...um sucesso teatral, alcançado em 1923, com elementos locais da juventude: sob a direção de José Schraiber e a regência do maestro Leo Kessler – com a participação ativa de Júlio Schaia – foi levada à cena a conhecida opereta histórica *Bar Kochba*, de Goldfaden, com tamanho êxito que logrou uma representação para a população não-judaica".

9. Vide Iussim, *Léxico...*, "Curitiba", p. 33.

10. Cartas em ídiche. Arquivo N. Falbel.

11. V. a brochura *Scholem Mordechai Paciornik- Familien–oisgabe likhvod zain hundertstn geboiren- -tog* (Publicação familiar comemorativa do Centenário de seu nascimento), Rio de Janeiro, 1959, p. 30. A brochura foi revisada pelo próprio Jacob Parnes, na época editor do *Diário Israelita* do Rio de Janeiro.

O Centro Israelita do Paraná levaria à cena, em 22 de agosto de 1931, a peça *Teyve, der milchiker*, sob a direção e participação de Isaac Paiss e Julio Stolzenberg e outros membros da comunidade[12]. Julio Stolzenberg, ativista comunitário e uma figura de destaque no movimento sionista brasileiro, tinha verdadeira paixão pelo teatro e chegou a escrever peças em ídiche[13].

Em 1932, o veterano ator José Schraiber repetiria a apresentação da opereta *Bar Kochba* de Goldfaden, juntamente com a participação de Julio Schaia e regência do maestro Leo Kessler[14].

Isaac Paiss dirigiu a peça *Mirele Efros* apresentada em 28 de maio de 1939, enquanto começava a se encenar em português a peça *O Mulato* de Paulo Magalhães, dirigida por Aron Sam, que antes, em 1937, havia apresentado a peça intitulada *Feitiço*. Paiss encenaria nesse tempo também a peça *Shulamis* de Goldfaden e uma peça escrita por Júlio Stolzenberg, *Mame schver nicht (Mamãe não Jure)*[15].

Algo curioso ocorreu nos anos 1940 devido à presença do músico, compositor e maestro Wolf Schaia, residente em Curitiba, que resultou num evento singular na comunidade. Tratava-se da encenação da opereta de autoria do próprio Wolf Schaia e sob sua direção intitulada *Amor Cigano*, com a participação de um grande elenco de jovens artistas[16].

Isaac Paiss, nos anos seguintes, continuou estimulando o teatro ídiche amador e em conjunto com A. Althausen, vemo-lo encenar a peça de Peretz Markish, *O Levante do Gheto*, que adaptou e contou com a colaboração musical do maestro e sua filha Dora Althausen Sommer.

Um dos propulsores do teatro ídiche em Curitiba, a exemplo do veterano Isaac Paiss, foi Chaim Israel Jugend, que atuou com grupos de amadores locais[17]. Jugend, que também atuou como ator, seja em peças em ídiche ou em português, passou a dirigir, desde os anos 1940, peças em

---

12. Em *O Macabeu*, nº 109, abril de 1994, consta uma foto com a identificação de parte dos amadores que tomaram parte na representação, a saber Heidelson, Leib Rotemberg, Regina Knopholz Woller, Archie Blanc, Esther Guelman e Mashe Schifer.

13. No Fundo 326 Chaim I. Jugend, caixa 2, do AHJB encontra-se um caderno manuscrito contendo uma peça de um ato de autoria de Julio Stolzenberg intitulada *Drei doires* (*Três Gerações*), escrita em 1933.

14. Vide jornal *Comunidade*, Suplemento Especial Colônia de Curitiba, n. 26, setembro de 1977.

15. Vide o artigo intitulado "Momentos do Teatro", de J. L. Zindeluk, *O Macabeu*, n. 116, agosto de 1997.

16. Em *O Macabeu*, 1985, Moisés Kornin, em artigo intitulado "Considerações sobre o Grêmio Carlos Gomes", faz referência ao evento, não sabendo ao certo se foi em 1943 ou 1944.

17. Em uma entrevista a *O Macabeu*, n. 102, agosto-setembro de 1980, ele faz referência ao ator, porém sem entrar em detalhes.

ambas as línguas. Com sua cultura judaica, seu pleno domínio da língua portuguesa e forte carisma pessoal associado à paixão pelo teatro, pôde dar significativa contribuição cultural à comunidade judaica de Curitiba. Em 7 de setembro de 1947, encenaria a peça em português *A Pupila de Meus Olhos* de Joracy Camargo[18] e, no decorrer do tempo, levaria à cena mais de quarenta peças teatrais[19]. Foi um período de grande atividade teatral em português promovida pelo Grêmio Esportivo do Centro Mosaico do Paraná. Entre as peças dirigidas por Salomão Iankilevitch, sob a supervisão de Chaim I. Jugend, foi apresentada em 14 de setembro de 1948 *O Bobo do Rei* de Joracy Camargo. Outras peças, como *A Feia* de Raimundo Magalhães Correia, *Bicho do Mato*, apresentada em 13 de março de 1948[20], e a *Secretária de Sua Excelência*, de Oduvaldo Viana, contaram com a colaboração de Jugend. Em 31 de dezembro de 1952, sob a direção de Cecília Iankilevitch, foi apresentada a peça *Leilão da Felicidade*, de autoria de Paulo Orlando. No mesmo ano Isaac Vilner dirigiria a peça *Inimigos não Mandam Flores* de Pedro Bloch.

Atores profissionais viriam esporadicamente a Curitiba, assim como a outros lugares onde se encontravam pequenas comunidades judias. Em 1949 podemos assinalar a presença de Leonid Sokoloff, que apresentaria em 26 de dezembro a peça *A chazen a shiker (Um Chantre Alcoólatra)*[21].

A ruptura de Chaim I. Jugend com o CIP, em 1952, levou no ano seguinte à criação da SOCIB (Sociedade Cultural Israelita do Paraná), de orientação "progressista", com a qual ele se identificava. Além da figura central de Jugend, a novel sociedade tinha o privilégio de estar sob a

---

18. Uma carta de 9 de setembro de 1947 enviada a Jugend pelo Grêmio Esportivo do Centro Mosaico do Paraná lhe agradece pela apresentação da peça *A Pupila de Meus Olhos*. Assina a carta Salomão Iankilevitch. Fundo 326 Chaim I. Jugend, caixa 2, AHJB. Outra carta do Comitê de Emergência e Assistência aos Imigrantes, de 7 de julho de 1947, agradece a ele a apresentação teatral do dia 28 de junho de 1947, sem especificar o nome da peça. Assina J. Schussel. Fundo 326 Chaim I. Jugend, caixa 2, AHJB.

19. Essas informações encontram-se no artigo de Moisés Kornin, ele mesmo atuante no teatro local, publicado em *O Macabeu*, n. 89, dezembro de 1978. Nesse interessante artigo, ele lembra os nomes dos vários atores que tomaram parte na encenação das peças. Também faz referência às peças do repertório em português *O Homem que Fica* de Raimundo Magalhães Jr., *Os Inimigos não Mandam Flores* de Pedro Bloch, e *O Bobo do Rei* de Joracy Camargo, sob a direção de Salomão Iankilevitch.

20. O Grêmio, em carta de 18 de março de 1948, enviada a Jugend, lhe agradece pelo trabalho teatral realizado em benefício da Haganah. Assina a carta Nathan Paciornik. Fundo 326 Chaim I. Jugend, caixa 2, AHJB.

21. Segundo um convite em posse de Sara Schulman, do Instituto Cultural Israelita Brasileiro "Bernardo Schulman".

direção do experimentado maestro Abraão Althausen, um dos fundadores e maestro do Coro Hazamir em São Paulo que passara a viver em Curitiba. Nessa cidade, em 1954, ele criaria um coro Hazamir, que tinha seu repertório musical fundamentalmente composto de músicas do folclore ídiche e participava nas encenações teatrais locais. A SOCIB promoveu vários eventos, entre os quais a comemoração do décimo aniversário do Estado de Israel, realizada no Teatro Guairá, em 10 de abril de 1958. No ano seguinte, em 8 de dezembro de 1959, promoveu a encenação da peça *Achashverus* de Goldfaden, sob a direção de A. Althausen[22].

A existência no Paraná de uma seção do ICUF (Associação Internacional de Cultura Judaica), de orientação "progressista", foi importante para a realização de eventos em língua ídiche com a programação de cantos e curtas encenações vinculadas às comemorações do aniversário do Levante do Gueto de Varsóvia. A comemoração passou a ser parte da memória do heroísmo durante a Segunda Guerra Mundial e o Holocausto era lembrado anualmente em todas as comunidades da Diáspora. Assim em Curitiba, o 13º aniversário foi comemorado em 19 de abril de 1956 e o 19º em 26 de abril de 1962 no Teatro Guairá. Por um convite do ICUF sabemos que levaram à cena a comédia *Hercules* e o poema musicado *Kidush Hashem (Martírio)*[23].

O Centro Mosaico do Paraná[24] tomaria a iniciativa, em 1954, de trazer a Curitiba Bentzion Witler e Shifrale Lerer, coincidindo com o sexto aniversário do Estado de Israel[25]. Morris Schwartz, que já se havia apresentado em São Paulo e no Rio de Janeiro, também chegaria nesse ano a Curitiba, para apresentar dois espetáculos entre eles a peça *Der mishpet (O Processo)*[26].

O par de atores Kreskin e Sofia Rafalovitch chegariam em 1955 também sob o patrocínio da comunidade local[27].

Uma notícia sobre um incidente jocoso em uma peça intitulada *Nu, Motl?...* encontra-se no número 25 de agosto de 1956 de *O Macabeu*, mas não sabemos a data exata do espetáculo que quase terminou em tragédia.

---

22. Fundo 326 Chaim I. Jugend, caixa 2, AHJB. Sobre isso e outras informações sobre a atividade teatral em Curitiba ver Sara Schulman, *O Teatro na Vida da Coletividade Judaica Curitibana, Preservando a Memória*, Curitiba, Copygraf Gráfica e Editora Ltda, 2011.

23. Consta apenas a data de 5 de agosto sem especificação do ano. Fundo 326 Chaim I. Jugend, caixa 2, AHJB.

24. Nesse mesmo ano voltaria a ter o nome de Centro Israelita do Paraná.

25. *O Macabeu*, n. 2, ..., 1954.

26. *O Macabeu*, n. 3, ..., 1954.

27. *O Macabeu*, n. 13, ..., 1955.

Em setembro de 1958, o número 38 da revista *O Macabeu* publicava um artigo intitulado "Epopeia artística", de autoria de Zalmen Chamecki, no qual se referia à formação do Grupo Amador do Teatro Idish do Centro Mosaico (Centro Israelita do Paraná), sob a direção de I. Paiss e obrigou os atores participantes a aprenderem a língua ídiche, pois não a conheciam[28]. Apesar de todas as dificuldades, que o autor do artigo descreve em detalhes, o grupo encenou em 21 de março de 1959, no Teatro Guaíra, a peça *Der dorfs iung* (*O Jovem Aldeão*, *Yankel Boile*) de Leon Kobrin com verdadeiro sucesso. Entre os participantes encontravam-se Moysés Glock, Leão Rotenberg, Zalmen Chamecki, Selig Bieler, José Wilner, Ester Woller, Abrão Britva, Joana Goldbaum, Charlota Wahrhaftik e Moisés Berger. A crítica sobre o espetáculo, publicada no número 39, março de 1959, *O Macabeu*, se mostrava entusiasta e entre outras observações encontramos as palavras "a coletividade... após 15 anos sem teatro idish do Centro, vibrou emocionada com o sucesso ímpar da realização"[29]. Mas não sabemos se uma segunda peça em língua ídiche, *Got, mensch un taivel* (*Deus, Homem e Demônio*) de Gordin, que começara a ser ensaiada pelo GATIC (Grupo Amador de Teatro Idish de Curitiba), sob a direção de José Wilner, conseguiu ser apresentada ao público[30].

Em comemoração ao centenário de Sholem Aleichem viria, em 1959, a Curitiba o ator Max Perelman para apresentar a peça *Dos groisse guevins* (*A Sorte Grande*)[31].

A presença de Cláudio Correa e Castro no Paraná como contratado do governo para estimular a atividade teatral e orientar um grupo do Teatro Guairá ensejou a oportunidade de ser convidado para também atuar junto à comunidade, o que foi importante devido ao curso de teatro que realizou enquanto orientou a encenação de peças em português com o grupo amador do CIP.

O teatro continuou sendo uma parte da vida comunitária porém não seria mais na língua ídiche. No ano de 1965, o Grupo de Teatro do Centro Israelita do Paraná encenaria em português a peça *O Diário de Anne Frank*, de Frances Goodrich e Albert Hacket, sob a direção do ator e

---

28. O n. 37, de julho-agosto de 1958, noticiou sobre os ensaios e o aprendizado do ídiche por parte do grupo que deveria levar à cena a peça *Der dorfs yung*.
29. O n. 40 de *O Macabeu*, abril de 1959, publicou uma crítica da peça por Abrão Althausen, Simão Bebik e Archie Blank, todos veteranos atores e diretores do teatro ídiche.
30. Ver notícia em *O Macabeu*, n. 43, agosto-setembro de 1959.
31. *O Macabeu*, n. 44, outubro-dezembro de 1959.

diretor Cláudio Correa e Castro e assessoria de Salle Wolokita[32]. Além desse último tomaram parte Marlene Wagner, José Maria Santos, Cecília Silberspitz, Leo Kessel, Leia Iankilevich, Poliana Utchitel, Ester Troib, José Leão e Fernando Zeni. Anteriormente já haviam encenado a peça *O Baile dos Ladrões*, de Jean Anouilh[33].

Uma tentativa saudosista de encenar uma peça em ídiche no Teatro da Reitoria da Universidade Federal do Paraná, em 25 de junho de 1980, pelo Grupo Amador de Teatro Idish, sob a iniciativa de Sara Schulman e direção do experiente Chaim Israel Jugend, intitulada *Farbitn di iotzres* (*Troca de Destinatários*) de Sholem Aleichem, obteve um inesperado sucesso. Participaram Henrique Knopholz, Ana Teig Brami, Selig Bieler, Jackes Jacubowitch, Pérola Berger, Victor Hertz, Genia Goldenstein, Esther Guelmann, Moysés Dorfman, com assistência de direção de Dora Althausen Sommer e ponto de Geny Aisemberg. Outro grupo apresentaria a peça adaptada por Moisés Kornin da obra de Sholem Aleichem, traduzida para o português *Teyve, der milchiker*, na qual tomariam parte Zalmen Chamecki, Alberto Finkiel, Sarita Warszawiak, Sidney Mazer, Miguel Krigsner, Silvia Nemetz, com assistência de direção de Tonia Troib Melnick, vestuários de Martha Schulman, Grupo Folclórico Kineret e coordenação de Sara Schulman[34].

Feito notável da comunidade de Curitiba foi a realização, em 23 e 24 de novembro de 1999, da peça *Yentl* em português, porém com um pequeno texto em ídiche, sob a direção de Eliane Berger e participação de grupos folclóricos do Centro Israelita do Paraná e crianças da Escola Israelita. Constituiu-se num raro evento de canto, danças e representação, no qual tomou parte a comunidade, em especial a nova geração[35].

3. PORTO ALEGRE: OS GRUPOS DRAMÁTICOS DE AMADORES

Ao se criar a União Israelita em Porto Alegre, em 1909, seguiu-se de imediato a fundação de uma entidade beneficente sob a denominação "Ezra", que se propunha ajudar os imigrantes recém-chegados ao Brasil. Com o conflito da Primeira Guerra Mundial, a "Ezra", como as demais

---

32. Ver entrevista de Salle Wolokita em *O Macabeu*, n. 113, setembro de 1995.
33. *O Macabeu*, n. 62, março-abril de 1965; n. 63, maio-junho de 1965; artigo citado de J. L. Zindeluk em *O Macabeu*, n. 116, agosto de 1997.
34. *O Macabeu*, n. 101, junho de 1980; n. 120, abril de 2001.
35. *O Macabeu*, n. 119, fevereiro de 2000.

instituições similares nas comunidades brasileiras, se empenhou em ajudar as vítimas da guerra. Um Comitê de Ajuda às Vítimas da Guerra, o Relief, foi criado no Rio de Janeiro para atender a esse objetivo ao mesmo tempo que comitês locais, em São Paulo e outros lugares, surgiram como consequência dessa mesma mobilização. Para levantar fundos para essa finalidade e também para sua instituição, a "Ezra" em Porto Alegre, conforme notícia no primeiro número do jornal *Di Menscheit* (*A Humanidade*), de 1º de dezembro de 1915, promoveu um espetáculo com a peça *Hertzele-Meiuches*. Já no número 3, de 16 de dezembro de 1915, do mesmo periódico, noticiou-se que o grupo dramático local promoveu, em seu salão, novos espetáculos com as peças *Tzurikgekumen* (*Retornaram*) de Scholem Ash e *Shiduch in kich* (*Arranjo de Casamento na Cozinha*) de Sholem Aleichem. Menciona-se a participação de José Schreiber, Kohen, David Zveibel, Rissel Saubelman, Samuel Kleiman, José Lerner, S. Raicher e A. Varshever, sob a direção de José Schreiber. No número anterior, de 9 de dezembro de 1915, do *Di Menscheit*, lemos que um leitor escreveu uma carta ao jornal sugerindo que o número de espetáculos do grupo de amadores deveria aumentar, pois o que se angariava era insuficiente para ser remetido ao exterior.

A peça *Tzurikgekumen* foi objeto de uma crítica de Y. Smolarski, que elogiou o desempenho dos atores e o casal Schreiber, que já havia atuado em trupes profissionais, como mencionamos em outro lugar de nosso trabalho[36].

Além das peças mencionadas, o grupo de amadores representou a comédia *Mazel Tov* (*Boa Sorte!*) de Sholem Aleichem. Sabemos que certos moradores de Porto Alegre, excluindo José Schreiber e sua esposa Rebeca, que vieram da Europa com experiência profissional, se identificavam como amadores do teatro ídiche e entre eles se encontravam Samuel Spiguel, Tobias Krasne e Jaime Budiansky, chegados ao Brasil em 1911, 1912 e 1905[37]. David Schubski e sua esposa Carolina que também atuou no grupo amador, convidaria a José Schreiber a se estabelecer em Porto Alegre. De lá seguiu para a Argentina retornando nos anos 1920 ao Brasil, para se fixar durante certo tempo em Curitiba, lugar onde atuou com muito sucesso junto ao Centro Israelita do Paraná, até vir residir em São

---

36. Vide capítulo "O Teatro Profissional: Dos Anos 1910 e 1920".
37. Constam biografias no *Léxikon...*, de Henrique Iussim, dedicado a Porto Alegre, Rio Grande do Sul, publicado em 1957.

Paulo. O grupo amador de teatro receberia um novo impulso com a formação, em 27 de julho de 1917, do Centro Israelita Portoalegrense. A ele aderiram novos ativistas culturais, a saber David Gulke, Júlio Becker, Jacob Becker, Samuel Spiguel, Geni Bonder, Salomão Hutz e Tobias Krasne.

Como mencinamos em outro lugar do presente trabalho, atores profissionais reunidos sob o nome de Grande Companhia Israelita ou Grande Companhia Israelita de Operetas, Dramas e Comédias, dirigida pelo diretor e ensaiador Samuel Zilberberg com a participação de elementos da comunidade local, encenaram no Salão União Israelita e Salão Helena de Montenegro, durante o ano de 1918, peças do repertório clássico do teatro ídiche[38].

Pouco sabemos sobre as demais comunidades existentes no Estado do Rio Grande do Sul. Nesse aspecto, raros são os registros sobre o que se passava em Cruz Alta e em Santa Maria, com exceção de Passo Fundo, que registra no ano de 1928 a encenação da peça *Di Kreutzer Sonate (Sonata Kreutzer)* de Gordin, sob a regência de Samuel Chmelnitzki e participação da sra. Politichuk, esposa do professor de mesmo nome, Sara Kamergorodski, Z. Schubski, Roizman e o menino Aron Schubski, além de outros membros da comunidade local[39].

Um novo incentivo ao teatro ídiche amador em Porto Alegre deu-se com a criação em 1932 da Liga Cultural Judaica, encontrando-se entre seus membros os escritores Jacob Gevertz e Marcos Jacobovitch; esse último teria um papel importante no fomento de espetáculos na cidade de Porto Alegre[40]. No texto autobiográfico anexo à sua obra intitulada *Tzurik (De Volta)*, consta que "em seu novo lugar de residência ele dedicou-se à educação judaica e ao teatro ídiche. Mais de cem peças, de sua autoria e de outros, encenou com o grupo dramático que havia especialmente criado e não uma vez o teatro de Jacobovitch salvou as pobres caixas de várias instituições"[41].

O Farband fun Poilische Idin (Associação dos Judeus Poloneses) de Porto Alegre, fundado em 30 de junho de 1931, tinha um grupo dramático sob o nome "ITES" (Idischer Teater Studie baim Farband, Studio de Teatro Ídiche da Associação). A associação, no anos 1930, estimulou

---

38. Vide capítulo "O Teatro Profissional no Brasil: os Anos 1910 e 1920".
39. *Idische Folkstzeitung*, 29 de maio de 1928.
40. Vide Iussim, *Léxikon...*, Porto Alegre, p. 16.
41. *Tzurik*, Porto Alegre/Buenos Aires, Farlag Idisch, 1959-1960, anexo "Biografische schtrichen funem mechaber fun *Tzurik*" ("Traços Biográficos do autor de *Tzurik*").

a vinda de atores profissionais à cidade de Porto Alegre promovendo a vinda do casal de atores Debora Rosenblum e Nahum Melnik, bem como de Esther Perelman e Isaac Deitsch[42]. Pouco sabemos das apresentações iniciais do grupo amador do Poilische Farband, porém, em 24 de julho de 1949, levaram à cena a peça *Rassen schande* (*Vergonha Racial*) de autoria do escritor Marcos Jacobovitch, que a regeu[43]. Tomaram parte na representação L. Schifman, B. Wagner, A. Schuchman, Mirele Galder e Rosita Segal. O mesmo grupo dramático levou à cena, em 7 e 11 de setembro do mesmo ano, a peça *Dos valt-maidel* (*A Moça da Floresta*), de autoria de L. Iglezias, sob a direção de M. Jacobovitch que a traduziu para o ídiche. A direção musical ficou a cargo de José Rotenberg e dessa vez, além dos atores já mencionados, tomaram parte Batia Genislav e José Silberstain.

Em 20 de abril de 1952, A. Schuchman encenaria, no Teatro São Pedro, a peça *Tzurik tzu main folk* (*Brasil Vitorioso*, título em português que não corresponde ao ídiche), de autoria de M. Jacobovitch. A presença de Simão Buchalsky em Porto Alegre ensejou a criação da assim denominada Escola Dramática "Peretz Hirshbein", composta por um grupo de amadores dispostos a encenar peças em ídiche. A primeira apresentação deu-se no Teatro São Pedro, em 5 de abril de 1953, da peça de Leon Kobrin *Tzurik tzu zain folk* (*De Volta ao seu Povo*) adaptada e dirigida por S. Buchalsky com a participação de Rafael Lipski, Hela Wiener, Margot Bauman, Benjamin Strazas, A. Schuchman, Sara Grinblat, Julio Hauptman e Jayme Zwirowski[44]. Em 25 de julho de 1953 encenariam, no Teatro São Pedro, *Naches fun kinder* (*Alegrias de Filhos*), de L. Kobrin com adaptação e direção de S. Buchalsky[45]. Jacobovitch encenaria em 19 de abril de 1959, no Teatro São Pedro, a peça de sua autoria *A land vert geboiren* (*Nasce um País*) ou *A hassene in Emek Haiarden* (*Casamento no Vale do Jordão*), na qual tomariam parte também grupos de danças dos movimentos juvenis judaicos locais. Sua atividade teatral continuaria nos anos posteriores e, em 1964, encenaria uma peça de um ato de sua autoria *Kidush Hashem* (*Martírio*) ou *A Chanuke nacht in Ghetto* (*Uma Noite de Chanuká no Gueto*). Também escreveu uma peça infantil de um ato intitulada *Chanuka Schpil* (*Jogo de Chanuká*), possivelmente encenada pelas crianças da escola judaica local.

---

42. *IF*, 1º de janeiro de 1937.
43. Sobre ele vide Iussim, *Léxikon...*, "Porto Alegre", pp. 37-38, na qual consta que escreveu dez peças teatrais; vide N. Falbel, *Literatura Ídiche no Brasil*, São Paulo, Humanitas, 2010, p. 44.
44. Marcos Jacobovitch a comentaria em *Der Neier Moment* (*O Novo Momento*), 29 de maio de 1953.
45. Comentário de Marcos Jacobovitch em *Der Neier Moment*, 28 de agosto de 1953.

4. PERNAMBUCO: AS TRUPES PROFISSIONAIS E O TEATRO AMADOR

Os poucos judeus que viviam no Recife antes da Primeira Guerra Mundial chegaram a organizar, em inícios de 1914, uma associação sob o nome de Agudat Achim com a finalidade de prestar ajuda aos imigrantes. Porém, em 1919, com o desenvolvimento da comunidade após o término da guerra, criou-se o Centro Israelita que tinha como objetivos iniciais a fundação de uma Sinagoga e a aquisição de um Cemitério. Ao mesmo tempo fundou-se uma Associação Israelita de Pernambuco, com a intenção de desenvolver atividades sociais e culturais e para tanto organizou-se uma Biblioteca e um Círculo Dramático, que promovia espetáculos teatrais, encontros lítero-musicais e outros eventos[46].

A presença de intelectuais judeus que vieram da Europa como imigrantes e tinham certa formação e bagagem cultural, entre eles Jacob Nachbin, que chegara no Recife em 1921, e o ativista Nathan Jaffe, estimulou o grupo de amadores a realizar eventos para a comunidade local nos quais tomavam parte outro elementos, entre eles Samuel Givertz, já nascido no Recife, em 1911[47].

Jacob Nachbin, em novembro de 1923, viria a exercer a função de redator do jornal *Dos Idishe Vochenblat* (*O Semanário Israelita*), no Rio de Janeiro, e, após a sua saída do periódico, dirigiu o grupo de amadores do Recife na encenação de peças de teatro ídiche[48]. Como aconteceu em outros lugares mais afastados, atores do Rio de Janeiro e de São Paulo costumavam vir atuar junto aos grupos dramáticos locais; temos notícia de que o ator Jacob Parnes, em 1924, realizou uma *tournée* pelo Norte do Brasil, fazendo várias representações em Pernambuco. A imprensa local teceu comentários favoráveis sobre a peça de Peretz Hirshbein *Di neveile*, encenada no Teatro Santa Isabel. O crítico de teatro do *Diário de Pernambuco* observou que os judeus podem se orgulhar de já possuírem um repertório com os dramas de P. Hirshbein, que o teatro brasileiro ainda não chegou a conhecer[49]. Quando o escritor e dramaturgo Leib Malach passou em maio de 1924 em Pernambuco, foi recebido pela Sociedade Israelita de Pernambuco no dia 24 daquele mês, ocasião em que seu

---

46. V. H. Iusim, *Léxico dos ativistas sociais e culturais no Brasil*, "Pernambuco", Rio de Janeiro, 1957, pp. 11-12.
47. Sobre ele vide *Léxico...*, "Pernambuco", p. 20.
48. V. N. Falbel, *Jacob Nachbin*, São Paulo, Nobel, 1985.
49. DIV, 4 de julho de 1924.

presidente L. Mintzis o saudou com entusiasta discurso ao que se seguiu uma programação em que Anita Grinberg declamou o poema do autor, *Far vemen (Para Quem)*. Alguns dias mais tarde, em 30 de maio, o grupo dramático organizou uma noite lítero-musical na qual Leib Malach proferiu uma palestra "Lid, lezer un kritiker" ("Poema, leitor e crítico") e se encenaram várias peças curtas, a saber *Mazel-Tov (Boa Sorte)*, de Sholem Aleichem, com a participação de Berta Markman; *Dem farlorenen zun (O Filho Perdido)*, *Der jabe keinig (O Rei dos Sapos)*, de Leib Malach, com Sofia Markman e seus dois irmãozinhos, e Anita Grinberg declamou *Der vaisser schleier (O Manto Branco)*, de Leib Malach. O próprio escritor Leib Malach declamou *Di toite chupe (A Boda Morta)* e *Der ershter kish (O Primeiro Beijo)*, o que demonstrava o quanto a cultura ídiche estava presente na pequena comunidade[50].

Assim como Jacob Parnes, o ator Y. M. Warschavsky, que atuava no Rio de Janeiro, também fazia *tournées* pessoais itinerantes em pequenas comunidades do país e, em janeiro de 1924, viajaria para realizar várias apresentações em Pernambuco com a participação do grupo de amadores local[51]. Warschavsky encenaria *Drei minut zum toit (Três Minutos Antes de Morrer)*, com Yosef Sadigorski e a Sra. Kirschnar, e a peça *Der tat hot di mame genumen (O Conselho foi Aceito por Mamãe)*, com Manuel Markman, Cahie Pelmuz e Anita Grinberg[52].

Uma correspondência de Pernambuco no *Dos Idische Vochenblat* relata uma reunião da associação local presidida por S. Kleiman, em 24 de março de 1924, na qual foi dado a conhecer um relatório sobre o Dramatishe Tzenter, "que realizou em curto espaço de tempo quinze atividades literárias e teatrais", entre elas *Tzuzeit un Tzuschpreit (Marginalizados e Dispersos)*, de Sholem Aleichem, que obteve grande sucesso[53].

Com a fundação do Jugend Ferein (Associação Juventude Israelita) em 1925, criou-se em 11 de agosto de 1926 um grupo dramático que tomaria o nome de *Habima (O Palco)*, que seria regido por Y. Chazin. No mês seguinte encenariam a peça *Hanale di geherine (Hana, a Talentosa)* de Feinman, no Teatro Governamental Santa Isabel, no dia 24 de setembro, na qual tomaram parte Flora Lande, Ethel Shapira, Sara Becker, Blandina

---

50. DIV, 4 de julho de 1924.
51. DIV, 9 de janeiro de 1924.
52. DIV, 27 de fevereiro de 1924.
53. DIV, 3 de maio de 1924. Assina a matéria A. Roschansky.

Tabachnik, Luba Averbuch, I. Sadigorski, M. Feldus, A. Chazin e A. Yaco-bovich[54]. Em uma programação de 9 de dezembro de 1927, foram feitas por um ator visitante identificado apenas pelo nome de sr. Obertas[55] as leituras dos textos *Der Get* (*O Divórcio*), *Ven ich bin Rotschild* (*Se Eu Fosse Rotschild*), *A Doctor* (*Um Médico*), extraídos das obras de Sholem Aleichem.

Entre os atores, temos uma ideia da atuação do amador Abraam José Rotman, que, além de atuar, escreveu peças teatrais, e Anete Hulak no Centro Dramático Israel em Recife, ambos ligados ao Centro Cultu-ral Israelita de Pernambuco, associação de caráter progressista. Imigra-ram ao Brasil, respectivamente, em 1927 e em 1926. Por outro lado, o Grupo Dramático, nesse tempo, também foi incentivado pela presença de atores profissionais que vinham representar no Recife e contavam com a participação dos amadores. Entre os primeiros profissionais a se apresentar na cidade estiveram Sofia Rafalovich e Herman Klatzkin que encenaram a peça *Azoi is dos lebn oder In a rumenischer kretchme* (*Assim é a Vida ou um Albergue Romeno*), de Meyer Schwartz. Assim vemos, pelos cartazes dos anos 1930 e 1940, a presença periódica de Esther Perelman e Itzhak Deitsch, que formaram a Companhia Israelita de Operetas e, em sua temporada no Recife, encenaram várias peças. Seu repertório incluiu a apresentação de, em 6 de outubro de 1933, *Di drai kales* (*As Três Noivas*), de Kalmanovitch; em 13 de outubro, *Di rumenische hassene* (*Ca-samento Romeno*), de B. Jong; em 20 de outubro, *Beirele Vagabundo*, de B. Jong; em 4 de novembro, *Madame X*, de Hibismann; em 10 de novem-bro, *Tsipke Faier* (*Tsipke, a Arrojada*), de J. Kalich; em 17 de novembro, *Amerikaner gliken, oder A nacht fun libe* (*Alegrias Americanas ou Uma Noite de Amor*), de A. Schor; em 1º de dezembro, *Sulamis,* de Goldfaden; em 8 de dezembro, *Antike Meidlach oder Geld, Libe un Chande* (*Moças Antiquadas ou Dinheiro, Amor e Vergonha*), de Zolotarevsky; em 22 de dezembro, *Der americaner litvek* (*O Lituano Americano*), de Hersch; e em 29 de dezembro, *Der singer fun zain troier* (*O Cantor de Sua Tristeza*), de Osyp Dymow. Em 1934, a mesma Companhia Israelita de Operetas apresentou algumas peças com a participação dos atores Leonid Socoloff e Genese Ninina. Em 19 de janeiro, encenariam a peça *Oifen weg kain Buenos Aires oder Dos roite winkel* (*No Caminho de Buenos Aires ou O Canto Vermelho*), de Lech; em 26 de janeiro, *O Sacrifício de Isaac*, de Goldfaden; em 2 de fevereiro,

---

54. *Dos Idische Vochenblat*, 29 de outubro de 1926.
55. Arquivo N. Falbel.

Yankele, de J. Kalich; em 23 de fevereiro, *Di weise sklavin* (*As Escravas Brancas*), de Zolotarevsky; em 23 de março, *Der Kenig Lear* (*O Rei Lear*), de J. Gordin; em 13 de abril, *Teyve, der milchiker* (*Teive, o Leiteiro*), de Sholem Aleichem; em 20 de abril, *Tzurik fun Katorgue* (*De Volta da Catorga*), de Schomer; em 23 de agosto, *Schma Isroel* (*Ouve, ó Israel*), de Osyp Dymow; em 30 de agosto, *Der futer* (*O Pai*); em 29 de setembro, *Zvei veltn* (*Dois Mundos*), de Max Nordau; em 16 de dezembro, *Oifen himel a iarid* (*No Céu um Mercado*), de A. Lutzki; e em 23 de dezembro, *Treife un koshere* (*Impuros e Puros*), de A. Lutzki. Em 1935 chegariam também os atores profissionais Anna e Leon Blumental, que representaram em 8 de fevereiro *Vi zenen maine kinder* (*Onde Estarão Meus Filhos*), de Kalmanovitch; em 15 de fevereiro, *Semke Letz* (*Semke, o Palhaço*), de I. Maizel; em 22 de fevereiro, *Di freliche kabtzonim* (*Os Alegres Mendigos*), de Boris Tomaschevsky; em 15 de março, *Malkele Soldat* (*Malkele, a Corajosa*); em 3 de abril, *Di ydische mame* (*A Mãe Judia*), de A. Fraiman; em 26 de abril, *Vos a vaib Ken* (*O que Pode uma Mulher*), de A. Schor; e em 10 de maio, *Der vilder mensch* (*O Homem Selvagem*), de J. Gordin[56]. Junto aos mencionados atores profissionais atuariam os amadores José Adler, Paulina Rosenbaum, Paulina Kirzner, Jorge Tachlizky, Jayme Novodvorski, Jayme Edelman, Annete Landin, Ezequiel Naslavsky, José Rotman, Aron Kirzner, Moisés Lederman, Samuel Kogan, Elias e Rosa Boiucansky e outros.

Contudo, mesmo nos anos de ausência de atores profissionais o Centro Dramático Israelita de Pernambuco continuou realizando programações artísticas, como a noite literária e humorística realizada em 24 de setembro de 1937, em que foi apresentada a peça de Sholem Aleichem *Menschen* (*Seres Humanos*), dessa vez com a participação de Z. Blanche, N. Rosenthal, José Rotman, C. Dorfman, A. Landen, B. Adler, S. Buchatsky, P. Blanche, R. Boikansky, T. Landen e J. Rosenbaum.

Na década de 1940, mais exatamente em 1941, chegaria a Recife o diretor Zygmunt Turkow, a quem dedicamos uma atenção especial no tocante à sua atuação no Rio de Janeiro e em São Paulo. Como vimos em outro lugar, Turkow viera ao Brasil e atuara com o casal Debora Rosenblum e Nahum Melnik, que também estiveram no Recife. Um cartaz com o nome de Turkow indica que foi apresentado ao público, no teatro Santa Isabel, em 21 de novembro de 1941, a comédia de S. Iuskevitch, *A*

---

56. Arte Cênica, Âncora e Plataforma da Identidade Judaica-Teatro Ídiche-AHJPE – Catálogo de Exposição, Recife, novembro, 2006.

Sorte do Pobre. Antes, em 15 de novembro, participaria da programação de um espetáculo promovido pelo Centro Cultural Israelita de Pernambuco, no qual constava um ato da peça *Shabetai Zwi* de I. Julavsky, um ato de *O Avarento* de Molière, o monólogo *O Pecado* de Veviorka, o monólogo *Dr.Wolf*, de M. Lifschitz e *Os tramways de Kasrilevke*, de Sholem Aleichem. Turkow, como vimos, com a entrada do Brasil na Segunda Guerra Mundial após os afundamentos dos navios brasileiros, não pôde sair do lugar onde se encontrava, isto é, Recife, e em suas memórias descreveu a precária situação em que se encontrava: "perdi todas as esperanças de sair do Recife mas o profundo gesto humano de Henock Giske, imigrante de Lodz, e de Nathan Rosenthal, imigrante de Lipkon, as duas colunas do Círculo Dramático, deu-me alento. Ainda me soam as suas palavras: 'Amigo Turkow, todo tempo que estiveres destinado a ficar no Recife, poderás contar conosco, não te abandonaremos'... Tinham por costume após difíceis dias de trabalho dedicar-se à noite aos ensaios para nos permitir representar uma vez por mês... E as duas queridas amadoras, de grande talento, Branca Morgenstern e Zina Blanche, atrizes que todo teatro desejaria ter como elas, é que tanto me ajudaram no longínquo Recife a criar a ilusão da atmosfera que reinava no meu perdido VIKT"[57]. Turkow chegaria a apresentar com o grupo de amadores locais alguns espetáculos. Mas, ele narra, "as dificuldades começaram devido aos contínuos *blackouts* que naqueles dias dificultavam a realização de espetáculos. A um dado momento me foi sugerido por José Rotman que me ocupasse com venda de jóias, o que nunca poderia dar certo. Em todo caso, fui ajudar um dos amadores, Henock Giske, em seu negócio com peles de cobras e crocodilos", mas também para isso lhe faltava talento. Mas revelou talento para moldar retratos em gesso do Presidente Vargas. Porém, para seu azar, o material tornou-se tão caro que já não compensava a fabricação. Até que a sorte veio em sua ajuda com o teatro brasileiro local do Dr. Valdemar de Oliveira[58]. Um ator precisava representar o papel de chinês e não sabia como se maquiar; foi-lhe indicado o "ator polonês" conhecido como especialista em maquiagem que poderia transformar o ator em chinês. Da maquiagem ele passaria a ser regente numa peça de um autor brasileiro *A Comédia do Coração*. Desse modo, sua trajetória, como já vimos em outro

---

57. Z. Turkow, *Di ibergerissene tekufe* (*A Época Interrompida*), pp. 362-363.

58. Dr. Valdemar de Oliveira prefaciaria a publicação da peça de autoria de Turkow *O Sanatório Medem*, Recife, 1943, traduzida para o português por David Fassberg.

lugar de nosso trabalho, desde que fora descoberto por uma companhia de teatro do Recife, o levaria ao Rio de Janeiro.

O teatro ídiche no Recife ainda sobreviveu até os anos 1950 e ainda em 19 de abril de 1956, em comemoração ao Levante do Gueto de Varsóvia, José Rotman apresentaria em uma programação na sede do Centro Cultural Israelita de Pernambuco com uma peça de A. Hulak, *Remorso de um Traidor*, com a participação de Aneta Hulak, J. Rotman, I. Hulak, Ana Guendler, Clara Wainchenker, Dora Jacobovitz, Dora Ocentstein, D. Hulak, A. Jacobovitz, J.Rosembaum, J. Guendler, G. Wainchenker e Isaquiel Naslavsky. A criação do Teatro de Estudantes Israelita de Pernambuco (TEIP), que se dedicaria a um repertório com peças em português, evidenciaria que o teatro ídiche amador já não tinha mais lugar e sua audiência era restrita à velha geração que falava o ídiche. Porém artistas profissionais que se apresentavam no Rio de Janeiro e São Paulo, ocasionalmente, viriam ao Recife, entre eles os atores Chevel Buzgan e Rivka Schiller.

Outras pequenas comunidades do Nordeste tiveram entre os anos 1920 e 1940 grupos amadores de teatro ídiche dos quais nada sabemos. Porém um programa artístico da Sociedade Israelita de João Pessoa nos revela que um grupo local, não identificado, encenou uma peça em 27 de setembro de 1934. O mesmo grupo apresentaria em 22 de novembro de 1936, a peça *Der guet* (*O Divórcio*), de Sholem Aleichem, com a participação de A. Chapiro, Clara Chnaiderman, Rebeca Cozer, J. Cozer, B. Romof, Lea Chapiro, Isaac Eliechkevich, Cilia Goizman, Bernardo Goizman e Abrahão Cozer[59].

5. TEATRO AMADOR NA BAHIA

Desde que a comunidade judaica na Bahia passou a receber um contingente maior de imigrantes, após a Primeira Guerra Mundial, a vida cultural em língua ídiche foi tomando corpo através de atividades em que o teatro passou a ter um lugar importante. A Sociedade Beneficente Israelita, fundada em 1922 por antigos e recém-chegados imigrantes, havia criado uma biblioteca que se propunha também a promover noites lítero-musicais e realizações teatrais.

A Sociedade que contava com um círculo juvenil responsável pela biblioteca, criaria um círculo dramático encarregado de apresentar peças

---

59. Arquivo N. Falbel.

teatrais e recreativas em benefício próprio e da Escola Jacob Dineson, fundada em 1924. O historiador e jornalista Jacob Nachbin, que orientara um grupo teatral no Recife, também estivera nesse tempo na Bahia e lembra em um artigo que existiu uma sociedade dramática[60]. Uma cisão ocorrida em 1927, por motivos ideológicos, acabaria por levar à formação de uma outra associação com o nome de "Centro Cultural" (Kultur Tzenter) que também desenvolveu uma atividade teatral que iria perdurar até 1932, ano em que as duas entidades voltaram a se unificar. Em carta de um residente G. M. Erlichman, datada de 5 de agosto de 1926 e dirigida ao seu amigo Manasche Krzepicki, menciona-se que o recém-formado Centro Cultural iria encenar a peça de Peretz Hirshbein *Di Neveile*. Foi um período profícuo na vida judaica da Bahia. Data dessa época a fundação de uma Caixa Econômica e Empréstimos (Laie un Schpor Kasse). Porém um incêndio em 1942 destruiu parte do prédio onde estava instalada a Sociedade, o que obrigou a comunidade a planejar a construção de uma nova sede.

Quando em 1949 foi inaugurado o novo edifício, a instituição tomou uma nova denominação conhecida como SIB (Sociedade Israelita Brasileira).

Se olharmos retrospectivamente para a comunidade baiana, veremos que um segundo círculo dramático surgiu no Grêmio de Estudantes e Jovens (Idisher Yuguent un Studenten Farein), ainda nos anos 1930 e entre seus primeiros ativistas contavam-se Salomon Adler e Salomão Pasternak[61], ambos vindos da Galitzia, em 1928 e 1929, David Fichman, Elena Fucs, Elias Albert, entre outros. Em 1932 promoveriam um espetáculo com o ator Chaim Charuvi com as cenas *Der Schloflozer* (*O Sofredor de Insônia*) e *Zi Ken nit redn* (*Ela não Sabe Falar*) de Tunkeler. Durante os anos 1940 e 1950 a atividade do grupo amador continuou e, em 1951, representou a peça *In Bunker* (*No Abrigo Antiaéreo*), de I. Aschendov, dirigida por David Fichman e com a participação de Moysés Wolfovitch e Boris Gorentzvaig[62].

Como em outros lugares, a Bahia receberia a visita de diretores consagrados como Jacob Rotbaum, e encenaria cenas das peças *Onkel Moses* de S. Asch, *Dos groisse gevins*, de S. Aleichem, e outras. Zygmunt Turkow e sua esposa Rosa, em julho de 1950, apresentariam um programa no

---

60. *IF*, 24 de maio de 1929. Vide N. Falbel, *Jacob Nachbin*, São Paulo, Nobel, 1985, p. 101.
61. H. Iussim, *Léxico...*, "Bahia" (manuscrito não publicado). Arquivo N. Falbel.
62. *Shalom* Documento, Os Judeus na Bahia, encarte da Shalom, n. 296.

qual constaria *Oif der elter* (*Na Velhice*), *Oksen-kamf* (*Tourada*), *Vos a kabtzn farguint zich* (*O que um Mendigo se Permite*). Também visitariam a Bahia os atores profissionais vindos da Argentina, entre eles Nathan Klinger, Sofia Rafalovitch, Herman Klatzkin, que apresentariam um variado programa de canções folclóricas do repertório teatral.

Lamentavelmente, pouco sabemos da atividade teatral na Bahia devido à escassez de informações sobre as atividades culturais nessa comunidade.

APÊNDICES

APÊNDICE I

Um manuscrito de Jacob Weislitz

Mera curiosidade levou-me a examinar o acervo em ídiche que se encontra no AHJB proveniente, em grande parte, da antiga Biblioteca "Schlomo Mendelsohn", localizada à Rua Ribeiro de Lima, 362, no Bom Retiro, e transferida, posteriormente, para a Escola Renascença, em Higienópolis. A "Schlomo Mendelsohn", em tempos em que reunia um grupo de intelectuais e escritores de língua ídiche, ligados ao YIVO (Instituto Científico Judaico), possuía um rico acervo resultado da junção de várias bibliotecas, entre as quais a do Poilisher Farband, que atendia o refinado gosto literário de escritores idichistas como Meier Kucinski, Chaim Rapoport, Salomão Trezmielina, Itzhaq Guterman, além de outros *kulturtregers* (ativistas da cultura judaica), na verdade os últimos representantes no Brasil de uma cultura cuja chama viva fora apagada pelo Holocausto. Com o passar do tempo, esse círculo de amigos voltados a perpetuar a cultura ídiche ficou reduzido a alguns poucos membros até o definitivo encerramento da biblioteca.

Ao passar os olhos em uma das estantes, deparei-me com um título que chamou minha atenção: *Heldn un martyrer* (*Heróis e Mártires*), de autoria de David Shub[1]. Na lombada do volume bem encadernado encontramos as iniciais e um

---

1. Varsóvia, Ed. Ch. Brzoza, 1939. O autor Avraham David Schub nasceu em Potov, na região de Vilna, em 13 de setembro de 1887, vindo a falecer na Flórida em 27 de maio de 1973. Participou ativamente no movimento revolucionário russo de 1905 e esteve próximo às organizações de esquerda também nos Estados Unidos. Jornalista e escritor profícuo, dedicou--se ao estudo da história dos movimentos revolucionários, retratando os personagens que participaram nos mesmos, em especial nos movimentos Zemlya i Volia e Narodnaya Volya. Seus artigos sobre os primeiros revolucionários judeus na Rússia czarista constituem uma fonte preciosa para o conhecimento daquela época. O livro *Heldn un martyrer* tem como tema central as figuras de destaque no movimento revolucionário russo desde os seus primórdios até o assassinato de Alexandre II, em 1881. Sobre esse autor ver o verbete "Schub, A. D." no *Leksikon fun der naier ydisher literatur*, New York, Ykuf, 1981, t. 8, pp. 560-561.

337

sobrenome "M. M. Rochverger", indicando ser livro de um acervo pessoal[2]. Na última folha da encadernação, no final do livro, estão escritas as palavras "São Paulo, 22-7-1978", e as letras que parecem ser "F N" e "Obrigado Amigo". Na página seguinte à do título, na qual se encontram impressas apenas duas palavras "Erschter Band" (tomo primeiro), todo o espaço está preenchido com um texto escrito em ídiche, com clara e delicada grafia, que passamos a traduzir:

Mordechai, meu querido e fiel irmão. Uma das minhas fortes e verdadeiras vivências foi novamente reencontrar-me contigo. Estivemos trabalhando durante dois anos por uma ideia no teatro, no trabalho social para levar ajuda aos mais pobres e oprimidos. 21 anos estivemos separados, mas nunca esquecemos um ao outro durante mais de duas décadas, porque nosso trabalho conjunto era apreciado pela amizade e estima de amigo para amigo, fortificado por elevadas ideias de humanidade e fraternidade iluminadas pela chama da crença comum nos objetivos de liberdade social. O encontro contigo foi um belo e brilhante capítulo em minha vida. Em ti encontrei muito calor humano bem como um lugar de repouso que me incentivou a novos trabalhos, a novas criações. Foi como se meu corpo e alma tivessem recebido uma iluminação sobre as verdades que incorporamos em nossos elevados ideais. Com sentimento fraterno eu te ofereço este modesto presente, este livro sobre heróis e mártires. Aceite-o como a expressão de uma profunda fé e intenso amor àquelas pessoas que vivem com um belo passado e que ainda tecem com gratificante dedicação o contínuo sonho de um futuro mais luminoso. Não esqueças como um velho amador, que está longe de sê-lo, possui a alegria, caro amigo, de vê-lo sobre o palco.

teu Jacob Weislitz 15.7.1939

Quem são os personagens deste texto? O nome "Mordechai" certamente se refere à Mordechai Mazo, diretor do famoso Vilner Troupe que, juntamente com Leib Kadison, foi seu fundador, em 1915/1916, representando um momento significativo na história do teatro ídiche.

---

2. Graças à gentileza de Fábio Rochwerger, neto de Menachem Mendel Rochwerger, pude confirmar que as iniciais correspondiam ao nome de seu avô, ativista de convicções esquerdistas ainda em sua terra natal , em Lodz, na Polônia. Nosso prestativo colega do AHJB, Paulo Valadares, forneceu-me a informação de que M. M. Rochwerger se encontra sepultado, ao lado de sua esposa Masza, no Cemitério Israelita de Vila Mariana, tendo falecido em 2.8.1949. Sobre eles encontra-se um "in memoriam" no número 5 do boletim "Der Polisher Id", ed. Comitê Central dos Judeus Poloneses no Brasil, fevereiro de 1954, p. 199, no qual consta que Masza faleceu em 30 de maio de 1948. Menachem Mendel (Mordechai) Rochwerger e sua esposa chegaram ao Brasil em 1926.

Mordechai Mazo, nascido em 1889, era professor, assim como Leib Kadison[3], pai da famosa atriz Luba Kadison, era pintor, até conceberem uma nova visão do que deveria ser a arte teatral judaica que já possuía certa tradição ao dar seus primeiros passos no século xix. O Vilner Troupe, influenciado pelas ideias modernistas de Konstantin Stanislavski, tornou-se conhecido a partir de 1917 ao passar a atuar em Varsóvia, e seu momento maior foi quando encenou o *Der Dibuk* de Ansky, em 9 de dezembro de 1920, no Elyseum Theater da capital polonesa, um mês após a morte do grande dramaturgo. A trupe viajou pela Europa, permanecendo certo tempo na Romênia e a seguir passou a atuar em muitos países, conquistando audiências e influenciando o teatro ídiche durante longo tempo. Não é minha intenção tratar da trajetória do famoso *ensemble*, mas assinalar apenas que os nomes que figuram no escrito do livro estão vinculados a um grupo de atores que marcou época.

Mordechai Mazo viria a morrer no gueto de Varsóvia juntamente com sua esposa, Ester Goldenberg, e a notável atriz Miriam Orleska e seus nomes estão entre os muitos atores que pereceram como mártires durante a Segunda Guerra Mundial[4].

O autor do escrito, Jacob Weislitz, destacou-se como ator do Vilner Troupe, tendo antes feito uma notável carreira artística na Polônia. Sobre ele temos um pequeno verbete no *Lexicon of the Yiddish Theatre*, de Zalmen Zylbercwaig (New York, 1931) vol. 1, p. 697: "Nasceu em 31 de dezembro de 1891 na cidade de Konsk, na Polônia. Seu pai era um liberal e o enviou a estudar em um ginásio. Em 1911 tornou-se membro do departamento de dramaturgia do "Hazamir" de Varsóvia e atuou como *regisseur* de associações dramáticas naquele pais com peças em ídiche e do repertório europeu. Desde 1920 atua no Vilner Trupe na Polônia". O que confirma que tomou parte na encenação da peça como ator no *Der Dibuk* de Ansky, dirigida por David Herman e apresentada em Varsóvia[5].

---

3. Sobre ele ver Zalmen Zilbercwaig, *Lexicon of the Yiddish Theatre (Leksikon fun Yidischen Theater)*, New York, Elisheva, 1963, vol. 4, pp. 3124-3130.

4. Ver Zalmen Zylbercwaig, *Lexicon of the Yiddish Theatre*, México, 1967, vol. 5, pp. 4183-4194; 4514-4528; ver também Jonas Turkow, *Farloschene Schtern (Estrelas Extintas)*, Tzentral Farband fun Poilisher Idn in Argentine, Buenos Aires, 1973, pp. 62-67; 50-54.

5. David Herman nasceu em 1876 em Varsóvia e veio a falecer em 1937 nos Estados Unidos. Ver artigo sobre ele em Melech Ravitch, *Mein Lekxikon*, Montreal, 1947, vol. II, pp. 217-219. Zalmen Zylbercwaig, em artigo intitulado "Vilner Trupe", no livro *Wilno, a Book Dedicated to the City of Wilno*, ed. Ephim H. Jeshurin, New York, Wilner Branch 367 Workmmen's Circle,

Manuscrito de Jacob Weislitz encontrado no livro do autor David Schub *Helden un Martyrer* (*Heróis e Mártires*), editado por Ck. Brzoza, Varsóvia, em 1939, e pertencente à Biblioteca do Arquivo Histórico Judaico Brasileiro (AHJB).

Sabemos por outras fontes que Jacob Weislitz foi discípulo de David Herman. Em um artigo de sua autoria publicado no periódico *Di Tzeit* (*O Tempo*) de São Paulo, ele enfatiza a importância de David Herman e sua contribuição para a criação do teatro artístico ídiche. Weislitz, se referindo a ele, enfatiza o quanto deve a esse diretor e o quanto aprendeu com ele: "Inesquecíveis foram para mim os 20 anos de atividade cênica que me vinculam com David Herman nos sérios e responsáveis papéis das aludidas obras de nosso corifeu"[6]. O *Lexikon fun Yiddishen Theater*, ao se referir à volta de David Herman à Varsóvia para dirigir o "Vilner Trupe" daquela cidade, menciona a Weislitz como parte da trupe juntamente com Abraham Morevsky, A. Stein, Hava Braz, Joseph Buloff, Yosef Kamen. A

1935, pp. 572-586, menciona várias vezes o nome de Weislitz e confirma sua participação na encenação do *Der Dibuk* em Varsóvia (p. 578).

6. Jacob Weislitz „David Herman, Der boier fun modernen idischen theater" ("David Herman, o Construtor do Teatro Moderno Jdeu"), *Di Tzeit*, n. 1, agosto de 1939, p. 12 (em ídiche) e p. 7 (em português).

trupe encenou a peça *Schmá Israel* (*Ouve, ó Israel*) de Dimow, *Der vos kriegt di petch* (*O que Leva as Pancadas*) de Andreiev, *Dos neie Gheto* (*O Novo Gueto*) de Herzl e *Yohanes-feiern* (*Fogueiras de S. João*) de Herman Zuderman[7]. Ainda ele é lembrado tomando parte na *tournée* de 1923/1924 na Romênia e Polônia[8]. Nas *tournées* de 1925/1926, 1927, 1928 é novamente lembrado juntamente com Miriam Orleska, Mordechai Mazo, David Herman e Rachel Holzer, entre outros, e tudo indica que continuou atuando com o grupo nos anos seguintes. Joseph Buloff e Luba Kadison haviam deixado a trupe em 1926 para se dirigirem à América[9]. Weislitz continuou na Europa e Zygmunt Turkow, que o conheceu quando atuou junto à companhia de David Herman na Polônia, se refere a ele com profundo respeito profissional: "Há cerca de vinte e um anos passados havia-se organizado esse grupo [de David Herman, em Melbourne na Austrália, no qual Weislitz atuou, durante a visita que Turkow fez àquele país] e assim o nome de Herman ficou eternizado por um de seus primeiros discípulos e seu colaborador de muitos anos – Jacob Weislitz"[10].

Felizmente, Weislitz sobreviveu ao Holocausto devido ao fato de estar naqueles anos fazendo um *tour* mundial, chegando, em 1938, à Austrália para encenar seu repertório do teatro ídiche em Melbourne, lugar onde se encontrava ao se iniciar a Segunda Guerra Mundial. Em sítio da internet sob o título "The "Kadimah" & Yiddish Melbourne in the 20th Century"[11] lemos: "The few surviving prominent actors, such as Yakov Weislitz and Rokhl Holtzer[12], who were amongst the immigrants to find refuge in Melbourne, now built on an earlier, more ammateurish, local Yiddish theatre tradition. They established a new ensemble and later renamed it the David Herman Theatre by der Kadimah after the famous director of the Vilno Troupe". Também Arnold Zable escreve em seu livro que "Jacob (Yankev) Weislitz (1892-1966)[13] arrived in Melbourne in 1938, as

---

7. *Lexikon...*, vol. 1, p. 708.

8. *Idem*, p. 710.

9. *Idem*, pp. 711-712.

10. Zygmunt Turkow, *Theater-Zichroines fun a shturmisher tzeit, fragmentn fun main lebn* (*Memórias do Teatro em um Tempo Tempestuoso, Fragmentos de Minha Vida*), Tzentral Fatband fun Poilische Idin in Argentine, Buenos Aires, 1956, p. 48. Turkow menciona a atuação de Weislitz como dirigente de um bem-sucedido grupo dramático na cidade de Kutno.

11. http://home.iprimus.com.au/kadimah/k90.htm.

12. Sobre ela ver Melech Ravitch, *Mein Leksikon*, Montreal, 1947, vol. II, pp. 214-216. O texto sobre Rachel Holzer foi escrito em 1945.

13. O ano de nascimento é 1891.

part of a world tour. A renowned veteran of the Vilna Troupe, a pupil of David Herman, and a director of Yiddish theatre in Poland, Weislitz became strandet in Melbourne when war broke out in Europe... Weislitz directed and stared in many productions, and continued to perform his solo 'word concerts' which he had toured throughout Poland and Europe in the interwar years. Yankev Weislitz and Rachel Holzer formed the foundation of high Yiddish theatre in Melbourne, and guided it through its golden era in the 1950s"[14]. Rachel Holzer, que havia atuado com Jacob Weislitz no Vilner Trupe, chegou à Austrália em 1939[15]. Melech Ravitch, notável poeta e escritor, que, em seu *Léxico*[16], descreveu com sensibilidade psicológica e literária personalidades de destaque do mundo judaico com os quais teve contato e conheceu pessoalmente, nos dá um retrato de Jacob Weislitz. Ele o verá como um típico judeu-polonês, "assim como os europeus ocidentais imaginam. Um nariz adunco, olhos negros, grandes e sonhadores, cabelos negros e ainda uma voz que não apenas fala mas que acompanha algo como uma prece". Ravitch o descreverá como um incansável ator que de início viajava de lugarejo a lugarejo do território polonês para representar e reger grupos do teatro amador e, mais tarde, ao atingir o pináculo da fama, passará a viajar a outros países da Europa e a outros continentes, seja na África do Sul, Austrália e países latino-americanos, incluindo o Brasil[17].

Há algo de perturbador no fato do livro, editado em 1939, ser presenteado em 15 de julho daquele ano fatídico, pouco antes da invasão

---

14. Arnold Zables, *Wanderers and Dreamers: Tales of the David Herman Theatre*, Melbourne, Hyland House 1988, p. 79. Devo essa informação à Dra. Marianne Dacy do Archive of Australian Judaica e do Jewish Cultural Centre & National Library "Kadimah", por intermédio de minha filha Anat Falbel. O ano da fundação do David Herman Theatre é 1948.

15. Sobre ela ver o artigo de Yitzhak Kahn, "Rachel Holzer and the Yiddish Theatre in Australia", *Jewish Year Book*, 1985, ed. Yehuda Svoray, pp. 93-95. Aproveito para agradecer a arquivista Dra. Marianne Dacy do Archive of Australian Judaica, University of Sydney Library, que me forneceu gentilmente cópia do referido artigo. Ver também a menção sobre Jacob Weislitz no livro de Nahma Sandrow, *Vagabond Stars, a World History of the Yiddish Theater*, New York, Syracuse University Press, 1996, pp. 371-372; Lucjan Dobroszycki e Kirshenblatt-Gimblett, *Image Before My Eyes, a Photographic History of Jewish Life in Poland, 1864-1939*, New York, Schocken Books, 1977, p. 241; L. Kadison, J. Buloff e I. Genn, *On Stage, Off Stage, Memories of a Lifetime in the Yiddish Theatre*, Cambridge, Harvard University Press, 1992, pp. 34, 37, 45, 47, 52.

16. M. Ravitch, *Mein Leksikon*, Montreal, 1947, vol. II, pp. 224-226. Ravitch, que escreveu a referida nota biográfica sobre Weislitz em 1941, confirma que ele se estabeleceu na Austrália desde 1938.

17. O nome de Jacob Weislitz consta na relação de atores do Apêndice do livro de Simão Buchalsky, *Memórias da Minha Juventude e do Teatro Ídiche no Brasil*, São Paulo, Perspectiva, 1995, p. 107.

nazista em 1º de setembro, selando o destino de mais de três milhões de judeus que viviam na Polônia. Mais perturbador ainda é o teor do que escrevera e a associação que podemos estabelecer com o título do livro *Heldn un martirer* ... Teria o sensível ator captado a iminência da tragédia que envolveria o continente europeu e o levaria à inominável catástrofe da Segunda Guerra Mundial?

Outra questão que nos preocupou foi como esse livro veio parar no Brasil. Podemos supor que Weislitz, devido a sua *tournée* artística, que coincide com a aproximação da guerra e a invasão da Polônia, possivelmente, em sua viagem ao continente latino-americano, levou o livro consigo e o deixou com alguém, sabendo que não mais poderia remetê-lo ao seu amigo Mordechai Mazo. E esse alguém seria Menachem Mendel Rochwerger que tivera uma atuação no Farband fun di Poilische Idn (Associação dos Judeus Poloneses) de São Paulo. Por outro lado, também podemos aventar que tenha encontrado o livro na biblioteca particular de M. M. Rochwerger com o qual teve contato durante sua passagem por São Paulo e na ocasião, pouco tempo antes da guerra ter início, teria solicitado que o enviasse ao seu amigo Mordechai Mazo, sem que houvesse condições para fazê-lo devido ao conflito que se aproximava. Nesse caso, ou no outro, o texto teria sido escrito no Brasil em um livro que pertenceu à biblioteca de M. M. Rochwerger e a data do mesmo revelaria que Weislitz esteve no Brasil em meados de 1939. De fato, pudemos confirmar sua presença no Brasil, após ter atuado na Argentina, por notícias encontradas na imprensa ídiche a começar pelo periódico publicado em São Paulo sob o nome de *Velt-Schpiguel* (*O Espelho do Mundo*). No primeiro número dessa publicação encontramos a notícia de que "o Jugend Club está preparando a peça *Velt-Gevisen* ou *Sholom Schwartzbard* com a participação do famoso ator Jacob Weislitz"[18]. Na página seguinte do mesmo número temos, ao lado de uma foto do autor, a notícia de que "Jacob Weislitz o ex-*regisseur* do famoso Vilna Trupe está atuando entre nós. Weislitz apresentou uma série de representações artísticas nas quais teve grande sucesso. Está preparando uma representação com o Jugend Club, além de outras. No próximo número daremos uma resenha mais

---

18. *Velt-Schpiguel*, n. 1, junho de 1939, p. 18. Em uma foto na qual ele é retratado na figura de Sholom Schwartzbard lemos em ídiche: "Ao círculo dramático do Jugend Club em São Paulo como lembrança de minha primeira encenação em território brasileiro da peça 'Sholom Schwartzbard (Velt- Gevisen)' de A. Kacyzne".

ampla sobre a atuação de Weislitz"[19]. No periódico *Di Tzeit* (*O Tempo*), publicada em ídiche e em português por um grupo de intelectuais de esquerda, nos traz outras informações sobre a presença de Weislitz no Brasil: "O ator Jacob Weislitz, nesses dias, viajou para a Austrália onde esteve um tempo mais longo antes de chegar ao Brasil. Weislitz, no Brasil, esteve apenas alguns meses. Em sua curta estadia ele pôde estar nas comunidades mais importantes do Brasil. Proferiu várias conferências e algumas apresentações e duas grandes representações teatrais, a famosa peça de A. Kacyzne *Scholem Schwartzbard*, encenada pelo grupo dramático do Jugend Club de São Paulo e a peça de S. Ansky *Tog un Nacht* (*Dia e Noite*) encenada pelo grupo dramático do Farband fun Poilische Idn no Rio[20]. Ambos os círculos, de São Paulo e do Rio, revelaram nas duas peças um inegável talento, o que se deve em grande parte à maestria da direção de J. Weislitz". A notícia termina desejando ao diretor-ator uma boa viagem e congratulações pelo trabalho realizado[21]. Já no número 1 do mesmo órgão encontramos sua "Palavra de despedida à coletividade israelita de São Paulo", na qual relata a atividade de sete semanas que o Comitê Vaislitz (sic) proporcionou a ele e que "foi um dos mais belos capítulos da minha criação teatral. 14 representações é um número imponente. Concertos da palavra, conferências e uma grande representação. São Paulo, Santos, Campinas. Uma atividade que enche o coração de alegria. Cada representação foi para mim uma festa, um alegre acontecimento, porque eu sentia o vivo contato que se formava entre artista e público. A coletividade israelita de S. Paulo demonstrou a sua ligação com a nossa cultura israelita mundial. Meus agradecimentos aos amigos do Comitê Weislitz e a todas as sociedades onde se realizaram as minhas representações… Uma palavra especial para o Studio dramático do Jugend Club: Caros discípulos! Eu vos expresso meu mais profundo reconhecimento e também a essa seção do Jugend Club, que trabalha com dedicação pelo teatro israelita. Meu trabalho de cinco semanas convosco, amadores, sobre *Scholem Schwarzbard*, permanecerá para mim como uma lembrança de uma festa

---

19. *Idem*, p. 19.
20. A estadia de Weislitz no Rio é mencionada em um relatório sobre as atividades do ano de 1939 do Farband fun Polisher Idn (Associação dos Israelitas Poloneses) no *Idische Folkstzeitung* (*Gazeta Israelita*) 23 de janeiro de 1940, e no *Idische Presse* de mesma data, na qual se menciona a encenação da peça *Tog un Nacht* (*Dia e Noite*) de Anski, realizada pelo Círculo Dramático sob sua direção.
21. *Di Tzeit*, n. 4-5, nov.-dez. de 1939, p. 35.

teatral. Desejo-vos saúde e que continueis a tecer o fio de ouro pelo verdadeiro teatro israelita. Os caminhos da América do Sul trar-me-ão novamente até vós, caros e dedicados discípulos meus"[22]. Uma informação complementar interessante sobre o teor das conferências que Weislitz proferiu encontramos na revista mensal de arte e literatura *Velt-Schpiguel* (*O Espelho do Mundo*). A notícia nos informa que "organizado pelo Jugend Club o famoso artista Jacob Weislitz proferiu uma conferência sobre o tema '60 anos de teatro judaico'. O palestrante deu uma brilhante visão do teatro ídiche, sua origem e decadência. Em especial se deteve no desenvolvimento do Vilna Trupe, que é um capítulo singular na história do teatro judaico. Também analisou as realizações do Idische Kunst Theater, do Artef em Nova Yorque e do Yift da Argentina. De um modo geral foi uma bem-sucedida palestra da qual o público saiu satisfeito"[23].

Por tudo isso não será demais lembrarmos o adágio latino: *Habent sua fata libelli...*

---

22. *Di Tzeit*, n. 1, 15 de agosto de 1939, p. 9 (em ídiche), p. 11 (em português). No número 3 do *Di Tzeit*, outubro de 1939, p. 16, lemos em um artigo sob o título "Der Jugend Club un ale zeine tzveigen" ("O Jugend Club e Todos as Suas Ramificações") que seu "Studio dramático já existe há 10 anos e que um de seus grandes sucessos foi a peça *Scholem Schwartzbard* sob a regência do grande ator e *regisseur* Jacob Weislitz. Sua visita em São Paulo foi para o Studio um grande prêmio e encorajamento para o trabalho em prol de um melhor teatro judaico".

23. *Velt-Schpiguel*, n. 2, p. 26. No mesmo número, pp. 16-17, Reuben Hochberg publica um longo artigo sobre a peça *Scholem Schwarzbard* regida por Jacob Weislitz, referindo-se à extraordinária direção e atuação de Weislitz, no papel de Schwarzbard, e ao esforço do Jugend Club para elevar o nível do teatro no Brasil. O número 5 do periódico, p. 23, anuncia uma apresentação artística de Weislitz na sede do Jugend Club.

APÊNDICE 2

O teatro ídiche na rede escolar judaica no Brasil

O ensino da língua ídiche fez parte do currículo escolar desde os inícios do estabelecimento das primeiras escolas judaicas no Brasil. Sabemos que as duas correntes de ensino nas comunidades europeias, ou seja, Cysho e Tarbut, também predominaram na rede escolar judaico-brasileira, na qual a primeira acentuava o ensino do ídiche enquanto a segunda, o ensino do hebraico[1].

A literatura dramática, na medida em que acumulou e sedimentou um extraordinário acervo intelectual, tornou-se parte da herança cultural que deveria ser transmitida às novas gerações de língua ídiche onde quer que o judaísmo asquenazita estivesse presente. A preocupação central dos imigrantes da diáspora asquenazita foi transmitir as tradições e os valores judaicos aos seus filhos, o que implicava, entre outros meios didáticos, a inclusão e utilização do teatro desde o nível do jardim infância até os estágios mais elevados da programação escolar. Podemos afirmar que o teatro ídiche, desde o Purim-Schpil e a criatividade literária posterior na qual se cristaliza a arte da representação, esteve ligado às instituições educativas judaicas. Em especial, na comemoração de festividades nacionais e religiosas, assim como em certos eventos, a declamação, o canto e a representação teatral tinham um lugar seguro e obrigatório na programação do currículo das escolas judaicas. As comemorações de encerramento de ano letivo eram especialmente propícias para a apresentação de quadros ou pequenas peças teatrais em uma programação dirigida a um público composto de pais, parentes, amigos e patrocinadores da escola local.

---

1. Ver N. Falbel, "Isaías Raffalovich e a educação judaica no Brasil", em *Judeus no Brasil: Estudos e Notas*, São Paulo, Edusp-Humanitas, 2008, pp. 335-367.

Porém cabe inquirir, antes de tudo, que tipo de peças constituía o repertório do teatro ídiche encenado nas escolas judaicas. Uma primeira observação parece indicar que boa parte eram peças compostas pelos próprios professores que adaptavam temas do teatro ídiche à idade das crianças e adequados à educação e ao ensino escolar. Boa parte dos temas eram relacionados com as festividades judaicas tradicionais, em especial as de Purim e Chanuká. Contos sobre temas de fundo ético-social, assim como os ligados às festividades em geral, foram escritos por grandes literatos da língua ídiche e desse modo os professores podiam encontrar a matéria-prima para criar peças teatrais e encená-las em suas escolas nos dias comemorativos do calendário judaico. A rica literatura infantil e juvenil universal e de diversos povos e culturas também seria aproveitada para a elaboração de peças teatrais escolares. Coletâneas de peças para crianças e jovens foram publicadas pelas redes escolares judaicas assim como por instituições que estavam preocupadas em suprir material didático às mesmas, a exemplo da obra de Mendel Elkin, *Theater Schpil, far klein um far grois* (*Teatro, para Pequenos e Grandes*) cujo conteúdo diversificado inclui peças como *Di leiden fun Oedipus* (*Os Sofrimentos de Édipo*), *A din toire mitn vind* (*Um Julgamento do Vento*), de I. L. Peretz, *Dos gute schveibele* (*O Bom Fósforo*), *Bum un dreidel* (*Bum e o Dreidel*, [brinquedo de Chanuká]), de N. Schcliar, *Motel Tremp*, *Purim tzu der siede* (*Purim para o Banquete*), *In a podriad* (*Em uma Empresa*) e *Konrads cholem* (*O Sonho de Konrad*)[2]. Obviamente, o conteúdo dessas coletâneas, além da temática judaica, considerava o contexto cultural dos países da diáspora, com sua histórias, lendas e tradições folclóricas.

Também escritores e homens de teatro que se encontravam nas comunidades judias, mesmo não sendo professores, podiam escrever peças infantis e participar na encenação das mesmas quando eram solicitados por professores, educadores ou diretores de escolas.

Lamentavelmente, não temos a possibilidade de registrar de modo mais abrangente a atividade teatral exercida na rede escolar judaico-brasileira. O nosso conhecimento sobre as escolas judaicas – que nas pequenas comunidades interioranas tiveram, por vezes, pouco tempo de vida – é limitado e ainda permanece como desafio a pesquisadores da história dos judeus no Brasil. Pequenas comunidades poderiam criar uma "escola" que se reduziria a uma classe de poucos alunos proporcional ao tamanho e

---

2. New York, Ed. Bildungkomitet fun Arbeter Ring, 1949.

número de famílias judias existentes em determinado local. Mas certas informações nos dão uma ideia do papel que o teatro ídiche representou no programa escolar que, antes de tudo, visava transmitir um conhecimento das tradições, da cultura e das línguas ídiche e hebraico aos seus alunos.

Exemplo do que ocorria é uma pequena escola na cidade de Sorocaba, no Estado de São Paulo, dirigida pelo professor I. Karolinsky, que tinha em sua programação para a comemoração da festividade Chanuká, entre outros elementos, recitações e cantos e a apresentação de uma pequena encenação intitulada *Chanuká gelt*[3]. A festa de Chanuká, com seu rico conteúdo nacional, coincidia com o término do ano letivo e era mais uma razão para as escolas festejarem com grande mobilização e empenho de alunos e professores.

A mais antiga escola de São Paulo, a escola Hatchia (Renascença), para a comemoração de Chanuká no ano de 1932, além de declamações e cantos, encenou a peça *Der mames nigun* (*A Canção da Mamãe*), na qual participaram os alunos daquela instituição de ensino[4]. O seu diretor e pedagogo, professor Moshe Weiner, era adepto de uma orientação escolar hebraísta e, ao imigrar para o Brasil, no final de 1924, passara a atuar na escola judaica de Niterói. Nessa escola, por ocasião da comemoração de Chanuká, as peças representadas pelas crianças foram *Chana veshivat baneia* (*Hana e seus Sete Filhos*) e *Habubá hacholá* (*A Boneca Enferma*), ambas em hebraico, ensaiadas pelo professor M. Bloch[5]. No entanto, quando Moshe Weiner passou a ser diretor e pedagogo da escola Hatchia, já o estudo do ídiche, assim como do hebraico, fazia parte do currículo. Em programa realizado no Conservatório Musical de São Paulo, as crianças representaram peças e quadros em ídiche como *Horele Mezik*, de Y. A. Handelzaltz, e *Di gute feie* (*A Boa Fada*), de A. Pan-Karni[6].

Em Passo Fundo, no Rio Grande do Sul, na Idisch-Hebreische Schul (Escola hebraico-ídiche), o final de janeiro, período do ano em que se faziam exames de ingresso e de passagem para outras séries, no qual demonstravam seus conhecimentos de ídiche, hebraico, Tanach (Bíblia Hebraica) e história, foi antecedido da comemoração da festa de Chanuká sob a direção do prof. I. Mishkis, com um rico programa no qual

---

3. SPIT, 30 de dezembro de 1934. A comemoração da festa deu-se no dia 16 daquele mês.
4. SPIT, 19 de janeiro de 1933.
5. DIV, 10 de dezembro de 1926.
6. DIV, 4 de junho de 1926.

constava uma peça infantil *Ba der kranker tochter* (*Junto à Filha Enferma*)[7]. A Hebreish-Idisch Brazilianer Schul (Escola Hebraico-Ídiche Brasileira) de Santos, que tinha boa reputação como instituição de ensino, apresentou um espetáculo, em 4 de fevereiro, em São Paulo, no salão do Clube Macabi (Rua Ribeiro de Lima, 17). Porém, devido a certas críticas expressas sobre o evento, a escola publicou uma carta no *San Pauler Idische Tzeitung* (*A Gazeta Israelita de São Paulo*) na qual argumentava que sua orientação escolar não era "religiosa", no sentido ortodoxo, mas que educava seus alunos para adquirirem uma concepção ampla e não sectária do judaísmo, refutando desse modo as acusações de que era uma escola hebraica e religiosa que não ensinava o ídiche. Certamente, a crítica provinha de círculos de esquerda nos quais o "idichismo"era parte de suas convicções ideológicas, e que se opunham à orientação nacionalista-hebraica prevalecente na escola, o que não era raro na época e evidenciava a disputa entre as duas correntes tradicionais da rede escolar judaica[8]. A divulgação do evento incluía um programa com as representações *Main bobes dage* (*A Preocupação de Minha Avó*), peça infantil de Chaver Paver; *Schrek zich nit* (*Não te Assustes*), uma comédia de Mark Arenstein, além de recitações em ídiche, hebraico e português[9].

A escola Beit Yaacov, no Rio, comemoraria a festa de Chanuká apresentando, em 12 de dezembro de 1936, a peça *Yehudit* (*Judite*) em 5 atos, sob a direção do professor Steinberg, juntamente com a professora Gutlerner[10]. Ainda no Rio de Janeiro, o tradicional Ginásio Hebreu Brasileiro, por ocasião da festa de encerramento do ano letivo, em 6 de novembro de 1944, promoveria um espetáculo com seus alunos sob a direção do ator e diretor Simão Buchalsky no qual representaram a peça infantil *Der ligner* (*O Mentiroso*), de I. B. Tzipor, e a comédia *A Raça Pura*, de Schmuel (Samuel) Glazerman[11]. O Colégio Israelita Brasileiro Scholem Aleichem, de orientação "idichista", comemoraria o trigésimo aniversário da morte de Sholem Aleichem com uma programação artística, em 24 de agosto de 1946, na Escola Musical de Música, que incluiu cantos e declamações e uma apresentação do último ato de *Teyve, der milichker*, recitado nada mais do que pelo notável Zygmunt Turkow. Buchalsky também dirigiria uma

---

7. SPIT, 16 de fevereiro de 1933.
8. SPIT, 16 de fevereiro de 1933
9. SPIT, 2 de fevereiro de 1933.
10. IF, 17 de dezembro de 1936.
11. *Aonde Vamos?*, 9 de novembro de 1944.

encenação no Lar da Criança Israelita por ocasião da festa de Chanuká, realizada em 22 de dezembro de 1946, cujo programa incluía *Chanuke-gelt (Dinheiro de Chanuká)*, de S. Aleichem e *Eliahu schikt a cholem (Elias Envia um Sonho)*, do professor Fleischman e Buchalsky[12].

Na festa de formatura da Escola Luiz Fleitlich, no bairro do Brás em São Paulo, para o encerramento do ano letivo de 1949, os alunos realizaram uma peça intitulada *Três Gerações*, de autoria do professor José (Yosef) Schoichet, talentoso escritor que também produziu várias peças infantis[13].

Nos anos 1950 o ensino do ídiche no currículo da rede escolar judaica começava a diminuir e a formação de novas escolas com a direta participação de educadores e pedagogos vindos de Israel deixaram de incluir em sua programação o ensino da língua ídiche, que, apesar de tudo, se manteve em certas escolas tradicionais. Por ocasião de Chanuká as escolas judaicas de São Paulo comemoraram, em 3 de dezembro de 1953, a festividade no Teatro Colombo com a apresentação das peças *Yehuda Macabi* e *Caverna do Rei David*, com a participação de um Coro Juvenil e bailados[14]. Nas instituições de ensino idichistas, como a Escola Eliezer Steinbarg do Rio de Janeiro, ainda poderíamos encontrar nas festas de encerramento do ano letivo, coincidindo com Chanuká, a representação de um quadro em ídiche referente à festividade[15]. Mas, a partir daquela década, o hebraico passou a ser dominante como língua de ensino na maioria das escolas existentes.

Na escola Scholem Aleichem de São Paulo, de orientação "idichista", os alunos da 4ª série, em uma festividade de Pessach, realizada em 24 de abril de 1954, representaram uma comédia de Sholem Aleichem intitulada *Se Deus Quer, até uma Vassoura Atira*[16].

Apesar de não ser mais em ídiche, o teatro,nas escolas judaicas, assim como no passado o foi, continuaria a ser um extraordinário instrumento pedagógico para incutir valores no programa educacional em nossos dias.

---

12. *Aonde Vamos?*, 19 de dezembro; 26 de dezembro de 1946; IP, 27 de dezembro de 1946.
13. *Aonde Vamos?*, 29 de dezembro de 1949.
14. Cartaz, Arquivo do Teatro Municipal de São Paulo.
15. *Aonde Vamos?*, 27 de dezembro de 1957.
16. *Undzer Schtime*, 11 de maio de 1954.

APÊNDICE 3

Das luzes da ribalta à tela do cinema

O historiador do filme ídiche J. Hoberman em sua obra *Bridge of Light, Yiddish Film Between Two Worlds* (The Museum of Modern Arts-Schocken Books, New York, 1991) ao descrever a trajetória do filme judaico nos informa que poucos anos após a invenção dos irmãos Lumière em 1895, a nova arte era levada à região da Zona de Residência (Pale of Settlement) da Rússia ocidental que incluía a extensão territorial da Ucrânia, Bielorússia, Lituânia e Polônia. Nela viviam confinados milhões de judeus que tiveram contato com a forma incipiente do assim chamado *kino declamatsye* (recitação de filme) que consistia na apresentação de recortes cinematográficos acompanhados com som ou música de trupes de cantores. Uma dessas trupes pertencia a A. M. Smolensky, aficionado que se entregara a nova arte e realizara em 1911 o filme *A Brivele der Mamen* (*Uma Cartinha a Mamãe*), título de uma melodia amplamente difundida e incorporada ao folclore ídiche, apresentando-o um ano após na cidade de Yekaterinoslav. O passo seguinte dar-se-ia com a gradativa difusão e suplementação, por vezes substituição, do teatro pelo filme ídiche.

Segundo Hoberman o cinema ídiche teve cinco fases distintas: a primeira que se iniciou em 1911 e terminou durante a Primeira Guerra Mundial coincide com a difusão da *mass-media* e a descoberta de um público judaico no Império Czarista e Estados Unidos, tendo como centros de produção Varsóvia e Nova York: "o teatro ídiche forneceu muito de seu material". A segunda fase que se inicia com a queda do Czar em 1917 se estende por cerca de doze anos nos quais se produziram filmes na Áustria, Polônia e Rússia Soviética, baseados nas obras de literatos judeus como Sholem Aleichem, Isaac Babel, Joseph Opatoshu, Harry Seckler. A terceira fase tem como centro os Estados Unidos, sendo que a quarta fase, a melhor conhecida, começa com a renovação da indústria cinematográfica

Der Purim-Spiler (O Comediante), filme realizado na Polônia em 1937 pelos diretores Joseph Green e Jan Nowina-Przybylski, tendo no elenco os atores Zygmunt Turcow, Miriam Kressyn e Hymie Jacobson. O filme trata de um comediante errante que se apaixona pela filha de um sapateiro prometida para casar com um jovem de família importante.

Der Wilner Balebeisel (O Pequeno Dono de Vilna), filme realizado nos Estados Unidos em 1940, pelo diretor Max Nosseck, e baseado na peça musical *Der Wilner Balebeisel (O Pequeno Dono de Vilna),* de autoria de Mark Arnstein. Trata-se da história de um chazan (cantor litúrgico) seduzido pela música de ópera. O filme é estrelado pelo famoso chazan Moishe Oysher.

Fonte: Col. M. Chusyd.

na Polônia em 1935 até o início da Segunda Guerra Mundial. A última e quinta fase se concentra na produção de pós-guerra, ou seja, de 1945-1950 até os nossos dias.

Porém, o teatro ídiche teve um papel vital e formativo na origem do cinema judaico que em seus inícios se apresenta com filmes que reproduzem peças consagradas e conhecidas do repertório teatral das trupes e companhias que se apresentavam nos países da diáspora asquenazita. O teatro ídiche, enquanto essa cultura manteve-se viva nas comunidades judaicas de todos os continentes ocupando um espaço importante e central nas atividades de suas instituições culturais, proveria o cinema com a variedade temática com que se apresentou no decorrer do tempo.

Assim se explica que com a difusão da técnica cinematográfica peças da dramaturgia clássica do teatro ídiche como o *Der Dibbuk,* de Ansky, *Grine Felder (Campos Verdes)* de Peretz Hirschbein, *Got, Mentsch un Taivl (Deus, Homem e Demônio), Mirele Efros* de Jacob Gordin, *On a Haim (Sem um Lar),* do mesmo autor, *Der Vilner Balebeisl (O Pequeno Dono de Vilna)* de Mark Arenstein, *Tevye, der milchiker (Teyve, o Leiteiro),* uma adaptação da obra de Sholem Aleichem, ou ainda *Dem Rebens Koiekh (O Poder do Rebe),* uma adaptação realizada por Zygmunt Turkow em 1924 e renovada em 1933, *Der Purimspiler,* com a participação de Miriam Kressin, Hymie Jacobson e Zygmunt Turkow, transpostas à tela do cinema e a partir dos anos 20 em diante seriam vistas por centenas de milhares de pessoas que passaram a frequentá-lo. Curiosamente Jonas Turkow, que também fora diretor de teatro ídiche, se destacaria como produtor de filmes. De fato esses filmes foram realizados por verdadeiros profissionais que tinham o pleno domínio da técnica de filmagem e haviam acumulado experiência e conhecimento da arte que despontara para conquistar as massas da sociedade contemporânea.

Devemos lembrar a importância do filme ídiche, entre outros aspectos, pelo fato de ter antecipado a filmografia que desenvolveria com o passar do tempo a "temática judaica" na rica e significativa produção cinematográfica de nossos dias em Israel, Estados Unidos, França e em outros países que passou a expressar o confronto cotidiano do indivíduo na sociedade atual com os questionamentos e debates existenciais de identificação e os problemas em pauta na modernidade. Essa filmografia foi influenciada e esteve vinculada às correntes estéticas e artísticas de nosso tempo como o expressionismo, simbolismo, futurismo, naturalismo entre outras.

Diretores e atores do teatro ídiche, entre eles os notáveis Sygmunt Turkow, Esther Rochel Kaminska, Ida Kaminska, Maurice Schwartz,

Ludwig Satz, Dina Halpern, Jacob Ben-Ami, Molly Picon, Boris Tomashevsky, Celia Adler, Leon Leibold, Max Bozyk, os cantores Moishe Oysher e Helen Beverley, os comediantes Shimon Dzigan e Isroel Schumacher, perceberam o despertar da arte e técnica cinematográfica como um novo veículo de expressão e entretenimento e nele passaram a atuar até que a própria crise do teatro ídiche – em parte causada pelo próprio surgimento do cinema – os obrigassem a aceitá-lo como um caminho adicional à arte da representação. Desse modo a cinematografia judaica em ídiche acumulou um expressivo acervo que hoje em dia encontra-se recuperado e catalogado no The National Center for Jewish Film-Rutemberg and Everett Yiddish Film Library, Universidade de Brandeis.

No Brasil, nos anos 50 do século passado, paralelamente a atividade teatral, os empresários Jacob Dvoskin e Simão Buchalsky, este último ator e diretor de destaque de teatro ídiche, tomaram a iniciativa de apresentar filmes em ídiche nas diversas capitais dos Estados do território brasileiro.

Buchalsky, em particular, possuidor de uma coleção de filmes, continuou durante muitos anos a difundir essa filmografia até o momento em que decidiu transferir seu acervo para a Universidade de Brandeis.

Porém o atual interesse pela cultura ídiche e o renovado esforço de resgatar a criatividade da língua outrora falada por milhões de judeus na Europa Oriental e na diáspora asquenazita até seu desarraigamento durante a Segunda Guerra Mundial, naturalmente levou a considerar importante o conhecimento e o resgate desse específico segmento cultural como parte da memória coletiva do povo judeu.

APÊNDICE 4

A música no teatro ídiche

Desde Abraham Goldfaden, pai do moderno teatro ídiche, autores de peças e dramaturgos por vezes também eram músicos talentosos que a par dos textos que escreviam também compunham as suas músicas. O gênero teatral das operetas mesclava em sua trama texto e música, o que exigia um conhecimento adicional do escritor que poderia recorrer a um parceiro com conhecimento musical para a elaboração de uma peça. Com o passar do tempo destacaram-se talentosos músicos cujas composições vinculadas ao teatro marcaram época e se fixaram na memória do folclore do povo judeu, a exemplo da música *Rozhinkes mit mandlen* (*Passas e Amêndoas*) do genial Goldfaden. Os atores deveriam ser bons cantores e o gênero da opereta obviamente o exigia. Parte dos primeiros atores assim como muitos que os sucederam tiveram em sua meninice e juventude uma participação em coros de sinagogas nos quais receberam sua primeira educação musical. Muitos compunham suas próprias músicas assim como o fazia o notável ator e comediante Zigmund Mogulesko. Músicos europeus que imigraram aos Estados Unidos, assim como os já nascidos naquele país, encontraram no teatro ídiche um espaço fértil para sua criatividade pessoal. Sob esse aspecto compositores como Louis Friedsell, Sholom Secunda, Alexander Olshanetsky, Arnold Perlmutter, Herman Wohl, Jacob Jacobs, Abraham Ellstein, Henry Rossuto, Joseph Rumshinsky entre outros deram uma notável contribuição ao teatro ídiche. Rumshinsky em sua autobiografia *Klangen fun mein lebn* (*Notas de Minha Vida*), Vadran, New York, 1944, retrata o mundo musical do teatro ídiche e suas fontes de inspiração. Diretores de teatro também se revelaram como compositores a exemplo de Boris Tomashevsky. Na obra de Rumshinsky vemos o quanto o canto litúrgico sinagogal, em particular as de Rosh Hashana, o Ano Novo, de Yom Kipur, o Dia da Expiação, ou ainda as tradicionais músicas

Partitura da peça *Shulamit* (1880) arranjada por A Goldfaden. New York: S. Schenker.

Partitura da peça *Bar Kochba* (1883) arranjada por A. Goldfaden. New York: S. Schenker, 1917.

Partitura da peça *Die Yidiche Hoffnung (A Esperança Judaica)* (1897), palavras e música de A. Goldfaden. New York: S Schenker, c. 1915.

Partitura da peça *Tzebrochene Fidele (O Violino Quebrado)* encenada no Thomashefsky's National Theatre com a atriz e cantora M. Zuckerberg, letras de B. Thomashefsky e música de J. Rumshisky. New York: The Hebrew Publishing Co., 1916.

Fonte: Archive Bella and Harry Wexner Libraries of Sound and Music. Jerusalém, Israel.

cantadas no Shabat, sábado, serviu como rico manancial para muitas de suas composições. Porém outras fontes foram igualmente importantes: a saber as músicas folclóricas das diversas regiões e países da Europa Oriental e Central nos quais os judeus viviam deixaram marcas profundas na música popular judaica seja na chassídica ou nos outros gêneros que perduraram até o nosso tempo[1]. Possivelmente muitas teriam sido criadas por *badkho-*

---

1. V. a rica coletânea do estudioso Y. L. Cahan, *Idishe folkslider mit melodies*, Idisher Vissenschaftlicher Institut (YIVO), New York, 1957.

nim, comediantes que entretinham o público presente em festas familiares e casamentos e se aproveitavam de acontecimentos, mesmo não sendo jocosos, para compor um divertido *lidele*, uma cançoneta que poderia soar como uma paródia sobre o acontecido. Por outro lado, compositores profissionais do teatro ídiche, aquinhoados com uma educação musical formal adquirida em escolas especializadas e conservatórios, tinham suficiente e amplo conhecimento para poderem se utilizar do imenso repertório musical europeu, em especial das conhecidas óperas e operetas dos grandes compositores do velho continente e adaptá-lo às temáticas teatrais judaicas. Uma mirada para o conjunto de partituras, editadas nos Estados Unidos desde os finais do século 19 e inícios do século passado, nos dá uma expressiva amostra da atividade musical vinculada ao teatro ídiche desde seus verdadeiros primórdios.

ANEXOS

ANEXO I

Sygmunt Turkow e sua atuação
no teatro brasileiro

(Texto extraído do livro autobiográfico *Di ibergerissene tekufe* (*O Tempo Interrompido*),
Buenos Aires, Tzentral Farband fun Poilishe Ydn in Argentine, 1961, pp. 377-382)

B rasil, mesmo nos dias de hoje, serve como um ponto de passagem
entre a América e a Argentina e as representações, como sempre
nesses casos, têm um caráter casual. Casual devido à mudança das
edificações teatrais e casual devido à mudança dos atores.

A falta de um teatro sério estável motivou o desenvolvimento de círculos dramáticos. Em primeiro lugar destacou-se o círculo dramático da Biblioteca Scholem Aleichem, uma organização-irmã do IFT de Buenos Aires.

Com esse círculo tive a oportunidade de escrever um dos capítulos
mais interessantes em meu trabalho teatral num período mais difícil de
minha vida até ir viver em Israel.

Receber a orientação artística desse círculo foi inteiramente casual.
Do Recife fui trazido [ao Rio de Janeiro] pelo jovem teatro "Os Comediantes". Após um certo tempo de trabalho no teatro brasileiro, a Biblioteca Scholem Aleichem percebeu que não lhe era condizente me deixar
marginalizado no trabalho com o teatro ídiche e me propôs aceitar a regência de seu círculo dramático.

Essa proposta, assim como o contato com "Os Comediantes", deveria
agradecer ao meu novo e dedicado amigo Isaac Paschoal, uma das figuras
mais interessantes do jovem teatro brasileiro.

Nascido em Jerusalém, veio ainda criança com sua família para o Brasil e logo chamou a atenção como jornalista de talento e tradutor de algumas línguas. Não mirando apenas as grandes oportunidades que se lhe
ofereciam na cultura brasileira, Pascoal estabeleceu também contato com
os círculos judaicos, dividindo entre ambos o seu tempo. Com sua ajuda

também traduziu algumas de minhas peças de um ato e o *Revisor* de Gogol para "Os Comediantes"[1].

Paschoal era apaixonado pelo teatro e se sacrificou enormemente por ele, desleixando sua própria vida pessoal e carreira jornalística. Também tomou parte nas representações de "Os Comediantes" ao mesmo tempo que em minhas peças em ídiche. Nas duas línguas ele revelou significativas qualidades artísticas e criou uma rica galeria de caracteres. Também foi meu assistente nos dois lugares de trabalho e se destacou por sua integridade e seriedade. Lamentavelmente, uma incurável enfermidade sanguínea cortou essa jovem vida de Isaac Paschoal, o que deixou em mim uma dor profunda pela perda de um raro ser humano e um querido amigo.

* * *

O acaso quis que encenasse no teatro brasileiro somente peças originais, ou seja, dos autores locais.

Comecei no Recife com a *Comédia do Coração* e no Rio com *Mulher sem Pecado* do dramaturgo popular Nelson Rodrigues. Sua última peça *Vestido de Noiva* foi levada à cena pelo regente polonês Ziembinski e teve grande sucesso. Minha direção queria explorar a atmosfera apropriada e a revelar na lembrada peça desse mesmo autor que já havia sido encenada no Rio antes de minha vinda para lá. Foi encenada pelo famoso ator Rodolfo Meyer que também representou o papel principal. A representação não teve nenhum sucesso e em poucos dias foi tirada do cartaz.

Quando a direção de " Os Comediantes" me perguntou se aceitaria encenar novamente a peça e se estava convicto de que se poderia fazer algo com ela, não dei nenhuma resposta negativa. Eu justamente vi nela um material interessante para uma experiência teatral, e respondi que se tivesse as condições para dispor dos necessários meios para encená-la, aceitaria a incumbência.

---

1. Isaac Paschoal foi um brilhante jornalista e tradutor e teve uma intensa atuação no círculo dramático da Biblioteca Scholem Aleichem do Rio de Janeiro. Foi aluno do Ginásio Hebreu-Brasileiro e do Colégio Pedro II. Foi redator do primeiro Boletim da BSA (Biblioteca Scholem Aleichem) e reuniu uma coleção de documentos relativos ao teatro no Brasil e sobre judeus e teatro ídiche no Brasil, que após sua morte foram doados à associação. No boletim comemorativo dos 40 anos de existência da associação, publicado em ídiche, à p. 98, encontramos a sua data de nascimento 3 de outubro de 1912, e o lugar como sendo Belo Horizonte e não Jerusalém. Faleceu em 17 de outubro de 1945.

A peça apresenta um caso comum de ciúme patológico. O aparente traído marido simula ser um paralítico para pôr à prova a fidelidade de sua esposa. Ele se entrega a alucinações, fala e responde para si mesmo, dedica-se a vigiar os familiares, o chofer, até que no final se suicida. Nada complicado, apenas um tema com uma intriga dostoievskiana. Um contexto brasileiro, com situações premeditadas e com aparentes conflitos psicológicos.

A mim, no entanto, atraiu o ousado experimento de unir ação cênica com um silencioso, mas também falado filme tendo um fundo cênico semirrealista. Eu mesmo projetei a decoração e Santa Rosa, o diretor artístico do teatro, a completou e realizou.

Fazendo certas modificações no texto sugeri ao autor acrescentar novos diálogos e cenas e começamos a ensaiar.

Os papéis principais entreguei ao talentoso Graça Mello e a outros atores do estúdio teatral dos "Comediantes". Para uma velha – uma figura semissimbólica, cujo silêncio cria uma atmosfera fantasmagórica – eu escolhi no Lar dos Velhos uma atriz de setenta anos de idade com fama no passado; para a empregada uma boa atriz do teatro experimental negro.

Paralelamente aos ensaios sobre o palco desenvolvi um trabalho intensivo no ateliê de filmagem. Afora os papéis principais introduzi muitos personagens secundários, que não se destacavam sobre o palco.

Dividi os diálogos em dois: as perguntas fazia o herói e as respostas lhe dava sua grande cabeça, que se mostra nos adequados momentos na pequena tela do mencionado filme. Essa síntese da "realidade sobre o palco e a imaginação sobre a tela" causou um extraordinário sucesso pela sua inovação.

No dia seguinte a imprensa noticiou: "o Brasil de um dia para outro ganhou um grande ator – Graça Mello". "O grande sucesso da peça se deve à regência."

No mesmo teatro tive a oportunidade de trabalhar na dramatização da peça *Terras do Sem Fim*, do grande escritor brasileiro Jorge Amado. Esse foi o seu *debut* no palco. Nesse espetáculo também tomou parte o ator polonês Ziembinski, as duas notáveis atrizes brasileiras: Cacilda Becker e Maria Della Costa, e meus dois discípulos: Graça Mello e Dr. Ângelo Labanca, meu assistente.

Também tomaram parte um bom número de atores e atrizes negros, entre os quais se destacava Aguinaldo Camargo e Ruth de Souza, que encenaram uma original "macumba" sobre o palco. Macumba é uma dança religiosa, semi-idólatra, mística, dos negros brasileiros que leva ao êxtase acompanhado de convulsões, gritos selvagens e perda dos sentidos.

Toda a representação era acompanhada por uma música especialmente criada pelo grande folclorista Dorival Caimi, e as decorações de Santa Rosa. Uma reprodução dessa decoração encontra-se na edição do Instituto Internacional de Teatro.

Após os "Comediantes", debutei como ator no teatro da famosa atriz Dulcina de Morais. Meu primeiro papel foi na peça de Gabriel D'Anunzio, *A Filha de Yorio*. Nela representei um velho pastor que faz todo o tempo o sinal da cruz... Para a abertura de gala foram convidados o presidente Getúlio Vargas, o corpo diplomático e a nata do mundo artístico e literário.

Indo para a representação ao longo da praia do Flamengo repentinamente me dei conta de que estava cantando uma melodia do "Kol Nidrei"... O mais interessante é que eu jamais cantava qualquer melodia religiosa. E de fato isso ajudou, pois ao presidente agradou o ator "polonês"...

Meu trabalho no teatro brasileiro deu-me um bom número de amigos entre os intelectuais brasileiros e jamais esquecerei seu relacionamento amigável para com minha pessoa e minha esposa.

De certo modo procurei expressar meu agradecimento a eles em Israel, onde me apresentei em ídiche numa peça do Dr. Pedro Bloch, um dos criativos e populares dramaturgos no Brasil. Seu monólogo *Esta Noite Choveu Prata* traduzi para o ídiche e a representei em Israel e na Austrália com o título *Retorno à Vida*. Foi a primeira vez que no teatro ídiche apresentou-se uma peça em três atos, representada por um único ator.

Ultimamente encenei uma peça em Israel, em meu teatro "Zuta", em hebraico, de um escritor brasileiro, dando desse modo um primeiro passo para um intercâmbio cultural entre Israel e o Brasil.

A peça de Guilherme de Figueiredo, dramaturgo muitas vezes premiado, *A Raposa e as Uvas*, foi em todo lugar sempre recebida com entusiasmo.

Essa é minha modesta expressão de agradecimento aos meus amigos brasileiros e o meu profundo sentimento ao país que nos recebeu tão amigavelmente.

ANEXO 2

Marc Chagall, "Meu trabalho no Teatro de Câmara Estatal Judaico em Moscou"

(Publicado no *Di idische Velt* (*O Mundo Judaico*, revista mensal de literatura, crítica, arte e cultura), vol. II, maio de 1928, pp. 276-282.)

O relato de Marc Chagall se refere ao período em que atuou no GOSET (Gosudarstvenny Evreysky Teatr).

O Teatro de Câmara Judaico foi fundado em 1918 em Petrogrado e se apresentou pela primeira vez em público em 3 de julho de 1919. Em 1920 mudou-se para Moscou e em 1921 recebeu o apoio oficial do governo, denominado-se agora Teatro Estatal de Câmara Judaico (GOSEKT). Chagall foi convidado pelo seu diretor Abram Granovsky a fazer os cenários e as vestimentas da representação inaugural em Moscou, *Uma Noite de Scholem Aleichem*, em janeiro de 1921. O teatro judaico teve o apoio da Seção Judaica do Partido Comunista, que o considerava um instrumento de propaganda dirigida às massas judaicas em sua própria linguagem. Era um teatro para o proletariado que deveria apontar a corrupção do capitalismo e o velho estilo de vida do *shtetl*. O repertório era composto dos dramas tradicionais e contemporâneos, porém adaptados aos ideais da Revolução Russa, ainda que não inteiramente destituídos de um olhar crítico ao regime de Stálin. Em seus primeiros anos o teatro adotara uma linha de vanguarda que combinava cenários de orientação construtivista associada a um forte estilo expressionista, predominante entre a arte experimental que se seguiu após a Revolução de Outubro.

Em 1924, o teatro passou a se denominar Teatro Estatal Judaico, com a abreviatura GOSET e atuou durante vinte e cinco anos com um sucesso inigualável de audiências. Em 1928 – como o texto de Chagall testemunha – as autoridades governamentais permitiram que a companhia fizesse uma temporada na Europa ocidental. Nessa ocasião Granovsky deciciu não voltar à Rússia devido às restrições do regime soviético, sendo substituído pelo ator principal, Schlomo (Salomon) Mikhoels, como diretor. Em 1948 Mikhoels foi assassinado sob o disfarce de um acidente de carro. No ano seguinte, o ator Benjamin Zuskin serviu provisoriamente como diretor, e logo o GOSET foi fechado pelas autoridades[1].

— Eis que tens aqui — diz Efros [conhecido crítico de teatro judeu-russo] — as paredes e faça o que bem quiser.

Era uma residência que se encontrava em ruínas após seus proprietários terem fugido.

— Estás vendo, aqui haverá bancos para o público, ali — a cena.

A verdade seja dita, não vi "lá" nada mais do que uma lembrança de uma cozinha, e "aqui"?

Dei um grito:

— Fora com o velho teatro, que cheira a alho e suor! Viva o...

E me dirigi às paredes.

No chão se encontravam telas, operários e atores passavam por sobre elas, através das colunas armadas e corredores, entre lascas, instrumentos, tintas, esboços.

Pedaços de coisas da guerra civil, embrulhos de pão, tiras de papel se encontravam em todos os lugares. Eu também me encontrava deitado no chão. Momentaneamente me aprazia ficar deitado desse modo. Entre nós colocam-se os mortos no chão. Comumente estão deitados defronte as pessoas que choram. Eu também afinal gosto de me deitar no chão, e despejar nele minha dor e minha prece...

Lembrei-me de meu velho avô que pintou a sinagoga de Mohilev e chorei: por que ele cem anos atrás não recebeu pelo menos uma ajuda? Não lhe dá pena estar deitado na terra de Mohilev e ser um intercessor para mim? Que ele diga com que milagre pintou com seu pincel no *shtetl* Liezne, e será que entrou em mim, meu querido barbudo avô, algumas gotas da verdade judaica!...

Eu enviei, para fortalecer o coração, o guarda Efraim para trazer leite e pão. O leite não é leite, o pão não é pão. O leite é com água e

---

1. Sobre o mesmo tema ver Susan Tumarkin Goodman, *Chagall and the artists of the Russian Jewish Theater*, New York / New Haven / London, The Jewish Museum, Yale University Presse, 2008, p. 106.

amido; o pão é com aveia e com feno de cor de tabaco. Talvez seja leite de verdade – e talvez fresco, de uma vaca revolucionária. Talvez Efraim tenha acrescentado água ao vasilhame, esse patife, ele misturou algo e me ofereceu. Talvez o sangue branco de alguém… eu comi e bebi, e revivi. Efraim, o representante dos operários e camponeses, me animou. Se não fosse ele, o que poderia acontecer? Seu nariz, sua pobreza, sua tolice, seus piolhos passavam dele para mim, e voltavam. Encontrava-se parado e sorria febril. Não sabia para onde olhar, se para mim ou para a pintura. Seja isso ou aquilo para ele parecia engraçado. Efraim, onde estás? Quem se lembrará de mim algum dia? Que seja você, que não é mais do que um guarda de um lugar, mas por vezes você se encontrava, casualmente, no caixa e controlava os bilhetes. Por vezes eu pensava: dever-se-ia levá-lo ao palco, como o fizeram com a mulher do guarda Katz. Sua figura parecia a de uma estátua de madeira molhada no pátio, encoberta de neve. Traga essa madeira ao quinto andar e a deixe no quarto. A água escorre… Ela se agitava, declamava nos ensaios como uma cavalgadura grávida. Aos meus inimigos não desejo que vejam, por acaso, seus seios. Um horror!

Justo atrás da porta, encontra-se o escritório de Granovsky. Antes do teatro ficar pronto, há, entrementes, pouco trabalho. O quarto é apertado. Ele está deitado na cama, e debaixo da cama lascas de madeira, e seu corpo está se enfraquecendo. Naqueles dias ele se encontra enfermo.

Deitado, ele sorri, se lamenta ou se recrimina. Não uma vez caíram sobre mim ou sobre o primeiro melhor visitante palavras ácidas, seja do gênero masculino ou feminino. Não sei se Granovsky sorri assim como o leite de Efraim, e desse modo me consolam seus gratuitos sorrisos. Verdade é que algumas vezes tive vontade de lhe fazer alguma graça, porém nunca me atrevi a perguntar-lhe: – O senhor gosta de mim?

E assim de fato fui embora.

Em relação ao trabalho no teatro eu havia sonhado há muito tempo. Ainda no ano 1911 Tugendholt escreveu em algum lugar que as coisas vivem em mim. Eu poderia – ele disse – pintar decorações psicológicas. Fiquei pensando. E de fato em 1914 Tugendholt recomendou a Tairov, o *regisseur* do Teatro Estatal de Moscou, que me convidasse a pintar a peça de Shakespeare *As Feiticeiras de Winsdurf*. Nos encontramos e nos despedimos amigavelmente. O copo chegou a transbordar. Estando em Vitebsk, com a função de encarregado de arte na região e ocupado com alunos hostis, alegrei-me com o convite de Granovsky e Efros no ano de 1918 para vir trabalhar no recém-inaugurado teatro judaico. Apresentar-lhes Efros? À primeira vista, pernas. Não é barulhento, não é silencioso, ele vive. Movimentando-se à direita e à esquerda, por cima e por baixo, ele brilha com seus óculos e com sua barbicha, estando aqui e acolá; em todo lugar é Efrat. Somos bons amigos e nos vemos uma vez a cada cinco anos. Sobre Granovsky ouvi falar pela primeira vez em Petrogrado, durante a guerra; ele, ali, de tempos em tempos, como aluno de Reinhardt, montava espetáculos com cenas de multidões. Essas cenas de multidões, com a visita de Reinhardt à Rússia quando apresentou o *Rei Lear*, deixou uma grande impressão. Ao mesmo tempo Granovsky apresentou espetáculos com judeus de várias profissões, que ele escolheu de todos os cantos. Foram eles que, depois, criaram o estúdio do teatro ídiche.

Eu certa vez assisti às peças, representadas no estilo realista de Stanislavsky. Chegando de uma viagem a Moscou me encontra interiormente agitado. Senti que no mínimo no primeiro tempo o romance entre mim e o Granovsky não se firmará tão rapidamente. Sou uma pessoa que duvida de tudo, e ele é seguro e irônico. Mas o importante é que ele não é, por enquanto e de modo algum, Chagall.

Me propuseram fazer a pintura mural para a primeira representação de abertura do teatro.

Ah, pensei, essa é uma ocasião para virar o velho teatro ídiche de cabeça para baixo, o realismo, naturalismo, psicologismo e as barbas coladas. Entreguei-me ao trabalho. Calculei que poucos, uma minoria, dos atores do Teatro Estatal Judaico e do "Habima", no qual fui convidado para o *Dibuk*, se impregnariam com o novo e se afastariam dos velhos caminhos. Fiz um esboço. Em uma parede eu me propus a dar uma ampla prova, como uma espécie de introdução ao novo teatro popular judaico. Nas outras paredes e no final apresentei *klezmers* (músicos), um *badchen* (humorista), dançarinas, um escritor e um casal de amantes, que pairam sobre o cenário, não longe de diversas comidas, *beigel* e frutas, mesas cobertas, pintadas como em frisas. Defronte a cena com os atores. O trabalho era difícil, o contato com o trabalho começou a ficar ordenado. Granovsky, possivelmente, vivenciou paulatinamente o processo de mudança de Reinhardt e Stanislavsky para algo diferente. No meu estado presente Granovsky, assim parece, se encontrava em outros mundos. Por vezes me parecia que, talvez, eu o perturbasse. Seria verdade? Para mim, não sei por quê, não se mostrava confiante. De minha parte não me atrevia encetar ter com ele conversas sérias. Quem quebrou o gelo foi o ator Mikhoels que passava fome assim como eu. Não somente uma vez vinha a mim com olhos esbugalhados e com os cabelos em pé, com um nariz deformado e com lábios grossos, – com toda sua majestade.

Ele persegue o meu pensamento, se preocupa, e com seus gestos rápidos de mãos e corpo se esforça em assimilar. Difícil é esquecê-lo. Ele observava o trabalho e pediu que lhe emprestassem os esboços para levá-los a sua casa, nos quais queria penetrar, se familiarizar com eles, entendê-los. Em pouco tempo Mikhoels me explica com alegria:

– Sabes, estudei teus esboços, eu entendi. Eu mudei inteiramente meu papel. Todos me olham, ele me diz, e não entendem o que aconteceu.

Eu sorri. Ele sorriu. Outros atores começaram silenciosamente a se aproximar de mim, de meus quadros, e meditarem sobre o que há aqui. Se também não podem modificá-los. Material sobre vestimentas e decorações pouco havia. No último dia antes da abertura do teatro me trouxeram reais velhas vestimentas usadas. Nos seus bolsos encontrei pedaços de cigarros, pedaços secos de pão. Eu rapidamente pintei estas vestimentas. Não pude sair da sala mesmo na noite da primeira representação. Estava todo lambuzado de tinta. Alguns minutos antes da cortina levantar corri até o cenário para pintar algumas coisas. Eu não podia aguentar o "realismo" ao mesmo tempo um atrito: Granovsky pendura simplesmente um real lenço! Eu suspiro e grito:

– Um simples pano?!

– Me responde: Quem é aqui o *regisseur*, eu ou você?

Meu pobre coração, ai, meu doce paizinho!

Me propuseram que fosse instalar o *Dibuk* no "Habima". Eu não sabia o que fazer. Os dois teatros rivalizavam entre si. Mas eu não podia deixar de ir ao "Habima" onde os atores não somente representavam mas rezavam e também idolatravam o teatro de Stanislavsky.

Se entre mim e Granovsky, assim como ele mesmo havia se expressado, o romance não vingava, Vakhtangov, no entanto (naquele tempo era apenas o *regisseur* do *Assado no Forno*) não me era conhecido. Seria muito difícil para mim, assim pensei, encontrarmos uma linguagem comum. A uma aberta e amigável declaração eu respondo com amizade mas com vacuidades e dúvidas eu me retiro.

Eis que, por exemplo, em 1922 fui amigavelmente solicitado no segundo teatro de arte de Stanislavsky para montar juntamente com o *regisseur* Diko o *Herói Irlandês* de Sind…

Eu aceitei e me dediquei de coração,mas toda a trupe protestou: "não, é incompreensível".

Então pediram a um outro, e a peça fracassou. Não será verdade?

No primeiro ensaio do *Dibuk* no Habima, estando a trupe com Vakhtangov, me ocorreu: — ele é um russo, um gruzino, e nós nos vemos pela primeira vez. Pensamos um pouco apresentar-nos um ao outro. É possível que ele veja em meus olhos o caos e o tumulto do Oriente. Um povo apressado, sua arte é incompreensível, estranha… Por que estou me irritando, ficando vermelho e o apunhalo com meus olhos?

Eu derramarei nele um pouco de veneno, ele o lembrará comigo ou atrás de minhas espaldas. Virão outros após mim que quererão ser mais populares, diretos e claramente seguir minhas palavras e suspirarem.

No final pergunto a Vakhtangov que ideia possui para conceber o *Dibuk*. Ele responde lentamente que a linha de Stanislavsky é a correta.

— Eu não reconheço, digo a ele, tal linha para o renascido teatro judaico. Nossos caminhos se diferenciam.

E para Tzemakh:

— Você de qualquer forma sem mim também montará assim como eu quero. Não há outro caminho. Sai à rua.

Voltando a Malakhovke ao meu lar nas colônias infantis, lembrei-me do último encontro com An-sky em uma noite do ano de 1915 na praça Kalashnikov. Com um movimento de sua branca cabeça, e com um beijo, me disse:

— Eu tenho uma peça *Der Dibuk*, e somente você é que deve trabalhá-la. Eu pensei em você.

Baal-Makhschoves [o famoso escritor de língua ídiche] que estava próximo, lançou em silêncio um olhar com seus brilhantes óculos e meneou a cabeça.

— Então o que fazer?… o que fazer?…

De qualquer modo me contaram que no espaço de um ano Vakhtangov sentava durante horas e horas frente aos meus projetos, preparando-se para o *Dibuk*. E a um outro encomendaram,Tzemach me transmitiu, fazer projetos à la Chagall. E com Granovsky já — como estou sabendo — se "superchagallizam" vinte vezes mais do que isso.

Graças a Deus, por isso.

Malakhovke 1921- Paris 1928.

P.S. Agora estou sabendo que os "moscovitas" estão no exterior. Lembranças a eles![2]

---

2. Consta no artigo que o texto foi traduzido ao ídiche do original escrito em russo.

BIBLIOGRAFIA

ABREVIATURAS

BIBSA – Biblioteca Israelita Brasileira Scholem Aleichem, Rio de Janeiro.

BIP – Brazilianer Idische Presse.

BSA – Biblioteca Scholem Aleichem.

DIV – Dos Idische Vochenblat.

ICIB – Instituto Cultural Israelita Brasileiro, São Paulo.

IF – Idishe Folkstzeitung.

IP – Idishe Presse.

SPIT – San Pauler Idische Tzeitung.

ZLYT – Lexikon fun Idishen Theatre, Zalmen Zylberzweig.

ARQUIVOS INSTITUCIONAIS, INSTITUTOS, BIBLIOTECAS E MUSEUS

Archive Bella and Harry Wexner Libraries of Sound and Music, The Hebrew University of Jerusalem, Israel.

Archives Department of the National Library of Jerusalem, Israel.

Arquivo Histórico Judaico Brasileiro, São Paulo.

Arquivo Lasar Segall/Museu Lasar Segall/Ibram-MinC.

Arquivo Miroel Silveira, ECA (Escola de Comunicações e Artes), Universidade de São Paulo.

Arquivo do Teatro Municipal de São Paulo, São Paulo.

Biblioteca Municipal de São Paulo, São Paulo.

BIBSA – Biblioteca Israelita Brasileira Scholem Aleichem, Rio de Janeiro.

Broadsides and Posters Collection, Archives Department, The National Library of Israel, Jerusalém.

Center for Jewish Art, The Hebrew University of Jerusalem, Jerusalém, Israel.

Dorot Jewish Division, Yiddish Theatre Collection, New York Public Library Digital Gallery, New York, EUA.

Israel Goor Theatre Archives and Museum, Har Hatzofim (Mount Scopus), Jerusalém, Israel.

Instituto Moreira Salles, Rio de Janeiro.
Library of Congress, Washington, D. C., EUA.
Museu Judaico do Rio de Janeiro, Rio de Janeiro.
Museu Lasar Segall, São Paulo.
YIVO – Idischer Visenschafltlecher Institut, New York, EUA.
YWO – Instituto Judio de Investigaciones, Buenos Aires, Argentina.

COLEÇÕES PARTICULARES

Col. Abraham Rumchinsky.
Col. Boris Cipis/Milton Cipis.
Col. Hugueta Sendacz.
Col. Jayme Serebrenic.
Col. Marcos e Marina Chusyd.
Col. Nachman Falbel.
Col. Sergio Fingermann.

DEPOIMENTOS PESSOAIS

Simão Buchalsky Z"L (São Paulo).
Berta Loran (Rio de Janeiro).
Bela Ais (São Paulo).
Hugueta Sendacz (São Paulo).
Boris Cipis (São Paulo).
Galia Kariv (Israel).
Hersh Blank Z"L (Rio de Janeiro).

PERIÓDICOS E BOLETINS

A Nota Mensal, Boletim Interno da B.I.H.N.Bialik, Rio de Janeiro, 1945.
Aonde Vamos?, Rio de Janeiro, 1943-1978.
A Civilização, São Paulo, 1933-1939.
Brasilianischer Idische Presse (*Imprensa Israelita-Brasileira*), Rio de Janeiro, 1927.
Bulletin Yovel-Oisgabe zun 40tn yohrgang fun der Idish-brasilianer Biblioteca Scholem Alei-chem (*Boletim Comemorativo dos 40 anos da BIBSA*), Rio de Janeiro, 1955.
Cadima (*Avante*), Rio de Janeiro, 1947.
Correio da Manhã, Rio de Janeiro.
Correio do Povo, São Paulo.
Der Neier Moment (*O Novo Momento*), São Paulo, 1951-
Der Poilisher Id, Ed. Comitê Central dos Judeus Poloneses no Brasil, Rio de Janeiro.
Di Menscheit (*A Humanidade*), Porto Alegre, 1915.

Di Idische Tzukunft (*O Futuro Israelita*), Porto Alegre, 1920.

Di Presse (*A Imprensa*), Buenos Aires.

Di Tzeit (*O Tempo*), São Paulo, 1939-1941.

Diário Carioca, Rio de Janeiro.

Diário Israelita, Rio de Janeiro, 1959.

Diário Nacional, Rio de Janeiro, 1932.

Diário de Notícias, Porto Alegre

Diretrizes, Rio de Janeiro.

Di idische emigratzie (*A Emigração Judaica*), Berlim, Hias-Emigdirekt, 1928.

Dos Idische Vochenblat (*O Semanário Israelita*), Rio de Janeiro, 1923-1926.

Folha da Tarde, Rio de Janeiro.

Folha do Cabiras, Rio de Janeiro, 1945.

Folha Israelita Brasileira, São Paulo, 1999.

Funken (*Fagulhas*), Rio de Janeiro, 1952.

Idische Folkstzeitung (*Gazeta Israelita*), Rio de Janeiro, 1927-1941.

Idische Presse (*Imprensa Isrelita*), Rio de Janeiro, 1930-1940.

Ilustração Israelita, Rio de Janeiro, 1928-1929.

Jornal do Brasil, Rio de Janeiro, 1938.

Jornal Israelita, Rio de Janeiro, 1945-1955.

O Estado de São Paulo, São Paulo.

O Macabeu, Curitiba.

Poilische Idn, Rio de Janciro, 1940.

Resenha Judaica, São Paulo, 1990.

San Pauler Idische Tzeitung (*Gazeta Israelita de São Paulo*), São Paulo, 1931-1941.

Shalom (revista), São Paulo, 1960-1970.

The Australian Jewish News, Melbourne, 1988-1989.

Undzer Schtime (*Nossa Voz*), São Paulo, 1947-

Undzer Vort (*Nossa Palavra*), São Paulo, 1934-1935.

Velt-Schpiguel (*Espelho do Mundo*), São Paulo, 1939-1940.

LIVROS E ARTIGOS

Achtzig Yohr Idisch Theater in Rumenie, Bucarester Idischen Meluche Theater, 1876-1956, Bucarest, Bucarester Idische Meluche Theater, 1956.

ADLER, J. "Mein leben, memoiren". *Di Varheit*. 30 de abril, 1916; 28 de fevereiro de 1919 e no *Die Neie Varheit*, 1º de abril a 30 de julho de 1926.

Archiv far der Geschichte fun Idischen theater un Drame, Vilna/New York, YIVO-theater Muzei u.n. E.R. Kaminska, 1930, t. I.

AZEVEDO, E. R. "Paschoal Segreto em São Paulo". *Anais do IV Congresso Abrace*. Rio de Janeiro, 2006, pp. 218-219.

BEILIN, T. "Tzu der geschichte funem idischen theater in Argentine". *Argentina 50 años de vida judia en el país-XX aniversário de Di Presse*. Buenos Aires, 1938.

Bereshit Raba, Tel-Aviv, Ed. Machberot Lesifrut, 1956. 2 vols.

Berta Singerman, Uma Voz Argentina no Brasil, pub. Museu Lasar Segall-IPHAN. São Paulo, 2003.

BOTOCHANSKY, Jacob, "Zwischen forhang un leivent". *Di Presse*. Buenos Aires, 13 de dezembro de 1929.

BRENT, J. NAUMOV, V. P. *Stalin's Last Crime, the Plot Against the Jewish Doctors, 1948--1953*. New York, Perennial-Harper Collins Publishers Inc., 2004.

BUCHALSKY, S., *Memórias da Minha Juventude e do Teatro Ídiche no Brasil*. São Paulo, Perspectiva, 1995.

BUCHWALD, N. *Theater.* New York, Farlag-Komitet Theater, 1943.

BURSTEIN, Pesachke. *Geschpilt a lebn.* Tel-Aviv, 1980.

CARTER, Huntley. *The New Spirit in the Russian Theatre*. London. Brentano Ltd., 1929.

CARTER, H. *The New Theatre and Cinema of Soviet Russia*. London. Chapman & Dodd, 1924.

CASTRO, Ruy. *O Anjo Pornográfico: A Vida de Nelson Rodrigues*. São Paulo, Companhia das Letras, 1992.

CHAGALL, Marc. "Mein arbet in Moskover Idischen Kamer-Theater". *Di Idische Velt, Chodesh-schrift far Literatur, Kritik, Kunst un Kultur* (O mundo judaico, publicação mensal de literatura, arte e cultura), II, maio, 1928, pp. 276-282.

Chagall Dreams and Drama, Early Russian Works and Murals for the Jewish Theatre, Museum Israel, ed. Ruth Apter-Gabriel, Jerusalem, 1993.

CLEMENTE DE ALEXANDRIA. *Stromata*. Paris, *Migne Patrologia Graeca*, 1891, vol. VIII.

COHEN, Y. L. *Yiddishe folkslider mit melodyes*. New York, YIVO, 1957.

Dicionario Latino-Español, de A. B. Fraile. Barcelona, Ed. Ramón Sopena, 1961. 2 vols.

Dictionnaire des Letres Françaises, *Le Moyen Age.* Paris, Fayard, 1992.

DOBROSZYCKI, L. & KIRSHENBLATT-GIMBLETT, B. *Image before My Eyes, a Photographic History of Jewish Life in Poland, 1864-1939.* New York, Schocken Books, 1977.

ELKIN, Mendel. *Theater Schpil, far klein un far grois*. New York, Bildungkomitet fun Arbeter Ring, 1949.

Encyclopaedia Judaica, Jerusalem, Keter Pub. House, 1971-1973.

ERIK, Max. *Vegen altidischen roman un novele*, Kovel, Der veg tzum vissen, 1926; Varsóvia, Ed. Meir Reiz, 1926.

_____. *Di geschichte fun der idisher literatur, fun di elteste tzeiten biz der Haskule-tekufe* (séc. XIV-XVIII). Varsóvia, Kultur-Ligue, 1928.

ETTINGER, Schlomo. *Ale ktuvim fun Dr. Schlomo Ettinger*. Vilan, Vilner Farlag, B. Klatz-kin, 1925.

EUSEBIO DE CAESAREIA, *Praeparatio evangelica*, Migne Patrologia Graeca, t. xxi.

FALBEL, N. *Judeus no Brasil: Estudos e Notas.* São Paulo, Edusp-Humanitas, 2008.

_____. *Manasche Krzepicki, Sua Vida e Seu Tempo*, São Paulo, Perspectiva, 1996.

_____. *Jacob Nachbin*, São Paulo, Nobel, 1985.

_____. *Literatura Ídiche no Brasil*. São Paulo, Humanitas, 2010.

Fertzik yohr Folksbine. New York, 1955.

FLAVIUS JOSEPHUS. *De Bellum Judaicum*. London, Harvard University Press, Loeb Classical Library, 1967, 3 vols.

FUSER, F. *A "Turma" da Polônia na Renovação Teatral Brasileira, ou Ziembisnski: O Criador da Consciência Teatral Brasileira?* (tese de doutorado, ECA-USP), 1987.

GASTER, Th. *Festivals of the Jewish Year*. Peter Smith Pub. Inc., 1962.

GENN, I.; KADISON, L. & BULOFF, J. *On Stage, off Stage, Memories of a Lifetime in the Yiddish Theatre*. Cambridge, Mass., Harvard University Library, 1992.

GLASSERMAN, S. *Theater, Dramatische schriften funem idischen leben in Argentine*. Buenos Aires, Kultur, 1932.

Goldfaden-Bukh, New York, Yiddishen Theater Muzei, 1926.

GOODMAN, S. T. "Soviet Jewish Theater in a World of Moral Compromise" In *Chagall and the Artists of the Russian Jewish Theater, 1919-1949*. New Haven/London, Yale Uniiversity Press, 2008, pp. 1-14.

GORIN, B. *Di geschichte fun idischen theater*. New York, Max N. Maizel, Literarische Farlag, 1918-1923. 2 vols.

Griechisch-Deutsches Shul- und Handwörterbuch. 4. ed. Berlin-Leipzig, G. Freitag, A. G., 1937.

GUINSBURG, J. *Aventuras de uma Língua Errante*. São Paulo, Perspectiva, 1996.

_____ & SILVA, A. Sérgio. *Diálogos sobre Teatro*. São Paulo, Edusp/Com-Arte, 1992.

HANSMAN, S.; SKURA, S. & KOGAN, Oysfarkoyft. *Localidades Agotadas, Sold Out, Afiches del teatro ídish en la Argentina*. Buenos Aires, Del Nuevo Extremo-IWO, 2006.

HARSHAV, B. "Art and Theater". In: *Chagall and the Artists of the Russian Jewish Theater, 19129-1949*. New Haven/London, Yale University Press, 2008, pp. 69-87.

HIRSHBEIN, Peretz. *Drames, reizes, zichroines*. Buenos Aires, YWO, 1967.

_____. *Fun vaite lender: Argentine, Brazil, Yuni, November, 1914, New York, 1916*. New York, red. Book Renaissance, s/d.

HOBERMAN, J. *Bridge of Light, Yiddish Film between Two Worlds*. New York, The Museum of Modern Art-Schocken Books, 1991.

IUSSIM, H. *Léxico dos Ativistas Sociais e Culturais da Comunidade Israelita no Brasil*. Rio de Janeiro, Monte Scopus, 1952-1957.

JACOBOVITCH, M. *Tzurik*. Porto Alegre/Buenos Aires, Farlag Idisch, 1959-1960.

JASTROW, M. *Sefer Milim, Dictionary of the Targumim, Talmud Bavli, Yerushalmi and Midrashic Literature*. New York, The Judaica Press, 1996.

JOLIVET, A. & MOSSÉ F. *Manuel de l'alllemand du Moyen Age, des origines au XIVe siècle*. Paris, Aubier, 1947.

KAFKA, F. *Diários*. São Paulo, Livraria Exposição do Livro, s/d.

KAHN, Yitzhak. "Rachel Holzer and the Yiddish Theatre in Australia". In *Jewish Year Book*, ed. Yehuda Svoray, 1985.

KAMINSKA, I. *My Life, my Theater*. New York, Macmillan Pub. Co. Inc., 1973.

KARAKUSHANSKY, S. *Aspectn fun idischen leben in Brazil*. Rio de Janeiro, Monte Scopus, 1956-1957. 2 vols.

KAUFMAN, T. N. *Arte Cênica: Ancora e Plataforma da Identidade Judaica, A Dramaturgia Judaica em Pernambuco*. Recife, CEPE, 2008.

KLOS, Max. *Baim schein fun rampelicht*. Buenos Aires, 1972.

KON, Pinchas. "Di proyektirte idische drukerei in Kiev in di yohren 1836-1846". *Bicher-Velt*. Varsóvia, n. 3, 1º de março, 1929.

LANDA, J. *Lichtike kaioren, lider un dertzeilungen*. Rio de Janeiro, Monte Scopus, 1959.

Leksikon fun der naier idischer literatur. New York, Congress for Jewish Culture, 1956-1981. 8 vols.

LIMA, E. F. W. *Arquitetura do Espetáculo, Teatros e Cinemas na Formação da Praça Tiradentes e da Cinelândia*. Rio de Janeiro, Editora UFRJ, 2000.

MALACH, Leib. "Matzav hateatron haYehudi beMerkazei haGolá". In *Bama*, publicação bi-mensal de arte e teatro, Tel-Aviv, Habima, dezembro 1934, n. 5-6.

Marc Chagall and the Jewish Theater. New York, Guggenheim Museum, 1992.

Marc Chagall — Les années russes, 1907-1922. Catálogo da Exposição realizada em 13, abril — 17, setembro, 1995. Musée d'art moderne de la Ville de Paris, Paris Musées, 1995.

MAYZEL, Nachman. *Avraham Goldfaden (1840-1908)*. New York, Yiddish Cooperative Book League, 1938.

MESTEL, J. *Undzer Theater*. New York, Icuf, 1943.

_____. "Fun meine yunge yohren in Galitzie". In *Gedenkbuch Galitzie*. Buenos Aires, red. Nechemia Zucker, Farlag Zichronot, 1965, pp. 156-167.

MICHALSKI, Yan. *Ziembinski e o Teatro Brasileiro*. São Paulo/Rio de Janeiro, Hucitec, 1995.

MICHOELS, Schlomo. *Schlomo Michoels, artiklen, schmusen, redes*. Buenos Aires, Heimland, 1961.

MILLER, René Fülöp. *Espirito e Physionomia de Bolchevismo*. Porto Alegre, Editora do Globo, 1935.

MIRON, Dan. *Haaretz (O País)*, 8 de abril de 2009 ensaio sobre o conto de Kafka, *Em nossa Sinagoga*.

MOKDONI, A. *Theater*. New York, 1927.

MOLES, A. *O Cartaz*. São Paulo, Perspectiva, 1974.

OBSERVATOR. "Undzer idischer theater vezen". In: Nechemia Zucker. Wolf Bresler. *Yohr-Buch fun idischen ishuv in Argentine, 1945-1946* (Anuario da comunidade judaica na Argentina). Buenos Aires, Farlag Idisch, 1946, pp. 203-217.

PALEPADE, B. *Zichroines fun a halbn yohrhundert idisch theater*. Buenos Aires, 1946.

PARKES, J. *The Conflict of the Church and the Synagoge*. New York, Meridian Books, 1961.

PARNES, Jacob. "Ver is der grinder funem idischen theater in Brazil". *Di Presse*, Buenos Aires, 21, 22, 24 abril, 1930.

Pesikta de Rav Kahana, ed. S. Buber, 1968.

PRILUTZKI, N. *Idisch Theater — 1905-1912*. Bialistok, Ferlag A. Albek, 1911, t. I.

_____. *Ketuvim*, Bialistok, Ferlag A. Albek, 1921.

Prizament, Schlomo. *Broder Singer*. Buenos Aires, Tzentral-farband fun Poilische Idin in Argentine, 1960.

Prizkulnik, E. *O Teatro Ídiche em São Paulo*. Universidade de São Paulo, 1997 (dissertação de mestrado).

Ravitch, Melech. *Mein Lexikon*, Montreal, 1947.

Rosenfeld, L. A. *Jacob Adler, a Life on the Stage, a Memoir*. New York, Alfred A. Knopf, 1999.

_____. *Bright Star of Exile, Jacob Adler and the Yiddish Theatre*. New York, Thomas Y. Crowell Company, 1977.

_____. *The Yiddish Theatre and Jacob P. Adler*. New York, Shapolsky Publishers, 1988.

Rubenstein, J. & Naumov, V. P. *Stalin's Secret Pogrom, The Postwar Inquisition of the Jewish Anti-fascist Comitee*. New Haven/London, Yale University Press, 2001.

Rumshinsky, Josef. *Klangen fun mein lebn*. New York, Vadran, 1944.

Sandrow, N. *Vagabond Stars: A World History of the Yiddish Theater*. New York, Harper & Row, 1977.

Schatzki, J. "Tzuschteier tzu der geschichte fun dem fargoldfaden theater". *Idisch Theater*, vol. I, janeiro-março, Varsóvia, 1927, pp. 277-299.

Schub, David. *Heldn un martyrer*. Varsóvia, Ch. Brzoza, 1939.

Schulman, S. *O Teatro na Vida da Coletividade Judaica Curitibana*. Curitiba, Copygraf e Editora Ltda., 2011.

Sefer Hassidim, ed. Jehuda Wistinetzki. Frankfurt a.M., M. A. Wahrmann Verlag, 1924; Jerusalem, Wahrmann Books, 1969.

Serroni, J. C. *Teatros, uma Memória do Espaço Cênico no Brasil*. São Paulo, Senac, 2002.

Shipper, Isaac (Ignaz). *Geschichte fun idischer theater-kunst un drame fun di elteste tzeiten biz 1750*. Varsóvia, Kultur-Ligue, 1927-1928. 3 vols.

_____. "Schpurn fun primitive dramatik ba yidn". *Idisch Theater*, vol. 1, janeiro-março, Varsóvia, 1927, pp. 14-32.

Smoliar, B. "Der krisis in idischen theater". *Idische Folkstzeitung*, 6, janeiro, 1928.

Souza, J. I. de Melo. *Imagens do Passado: São Paulo e Rio de Janeiro nos Primórdios do Cinema*. São Paulo, Editora Senac, 2004.

Stars, Strikes and the Yiddish Stage: The Story of the Hebrew Actor' Union. New York, yivo, 2009 (catálogo).

Steinschneider, M. "Purim und Parodie". In *Monatsschrift für die Geschichte und Wissenschaft des Judentums*, xlvi-xlviii, 1903.

Szajkowski, Zosa. *Yiddish Theatre in Europe between Two Wars: Soviet Union, Western Europe, Baltic Countries*. New York, Yiddish Culture Congress, 1971.

Theatro Municipal de São Paulo. *100 Anos: Palco e Plateia da Sociedade Paulistana*. São Paulo, dmp, 2011.

Tomaschevsky, B. *Mein Lebn*. New York, Trio Farlag, 1937.

Turkow-Grudberg, I. *Goldfaden un Gordin*. Tel-Aviv, Orli, 1969.

Turkow, Jonas. *Farloschene Schtern*. Buenos Aires, Tzentral Farband fun Poilisher Idn in Argentine, 1973.

Turkow, Z. *Schmussen vegn theater*. Buenos Aires, Undzer Buch, 1950.

_____. *Introdução ao "O Inspetor" de Gogol*. Rio de Janeiro, Leitura, 1945.

_____. "O teatro judeu no Novo Mundo". *Aonde Vamos?*, 6 de setembro de 1945; também em *Boletim Mensal Interno da Comissão Cultural da* BIBSA, ano I, maio--junho, 1945, n. 2-3.

_____. *Fragmentn fun mein lebn*. Buenos Aires, Tzentral-Farband fun Poilishe Ydn in Argentine, 1951.

_____. *Theater-Zichroines fun a shturmisher tzeit, fragmentn fun mein leben*. Buenos Aires, Tzentral farband fun Poilische Idn in Argentine, 1956.

_____. *Di ibergerissene tekufe*. Buenos Aires, Tzentral-farband fun Poilishe Ydn in Argentine, 1961.

Vargas, M.T. & Fernandes, N. *Uma Atriz: Cacilda Becker*. São Paulo, Perspectiva, 1984.

_____ & Magaldi, S. *Cem Anos de Teatro em São Paulo*. 2ª ed. São Paulo, Senac, 2000.

Veidlinger, J. *The Moscow State Yiddish Theater, Jewish Culture on the Soviet Stage*. Indiana University Press, 2000.

_____. "Yiddish Constructivism: the Art of the Moscow State Theater". In: *Chagall and the Artists of the Russian Jewish Theater, 1919-1949*. New Haven/London, Yale University Press, 2008, pp. 49-68.

Wald, P. *Theater, Aktioren Farein*. Março-abril, 1935.

Waldman, B. *O Teatro Ídiche em São Paulo*. São Paulo, Casa Guilherme de Almeida--Annablume, 2010.

Warembud, N. H. *Great Songs of the Yiddish Theater*. New York, NYT Quadrangle/The New York Times Co., 1975.

Web, Marek & Mohrer, Fruma. *Guide to the YIVO Archives*. New York/London, Ed. M. E. Sharpe, 1998.

Weichert, M. *Theater un Drame*. Vilna, B. Klatzkin, 1926.

_____. *Ydisch Theater*. Varsóvia, ed. B. Kletzkin, vol. I, janeiro-março, 1927.

Weinstein, Ana E. & Toker, Eliahu. *La letra idish en tierra Argentina, Bio-bibliografia de sus autores literários*. Buenos Aires, Milá, 2004.

Wilno, a Book Dedicated to the City of Wilno, Ed. Ephim H. Jeshurin. New York, Wilner Branch 367 Workmen Circle, 1935.

Yohr-buch fun idischen ishuv in Argentine. red. Nechemia Zuker-W. Bresler, 1945-1946. Buenos Aires, Ed. "Idisch", 1946.

Yong, Boaz. *Main leibn in theater*. New York, Ikuf, 1950.

Zables, Arnold. *Wanderers and Dreamers: Tales of the David Herman Theatre*. Melbourne, Hyland House, 1988.

Zucker, Nechemia. *Fir doires isch theater, di lebens-geschichte fun Zina Rapel*. Buenos Aires, Gráfica Optimus, 1944.

_____. *Zeks yohr besser idisch theater, 1945-1950*. Buenos Aires, 1951.

Zylberczweig, Z. *Album fun Idishen Theater*. New York, 1937.

_____. *Lexikon fun Idischen Theater*. The Hebrew Actors Union of America, New York/México, 1931-1969. 6 vols.

Título	Estrelas Errantes: Memória do Teatro Ídiche no Brasil
Autor	Nachman Falbel
Editor	Plinio Martins Filho
Produção editorial	Aline Sato
Capa e projeto gráfico	Negrito Produção Editorial
Revisão de texto	Geraldo Gerson de Souza
Papel	Couché fosco 115 g/m² (miolo)
	Couché fosco 150 g/m² (capa)
Formato	19 × 25,5 cm
Tipologia	Perpetua
Número de páginas	384
Impressão e acabamento	Cromosete Gráfica e Editora